我们一起解决问题

弗布克流程设计与工作标准丛书

研发过程管理
流程设计与工作标准

流程设计·执行程序·工作标准·考核指标·执行规范

孙宗虎　编著

人 民 邮 电 出 版 社
北　京

图书在版编目（CIP）数据

研发过程管理流程设计与工作标准 ：流程设计·执行程序·工作标准·考核指标·执行规范 / 孙宗虎编著. -- 北京 ：人民邮电出版社，2020.9
（弗布克流程设计与工作标准丛书）
ISBN 978-7-115-54659-3

Ⅰ. ①研… Ⅱ. ①孙… Ⅲ. ①产品开发过程 Ⅳ. ①F273.2

中国版本图书馆CIP数据核字(2020)第149881号

内 容 提 要

这是一本关于如何工作的书。本书始于流程，细说过程，关注全程，附带规程、成于章程，体现了很强的操作性和实务性。

本书在介绍流程与流程图绘制的基础上，详细介绍了研发调研管理、研发风险管理、研发立项管理、技术方案管理、研发任务管理、研发进度管理、研发物料管理、研发设备管理、研发文档管理、研发问题管理、研发质量管控、研发人员管控、研发绩效管理、研发成本管控、研发外包管理、研发成果申报与管理等共16个方面的流程管理内容。

本书适合企事业单位管理人员以及研发项目管理人员、技术研发管理人员、产品研发管理人员阅读，也适合高等院校相关专业师生、研发培训和研发咨询人员使用。

◆ 编　　著　孙宗虎
责任编辑　贾淑艳
责任印制　彭志环

◆ 人民邮电出版社出版发行　　北京市丰台区成寿寺路11号
邮编　100164　　电子邮件　315@ptpress.com.cn
网址　https://www.ptpress.com.cn
廊坊市印艺阁数字科技有限公司印刷

◆ 开本：787×1092　1/16
印张：22　　　　2020年9月第1版
字数：350千字　　　　2025年6月河北第20次印刷

定价：95.00元

读者服务热线：(010)81055656　印装质量热线：(010)81055316
反盗版热线：(010)81055315

“弗布克流程设计与工作标准丛书”序

“弗布克流程设计与工作标准丛书”自2007年上市以来受到了广大读者的认可，其间，结合广大读者提出的许多宝贵意见和管理发展现状，我们对这套书进行了改版。在此我们向通过邮件、电话给我们提出意见、指出错误的热心读者深表谢意！

为了满足广大读者**细化内容、增强标准的实用性、添加考核指标、提供执行规范、更新业务流程**的诉求，我们对本丛书中的15本图书再次进行了修订。

在借鉴前两版的基础上，我们对本丛书进行了全新的设计，务求根据读者的新诉求、管理的新变化、业务的新形态、技术的新发展，以**流程化、标准化、绩效化和规范化**为中心，直面企业的管理和业务两大类工作，提供工作**流程**、设计**范本**，细化包括**执行程序、工作标准、考核指标、执行规范**在内的整体工作解决方案，以实现**向工作要效率、向管理要效能、向结果要价值**的目标。

本丛书通过流程、程序、标准、指标和规范，将完成一项工作的所有过程要素“逐一细化，一网打尽”，从而让管理者、业务执行者能够更系统、更规范、更有效地完成工作任务，实现工作目标，倍增工作价值。

工作流程：让执行有导图可看，有路径可鉴。

工作程序：让执行有步骤可依，有重点可抓。

工作标准：让执行有依据可参，有尺度可量。

工作指标：让执行有结果可考，有效益可算。

工作规范：让执行有制度可循，有方案可用。

本丛书的写作**始于流程，细说过程，关注全程，附带规程，成于章程**。通过**流程、过程、全程、规程**，最终形成关于各项工作的**章程**。

始于流程：对每一项工作都绘制了工作流程图，将工作显性化、程序化、阶段化。

细说过程：对每个程序步骤都给出了重点提示，将工作关键化、细节化、重点化。

关注全程：对工作的进展和目标的达成全程关注，将工作阶段化、进程化、成果化。

附带规程：对每项工作都附带了相关制度规范，将工作制度化、规范化、方案化。

成于章程：通过对工作的360度解析，最终形成一系列关于工作规则的规范性文书。

在修订图书的过程中，我们也考虑了技术变化对工作的影响，并将新技术对工作方式、工作方法、工作流程的改变，尽力体现在相关的流程、程序、标准、指标和规范的设计中。

本丛书试图通过完美的设计，并兼顾技术发展对工作的影响，为读者提供贴合工作实际的管理内容，以达成**“人与事的完美结合”**，实现从**“如何做”**向**“如何有效地做”**的转变，最终为读者提供一套关于**“干工作、干好工作、追求卓越工作”**的有效解决方案。

我们希望本丛书能够为您的管理工作减少一些流程设计方面的麻烦，为您提供流程设计方面的帮助，并为您和您的企业在工作规范化方面提供完备的章程。

您的意见对我们下次改版非常重要！再次期待您的宝贵建议！

2020 年 6 月

前言

《研发过程管理流程设计与工作标准：流程设计·执行程序·工作标准·考核指标·执行规范》是“弗布克流程设计与工作标准丛书”中的一本。本书围绕**研发过程管理工作的流程设计**，辅以相应的**工作标准**，将研发过程管理16大事项的执行工作落实到具体的流程上，既解决了“由谁做”“做什么”的问题，也解决了“如何有效地做、按照什么标准做”的问题。本书提供了一套关于研发工作者**干工作、干好工作、追求卓越工作的有效解决方案**。

为满足当前企业发展的大趋势及精细化管理的需求，本书在之前版本的基础上做了大量修订，使得本书拥有了以下新特点。

一、研发过程管理全体系设计

本书对研发过程管理工作进行了全体系设计，涉及研发管理的全部内容，并重新梳理了流程顺序，在介绍流程与流程图绘制的基础上，详细介绍了研发调研管理、研发风险管理、研发立项管理、技术方案管理、研发任务管理、研发进度管理、研发物料管理、研发设备管理、研发文档管理、研发问题管理、研发质量管控、研发人员管控、研发绩效管理、研发成本管控、研发外包管理、研发成果申报与管理等共16个方面的流程管理内容，理顺了研发过程管理的工作内容，使研发过程管理的流程更加符合当今企业的实际情况。本书可以说是一本关于研发管理工作流程、工作标准与工作执行的精细化解决方案。

二、研发工作全流程设计

全流程设计体现在以下几个方面。

（1）调研、风控与立项：从调研、风控到立项，对研发项目的前端进行了精细化的流程设计。

（2）方案、任务与进度：分别从方案的角度对任务的管理与进度的把控进行了系统的流程设计，从而实现了对研发项目进行精细化管控。

（3）物料、设备与问题：对影响研发进度与质量的物料、设备及研发过程中的主要问题都进行了流程设计，所有设计都围绕着使研发项目顺利推进而展开。

（4）质量与文档：对研发质量和研发文档的管控进行了流程设计，以确保研发质量得到保证，研发文档得到有序使用和精准管控。

（5）人员、绩效与成本：从研发团队建设与成本的角度，对研发项目的效率、效益和效能进行精确管控。

（6）研发外包管理：对研发外包的有关事项进行了规范化设计，梳理了研发外包中各个事项的流程。

（7）研发成果管理：本书最后还对研发成果申报与管理进行了规范化设计。

本书对整个研发过程管理工作进行了全流程设计，且非常详细、具体，使读者既可参照也可拿来即用。

三、研发过程全环节管控

本书对研发的每个环节逐一进行介绍，包括了调研环节、风控环节、立项环节、方案环节、任务环节、进度环节、物料环节、设备环节、文档环节、问题环节、质量环节、人员环节、绩效环节、成本环节、外包环节、成果环节等所有可能的环节，每个环节环环相扣，充分体现了研发过程管理工作的全环节管控特点。

本书是一本“**参照式**”流程设计范本。随着企业管理水平的不断提高，企业的流程与工作标准也在不断地发生变化，因此，读者在应用本书时可参考以下建议。

（1）对于本书中提供的研发过程管理的流程与工作标准，读者可根据所在企业的实际情况加以适当修改或重新设计，使之更加适合本企业的情况。

（2）读者可参照本书中的流程，将所在企业每个部门内每个岗位的工作流程适当压缩，力求达到流程再造的目的，以提高企业的运营效率。

（3）读者要在实践中不断改进已经形成的工作流程，真正做到因需而变、高效管理、高效工作，最终达到“赢在执行”的目标。

最后，衷心希望本书能为企事业单位的研发过程管理工作提供业务运用层面的借鉴和规范化、精细化的解决方案。

再次感谢数以万计的读者对本书的支持与厚爱，没有你们这些“意见领袖”，就不会有对本书的这些改进和修订！

第1章 流程与流程管理

第 11 章 研发问题管理

第 12 章 研发质量管控

第16章 研发外包管理

第17章 研发成果申报与管理

第1章 流程与流程管理

管理的核心目标是用制度管人，按流程做事。不论是制度设计，还是流程设计，都是每一个企业要开展的工作，而且是每年都要循环开展的工作。

企业在进行流程设计之前，应先对流程的概念有一个清晰的认识，并在此基础上掌握流程图绘制的方法，选好绘制工具，然后着手设计。同时，企业要根据自身的运营情况，及时对流程进行修改、调整和再造。

1.1 流程

1.1.1 流程的定义

关于流程，不同的人有不同的看法。有人认为，流程就是程序，其实，“流程”和“程序”是两个互相关联但绝不等同的概念。“程序”体现出一件工作中若干作业项目哪个在前、哪个在后，即先做什么、后做什么。而在“流程”中，除了体现出先做什么、后做什么之外，还体现出每一项具体任务是由谁来做，即甲项工作由谁负责，乙项工作由谁负责等，从而反映出他们之间的工作关系。

只有通过流程，才能把一件工作的若干作业项目或工作环节，以及责任人之间的相互工作关系清晰地表示出来。

一般情况下，企业流程有以下五大特征：

（1）流程是为达成某一结果所必需的一系列活动；

（2）流程活动是可以被准确重复的过程；

（3）流程活动集合了所需的人员、设备、物料等；

（4）流程活动的投入、产出、品质和成本可以被衡量；

（5）流程活动的目标是为服务对象创造更多的价值。

我们不妨给流程下一个定义：“**流程就是为特定的服务对象或特定的市场提供特定的产品或服务所精心设计的一系列活动。**”

流程包括六大要素，即输入的资源、活动、活动的相互作用（结构）、输出的结果、服务对象和价值。流程的基本模式如图 1–1 所示。

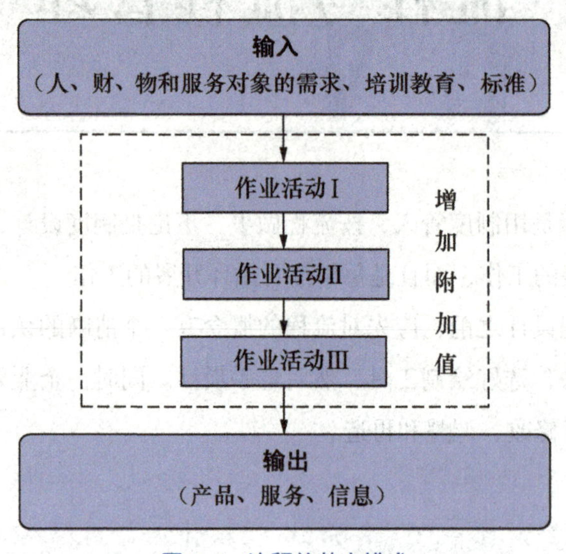

图 1–1　流程的基本模式

1.1.2　流程的分类

企业流程可分为决策流程、管理流程和业务流程三大类，具体内容如表 1–1 所示。

表 1–1　企业流程的分类

序号	类别	定义	特点 / 构成
1	决策流程	◎能确保企业达到战略目标的流程 ◎确定企业的发展方向和战略目标，整合、发展和分配企业资源的过程	◎股东、董事、监事会等组建流程 ◎战略、重大问题及投资流程 ◎企业决策流程的构成如图 1-2 所示
2	管理流程	◎企业开展各种管理活动的相关流程 ◎通过管理活动对企业业务的开展进行监督、控制、协调、服务，间接为企业创造价值	◎上级组织对下级组织的管控流程 ◎资源配置流程（人、财、物以及信息） ◎企业管理流程的构成如图 1-3 所示
3	业务流程	◎直接参与企业经营运作的相关流程 ◎安排完成某项工作的先后顺序，对每一步工作的标准、作业方式等内容做出明确规定，主要解决“如何完成工作”这一问题	◎涉及企业“产、供、销”环节 ◎包括核心流程和支持流程 ◎企业业务流程的构成如图 1-4 所示
备注	从企业经营活动角度来说，企业流程又可分为战略流程、经营流程和支持流程		

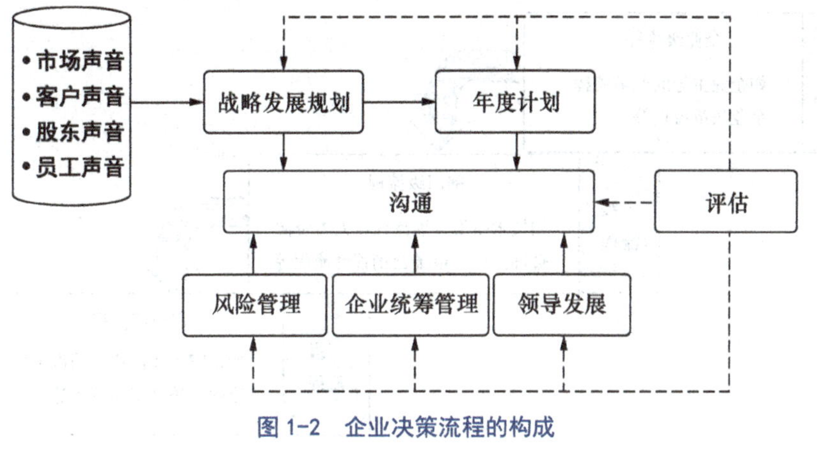

图 1-2　企业决策流程的构成

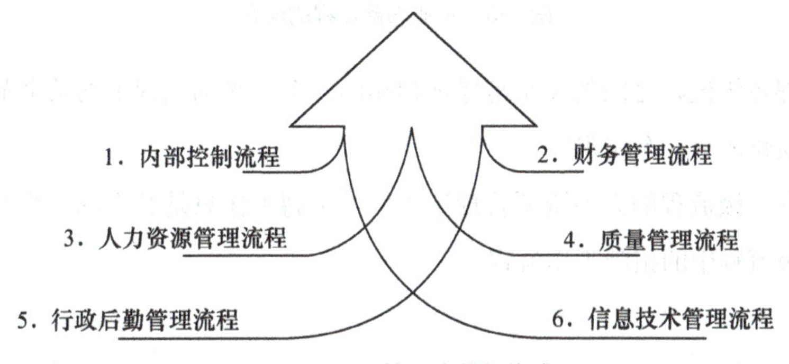

图 1-3　企业管理流程的构成

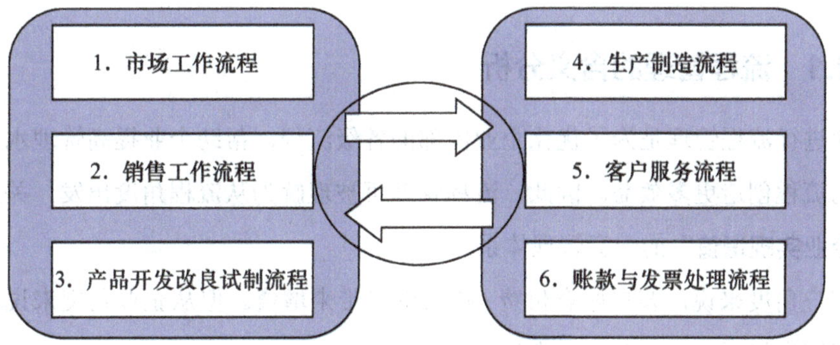

图 1-4　企业业务流程的构成

1.1.3　流程的层级

为便于对各类流程进行管理，我们通常将企业内部流程分为三个层级，即企业级流程、部门级流程和岗位级流程，具体如图 1-5 所示。

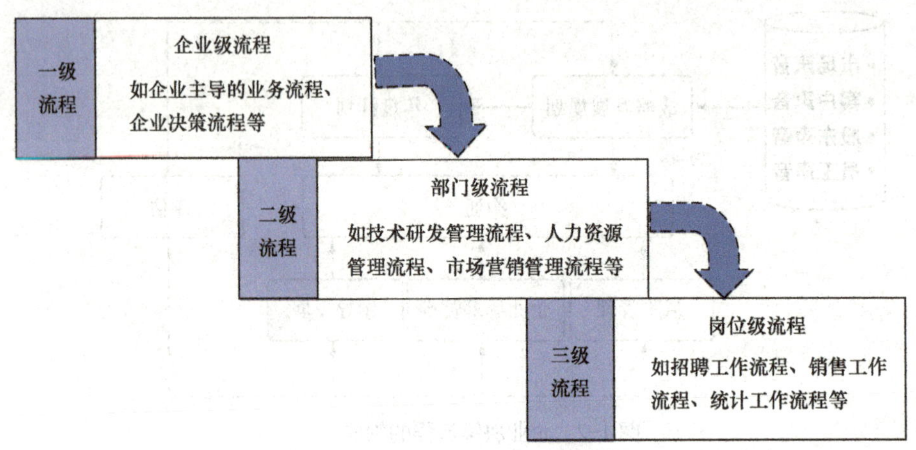

图 1-5　企业内部流程的层级

企业内部各级流程之间的关系是环环相扣的，上一级别流程中的某个节点在下一级别可能就会演化成另一个流程。

例如，在二级流程的人力资源管理流程中，招聘工作只是其中的一个节点，而它又会演化成三级流程中的招聘工作流程。

1.2　流程管理

1.2.1　流程管理的含义分析

企业进行流程管理是为了优化企业内部的各级流程，帮助企业提高管理水平，并通过优化的流程创造更多效益。因此，流程管理可被理解为从流程角度出发，关注流程能否**“为企业实现增值”**的一套管理体系。

从客户角度来说，客户愿意付费 / 购买就能带来增值。但从企业角度来说，“增值”可以被理解为但不限于以下六种情况：

（1）效益提升，投资回报率上升；

（2）工作效率提高，业绩提升；

（3）工作质量、产品 / 服务质量提升；

（4）各种浪费减少，经营成本降低；

（5）沟通顺畅，办公氛围和谐、向上；

（6）品牌价值提升，知名度提升。

企业流程管理主要是对企业内部进行革新，解决职能重叠、中间层次多、流程堵塞等问题，使每个流程从头至尾责任界定清晰，职能不重叠、业务不重复，达到缩短流程周期、节约运作成本的目的。

1.2.2 流程管理的目标分析

流程管理是按业务流程标准，在职能管理系统授权下进行的一种横向例行管理，是一种以目标和服务对象为导向的责任人推动式管理。

流程管理的目标分析说明如表 1–2 所示。

表 1–2 流程管理的目标分析说明

项次	分析项	具体描述
1	流程管理的最终目的	◎提升客户满意度，提高企业的市场竞争能力 ◎提升企业绩效
2	流程管理的宗旨	◎通过精细化管理提高管控程度 ◎通过流程优化提高工作效率 ◎通过流程管理提高资源的合理配置程度 ◎快速实现管理复制
3	流程管理的总体目标	管理者依据企业的发展状况制定流程改善的总体目标
4	总体目标分解	在总体目标的指导下，制定每类业务或单位流程的改善目标
5	流程管理的工作标准与要求	◎保证业务流程面向客户，管理流程面向企业目标 ◎流程中的活动都是增值的活动 ◎员工的每一项活动都是实现企业目标的一部分 ◎流程持续改进
6	流程管理在企业发展各阶段的具体目的	企业需要根据自身发展阶段和遇到的具体问题对流程管理有所侧重 ◎梳理：工作顺畅，信息畅通 ◎显化：建立工作准则，便于查阅、了解流程，便于沟通并发现问题，便于复制流程以及对流程进行管理 ◎监控：找到监测点，监控流程绩效 ◎监督：便于上级对工作进行监督 ◎优化：不断改善工作，提升工作效率

1.2.3 流程管理工作的三个层级

总体来说，企业流程管理工作包括三个层级，即流程规范、流程优化和流程再造。各个层级的主要内容及适用情况如表 1–3 所示。

表 1–3 流程管理工作三个层级的主要内容及适用情况

层级划分	主要内容	关键输出	适用时机 / 阶段
第一层级 流程规范	整理企业流程，界定流程各环节的工作内容及相互之间的关系，形成业务的无缝衔接	流程清单 流程体系框架图 各流程图	适合所有企业的正常运营时期
第二层级 流程优化	流程的持续优化过程，持续审视企业的流程，不断完善和强化企业的流程体系	流程诊断表 流程清单（新） 流程体系框架图（新） 各流程图（新）	适合企业任何时期
第三层级 流程再造	重新审视企业的流程和再设计	流程再造分析报告 流程清单（新） 流程体系框架图（新） 各流程图（新）	适合企业变革时期，以适应企业变革阶段治理结构的变化、战略改变、商业模式变化，以及出现的新技术、新工艺、新产品、新市场等情况

需要注意的是，在流程建设管理工作中，企业应遵循“点面结合”的原则，在加强流程管理体系整体建设（面）的同时持续改进具体流程内容（点）。

1.3 流程管理工作的开展

1.3.1 项目启动

为确保流程能够满足企业战略发展的要求，企业需要从全局视角开展流程管理工作，构建企业流程体系框架，找到关键流程，设计出符合企业实际和发展需求的流程与流程体系。

企业可组建流程建设项目小组，启动流程建设项目的工作指引，具体如表 1–4 所示。

表 1-4　启动流程建设项目的工作指引

步骤	步骤细分	具体说明	责任主体	输出
启动流程建设项目	成立项目小组	具体参见表 1-5	流程管理部门	◎项目小组成员名单及职责说明 ◎项目工作计划
	选择规划工具或方法	包括基于岗位职责的建设方法（从下到上）、基于业务模型的建设方法（从下到上）和借助第三方（咨询公司）的流程建设方法等	流程管理部门	◎规划项目操作指引 ◎会议记录 / 纪要
	制订工作计划	明确项目里程碑，确定各项具体工作清单与步骤及其责任主体，可使用甘特图	流程规划项目组	
	发布项目操作指引	包括项目简介、工作计划、成员名单及职责、建设步骤方法、各步骤的详细操作说明、流程图模板、案例、已有流程清单、项目组激励方案等	流程管理部门	
	召开项目启动会	会议重点是项目整体介绍、背景及理念、角色与职责定位、总体计划、项目最终成果及意义等	流程管理部门	
备注	本阶段常用的工具或方法有甘特图、项目管理法等			

流程建设工作需要得到企业领导层的重视与支持，项目小组的组建及成员构成如表 1-5 所示。

表 1-5　流程建设项目小组的组建及成员构成

角色定位	成员构成	主要职责
企业流程管理委员会	由企业高层领导组成，如总经理、各主管副总等，成员人数控制在 3~5 人	◎提供资源支持 ◎任命建设项目经理 ◎审核建设项目计划 ◎参与关键问题决策 ◎参与关键环节的建设及决策

（续表）

角色定位	成员构成	主要职责
流程建设项目经理	可由流程管理部门经理担任，也可考虑增设项目副总，由相关部门经理担任	◎编制项目计划 ◎监督项目成员完成目标 ◎评估项目成员工作表现
项目助理	可由流程管理部门人员担任	协助项目经理管理项目日常工作，如整理文档等
成员（各部门负责人）	项目成员应具有丰富的工作经验，多为各部门负责人，由其参与部门流程建设工作；也可指派部门人员参与项目小组的工作。各业务部门的流程应统一建设	◎根据项目计划，组织本部门完成相应的流程建设工作 ◎参与本部门流程图和企业全景流程图的绘制，宣贯和应用流程建设成果
成员（流程管理部门的人员）	流程管理部门的工作人员均应参与到项目中来	负责流程建设方法、工具的开发及各部门的相关培训与指导工作

1.3.2 识别流程

在识别流程阶段，企业需要做的是识别本企业有哪些流程，编制流程清单，界定流程之间的界限及为流程命名，帮助企业从流程的视角弄清企业管理现状，为后续的流程建设、每个流程的具体描述提供良好的基础。

由于各部门流程识别、流程清单的梳理对之后的工作至关重要，因此这项工作一般应由各部门领导牵头组织，先整理出部门业务流程主线，明确本部门的关键环节和核心业务，进而确定主要业务流程及流程之间的关系。识别流程阶段的工作指引如表 1-6 所示。

表 1-6　识别流程阶段的工作指引

步骤	步骤细分	具体说明	责任主体	输出
识别流程	流程建设培训	流程管理部门对各部门进行流程建设方面的培训，培训的重点是如何使用各种表格等，具体内容包括项目简介、涉及的概念、目的和产出、职责划分、建设步骤、表格编制、工作计划、答疑等	流程管理部门	◎培训课程 ◎培训计划 ◎部门流程清单 ◎企业流程清单（参见表 1-7）

（续表）

步骤	步骤细分	具体说明	责任主体	输出
识别流程	各部门流程识别	进行部门内岗位分析、业务线分析；将职责分解，细化到岗位、业务活动，并按活动的先后顺序排列，提炼出流程；界定流程的上下接口、输入输出及责任主体；汇总部门内流程，编制部门流程清单	各部门，包括岗位代表人员、部门负责人	◎培训课程 ◎培训计划 ◎部门流程清单 ◎企业流程清单（参见表 1-7）
	编制企业流程清单	流程管理部门汇总各部门流程清单，与各部门充分沟通，删除重复流程，查漏补缺，形成企业流程清单	流程管理部门	
备注	本阶段常用的工具及方法有战略地图、业务单元分析法、部门职能分析法、岗位工作分析法等			

1.3.3 构建流程清单

流程建设项目小组在本阶段的主要任务是与各部门进行沟通、讨论，对企业流程进行分类和分级，构建企业流程框架，输出企业流程清单，具体如表 1-7 所示。

表 1-7　企业流程清单

序号	一级流程	二级流程	三级流程	归口管理部门	流程状态
备注	流程状态的填写说明：1——流程已有且有效；2——流程已有，待梳理；3——无文件，待设计梳理				

1.3.4 评估流程重要程度

本阶段的工作任务是评估企业流程的重要程度，识别出关键流程、核心流程等，将其作为流程设计、运行管理、优化再造工作的重点，以提高企业流程建设工作的效率和效益。

企业的所有活动都是为了提高客户的满意度，实现价值，企业流程重要程度的衡量标准是流程的增值性。一般情况下，直接与客户产生业务关系的流程（如售后服务流程）、与企业核心竞争力相关的流程（如产品质量管理流程）等为企业的重要流程。

表 1-8 为某公司流程建设项目的流程重要程度评估分析表，供读者参考。

表 1-8　某公司流程建设项目的流程重要程度评估分析表

流程名称	与客户相关度（30%）	与整体绩效相关度（30%）	与战略相关度（25%）	流程横向跨度（15%）	评估得分	重要程度等级
×××× 流程	60	60	60	60	60	
用表说明	1. 以“×××× 流程”的评估为基准，其他各流程与之对比 2. 各评估项单项总分为 100 分，各单项评分乘以权重后的“和”为总分 3. 重要程度评估根据最终评分结果，采取强制百分比法，排名前 5% 的为 A 级流程，排名前 4% ～ 20%（包含）的为 B 级流程，排名前 21% ～ 30%（包含）的为 C 级流程，排名前 31% ～ 50%（包含）的为 D 级流程，其他为 E 级流程 4. 评级结果为 A、B、C 级的流程要重点管理					

1.3.5　完善体系框架

完成流程重要程度评估分析后，企业需要在流程清单的基础上进一步完善流程体系框架，标注流程的重要程度等级，具体如表 1-9 所示。

表 1-9　企业流程的重要程度等级

一级流程	二级流程	三级流程	归口管理部门	流程状态
×××× 流程（B 级）	×××× 流程（B 级）	×××× 流程（A 级）		
		×××× 流程（B 级）		
	×××× 流程（C 级）	×××× 流程（C 级）		
		×××× 流程（D 级）		

1.3.6 进行流程设计

企业在进行流程设计时，可遵循以下七个步骤。

第 1 步：界定流程范围

流程设计的第 1 步是界定流程范围，即确定信息的输入和输出。

在这一环节，企业需要回答以下几个问题。

- 有哪些流程业务活动？
- 流程从何处开始、在何处终止？
- 流程的输入和输出是什么？
- 输出的成果交给谁（客户）？
- 客户有何要求？

在此，我们以设计“外部招聘管理流程”为例，来说明流程范围界定，具体内容如表 1–10 所示。

表 1–10 外部招聘管理流程范围界定

流程名称	外部招聘管理流程	流程编号	
流程责任部门 / 责任人	人力资源部 / 招聘主管	流程对应客户	各用人部门
本流程业务活动	人力资源部招聘、面试、录用管理工作		
流程开始	招聘需求	流程结束	录用决策、签订劳动合同
流程输入	已批准的招聘计划、临时招聘需求	流程输出	面试评估报告、劳动合同
流程客户要求（目标）	1. 期限内完成招聘任务 2. 人岗匹配		

第 2 步：确定流程活动的主要步骤

流程设计人员在界定完流程范围后，接下来需要进行调查分析，确定本流程活动的主要步骤，操作方法如图 1–6 所示。

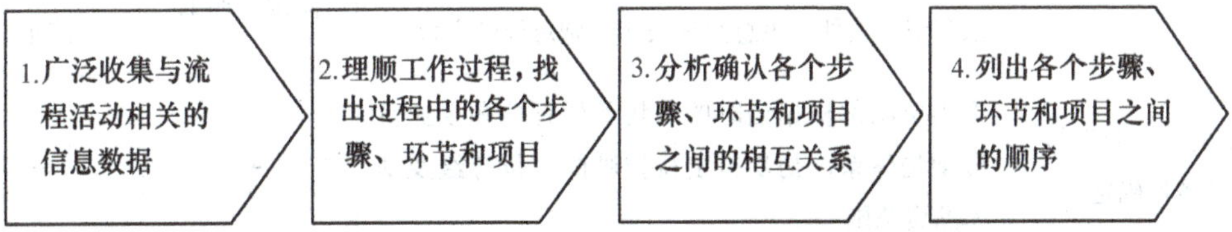

1. 广泛收集与流程活动相关的信息数据 → 2. 理顺工作过程，找出过程中的各个步骤、环节和项目 → 3. 分析确认各个步骤、环节和项目之间的相互关系 → 4. 列出各个步骤、环节和项目之间的顺序

图 1–6 确定流程活动的主要步骤

我们以设计"外部招聘管理流程"为例，其主要步骤（参见表 1-11）包括招聘需求汇总、招聘岗位分析与条件确定、发布招聘信息、简历收取与筛选、面试与评估、做出录用决策、签订劳动合同及试用期管理等。

第 3 步：步骤详细说明

本阶段应针对已确定的流程活动的主要步骤进行分析和描述，需要完成的工作如下：

- 分析每一个步骤的输入、输出（成果）；
- 明确后续步骤的客户要求；
- 确定每一步骤工作 / 活动的检查、考核、评估指标；
- 确定每一步骤涉及的部门 / 人员，明确其责任、权限和资源需求；
- 确定本流程的层次及与上下层级之间的关系。

我们仍以设计"外部招聘管理流程"为例，本阶段流程活动的主要步骤及具体描述如表 1-11 所示。

表 1-11　外部招聘管理流程活动的主要步骤及具体描述

流程名称	外部招聘管理流程	流程编号	
流程责任部门 / 责任人	人力资源部 / 招聘主管	流程对应客户	备用人部门
本流程业务活动	人力资源部招聘、面试、录用管理工作		
流程开始	招聘需求	流程结束	录用决策、签订劳动合同
流程输入	已批准的招聘计划、临时招聘需求	流程输出	面试评估报告、劳动合同
流程客户要求（目标）	1. 期限内完成招聘任务 2. 人岗匹配		
流程步骤	步骤描述	重要输入	重要输出
招聘需求汇总	人力资源部在经过批准的年度招聘计划指导下，按时进行计划内的人员招聘工作	招聘计划	—
	计划外招聘需由部门提出招聘申请并拟定上岗要求和资格条件，报总经理或相关副总经理审核	岗位说明书	招聘岗位清单
招聘岗位分析与条件确定	人力资源部根据当时的市场薪资行情和企业薪资架构体系，初步拟定待招聘的职位等级及基本薪资范围	—	—

（续表）

流程步骤	步骤描述	重要输入	重要输出
招聘岗位分析与条件确定	根据待招聘职位的高低，呈交相应的决策层核准，之后正式启动招聘工作 ◎部门经理及以上管理职位由总裁核准 ◎部门主管及主管以下职位由分管人力资源副总经理核准	—	—
发布招聘信息	通过内外部多种渠道发布招聘信息，同时收集人才资料，可经由下列方式进行 ◎刊登内部职位空缺公告 ◎刊登报纸广告 ◎接洽人才中介机构 ◎请高校推荐 ◎参加人才交流会等	岗位说明书	招聘广告
简历收取与筛选	人力资源部收到应聘者的各项资料后，先进行初步审核，审阅其学历、经验是否符合企业要求，再将审核通过的应聘者的资料转交用人部门进一步审核，通过书面资料审核淘汰一部分不符合岗位要求的应聘者	应聘简历	面试人员清单
面试与评估	由人力资源部主导，对通过审核的应聘者进行笔试及面试，从人员的基本素质方面进行评估，筛选出符合要求的应聘者	面试清单	面试记录 面试评估表
	在人力资源部的协助下，由相关业务部门的人员对应聘者进行专业技能考核		面试评估表
	◎主管级别及以下职位由副总经理进行最终面试 ◎部门经理及以上管理职位由总经理进行最终面试		面试评估表
做出录用决策	根据企业高层领导及用人部门的意见，人力资源部告知被录用者其最终职位和薪资金额		
	将其他优秀但未被录用的应聘者的资料存入人才库		人才库
	通过面试的应聘者必须参加体检，体检未通过者不予录用		体检报告
签订劳动合同	人力资源部发出录用通知单，与被录用者签订劳动合同，并根据招聘 / 录用管理制度为被录用者办理相关的入职手续		劳动合同

（续表）

流程步骤	步骤描述	重要输入	重要输出
试用期管理	执行试用期管理流程	—	—
考核评估方法	招聘任务是否按期完成、招聘人数完成率、招聘计划出错次数、招聘广告出错次数等		

第 4 步：选择流程形式

根据流程的分类、层级、复杂程度，以及流程活动的内部关联性等因素，企业流程主要有四种展现形式，即箭头式流程图、业务流程图、矩阵式流程图和泳道式流程图。

☆ 箭头式流程图

箭头式流程图的特点是直观、一目了然，适用于企业员工都熟悉流程中各项作业概况的情况或流程中各项作业任务较简单的情况。箭头式流程图的示例如图 1-7 所示。

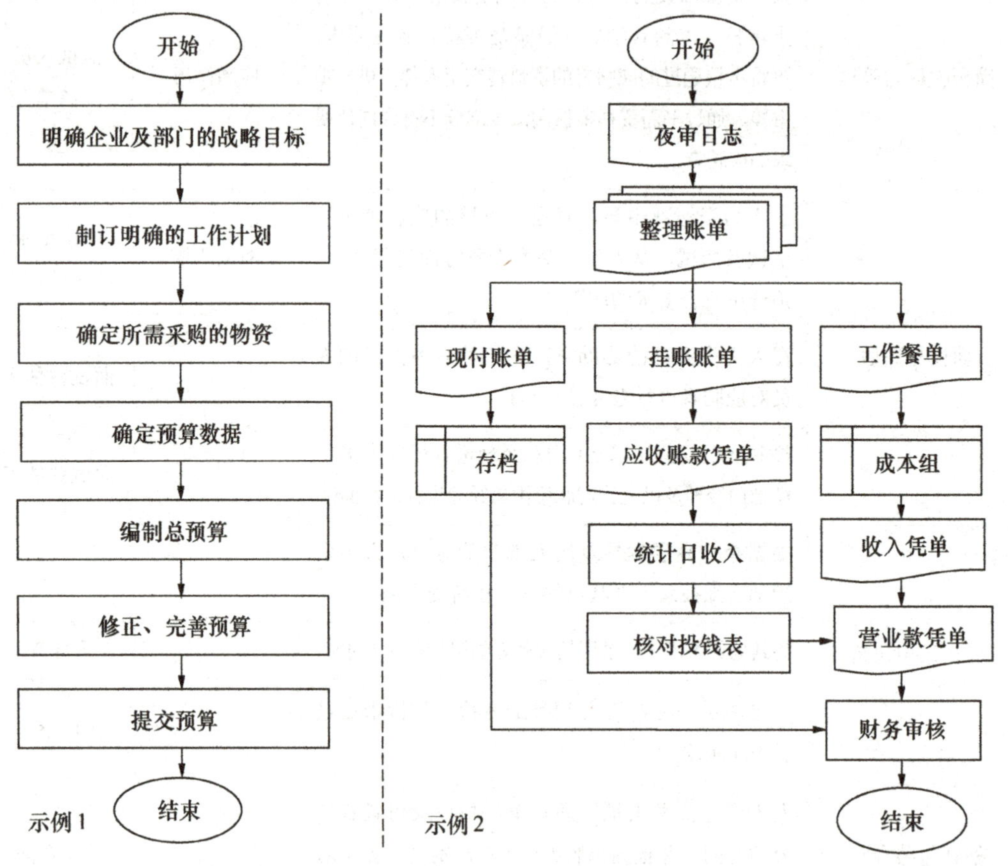

图 1-7 箭头式流程图的示例

企业在设计箭头式流程图时，需要注意以下两个问题。

- 在图中明确执行主体，如果是单一的执行主体，可将执行主体省略。
- 用简洁的语言对流程图中的主要活动进行解释说明，以进一步明确活动要求和指令。

☆ 业务流程图

在业务流程图中，需要明确流程的上下执行主体、活动内容、要求及指令，并将要求和指令用统一的语言表达出来。流程活动的承担者之间必须是平等、互助、尊重、关怀的关系。业务流程图的示例如图 1-8 所示。

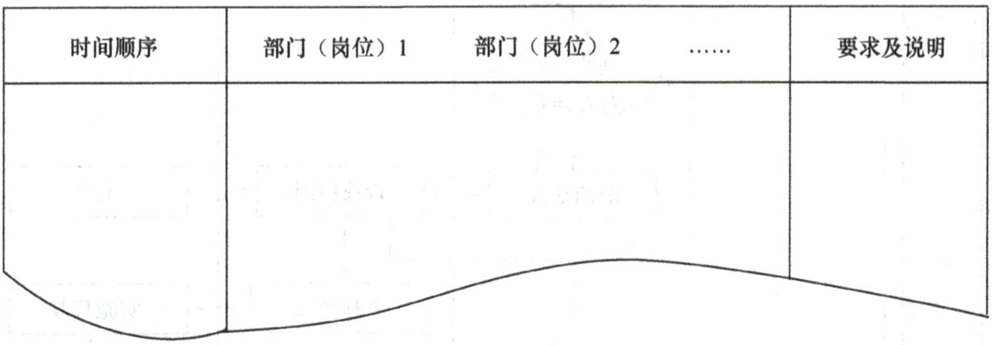

时间顺序	部门（岗位）1　部门（岗位）2　……	要求及说明

图 1-8　业务流程图的示例

☆ 矩阵式流程图

矩阵式流程图有纵、横两个方向的坐标，它既解决了先做什么、后做什么的问题，又明确了各项工作的具体责任人。矩阵式流程图的示例如图 1-9 所示。

☆ 泳道式流程图

与矩阵式流程图相似，泳道式流程图也是通过纵、横双向坐标来设计流程，纵向为分项工作任务，横向是承担任务的部门、岗位（即执行主体）。

这种流程图样式与其他流程图类似，但在业务流程的执行主体上，主要通过泳道（纵向条）区分执行主体。泳道式流程图的示例如图 1-10 所示。

第 5 步：绘制流程草图

流程图的绘制是指流程设计人员将流程设计或流程再造的成果以书面形式呈现出来。

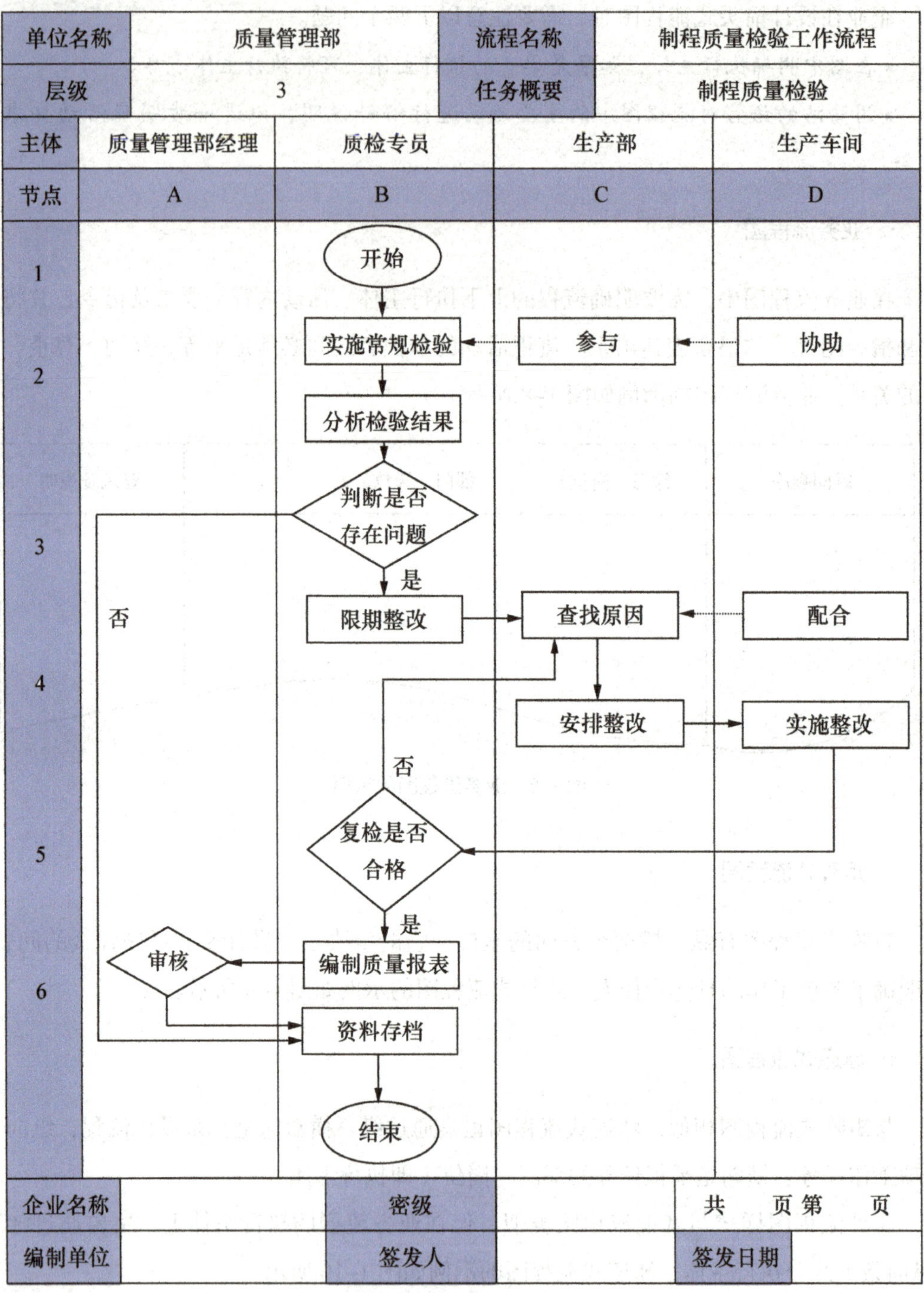

图 1-9 矩阵式流程图的示例

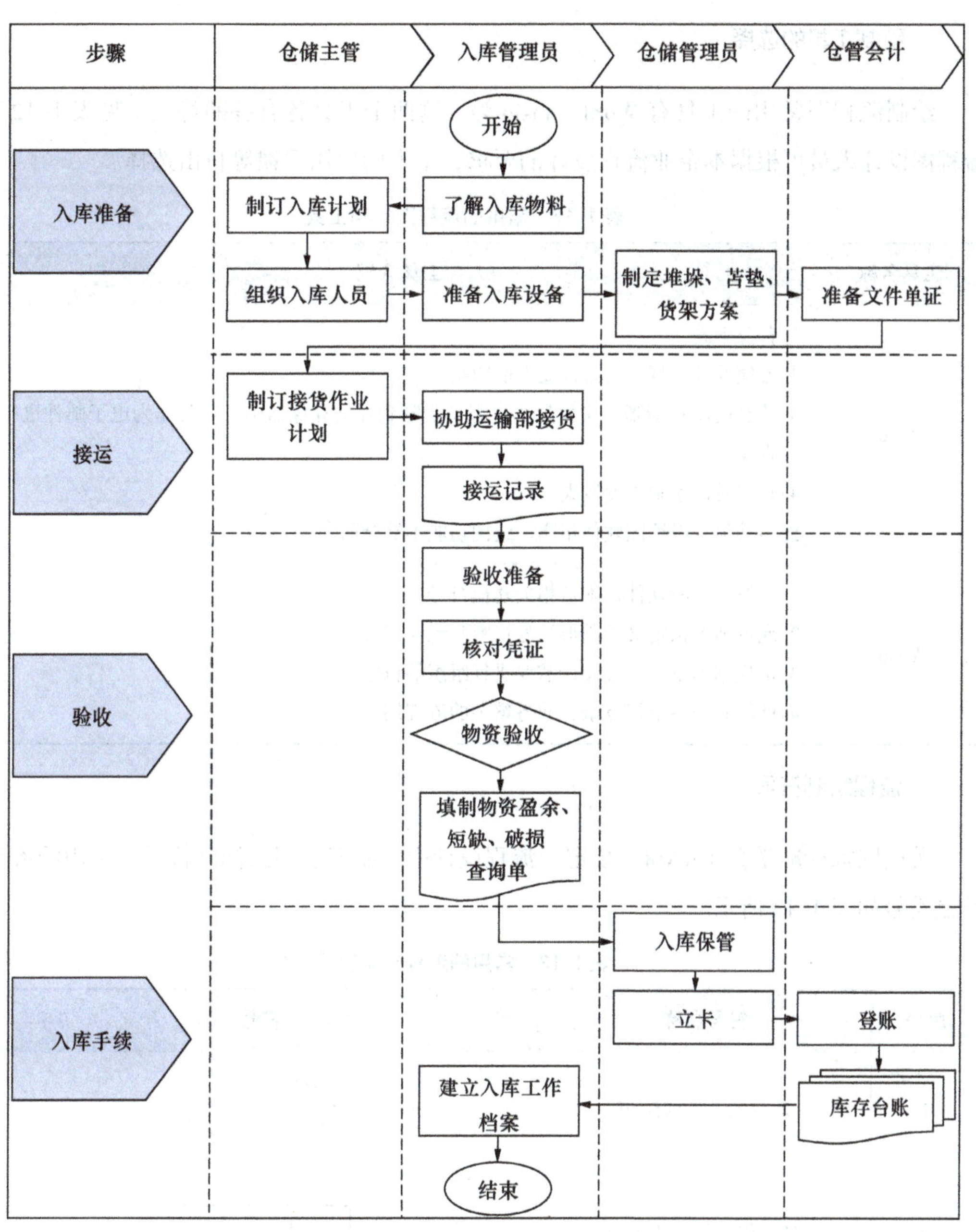

图 1-10　泳道式流程图的示例

☆ 绘制工具的选择

绘制流程图常用的工具有 Word、Visio 等，这两个工具各有各的特点（见表 1-12），流程图设计人员可根据本企业流程设计的要求、个人的使用习惯等自由选择。

表 1-12　常用的流程图绘制工具

工具名称	工具介绍
Word	1. 普及率高 2. 方便发排、打印及流程文件的印制 3. 绘制的图片清晰，文件量小，容易复制到移动存储器中，容易作为电子邮件进行收发 4. 较费时，绘制难度较大 5. 与其他专用绘图软件相比，绘图功能不够全面
Visio	1. 专业的绘图软件，附带相关建模符号 2. 通过拖曳预定义的图形符号很容易组合图表 3. 可根据本单位流程设计需要进行组织的自定义 4. 能绘制一些组织复杂、业务繁杂的流程图

☆ 流程绘制符号

美国国家标准学会（ANSI）规定了流程设计中绘制流程图的标准符号，常用的流程绘制符号如表 1-13 所示。

表 1-13　常用的流程绘制符号

序号	符号名称	符号
1	流程的开始或结束	
2	具体作业任务或工作	
3	决策、判断、审批	
4	单向流程线	

（续表）

序号	符号名称	符号
5	双向流程线	
6	两项工作跨越、不相交	
7	两项工作连接	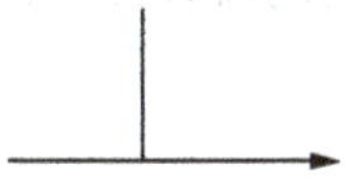
8	作业过程中涉及的文档信息	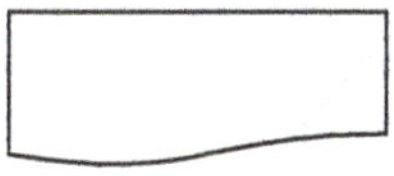
9	作业过程中涉及的多文档信息	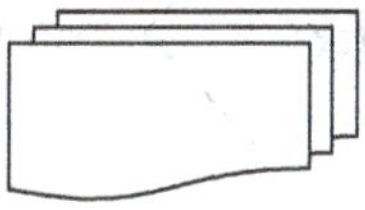
10	与本流程关联的其他流程	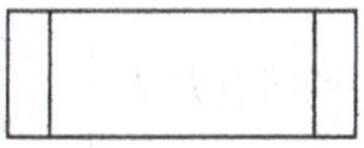
11	信息来源	
12	信息储存与输出	

实际上，流程绘制的标准符号远不止表 1-13 所列的这些。但是，流程图的绘制越简洁、明了，操作起来就越方便，企业也更容易接受和落实；符号越多，流程图就越复杂，越难以落实到位。所以，一般情况下，企业使用 1~4 项流程绘制的标准符号就基本可以满足绘制流程图的需要了。

☆ **绘制草图**

不同的流程展现形式体现了不同层次的流程。例如，一二级流程适合用矩阵式流程图和泳道式流程图呈现，而三级流程中的部分业务流程适合用箭头式流程图和业务流程图呈现。

值得一提的是，流程设计人员在绘制流程图的过程中，需要确定该流程与上下游流程之间的接口，以及与规范流程运行要求相关联的制度之间的关系，并根据实际情况尽量将其在流程图中反映出来，如流程图中可根据流程节点给出相应的制度、表单等。

第 6 步：流程意见反馈

流程图绘制完成后，需要通过意见征询、试运行等方式获得相关意见和建议，发现不足和纰漏，以便对其做出进一步修改和完善，直至最终定稿。

针对初步绘制的流程图，流程设计人员可通过以下三种方式征求各方的意见，具体如图 1-11 所示。

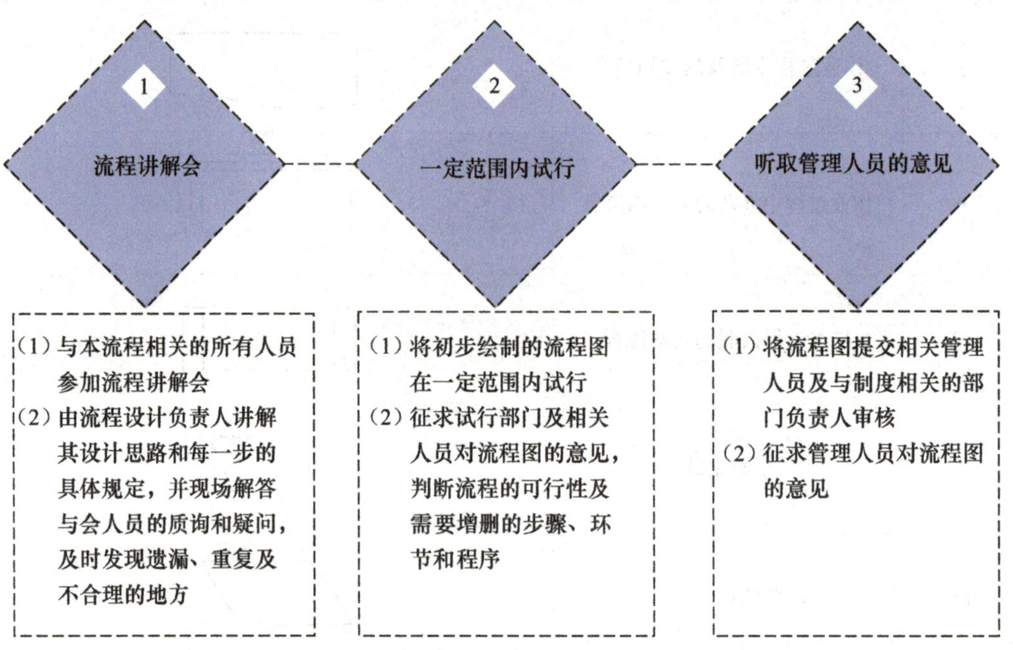

图 1-11　流程图草案意见征询方式

第 7 步：流程调整修正

通过上述方式进行意见征询后，流程设计人员应综合分析意见征询结果，汇总各种修改意见，对流程图进行修改和完善，提交权限主管领导审核后再呈交总经理批准，或在董事会审议通过后公示执行。

☆ **流程定稿要求**

老员工能够按流程图做事，新员工能够根据流程图知道怎样做事。

☆ 流程试运行与检查

流程设计人员要监控流程试运行过程，检查并汇总试运行过程中出现的问题，做好检查记录，为问题分析和流程改善做准备。流程实施与检查内容说明如表 1-14 所示。

表 1-14　流程实施与检查内容说明

项次	检查项目	具体检查内容
1	检查流程是否稳定	◎在实施过程中是否出现例外活动 ◎在实施过程中是否出现步骤、时间、权责方面的冲突 ◎是否出现上一部分的步骤成果（输入）不能充分影响下一步骤的活动 ◎是否出现资源（特别是人力资源）与任务不匹配的情况
2	检查程序是否合理	◎适宜性：程序适应内外部环境变化的能力 ◎充分性：程序各过程的展开程度 ◎有效性：达到的结果与所使用的资源之间的关系，确保程序的经济性

☆ 流程简化

流程简化的目标是用最少的资源执行流程，减少资源浪费。流程简化的方法包括取消环节、合并环节、环节调序、简单化环节、自动化环节以及一体化环节等。

流程简化工作的一般操作方法如下：

- 对评估流程进行再评估，确认和削减增加资源耗费的活动；
- 评估各种测量方法，判断其能否提供有用和可控的信息；
- 缩短时间，测试输出数量 / 质量是否相应减少；
- 依据上述变动调整程序简化计划；
- 将程序置于自动运行状态，通过周期性检查发现问题。

1.3.7　发布、实施与检查

1. 流程的确定与发布

流程设计人员将经过实践检验的流程图提交企业领导审核签字后，以适当的方式向全体员工公示，并自公示之日起生效，便于员工遵照执行。

一般情况下，常用的流程公示方式有四种，企业可根据实际情况选择运用，具体做法如表 1-15 所示。

表 1-15　流程公示的四种方式及操作说明

序号	公示方式	操作说明
1	全文公告公示	在企业公共区域将流程图及相关说明全文公告，并将公告现场以拍照、录像等方式记录备案
2	集中学习	召开员工会议或组织员工进行集中学习、培训，并让员工签到确认参与了学习或培训
3	员工阅读并签字确认	将流程及相关说明做成电子或纸质文件交由员工阅读并签字确认。确认方式包括在流程文件的尾页签名、另行制作表格登记、制作单页的“声明”或“保证”
4	作为劳动合同附件	将流程文件作为劳动合同的附件，在劳动合同专项条款中约定“劳动者已经详细阅读，并自愿遵守本企业的各项规定”等内容

企业的经营管理人员或人力资源管理人员，对流程公示工作要细心谨慎，注意以下两大事项。

事项 1：务必让当事人知晓

务必将相关通知、决定等送到当事人手中，而不是“通告一贴，高高挂起”，要确保能够达到公示与告知的目的。

事项 2：注意留存公示的证据

不同的公示方式有不同的证据留存方式。例如，让员工在“签阅确认函”上签字确认，可签“已经阅读、明了，并且承诺遵守”等。

2. 优化流程实施的环境

设计了流程并不意味着企业的运行效率和经济效益必然会有大幅度的提高，更重要的工作是抓好流程管理的落实。

在管理和实施流程的过程中，企业不能忽视对流程实施环境的管理，应该注意以下几点。

● 建立合适的企业文化

企业流程设计或再造一般均以流程为中心、以追求客户满意度的最大化为目标，这就要求企业从传统的职能管理向过程管理转变。

企业在实施流程管理时，需要改变过去的传统观念和习惯做法，建立一种能够适应这种转变的以“积极向上、追求变革、崇尚效率”为特征的企业文化，以使每个流程中的各项活动都能实现最大化增值的目标，为企业经济效益的提高做贡献。

● **提高企业领导对流程管理的认识**

提高企业领导，特别是企业高层领导对流程管理的认识是企业发展中的重要问题，是企业提高运营效率和经济效益的重要措施，是企业战胜竞争对手的主要手段，是企业发展战略的重要因素。

只有企业的董事长、总经理、总监等高层领导重视流程管理，才能推动企业的流程再造，实施才能见到效果。

● **加强培训，使企业上下共同提高对流程的认识**

在实施流程管理的过程中，企业高、中层管理人员是推动流程管理的骨干，广大员工则是推动流程管理的重要力量。

通过培训，使企业的管理团队与员工提高对流程设计或再造的认识，共同认识到流程的意义，认识到流程再造对企业生存和发展的作用，只有这样推动与实施流程再造，才能达到良好的效果。

此外，通过培训，可以提高员工的自觉性，使员工自觉遵守新的流程。

3. 实现流程的有效落实

企业的流程图绘制完毕、装订成册后，需要发给企业各部门，以便员工遵照执行。流程图实际上是企业的一项规章制度，它可以帮助企业建立正常的工作规则和工作秩序。

以下是流程有效落实的四种思路，具体如图 1-12 所示。

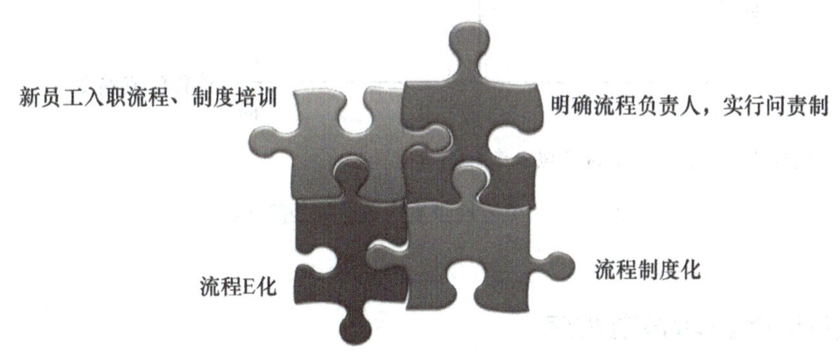

注：流程E化是指应用现有的IT技术，实现企业各项管理和业务流程的电子化。

图 1-12　流程有效落实的四种思路

4. 开展有针对性的流程检查

流程检查的目的是提高企业的效益，保证流程目标的最终实现。

● 控制流程检查的成本投入。流程检查成本投入需要与该流程的产出价值相匹配，否则既浪费资源，又不能创造价值。企业在流程检查工作中要有成本意识，强化“投资回报”的概念。

● 把握好流程检查的度。在设计流程检查方案时，需要确定流程检查的精细度、频次及抽样方法，控制检查成本。流程检查工作要抓住关键流程，抓住流程的关键环节，结合实际情况和流程的运转时间确定流程检查的频次和抽样方式。

5. 流程检查重点的选取

流程检查需要与流程实际执行情况相匹配，合理设置流程关键控制点。

● 对于流程成熟度高（流程绩效表现合理且稳定）、人员能力较强的流程，企业可降低检查投入，也可取消相关的关键控制点。

● 对于流程成熟度较低（流程绩效波动较大）的流程，企业需要加强对该流程的检查力度或新增关键控制点，以稳定流程绩效。

流程检查重点选取的矩阵分析如图 1-13 所示。

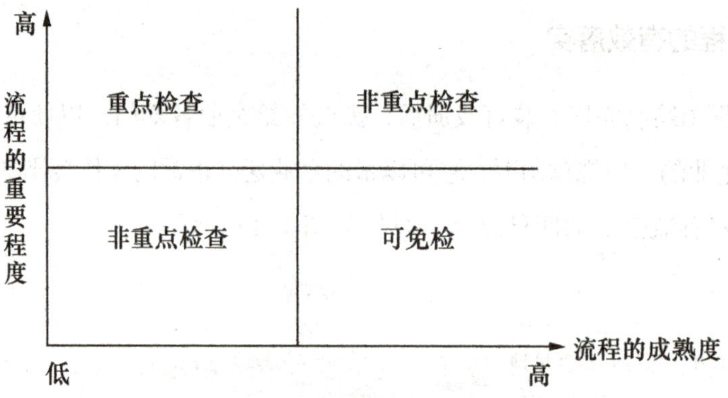

注：流程的重要程度评估请参照本章1.3.4所述。

图 1-13　流程检查重点选取的矩阵分析

6. 流程检查工作的实施程序

流程检查工作的实施程序如图 1-14 所示。

7. 流程绩效评估与改进

从本质上看，流程绩效评估是为企业战略与经营服务的，企业需要对某些关键的流程进行绩效评估，将流程绩效作为企业绩效管理的一个重要维度。

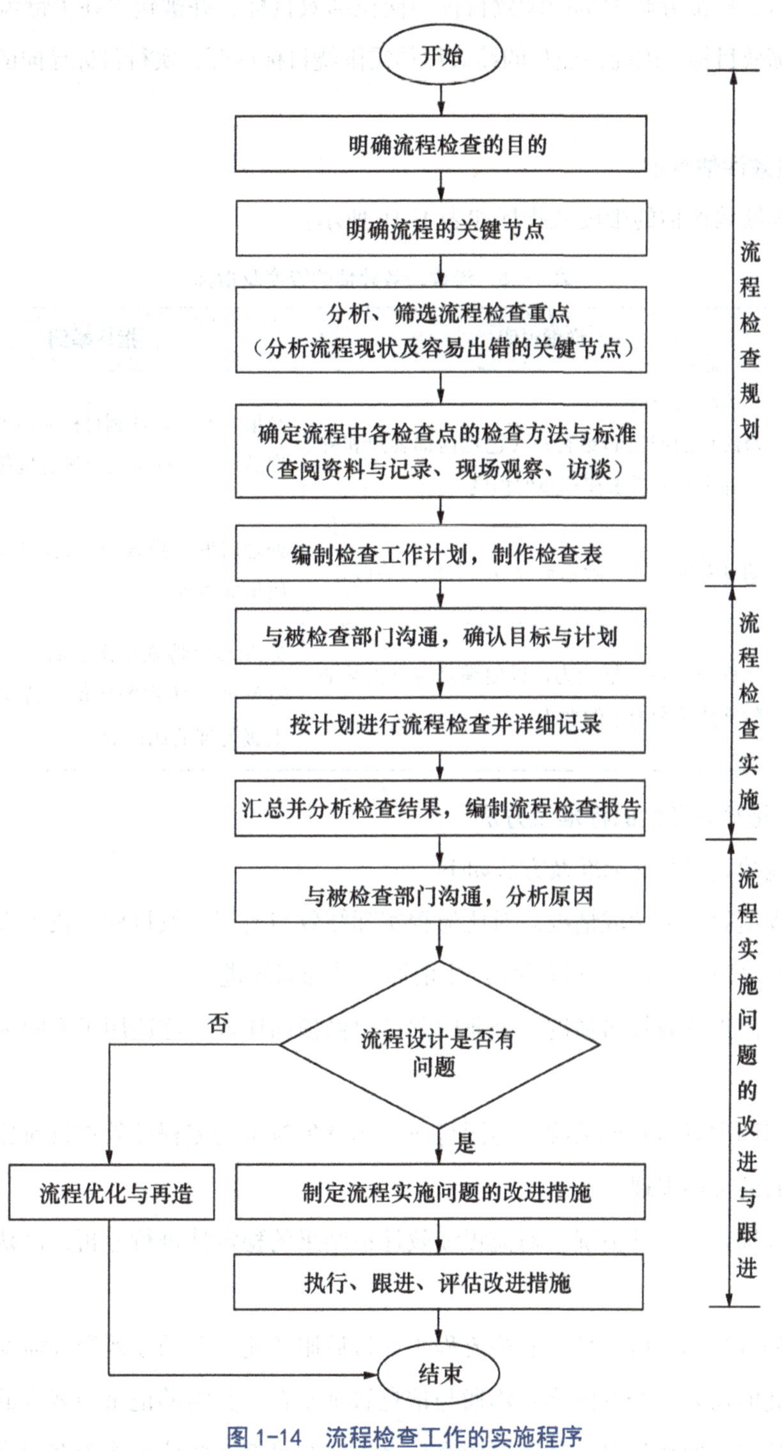

图 1-14　流程检查工作的实施程序

● **确定流程的绩效目标**

企业战略目标被分解为部门绩效目标与岗位绩效目标，并被包含在关键流程中，即流程被赋予绩效目标。因此，流程的绩效评估需围绕目标展开，实行目标导向的流程绩效评估。

● **流程绩效评估维度**

企业流程绩效评估的维度及指标如表 1-16 所示。

表 1-16 流程绩效评估的维度及指标

评估维度	详细说明	指标举例
效果	◎流程的产出 ◎流程的产出满足客户（包括内部客户和外部客户）需求和期望的程度	产量、产值、计划目标完成率、外部客户满意度、内部客户满意度等
效率	通过效果评估，确认资源节约与浪费的情况	处理时间、投入产出比、增值时间比、质量成本等
弹性	流程应具备调整能力，以便满足客户当前的特殊要求和未来的要求	处理客户特殊要求的时间、被拒绝的特殊要求所占的比例、特殊要求递交上级处理的比例等

● **流程实施绩效评估的标准及方法**

流程实施绩效评估的标准及方法如下。

（1）流程绩效目标达成情况。对比流程实际绩效与流程绩效目标，找出实际绩效与流程绩效目标之间的差距，分析差距产生的原因并加以改进。

（2）内部流程绩效排名情况。企业内部可以做横向比较，这适用于不同区域的业务流程竞争、成功经验分享等。

（3）外部同类竞争对比情况。与同行业主要竞争对手的流程绩效进行对比，以了解企业在该方面的市场表现。

（4）流程绩效稳定性情况。对流程绩效评估结果的稳定性进行分析，确认流程是否处于受控状态。

（5）流程客户满意度评估。有些流程（如售后服务流程）的绩效管理需要客户与市场的评估，此时需要一个好的客户沟通与信息管理平台，其能够记录与客户的日常沟通信息、投诉信息、回访信息、满意度调查信息等，并可将这些信息作为客户满意度评估的依据。

- **流程绩效评估结果的运用**

企业流程绩效评估结果可运用于五个方面，具体如图 1-15 所示。

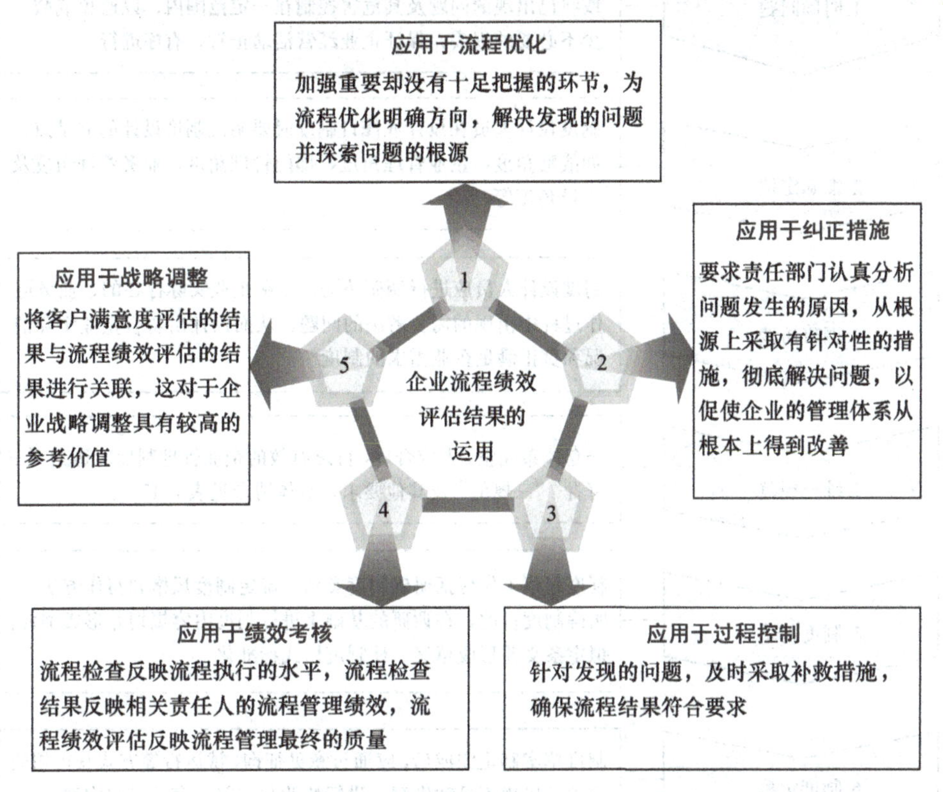

图 1-15　企业流程绩效评估结果的运用

1.4　流程执行章程设计

1.4.1　配套制度设计

制度是规范员工行为的标尺之一，是企业进行规范化、制度化管理的基础。只有不断推进规范化、制度化管理，企业才能逐步发展壮大。

1. 制度设计步骤

企业在设计流程配套制度时，要明确需要解决的问题及要达到的目的，为制度准确定位，开展内外部调研，明确制度规范化的程度，统一制度格式，等等。制度设计的步骤如图 1-16 所示。

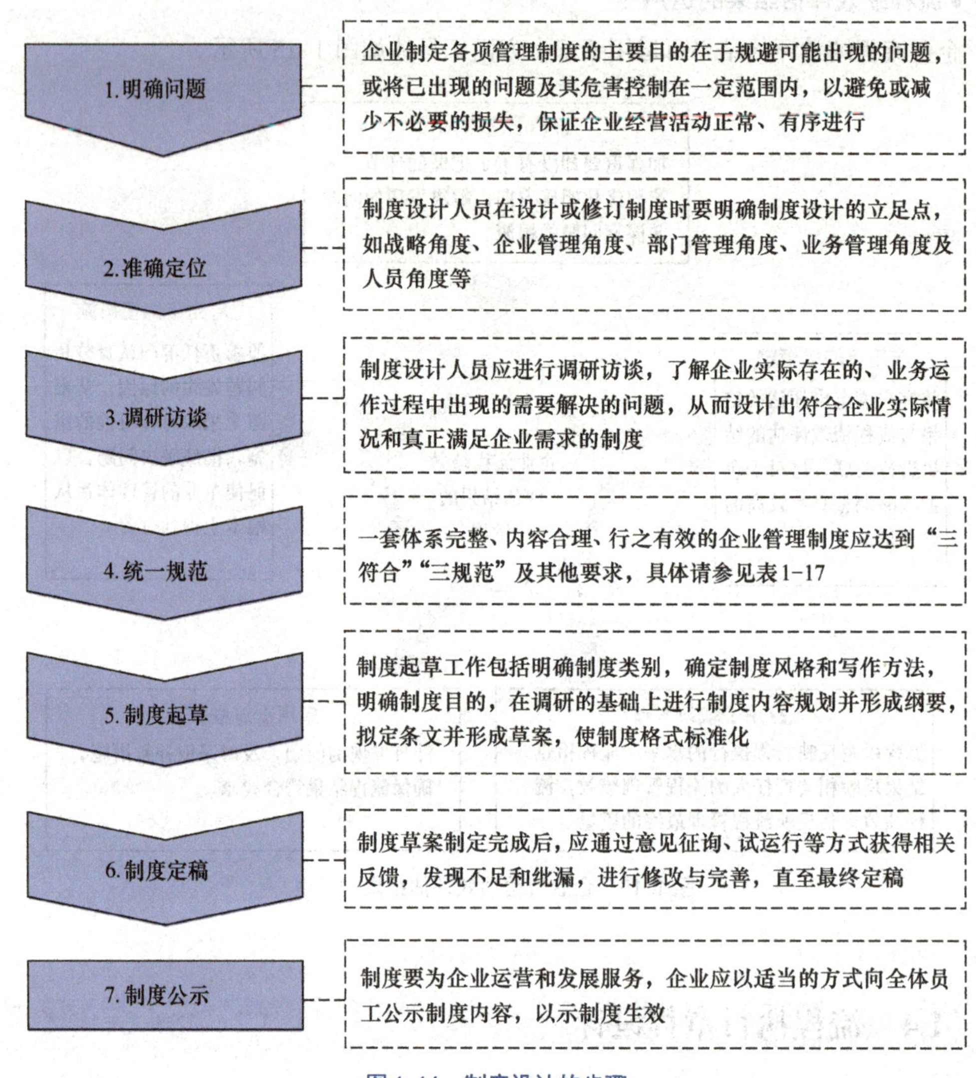

图 1-16　制度设计的步骤

2. 制度设计规范及要求

要想设计一套体系完整、内容合理、行之有效的企业管理制度，制度设计人员必须遵循一定的规范及要求，具体内容如表 1-17 所示。

表 1-17　制度设计规范及要求

设计规范	具体要求
三符合	符合企业管理者最初设想的状态

（续表）

<table>
<tr><th>设计规范</th><th colspan="2">具体要求</th></tr>
<tr><td rowspan="2">三符合</td><td colspan="2">符合企业管理科学原理</td></tr>
<tr><td colspan="2">符合客观事物发展规律或规则</td></tr>
<tr><td rowspan="3">三规范</td><td>规范
制度制定者</td><td>◎品行好，能做到公正、客观，有较强的文字表达能力和分析能力，熟悉企业各部门的业务及具体工作方法
◎了解国家相关法律法规、社会公序良俗和员工习惯，了解制度的制定、修改、废止等程序及审批权限
◎制度所依资料全面、准确，能反映企业经营活动的真实面貌</td></tr>
<tr><td>规范
制度内容</td><td>◎合法合规，制度内容不能违反国家法律法规，要遵守公德民俗，确保制度有效、内容完善
◎形式美观、格式统一、简明扼要、易操作、无缺漏
◎语言简洁、条例清晰、前后一致、符合逻辑
◎制度可操作性强，能与其他规章制度有效衔接
◎说明制度涉及的各种文本的效力，并用书面或电子文件的形式向员工公示或向员工提供接触标准文本的机会</td></tr>
<tr><td>规范
制度实施过程</td><td>◎明确培训及实施过程、公示及管理、定期修订等内容
◎营造规范的执行环境，减少制度执行过程中可能遇到的阻力
◎规范全体员工的职责、工作行为及工作程序
◎制度的制定、执行与监督应由不同人员完成
◎监督并记录制度执行的情况</td></tr>
</table>

3. 制度框架设计

制度的内容结构常采用“一般规定—具体制度—附则”的模式。一个规范、完整的制度所需具备的内容包括制度名称、总则 / 通则、正文 / 分则、附则与落款、附件这五大部分。制度设计人员应注意每一部分，使所制定的制度内容完备、合规、合法。

根据制度的内容结构，图 1-17 给出了常用的制度内容框架及设计规范，供读者参考。

需要说明的是，对于针对性强、内容单一、业务操作性强的制度，正文中不用分章，可直接分条列出，但总则与附则中的有关条目不可省略。

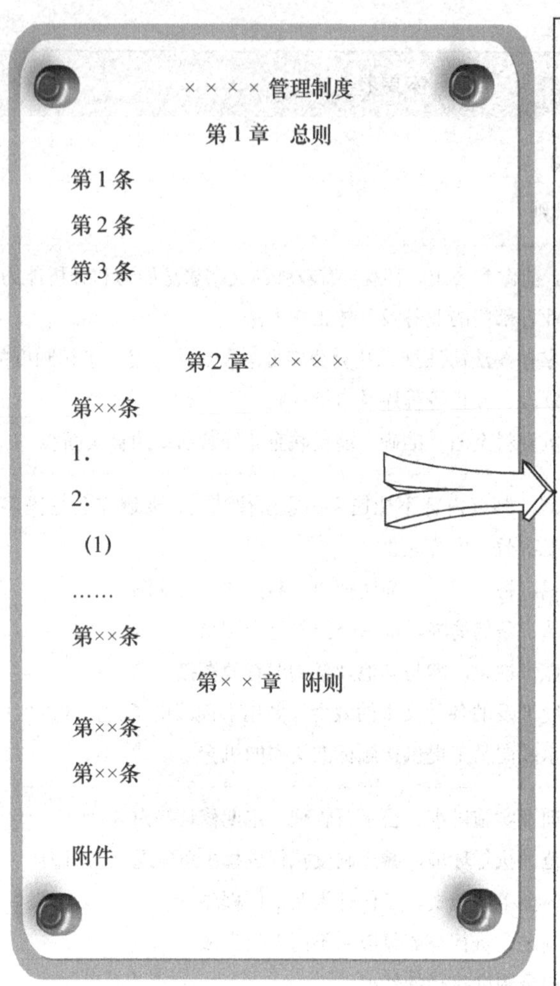

制度名称拟定

◎ 制度名称要清晰、简洁、醒目

◎ 受约单位/个人（可省略）+内容+文种

制度总则设计

◎ 制度总则的内容包括制度目的、依据的法律法规及内部制度文件、适用范围、受约对象或其行为界定、重要术语解释和职责描述等

制度正文设计

◎ 制度的主体部分包括对受约对象或具体事项的详细约束条目

◎ 正文分章，所列条目全面、合乎逻辑，语言表述清晰，没有歧义

◎ 既可以按对人员的行为要求分章分条，也可以按具体事项的流程分章分条

制度附则设计

◎ 说明制度制定、审批、实施要求与日期、修订事项等，保证制度的严肃性

◎ 包括未尽事宜解释，制定、修订、审批单位或人员，以及生效条件、日期等

制度附件设计

◎ 包括制度执行过程中需要用到的表单、附表、文件，以及相关制度和资料等

图1-17　制度内容框架及设计规范

4. 制度修订

企业在发展过程中，有些制度可能会成为制约其发展的主要因素，因此企业需要不断修订、完善甚至废止这些制度。总之，不断推进制度化管理伴随着企业发展的整个过程。

制度设计人员或修订人员需要根据实际情况，及时修订与企业发展不相适应的规范、规则和程序，以满足企业日常经营及长远发展的需要。配套制度修订时间的选择如表1-18所示。

表 1-18　配套制度修订时间的选择

状况类别	修订时间
企业外部	◎国家或地方修订或新颁布相关法律法规，导致企业某些制度或条款不合法、有缺陷或多余等 ◎企业所处的外部环境、市场条件等发生重大变化，影响了企业的日常经营活动
企业内部	◎配套的流程发生了变化 ◎企业定期统一复审制度、机构调整、岗位设置发生变化等 ◎企业各部门或各岗位通过工作实践，认为已有制度存在问题
备注	在上述情况下，如果制度确实不符合企业当前的实际情况，可撤销或合并到其他制度中

制度修订就是在现存相关制度的基础上，对制度的内容进行添加、删减、合并等处理，以及对制度的体系结构进行再设计。制度设计人员可根据图 1-18 所示的流程修订制度。

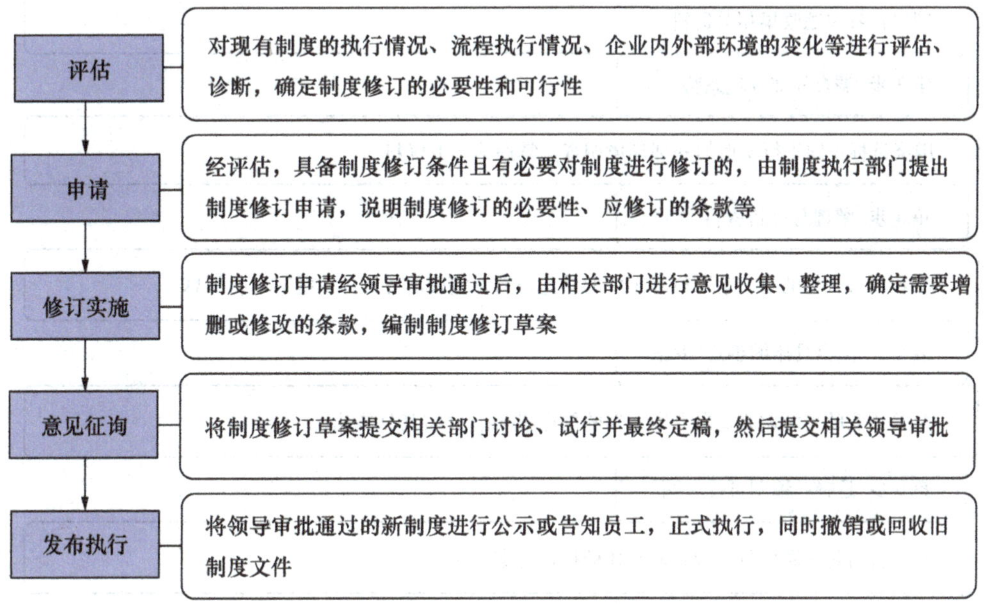

图 1-18　制度修订流程

在制度修订的过程中，制度设计人员要注意以下几点：

- 要适应企业新的机构运行模式与流程管理的要求；
- 要发挥各制度管理部门的主动性和制度执行部门的能动性；
- 要强化各项工作的管理责任要求；
- 要强调各职能部门的管理服务标准；
- 要规范制度的编制格式，为制度的再修订和日后的统稿工作制定标准。

1.4.2 辅助方案设计

方案是指某一项工作或行动的具体计划或针对某一问题制定的规划。撰写工作方案是员工必须完成的一项任务。一份实操性强、思路清晰、富有创新性的方案，不仅有利于方案的实际操作，而且还能获得上级领导的称赞。

1. 方案设计的步骤

方案设计的步骤如图 1-19 所示。

第 1 步　确定方案目标主题

将方案的目标主题确立在一定范围内，力求主题明晰，重点突出

第 2 步　收集相关资料

围绕目标主题收集相关资料

第 3 步　调查外部环境态势

围绕目标主题进行全面的外部环境调查，掌握第一手资料

第 4 步　整理与分析资料

综合调查获得的第一手资料和手中的其他资料，整理出对目标主题有用的信息

第 5 步　提出具体的创意/措施

根据企业的实际需要提出方案策划的创意/措施，并将其具体化

第 6 步　选择、编制可行方案

将符合目标主题的创意细化成具体的执行方案

第 7 步　制定方案实施细则

根据选定的方案，将具体的任务分配到各职能部门，分头实施，并按进度表与预算表进行监控

第 8 步　制定检查、评估办法

对选定的方案提出详细可行的检查办法、评估标准及成果巩固措施

图 1-19　方案设计的步骤

2. 方案的内容结构

方案一般包括指导思想、主要目标、工作重点、实施步骤、政策措施和具体要求等内容，其结构如图 1-20 所示。

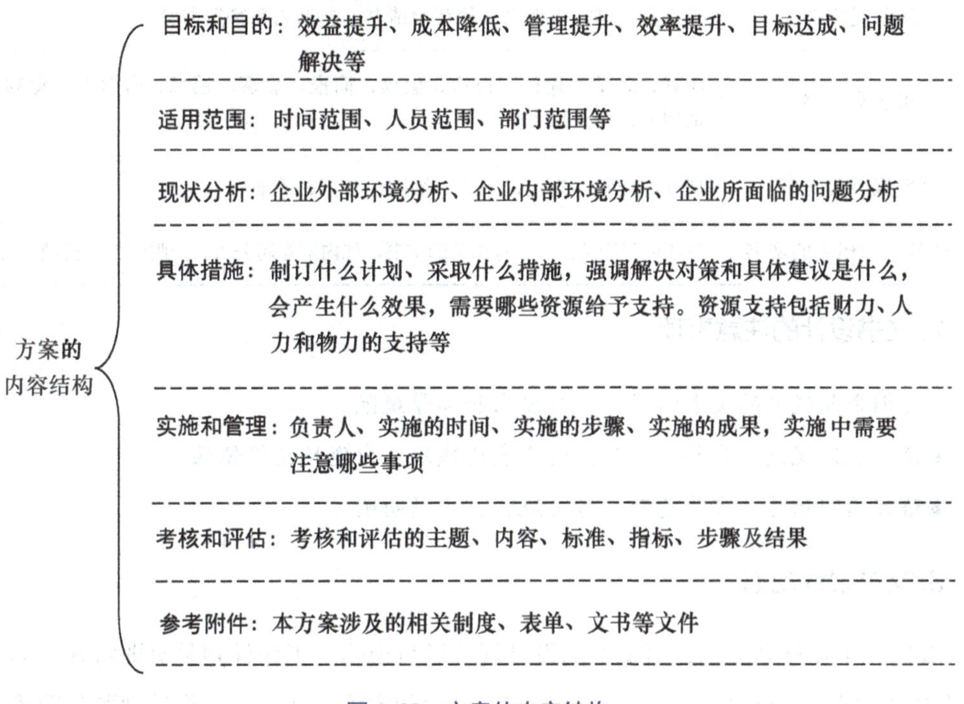

图 1-20 方案的内容结构

1.4.3 附带文书设计

文书是用于记录信息、交流信息和发布信息的一种工具。企业管理文书是指企业为了某种需要，按照一定的体例和要求形成的书面文字材料，包括各类文书、公文、文件等。

1. 企业管理文书分类

企业管理文书分类如表 1-19 所示。

表 1-19 企业管理文书分类

文书分类	具体文书种类
通用类文书	请示、批复、批示、通知、决定等，由企业统一规定编写格式与编号
合同类文书	劳动合同、业务合同等
会务类文书	企业各类会议的开幕词、闭幕词、演讲稿、会议记录、会议纪要、会议报告和会议提案等

（续表）

文书分类	具体文书种类
社交类文书	介绍信、感谢信、慰问信、表扬信、祝贺信和邀请函等
法务类文书	纠纷报告书、申诉书、仲裁申请书、起诉书和答辩书等
事务类文书	计划、总结、建议、报告、倡议、简报、启事、消息、号召书、意向书、企划书、调查报告等
制度规范类文书	制度、守则、规定、办法、细则、方案、手册等
与业务工作相关的文书	与各项职能及日常事务相关的文书，如内部竞聘公告、招聘广告、营销广告等

2. 文书设计的注意事项

- 遵循企业规定的文书格式、编写要求和编号规范。
- 语言表述规范、完整、准确，避免表达残缺、出现歧义等错误。
- 语言简明精炼、言简意赅，行文流畅，主题明确。

3. 文书设计规范

我们以工作计划为例，对文书的设计规范进行说明。工作计划是对即将开展的工作的设想和安排，如提出任务指标、任务完成时间和实施方法等。工作计划既是明确工作目标、推进工作开展的有效指导，也是对工作进度和工作质量进行考核的依据之一。工作计划的内容结构如图 1-21 所示。

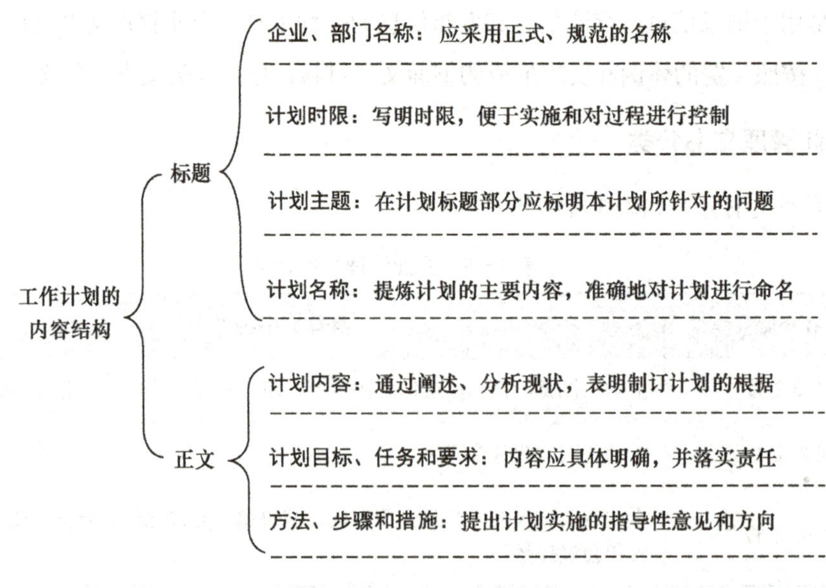

图 1-21　工作计划的内容结构

1.4.4　表单设计

1. 表单种类

表单主要分为文字表单、工具表单和数量表单三种：

- 文字表单就是将文字信息按要求整理成表单，借以说明某一概念或事项等；
- 工具表单是企业员工经常使用的一种表单；
- 数量表单用于呈现数据，以便相关人员进行统计。

2. 表单的编制要求

表单的编制要求如下：

- 表单的内容要与标题相符；
- 表单的内容应言简意赅；
- 表单的格式应简洁明了且前后连贯。

3. 设计表单

设计表单就是将表单的行、列看作一个坐标的横轴、纵轴，将需要表达的内容清晰、简洁、直观地置入坐标中予以展现。

常见的表单绘制工具有 Word、Excel 等，表单设计人员可以根据工作需要进行选择。下面以 Word 为例介绍绘制表单的步骤，具体如图 1-22 所示。

步骤1 创建表单	步骤2 输入表单内容	步骤3 设置表单属性	步骤4 表单形式的编辑与修饰
运用设定插入法、选择插入法、手绘法、复制法和文本转换法等创建所需的表单	在表单中输入内容时，要使用关键词，这样既能简明扼要地表达主要意思，又能实现表述工整的目的	包括选用表单的样式，设置表单的边框、底纹、列与行的属性、单元格的属性等	包括插入或删除单元格、行、列和表格，改变单元格 的行高和列宽，移动、复制行和列，合并、拆分单元格，表格的拆分，表单标题行的重复、对齐和调整，表头的绘制等

图 1-22　绘制表单的步骤

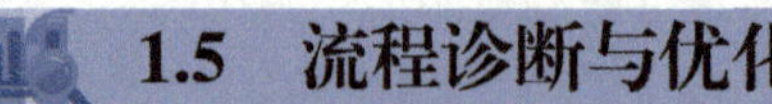

1.5 流程诊断与优化

1.5.1 流程诊断分析

流程优化的前提是对现有流程进行调查和研究，分析流程中存在的问题，即流程诊断。

1. 流程诊断分析工作的步骤

流程诊断分析工作的步骤如表 1-20 所示。

表 1-20 流程诊断分析工作的步骤

步骤	工作内容	采用的方法
1. 流程信息收集	◎收集信息 / 数据，了解企业流程执行现状 ◎找出流程建设、管理中存在的问题 ◎了解企业员工所关心的问题 ◎加强企业员工之间的沟通，让所有员工树立流程管理意识	内部调查、专家访谈、讨论会、外部客户访谈和座谈会等
2. 问题查找与分析	◎清晰地阐述需要解决的问题 ◎将大问题细分成若干小问题，这样更容易解决 ◎分析、探究问题的根源，提出解决方案	NVA/VA 分析法、5Why 分析法、鱼骨图法和逻辑树法等
3. 编制诊断报告	◎根据问题的根源，结合企业的实际情况，编制诊断报告 ◎提出问题解决方案，提供创意，优化 / 再造流程	—

2. 流程诊断分析工作的要求

在流程诊断分析过程中，流程管理人员要重视以下要求，提高诊断工作的科学性、合理性和有效性。

- 不要拘泥于数据，要探究“我试图回答什么问题”。
- 不要在一个问题上绕圈子。
- 开阔视野，避免钻牛角尖。
- 假设也可能被推翻。
- 反复检验观点。
- 细心观察。
- 寻找突破性的观点。

3. 流程诊断分析的方法

企业常用的流程诊断分析方法有 NVA/VA 分析法、5Why 分析法等，具体内容如下。

- **NVA/VA 分析法**

NVA/VA 分析法是指将构成某一个流程的各项工作任务分为三类，即非增值活动、增值活动和浪费。NVA/VA 分析法的说明如图 1-23 所示。

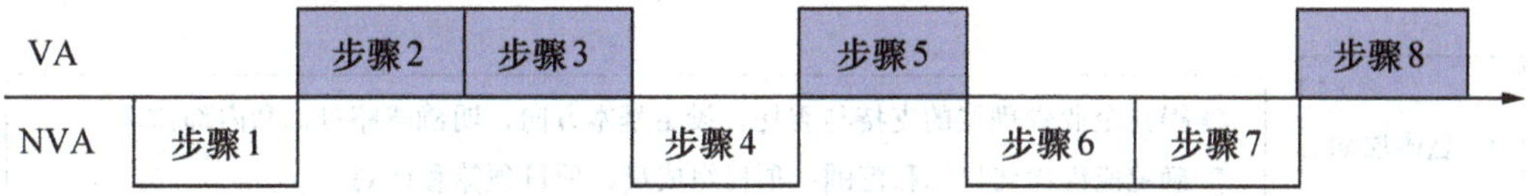

VA		步骤 2	步骤 3		步骤 5			步骤 8
NVA	步骤 1			步骤 4		步骤 6	步骤 7	

注：了解增值活动（VA）在流程的全部活动中所占的比重，找出需要改进的重点，制定切实可行的改进目标。

◆非增值活动（NVA）指不增加附加值，但却是实现增值不可缺少的活动，是各项增值活动的重要衔接。

◆增值活动（VA）指能提高产品或服务的附加值的活动。

◆浪费（Waste）指既不能增值，也不是必需的活动。

图 1-23　NVA/VA 分析法的说明

- **5Why 分析法**

5Why 分析法是指在对某一个流程进行诊断、分析和改进时，需针对其提出以下问题并给出答案。

◆为什么确定这样的工作内容？

◆为什么在这个时间和这个地点做？

◆为什么由这个人来做？

◆为什么采用这种方式做？

◆为什么需要这么长时间？

流程管理人员根据以上五个问题的答案，找出企业流程在实际运行过程中存在的问题，分析问题的根源，从而制定流程优化或再造方案。

1.5.2　流程优化的注意事项

流程优化的注意事项如下：

- 优化那些不能给企业带来利润或者效率、效益较差的流程，或者在日常运行中容易出现问题的流程；
- 优化那些对企业运营非常重要且急需改造的流程；
- 优化流程必须先易后难；

- 经过优化的流程必须和原有流程紧密衔接，确保流程管理的系统性和全面性；
- 经过优化的流程必须具有可操作性和稳定性。

1.5.3 流程优化程序

企业流程优化工作应抓住重点，找出最急迫和最重要的需求点。流程优化的具体程序如图 1–24 所示。

1. 总体规划	◎ 得到企业管理层的支持与委托，设定基本方向，明确战略目标和内部需求 ◎ 确定流程优化目标和范围、项目组成员、项目预算和计划
2. 流程优化项目启动	◎ 召开项目启动大会，进行全体动员，宣传造势 ◎ 开展内部流程优化理念培训
3. 流程描述诊断分析	◎ 通过内外部环境分析及客户满意度调查，了解流程现状 ◎ 描述和分析现有流程，进行问题归集与分析，编制诊断报告
4. 流程优化设计	◎ 设定目标，确认关键流程，明确改进方向，制定流程优化设计方案 ◎ 初步形成配套辅助信息，确定优化方案
5. 配套方案设计	◎ 收集与整理配套辅助信息，调整职能方案，设计配套方案
6. 方案实施	◎ 制订详细的优化工作计划，组织实施，并完善配套方案

图 1–24 流程优化的具体程序

总体来说，流程优化工作包括以下三步：

- 现在何处——流程现状分析；
- 应在何处——流程优化目标；
- 如何到达该处——流程优化方法和途径。

1.5.4 流程优化ESIA法

企业流程优化可以从清除（Eliminate）、简化（Simplify）、整合（Integrate）和自动化（Automate）四个方面入手，该方法简称为“ESIA 法”，它可以帮助企业减少流程中的非增值活动和调整流程的核心增值活动。

1. 清除

清除主要指对企业现有流程内的非增值活动予以清除。

企业可通过以下问题判断某一活动环节是属于增值还是非增值。

- 这个环节存在的意义?
- 这个环节的成果是整个流程完成的必要条件吗?
- 这个环节有哪些直接或间接的影响?
- 清除该环节可以解决哪些问题?
- 清除该环节可行吗?

需要明确的是，对于流程而言，超过需要的产出就是一种浪费，因为它占用了流程有限的资源。浪费现象包括但不限于以下几种：

- 过量产出；
- 活动间的等待；
- 不必要的运输；
- 反复的作业；
- 过量的库存（包括流程运行过程中大量文件和信息的淤积）；
- 缺陷、失误；
- 重复的活动，如信息重复录入；
- 活动的重组；
- 不必要的跨部门协调。

2. 简化

简化是指在尽可能清除非必要的非增值环节后，对剩下的活动进一步简化。

简化的方法包括但不限于以下几种。

- 简化表单：消除表单设计上的重复内容，借助相关技术，梳理表单的流转，从而减少工作量和一些不必要的活动环节。
- 简化流程步骤 / 环节：运用 IT 技术，提高员工处理信息的能力，简化流程步骤，整合工作内容，提高流程结构效率。
- 简化沟通。
- 简化物流：如调整任务顺序或增加信息的提供。

3. 整合

整合，即对分解的流程进行整合，以使流程顺畅、连贯，更好地满足客户的需求。

- 活动整合：将活动进行整合，授权一个人完成一系列简单活动，减少活动转交过程中的出错率，缩短工作处理时间。
- 团队整合：合并专家组成团队，形成“个案团队”或“责任团队”，缩短物料、信息和文件传递的距离，改善在同一流程中工作的人与人之间的沟通。
- 供应商（流程的上游）整合：减少企业和供应商之间的一些不必要的业务手续，建立信任和伙伴关系，整合双方流程。
- 客户（流程的下游）整合：面向客户，与客户建立良好的合作关系，整合企业和客户的各种关系。

4. 自动化

- 简单、重复与乏味的工作自动化。
- 数据的采集与传输自动化。减少反复的数据采集，并缩短单次采集的时间。
- 数据的分析自动化。通过分析软件，对数据进行收集、整理与分析，提高信息利用率。

1.6 流程再造

1.6.1 流程再造的核心

企业流程再造也叫作“企业再造”，或简称为“再造”。它是 20 世纪 90 年代初期兴起的一种新的管理理念和管理方法，被誉为继“科学管理”和全面质量管理（TQC）之后的“第三次管理革命”。

企业再造概念的创始者迈克尔·哈默（Michael Hammer）和詹姆斯·钱皮（James Champy）在《企业再造——商业革命宣言》（*Reengineering the Corporation：A Manifesto for Business Revolution*）一书中指出，“再造就是对企业的流程、组织结构、文化进行彻底的、急剧的重塑，以达到绩效的飞跃。”

流程再造的核心，不是单纯地对企业的管理与业务流程进行再造，而是将以职能为核心的传统企业改造成以流程为核心的新型企业，这也就是我们所说的企业再造。通过不断地变革与创新（从广义上讲，这里不仅包括流程再造，还包括企业组织的再造和变革），使原来趋向衰落的企业重新焕发生机，并且永远充满朝气和活力。

1.6.2 流程再造的基础

当前，市场竞争越来越激烈，企业要想在激烈的市场竞争中求得生存和发展，且立于不败之地，就必须全面、彻底地了解客户的需求，最大限度地满足客户的需求，并且不断适应外部市场环境的变化。企业进行流程设计与流程再造的目的是使内部管理流程规范化，并对其不断加以改造，只有这样企业才能适应不断变化的市场形势。

通常情况下，现代企业所面临的外部挑战主要来自客户（Customer）、变化（Change）、竞争（Competition）三个方面。由于这三个英文单词的首字母都是C，所以外部挑战又称为“3C”。企业在进行流程设计与流程再造时，切记要把握好“3C”。只有这样，企业所设计或再造的流程才能够适应自身的发展和市场的变化，满足客户的需求。

以上是企业进行流程设计或流程再造时的外部条件。

就企业内部而言，企业中长期发展战略规划是流程设计与流程再造的基础条件。因此，企业应先制定出发展战略，再着手开展流程设计与流程再造工作。

1.6.3 流程再造的程序

企业流程再造的一般程序如表1-21所示。

表1-21 企业流程再造的一般程序

一般程序	具体事项
1. 设定基本方向	（1）得到高层管理者的支持 （2）明确战略目标，确定流程再造的基本方针 （3）分析流程再造的可行性 （4）设定流程再造的出发点
2. 项目准备与启动	（1）成立流程再造小组 （2）设立具体工作目标 （3）宣传流程再造工作 （4）设计与落实相关的培训
3. 流程问题诊断	（1）进行现状分析，包括内外部环境分析、现行流程状态分析等 （2）发现问题

（续表）

一般程序	具体事项
4. 确定再造方案，重设流程	（1）明确流程方案设计与工作重点 （2）确认工作计划目标、时间以及预算计划等 （3）分解责任、任务 （4）明确监督与考核办法 （5）制定具体行动策略
5. 实施流程再造方案	（1）成立实施小组 （2）对参加人员进行培训 （3）发动全员配合 （4）新流程试验性启动、检验 （5）全面开展新流程
6. 流程监测与改善	（1）观察流程运作状况 （2）与预定再造目标进行比较分析 （3）对不足之处进行修正和改善

企业流程评估及流程再造的操作要点如下。

1. 流程评估的操作要点

- 确定企业与上下游互动关系的流程。
- 定义企业核心流程绩效评估的指标。
- 分析企业现有流程运作模式的优势和劣势。
- 确认企业流程现有运作模式。
- 确认企业流程的客户价值点。
- 确认企业流程与组织的关系。
- 确认企业流程的资源及成本。
- 分析决定企业流程再造的优先级别。

2. 流程再造的操作要点

- 了解现有流程及其目标、范围。
- 对比现有流程结构的优势和劣势。
- 分析流程各活动环节的责任归属。
- 确认与流程相匹配的绩效指标。

- 分析流程的瓶颈及再造切入点。
- 确定是否对流程控制点重新设计。
- 确认经重新设计的新流程系统。
- 建立评估体系，对新流程进行监测。

1.6.4 流程再造的技巧

图 1-25 提供了一些流程再造的技巧，供读者参考。

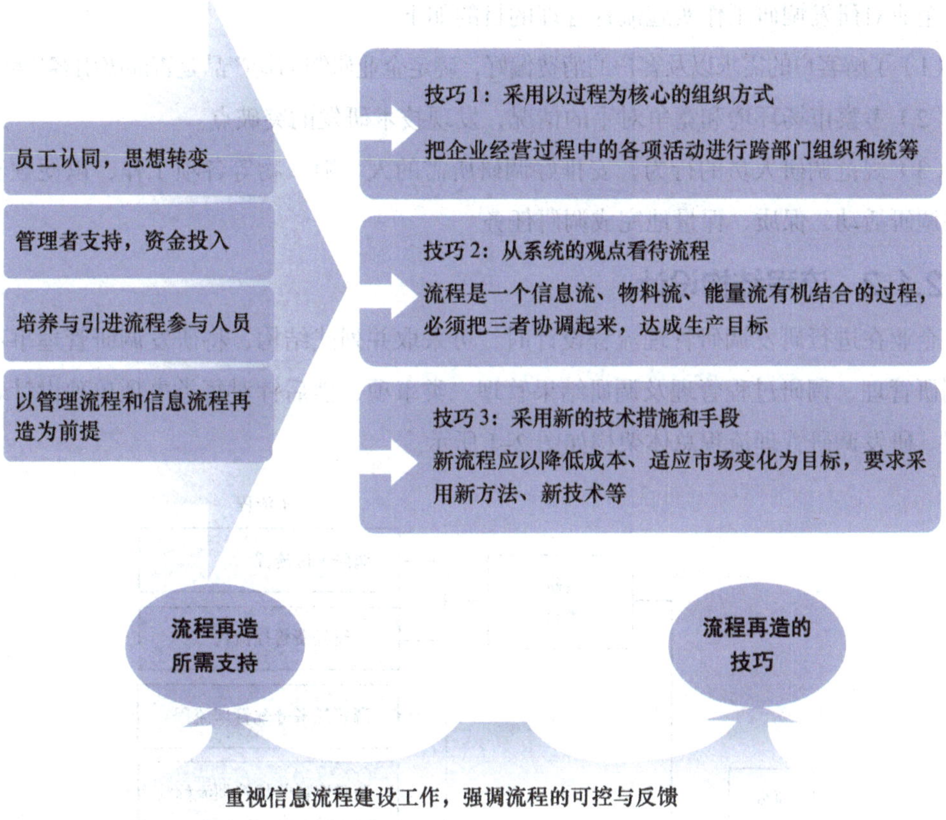

员工认同，思想转变

管理者支持，资金投入

培养与引进流程参与人员

以管理流程和信息流程再造为前提

技巧 1：采用以过程为核心的组织方式

把企业经营过程中的各项活动进行跨部门组织和统筹

技巧 2：从系统的观点看待流程

流程是一个信息流、物料流、能量流有机结合的过程，必须把三者协调起来，达成生产目标

技巧 3：采用新的技术措施和手段

新流程应以降低成本、适应市场变化为目标，要求采用新方法、新技术等

流程再造所需支持

流程再造的技巧

重视信息流程建设工作，强调流程的可控与反馈

图 1-25 流程再造的技巧

第2章 研发调研管理

2.1 研发调研管理流程设计

2.1.1 流程管理的目的

企业对研发调研工作实施流程管理的目的如下。

（1）了解客户的需求以及客户的消费偏好，确定企业研制的新产品是否能吸引客户购买。

（2）考察市场环境和竞争对手的情况，发现技术研发的突破点。

（3）规范调研人员的行为，安排好调研所需的人、财、物等各项工作，以便顺利地开展调研活动，保质、保量地完成调研任务。

2.1.2 流程结构设计

企业在进行研发调研管理流程设计时，可采取并列式结构，将研发调研管理事项分为调研管理、调研过程管理及调研结果管理三类事项，然后针对每类事项单独设计若干流程。研发调研管理流程总体架构如图 2-1 所示。

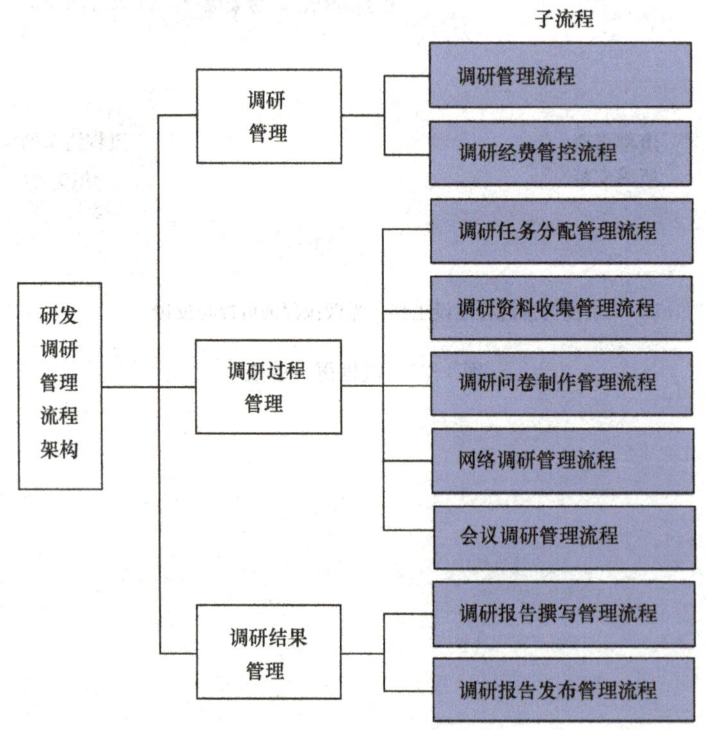

图 2-1　研发调研管理流程总体架构

2.2 调研管理流程设计与工作执行

2.2.1 调研管理流程设计

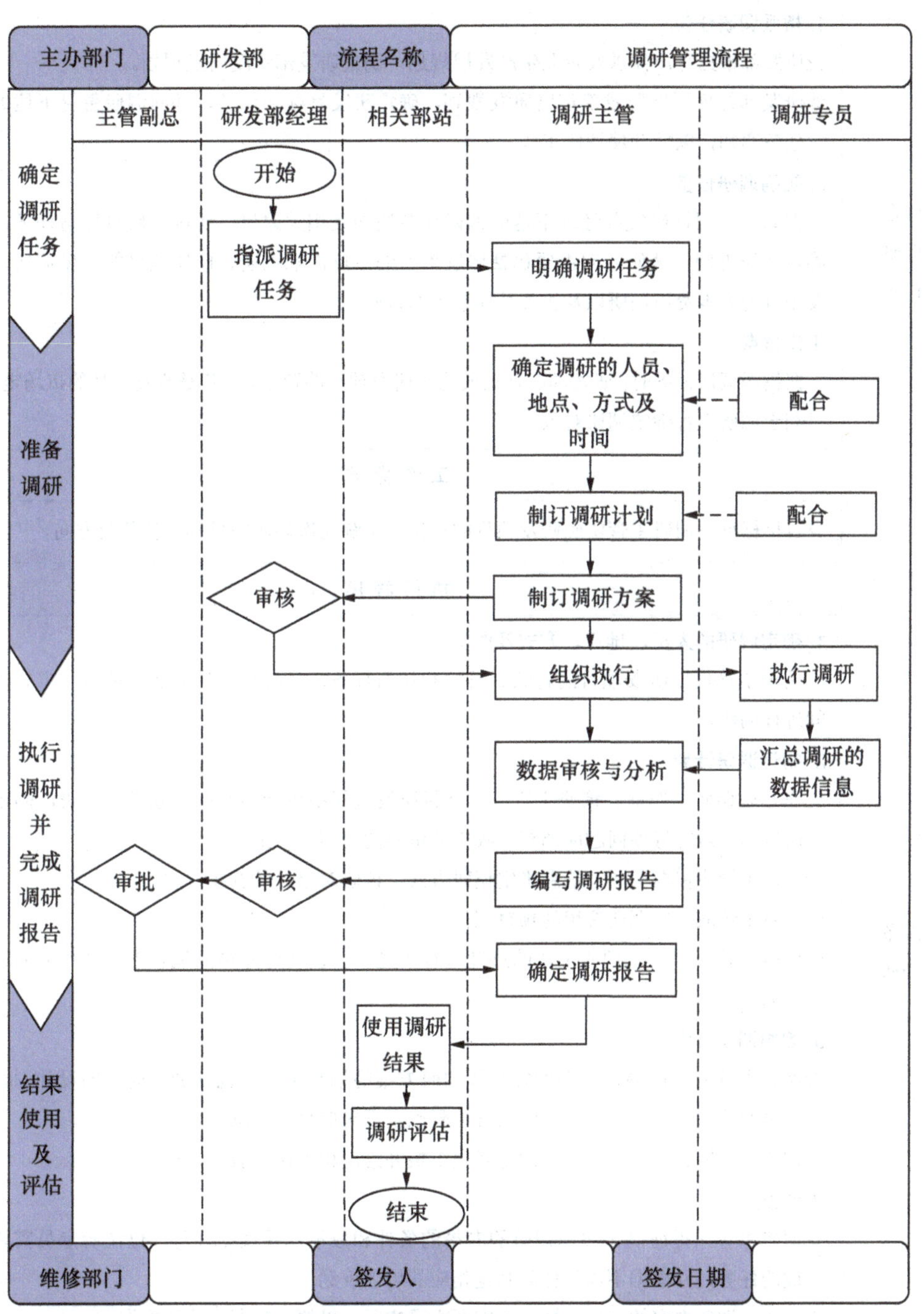

2.2.2 调研管理执行程序、工作标准、考核指标、执行规范

<table>
<tr><th>任务名称</th><th>执行程序、工作标准与考核指标</th></tr>
<tr><td rowspan="4">确定调研任务</td><td>执行程序</td></tr>
<tr><td>1. 指派调研任务
☆研发部根据客户需求及企业生产发展规划，确定研发部年度研发规划。
☆研发部经理根据研发部年度研发规划，确定研发目标和任务，并向调研主管下达调研任务通知，以便开展调研工作。
2. 明确调研任务
调研主管根据研发部经理下达的调研任务通知及相关建议，明确调研目标与任务，并确定调研方向，调研方向主要包括研发项目的市场需求调研、研发项目的环境调研、研发项目的成本费用调研以及相关具体事务的调研。
工作重点
在指派调研任务时，研发部经理还要明确研发项目的背景，尤其是研发产品的市场定位，以利于调研主管确定调研对象。</td></tr>
<tr><td>工作标准</td></tr>
<tr><td>☆目标标准：调研主管明确研发项目的背景，了解此次调研的目标、任务及方向。</td></tr>
<tr><td rowspan="2">准备调研</td><td>执行程序</td></tr>
<tr><td>1. 确定调研的人员、地点、方式及时间
调研主管根据研发项目的背景、目的和调研任务，选择合适的人员、地点、方式及时间进行调研。
2. 制订调研计划
☆在开展调研工作前，调研主管应对项目研发过程中可能出现的问题进行分类，确定调研目标，规定每项问题应调查、收集的资料的内容和范围。
☆调研主管应依据资料及信息确定调研方式、调研对象以及调研方法。
☆调研主管应做好调研费用的预算工作。
☆调研主管应对整个调研工作的进度进行规划，并在调研专员的配合下制订相应的调研计划。
3. 编制调研方案
☆调研主管应根据调研计划做好具体调研方案的编制工作，包括调查问卷的设计、相关人员的培训安排、调研工作的执行步骤以及调研信息的汇总等。
☆调研方案编制完成后，经研发部经理审核并给出相关建议后予以执行。
工作重点
☆调研主管应提前确定参加调研的专员的条件和数量，并规划好每一位调研专员需要完成的任务，并根据不同的任务制定相应的培训规划。
☆要注意调研方案的可操作性，方案要立足实际，以便于后期实施和操作。</td></tr>
</table>

（续）

<table>
<tr><th>任务名称</th><th>执行程序、工作标准与考核指标</th></tr>
<tr><td rowspan="4">准备调研</td><td>工作标准</td></tr>
<tr><td>☆目标标准：通过周密的调研准备工作，为后续执行调研打下基础。</td></tr>
<tr><td>考核指标</td></tr>
<tr><td>☆调研计划的目的性：调研计划要符合企业总体的研发战略和规划。
☆调研计划的动态性：调研计划要随着内外部环境的变化而变化，不能一成不变。
☆调研计划的相关性：许多并行的研发项目并不是相互独立的，它们之间具有很强的相关性，因此在制订当前的项目调研计划时就要考虑到当前的项目调研计划对相关研发项目的影响，并提出应对措施。</td></tr>
<tr><td rowspan="4">执行调研并完成调研报告</td><td>执行程序</td></tr>
<tr><td>1. 执行调研
☆调研主管应对调研专员进行必要的培训，以保证顺利完成调研任务。
☆调研专员根据研发项目的调研方案，采用既定的调研方法和工具展开调研工作。
2. 汇总调研的数据信息
☆调研专员要妥善保管每次采集活动得来的数据信息。
☆调研专员将调研数据信息进行初步的整理、汇总及分类，并将初步整合后的资料提交调研主管审核。
3. 数据审核与分析
☆调研主管通过以往经验、逻辑判断以及与其他资料相对比等手段，消除初步整合后的资料中出现的虚假、错误、冗余等信息。
☆调研主管采取整理资料、编校、资料分类等方法对筛选后的资料进行分析，发掘资料中隐藏的信息。
4. 完成调研报告
☆调研主管根据分析结果编写研发项目的调研报告。
☆调研报告提交研发部经理及主管副总审核、审批，并注明各自的建议及意见。
☆调研主管参考审核、审批意见完成正式的研发调研报告。
工作重点
调研报告要规范，要严格按照调研报告的编制要求进行编制，做到内容全面、结构清晰，无重大纰漏。</td></tr>
<tr><td>工作标准</td></tr>
<tr><td>☆质量标准：调研方案执行顺利、高效，调研报告符合要求并通过审核、审批。</td></tr>
</table>

（续）

<table>
<tr><th>任务名称</th><th>执行程序、工作标准与考核指标</th></tr>
<tr><td rowspan="2">执行调研并完成调研报告</td><td>考核指标</td></tr>
<tr><td>☆调研执行的规范性、严谨性：确保调研活动的工作流程、操作步骤、检验标准严格按照规定执行。
☆调研所用的时间：不得超过规定调研期限的____天。
☆调研废卷率：调研所得信息应真实、准确，废卷不超过____%，用以评价调研质量。
☆调研废卷率。
$$调研废卷率=\frac{回收问卷中废卷的数量}{发放问卷总数量}\times 100\%$$</td></tr>
<tr><td rowspan="4">结果使用及评估</td><td>执行程序</td></tr>
<tr><td>1. 使用调研结果
研发部、市场部、企划部等相关部门使用调研报告中的结论、数据推进研发项目。
2. 调研评估
产品研发工作告一段落后，研发部、市场部等应会同人力资源部对研发调研效果进行评估、分析，客观、全面、准确地评估和分析研发调研活动的成本和效果，明确研发调研活动的缺陷和不足，认真总结研发调研的经验教训。
工作重点
调研评估要按照规范进行，人力资源部要提前制定好相应的考评细则。</td></tr>
<tr><td>工作标准</td></tr>
<tr><td>☆目标标准：调研报告为项目研发提供及时、准确的决策支持。</td></tr>
<tr><td colspan="2">执行规范</td></tr>
<tr><td colspan="2">“新产品研发管理制度”“项目调研计划”“项目调研实施方案”“研发调研报告”。</td></tr>
</table>

2.3 调研经费管控流程设计与工作执行

2.3.1 调研经费管控流程设计

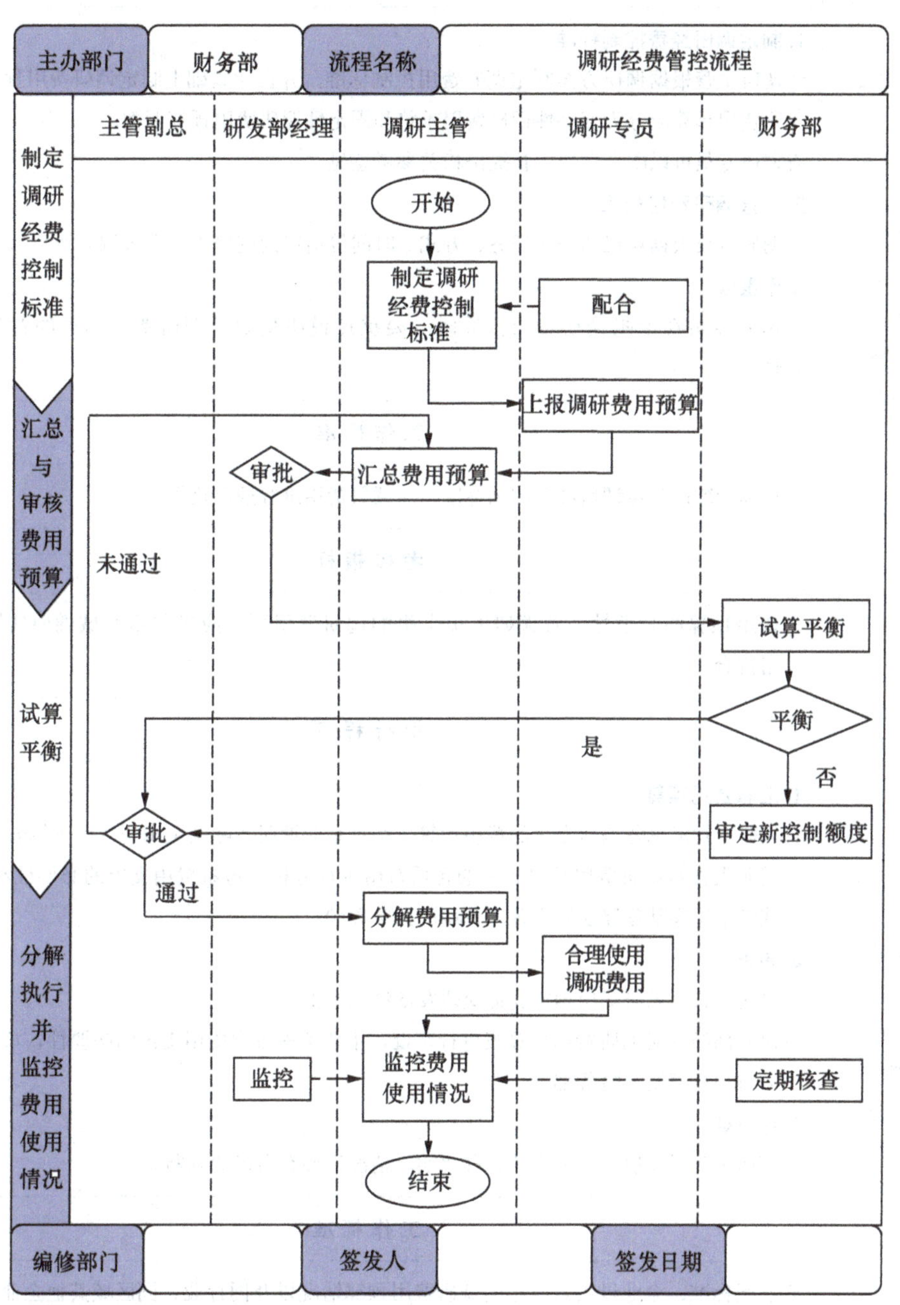

2.3.2 调研经费管控流程设计执行程序、工作标准、考核指标、执行规范

<table>
<tr><th>任务名称</th><th>执行程序、工作标准与考核指标</th></tr>
<tr><td rowspan="6">制定调研经费控制标准</td><td>执行程序</td></tr>
<tr><td>1. 制定调研经费控制标准
☆调研主管根据调研方案制定调研费用控制标准，并在此基础上制定调研费用预算，调研费用预算应分为变动性调研费用预算和固定性调研费用预算两类。
☆调研专员可以配合调研主管提出相关参考意见。
2. 上报调研费用预算
调研专员根据自己的调研任务、方式、时间等情况向调研主管上报调研费用预算。
工作重点
调研专员在上报调研费用预算时，要重点说明变动性调研费用预算的背景和必要性。</td></tr>
<tr><td>工作标准</td></tr>
<tr><td>☆目标标准：制定调研经费控制标准，对调研费用进行规范化管理。</td></tr>
<tr><td>考核指标</td></tr>
<tr><td>☆费用预算的合理性：各调研人员上报的调研费用预算应当与本区域调研实际情况相符合。</td></tr>
<tr><td rowspan="4">汇总与审核费用预算</td><td>执行程序</td></tr>
<tr><td>1. 汇总费用预算
☆调研主管汇总各调研专员的费用预算，结合企业调研实际制定调研费用预算表。
☆调研主管对调研费用预算表中的各项费用进行分析，考察费用支出的必要性和效果，或者采用零基预算法确定各项费用的预算数额。
2. 审批
☆调研主管将调研费用预算表提交研发部经理审批。
☆研发部经理对调研费用预算表进行审批，主要考察表中费用支出的必要性，审批通过后将预算表发至财务部。
工作重点
调研主管对调研专员所说的各种“实际情况”要有自己的判断。</td></tr>
<tr><td>工作标准</td></tr>
<tr><td>☆参照标准：企业过去若干年的调研费用预算情况以及同行业、同区域其他企业的调研费用预算变动情况。</td></tr>
</table>

（续）

<table>
<tr><th>任务名称</th><th>执行程序、工作标准与考核指标</th></tr>
<tr><td rowspan="2">汇总与审核费用预算</td><td>考核指标</td></tr>
<tr><td>☆汇总的时间：调研主管应在收到各调研专员费用预算之后的____个工作日内，完成新的调研费用预算汇总。</td></tr>
<tr><td rowspan="4">试算平衡</td><td>执行程序</td></tr>
<tr><td>试算平衡
☆财务部对研发部经理发来的调研费用预算表进行试算平衡。
☆若试算平衡，则报主管副总进行审批；若试算不平衡，则需要财务部根据试算平衡的结果审定新的控制额度。
☆主管副总对调研费用预算表进行审批，若审批通过，则将调研费用预算表下发至调研主管进行费用分解；若主管副总审批未通过，则将调研费用预算表发回至调研主管，由调研主管重新修改、编制，再按照相关流程重新审批。
工作重点
财务部在进行试算平衡的过程中，即便实现了有关三栏的平衡关系，也不能说明账户记录绝对正确，工作人员要仔细复核，防止出现一些常见的差错，如：①漏记某项业务；②重记某项业务；③借方或贷方发生额中，偶然发生多记或少记并相互抵销业务。</td></tr>
<tr><td>工作标准</td></tr>
<tr><td>☆完成标准：调研主管汇总的调研费用预算表试算平衡后通过审批。</td></tr>
<tr><td rowspan="2">分解执行并监控费用使用情况</td><td>执行程序</td></tr>
<tr><td>1. 分解费用预算
☆调研主管根据审批通过的调研费用预算表，对调研费用预算进行分解。
☆调研主管对调研费用预算的分解要按照各调研专员提请的预算情况及实际调研情况进行。
2. 合理使用调研费用
☆各调研专员得到新的调研费用预算后，根据实际情况对预算进行分析，科学、合理地使用调研费用。
☆若有异议，调研专员在接到新的调研费用预算文件后____个工作日内向调研主管提出。
3. 监控费用使用情况
☆调研主管对各调研专员的调研费用使用情况进行监控管理，主要关注各调研专员是否在预算范围内有效地开展各项调研活动。
☆调研专员如果出现违规使用资金的情况，要及时控制，若有必要则要向上级部门主动报告。</td></tr>
</table>

（续）

任务名称	执行程序、工作标准与考核指标
分解执行并监控费用使用情况	☆研发部经理要对调研费用使用情况进行监督。 ☆财务部对调研费用使用情况进行定期核查，发现问题要及时向研发部经理、主管副总报告。 **工作重点** ☆对调研费用的管控能力是调研主管管理能力的重要体现，调研主管要对焦点管控项进行重点关注，定期检查其是否符合规定，严禁超支。 ☆要注意对调研专员的奖惩：①能够提出费用控制的合理化建议、在保证调研质量基础上节约调研成本的人员，按照相关条款进行奖励，屡次受到奖励的人员提高薪资水平；②在调研过程中，若发现有不按要求操作、造成浪费的人员，按照相关条款进行惩罚，情节严重者予以辞退。
	工作标准
	☆目标标准：提升调研费用的使用效率，达到企业的调研目标。 ☆质量标准：调研主管通过分解、监控，满足各调研专员的经费需求，且能将调研经费用在最合适的地方。
	考核指标
	☆调研费用控制率：用来了解、评估调研主管的费用控制能力，提高调研管理水平。 $调研费用控制率 = \frac{调研费用实际开支额}{调研费用预算额} \times 100\%$
执行规范	
“调研费用控制标准”“企业年度调研费用预算”“预算变更申请书”“调研费用管控办法”。	

2.4 调研任务分配管理流程设计与工作执行

2.4.1 调研任务分配管理流程设计

主办部门	研发部	流程名称	调研任务分配管理流程

	总裁	研发部	市场部	相关部门
准备调研	分配任务	开始 收到任务 明确调研目标 确定具体内容	明确调研方法	预测调研成本
制定方案	审批	形成调研方案		
分配并执行调研任务		分解方案 分配任务 监控参与调研 结束	执行调研	参与

编修部门		签发人		签发日期	

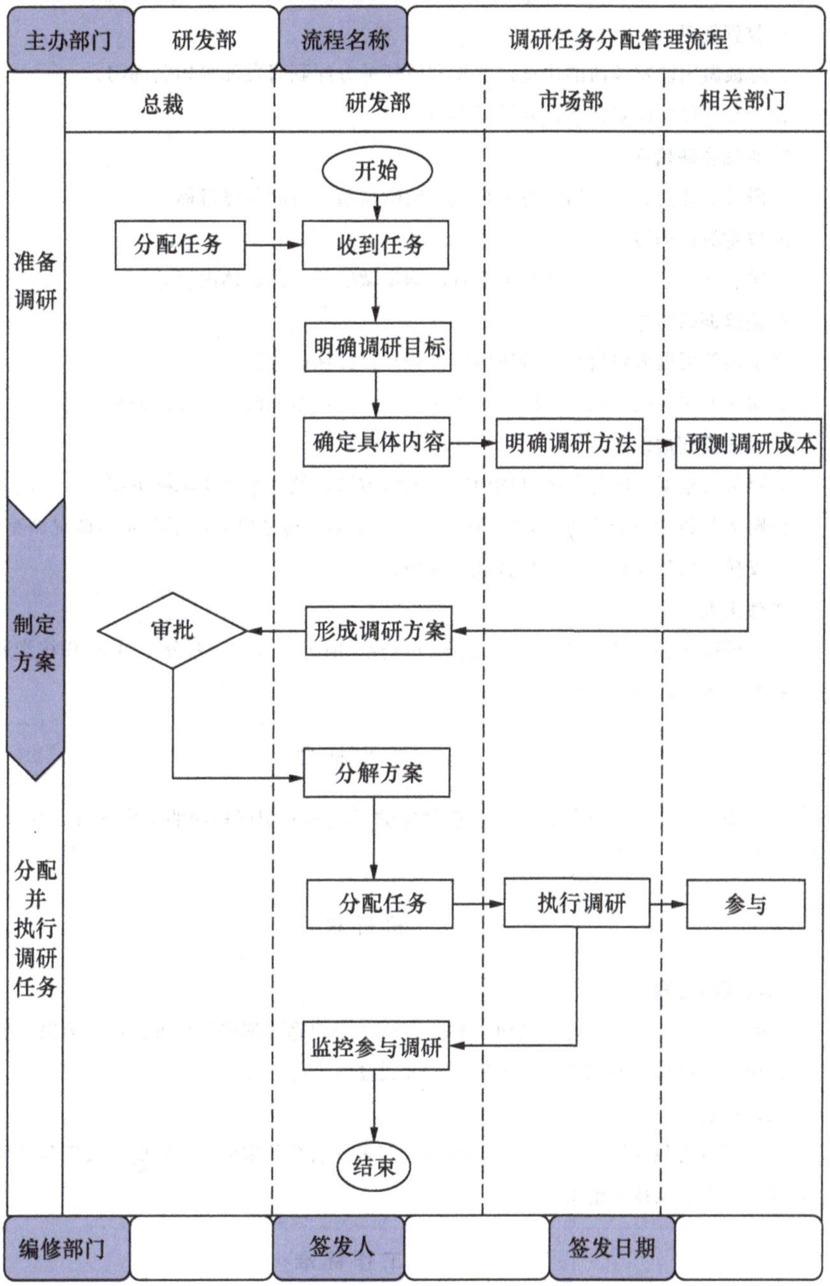

2.4.2 调研任务分配管理执行程序、工作标准、考核指标、执行规范

任务名称	执行程序、工作标准与考核指标
准备调研	**执行程序**
	1. 收到任务 ☆总裁做出研发调研的决策，并将调研任务分配到研发部等相关部门。 ☆研发部接受调研任务，并做好准备。 **2. 明确调研目标** 研发部开会商讨调研的有关事宜，明确调研任务的具体目标。 **3. 确定具体内容** 研发部开会商讨调研的相关事宜，确定调研任务的具体内容。 **4. 明确调研方法** ☆市场部根据调研目标与调研内容，合理设计调研方法。 ☆调研方法一般有问卷调研法、走访调研法、网络调研法、会议调研法等。 **5. 预测调研成本** ☆财务部根据调研任务的具体内容与调研方法，结合企业实际财务状况，预测调研成本。 ☆财务部将调研成本的预测结果反馈至研发部，与之协商，根据实际情况调整调研任务安排与财务预算，使预算合理、合规。 **工作重点** 在调研任务的准备过程中，研发部、市场部、财务部等部门要分工明确，积极沟通与配合，将准备工作做充分，做完善。
	工作标准
	☆完成标准：研发部等相关部门在规定的时间内分配好相应的工作任务，并完成调研准备工作。
制定方案	**执行程序**
	形成调研方案 ☆研发部根据调研目标、调研内容、调研费用预算等制定出详细的调研方案。 ☆研发部将调研方案报总裁审批，审批通过后方可执行。 **工作重点** 调研方案包括调研目标、调研内容、调研方法等基本要素，同时还要明确调研的时间、地点、人员安排等情况。
	工作标准
	☆质量标准：调研方案要保质、保量完成，并通过审批。

（续）

<table>
<tr><th>任务名称</th><th>执行程序、工作标准与考核指标</th></tr>
<tr><td rowspan="2">制定
方案</td><td>考核指标</td></tr>
<tr><td>☆调研方案的完成时间：应在 ____ 个工作日内完成。
☆调研方案的一次性通过率：目标值为 100%。</td></tr>
<tr><td rowspan="4">分配
并
执行
调研
任务</td><td>执行程序</td></tr>
<tr><td>1. 分解方案
研发部根据调研方案的具体内容和相关部门的具体职责，将调研方案分解成具体任务。
2. 分配任务
☆研发部将分解后的具体任务分配到相应部门，并详细告知任务的具体细节。
☆市场部主要负责执行具体的调研任务；财务、后勤等相关部门提供支持；研发部参与调研，主要负责组织、协调与监控任务的进程。
工作重点
在进行方案分解与任务分配时，要明确各相关部门的具体职责，并考虑该部门的运行现状与任务完成能力，合理分配任务指标与人力、物力，确保各部门都能高效地完成任务。</td></tr>
<tr><td>工作标准</td></tr>
<tr><td>☆目标标准：在方案分解与任务分配时，各部门能够各司其职，合理配合，完成任务。</td></tr>
<tr><th colspan="2">执行规范</th></tr>
<tr><td colspan="2">“调研方案表”“调研任务分配表”。</td></tr>
</table>

2.5 调研资料收集整理管理流程设计与工作执行

2.5.1 调研资料收集整理管理流程设计

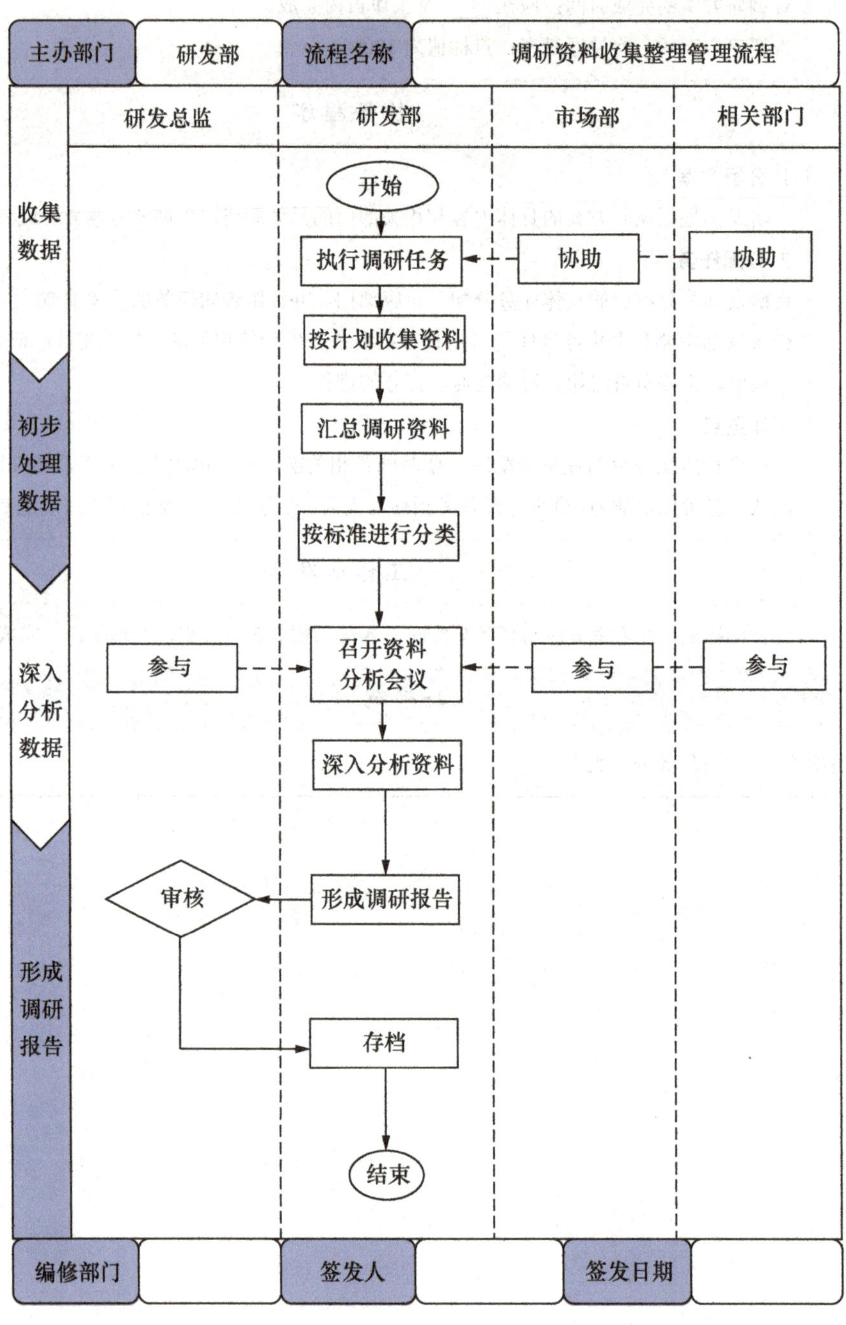

2.5.2 调研资料收集整理管理执行程序、工作标准、考核指标、执行规范

<table>
<tr><th>任务名称</th><th>执行程序、工作标准与考核指标</th></tr>
<tr><td rowspan="6">收集数据</td><td>执 行 程 序</td></tr>
<tr><td>1. 执行调研任务
☆研发部根据调研方案执行调研任务，收集调研数据。
☆市场、财务、后勤等部门与研发部共同执行调研任务，根据计划相互协调配合。
2. 按计划收集资料
☆调研的主要任务就是收集资料，研发部要尽可能地收集更多的相关资料。
☆需要收集的资料主要包括企业内部已有的资料、调研对象在市场上的资料、竞争对手状况等。
工作重点
☆在收集资料时要注意甄别资料的有效性与真实性，尽可能减少无效资料的收集。
☆研发部对于收集到的资料要做好保密工作。</td></tr>
<tr><td>工 作 标 准</td></tr>
<tr><td>完成标准：研发部等部门按计划顺利地收集到需要的资料。</td></tr>
<tr><td>考 核 指 标</td></tr>
<tr><td>☆资料收集的完成时间：应在____个工作日内完成。
☆资料收集的全面性、有效性：收集到的资料要尽可能全面、有效，收集完成率应大于90%。
☆收集完成率。
$$收集完成率=\frac{已收集的资料}{应收集的资料}\times100\%$$</td></tr>
<tr><td rowspan="4">初步处理数据</td><td>执 行 程 序</td></tr>
<tr><td>1. 汇总调研资料
研发部将收集到的各类资料进行汇总处理，确保资料不丢失、不遗漏。
2. 按标准进行分类
研发部将收集到的资料按照有关标准进行合理分类，便于资料的管理与分析。
工作重点
研发部要设计资料分类标准，方便将收集到的资料归类、整理。</td></tr>
<tr><td>工 作 标 准</td></tr>
<tr><td>☆目标标准：研发部将收集到的资料通过汇总与分类进行初步处理。</td></tr>
</table>

（续）

<table>
<tr><th>任务名称</th><th>执行程序、工作标准与考核指标</th></tr>
<tr><td rowspan="4">深入分析数据</td><td>执 行 程 序</td></tr>
<tr><td>1. 召开资料分析会议
☆研发部组织召开资料分析会议，并请研发总监和市场部等相关部门参与。
☆研发总监及各部门人员发表意见，共同探讨并制定资料利用方案。
2. 深入分析资料
研发部根据资料分析会议讨论结果，按计划深入分析资料，将资料最大化利用，以达成调研目的，获得相应成果。
工作重点
资料分析会议要尽可能组织更多的相关部门参与，且注意参与人员对资料分析的贡献能力，发挥群策群力、集体共智的效果。</td></tr>
<tr><td>工 作 标 准</td></tr>
<tr><td>☆完成标准：通过召开资料分析会议，找到资料分析的方向，深入、合理地分析资料。</td></tr>
<tr><td rowspan="4">形成调研报告</td><td>执 行 程 序</td></tr>
<tr><td>1. 形成调研报告
☆研发部回顾调研任务的全过程，结合资料分析结果，撰写调研报告。
☆研发部将调研报告上交研发总监审核，根据其建议修改、完善直至审核通过。
2. 存档
研发部将审核通过的调研报告存档，妥善保管，为后续相关工作提供依据。
工作重点
调研报告内容要详尽，要善于总结经验与教训，重点阐述调研结果。</td></tr>
<tr><td>工 作 标 准</td></tr>
<tr><td>☆完成标准：研发部在规定的时间内撰写完调研报告。</td></tr>
<tr><th colspan="2">执 行 规 范</th></tr>
<tr><td colspan="2">“调研报告”“调研任务分配表”。</td></tr>
</table>

2.6 调研问卷制作管理流程设计与工作执行

2.6.1 调研问卷制作管理流程设计

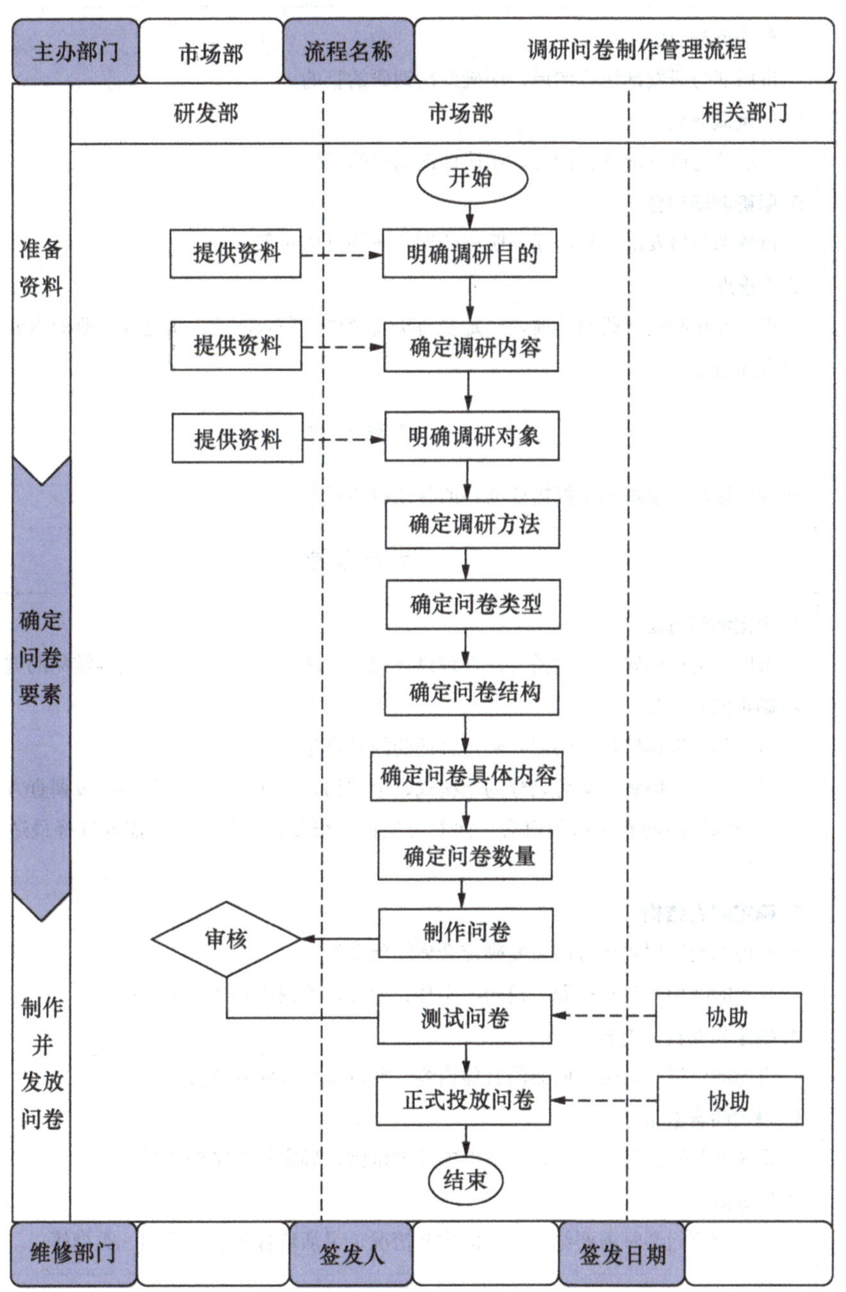

2.6.2 调研问卷制作管理流程执行程序、工作标准、考核指标、执行规范

任务名称	执行程序、工作标准与考核指标
准备资料	**执行程序**
	1. 明确调研目的 市场部与研发部进行沟通，明确此次调研的目的。 **2. 明确调研内容** 市场部与研发部进行沟通，明确此次调研的具体内容。 **3. 明确调研对象** 市场部与研发部进行沟通，明确此次调研的具体对象。 **工作重点** 市场部在制定调研问卷前，一定要与研发部进行深入沟通，将需要调研的内容、对象等要素弄清楚。
	工作标准
	☆目标标准：市场部掌握需要准备的各项调研资料。
确定问卷要素	**执行程序**
	1. 确定调研方法 市场部根据调研任务的需要，合理设计调研方法，其中问卷法是最为常见的调研方法。 **2. 确定问卷类型** ☆市场部根据调研任务的需要确定合适的问卷类型。 ☆问卷类型按问题答案可划分为结构式、半结构式、开放式三种类型；按调查方式划分又可分为自填问卷和访问问卷。问卷类型种类很多，市场部根据需要选择最适合的问卷类型。 **3. 确定问卷结构** ☆市场部根据调研任务的需要确定合适的问卷结构。 ☆问卷的结构一般有标题、说明、主体、编号、致谢语和实验记录等六项。 **4. 确定问卷具体内容** 市场部根据需要确定问卷的具体内容，并以此设计问卷题目。 **5. 确定问卷数量** 市场部与研发部沟通，预测问卷的发放范围，确定具体制作数量。 **工作重点** 设计调研问卷时需要结合企业的实际情况，灵活选择问卷的结构、类型等。
	工作标准
	☆质量标准：调研问卷问题设计合理，逻辑清晰，能满足调研的需要。

（续）

<table>
<tr><th>任务名称</th><th>执行程序、工作标准与考核指标</th></tr>
<tr><td rowspan="6">制作并发放问卷</td><td>执行程序</td></tr>
<tr><td>1. 制作问卷
市场部设计完问卷后，试制问卷样品，请研发部审核。
2. 测试问卷
☆研发部审核通过后，市场部请相关部门参与测试问卷的合理性和有效性。
☆若问卷测试后出现问题要及时调整，以保证问卷质量。
3. 正式投放问卷
☆问卷测试完成后，市场部可批量制作，将其投放市场。
☆后勤、信息技术等相关部门协助发放问卷。
工作重点
问卷制作完成后必须进行测试，以保证问卷合理、有效。</td></tr>
<tr><td>工作标准</td></tr>
<tr><td>☆完成标准：市场部将问卷报研发部审核、测试，确定正式问卷。
☆质量标准：问卷测试内容设计合理，测试通过率高。</td></tr>
<tr><td>考核指标</td></tr>
<tr><td>☆问卷正式投放的时间：应在审核与测试完成后的 ____ 个工作日内完成。
☆问卷审核一次性通过率：目标值为100%。</td></tr>
<tr><td colspan="2">执行规范</td></tr>
<tr><td colspan="2">“问卷模板”“调查问卷设计细则”。</td></tr>
</table>

2.7 网络调研管理流程设计与工作执行

2.7.1 网络调研管理流程设计

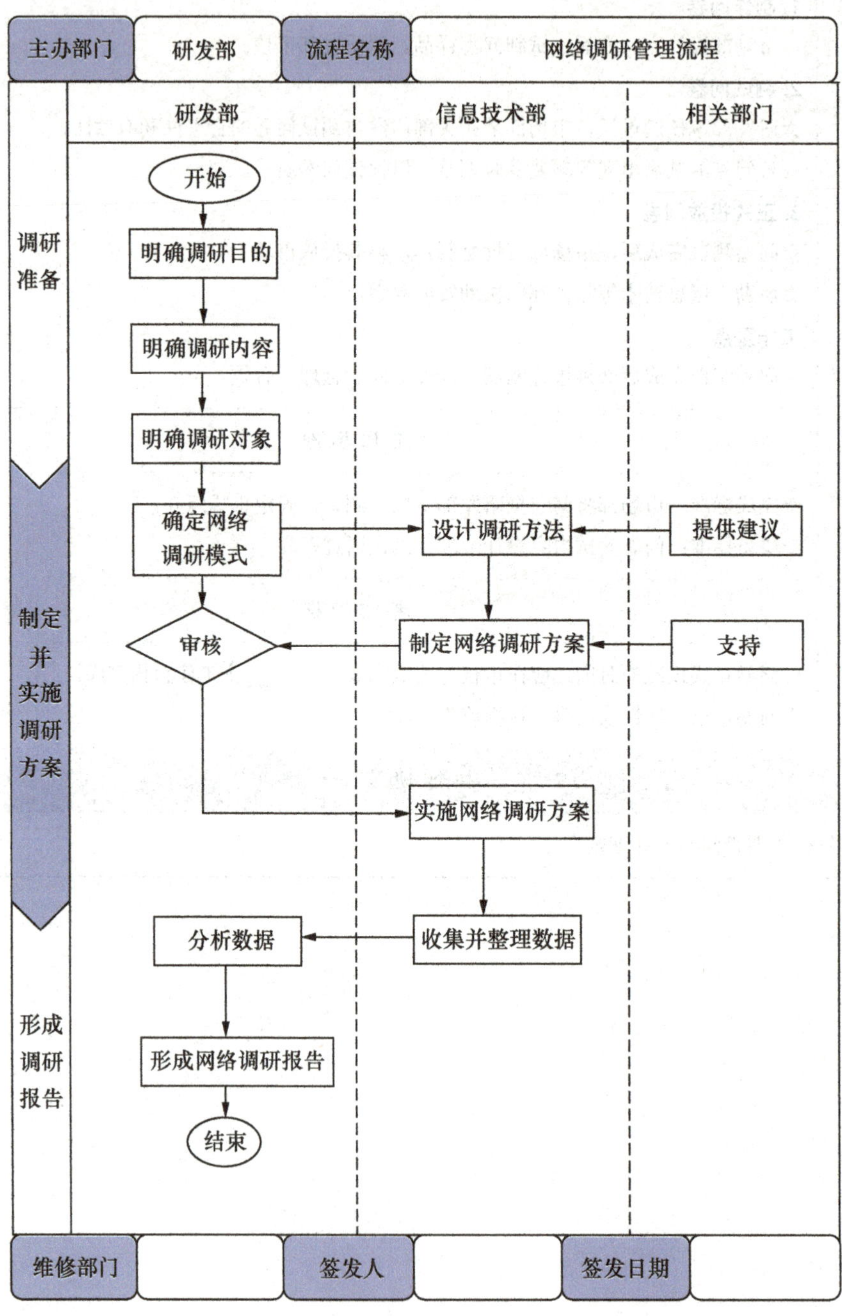

2.7.2 网络调研管理流程执行程序、工作标准、考核指标、执行规范

任务名称	执行程序、工作标准与考核指标
调研准备	**执行程序** **1. 明确调研目的** 研发部开会商讨网络调研的有关事宜，确定调研任务的具体目标。 **2. 明确调研内容** 研发部开会商讨网络调研的相关事宜，确定调研任务的具体内容。 **3. 明确调研对象** 研发部根据调研任务的需要确定调研对象，调研对象一般包括内部对象和外部对象两种。 **工作重点** 研发部进行网络调研的准备工作，主要是将调研内容、调研对象等要素弄清楚。
	工作标准 ☆目标标准：研发部掌握需要准备的各项调研资料。
制定并实施调研方案	**执行程序** **1. 确定网络调研模式** ☆研发部根据调研任务的需要，确定网络调研模式。 ☆研发部与信息技术部分享思路，商讨网络调研的有关事宜。 **2. 设计调研方法** ☆信息技术部根据研发部的需求，结合企业自身的网络技术条件，设计网络调研方法。 ☆网络调研方法一般有问卷、小程序、邮件、广告等。 ☆此过程需要市场部参与，提供数据，并站在市场的角度提供建议。 **3. 制定网络调研方案** ☆信息技术部确定网络调研方法后，制定网络调研方案。 ☆信息技术部将网络调研方案报研发部审核，沟通意见后进行修改、完善，审核通过后进行后续事宜。 **4. 实施网络调研方案** ☆信息技术部按调研方案实施网络调研，将调研工具（程序）投放网络，定时观察、收集数据。 ☆研发部要全程跟踪网络调研，发现问题及时沟通、解决。 **工作重点** 在制定网络调研方案时，信息技术部要与研发、财务、市场等部门进行沟通，合理控制预算，妥善安排人力、物力。

（续）

任务名称	执行程序、工作标准与考核指标
制定并实施调研方案	**工作标准**
	☆完成标准：信息技术部制作完成网络调研方案并通过审核，顺利开展网络调研。
	考核指标
	☆网络调研方案的完成时间：应在____个工作日内完成。 ☆网络调研方案的一次性审核通过率：目标值为100%。
形成调研报告	**执行程序**
	1. 收集并整理数据 ☆信息技术部将网络调研收集到的数据资料进行汇总、分类。 ☆信息技术部将整理好的数据资料提交给研发部分析。 **2. 分析数据** ☆研发部接收信息技术部提交的数据资料后，开始分析。 ☆研发部可组织开展数据分析会议，邀请信息技术部、市场部等部门参加，共同深入分析数据，得出结果。 **3. 形成网络调研报告** ☆研发部根据数据分析结果，回顾网络调研的全过程，撰写网络调研报告。 ☆研发部将报告提交有关领导审核，审核通过后将网络调研报告存档。 **工作重点** 研发部在分析数据时要明确方向，将方向与目标靠拢，得出有利于后续工作的有价值的结论。
	工作标准
	☆目标标准：通过数据分析得出期望的结论，发挥网络调研的作用，肯定网络调研的价值。
执行规范	
“网络调研方案”“市场调研制度”。	

2.8 会议调研管理流程设计与工作执行

2.8.1 会议调研管理流程设计

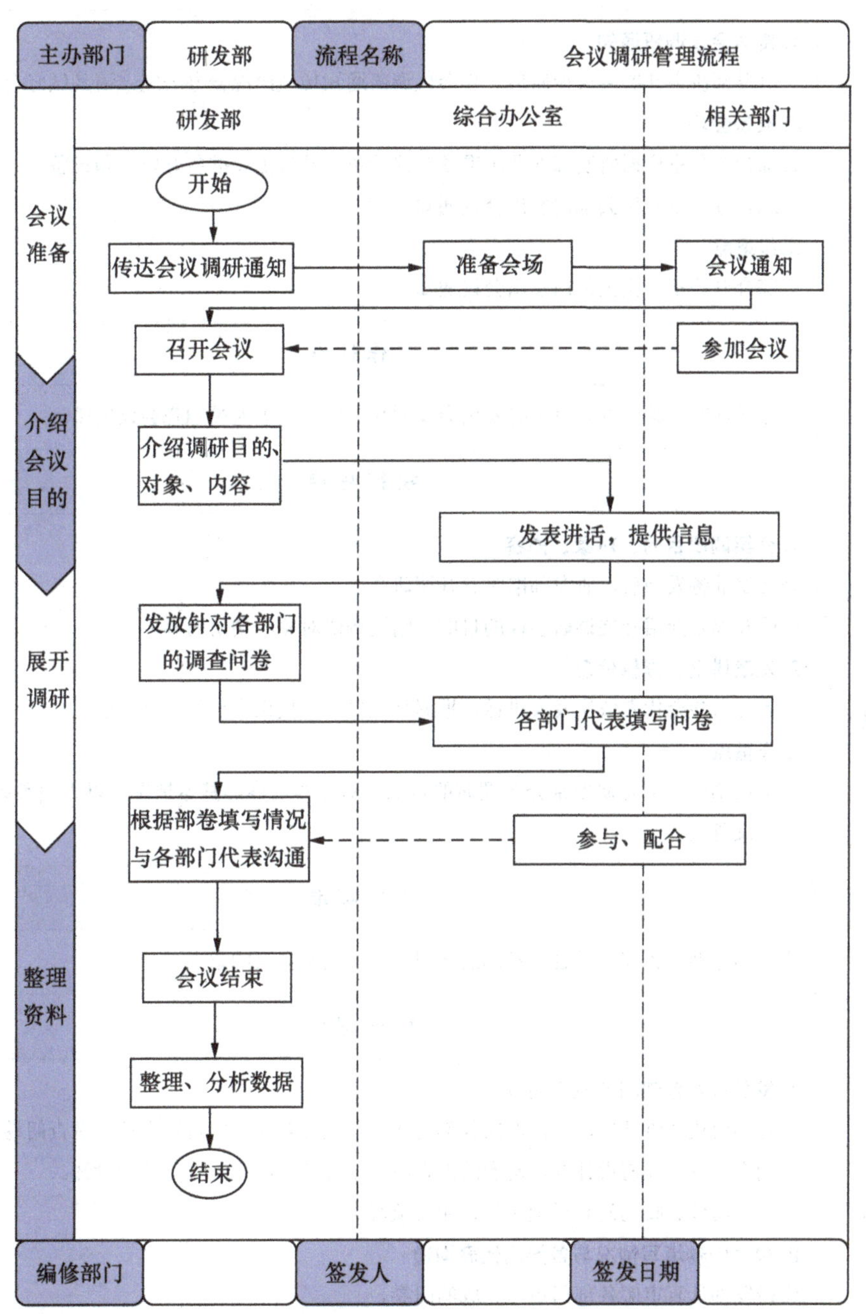

2.8.2 会议调研管理流程执行程序、工作标准、考核指标、执行规范

<table>
<tr><th>任务名称</th><th>执行程序、工作标准与考核指标</th></tr>
<tr><td rowspan="4">会议准备</td><td>执行程序</td></tr>
<tr><td>1. 传达会议调研通知
研发部决定开展会议调研后，将会议调研通知传达给综合办公室，请其做好会议准备。
2. 准备会场
☆综合办公室根据研发部的要求准备会议场所，并按需要准备好资料和设备。
☆综合办公室向相关部门发出会议通知。
工作重点
综合办公室向相关部门发出会议通知。</td></tr>
<tr><td>工作标准</td></tr>
<tr><td>☆完成标准：综合办公室按时发出会议通知，确保相关人员知晓会议安排。</td></tr>
<tr><td rowspan="4">介绍会议目的</td><td>执行程序</td></tr>
<tr><td>1. 介绍调研目的、对象、内容
☆会议准备妥当后，研发部准时召开调研会议。
☆研发部要介绍开展调研会议的目的，阐述调研对象与调研内容。
2. 发表讲话，提供信息
各部门参会代表依次发表讲话，根据会议目的，提供本部门的基本情况。
工作重点
会议第一项应是研发部介绍调研的目的、对象与内容等基本情况，以方便参会人员理解会议背景。</td></tr>
<tr><td>工作标准</td></tr>
<tr><td>☆目标标准：各部门通过研发部的介绍，理解调研会议的意义。</td></tr>
<tr><td rowspan="2">展开调研</td><td>执行程序</td></tr>
<tr><td>1. 发放针对各部门的调查问卷
☆各部门代表讲话后，研发部向各部门代表发放针对各部门特别设计的调查问卷。
☆调查问卷应提前设计好，问卷的内容应根据各部门的职责特点分别设计。
☆各部门代表收到问卷后须认真、如实填写。
2. 根据问卷填写情况与各部门代表沟通
☆研发部认真审阅各部门填写完成的问卷。
☆研发部将问卷中无法理解的或因部门职责不同比较特别的问题与各部门代表沟通，明确问卷答案的意义。</td></tr>
</table>

（续）

<table>
<tr><th>任务名称</th><th>执行程序、工作标准与考核指标</th></tr>
<tr><td rowspan="3">展开调研</td><td>工作重点
因各部门职责划分不同，并非所有部门的状况研发部都可以完全理解，当遇到难以理解的问题时，研发部要积极与相关部门沟通。</td></tr>
<tr><td>工作标准</td></tr>
<tr><td>☆完成标准：研发部通过召开调研会议，收集到了各部门的实际情况，得到了需要的数据。</td></tr>
<tr><td rowspan="6">整理资料</td><td>执行程序</td></tr>
<tr><td>整理、分析数据
调研会议结束后，研发部将收集到的数据进行整理、分析。
工作重点
通过会议调研得到的数据一般都是内部数据，可以弥补外部调研数据的不足，研发部在进行数据分析时要将内部数据与外部数据相结合，否则容易造成数据失真。</td></tr>
<tr><td>工作标准</td></tr>
<tr><td>☆目标标准：研发部通过整理、分析数据，得到需要的结果。</td></tr>
<tr><td>考核指标</td></tr>
<tr><td>☆数据分析完成的时间：应在____个工作日内完成。
☆分析结果的准确性：分析结果要合理、可用，有建设、指导意义。</td></tr>
<tr><th colspan="2">执行规范</th></tr>
<tr><td colspan="2">“会议调研管理制度”“会议调研问卷”。</td></tr>
</table>

2.9 调研报告撰写管理流程设计与工作执行

2.9.1 调研报告撰写管理流程设计

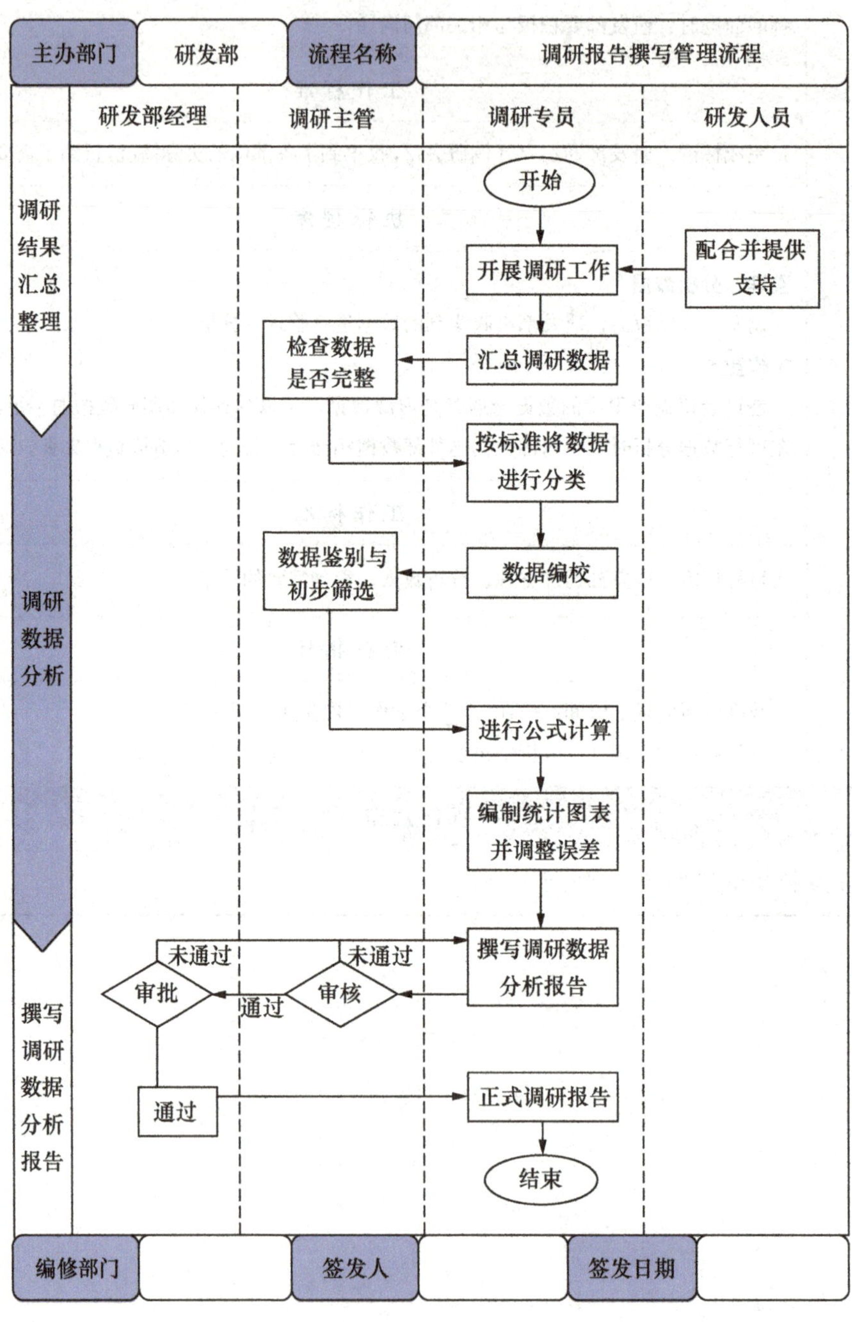

2.9.2 调研报告撰写管理执行程序、工作标准、考核指标、执行规范

任务名称	执行程序、工作标准与考核指标
调研结果汇总整理	**执行程序** **1. 开展调研工作** ☆调研专员开展调研工作，采集特定调查对象或项目的数据和信息。 ☆研发人员配合调研专员开展调研工作，给予资料及专业技术上的支持。 **2. 汇总调研数据** 调研专员汇总调研工作中获取的资料和数据，进行初步的整理和分类，提交给调研主管检查。 **3. 检查数据是否完整** 调研主管对调研专员整理、提交的初步调研数据进行检查，核对调查数据的类目是否完整，查漏补缺。 **工作重点** 调研专员客观、全面地开展调研工作，确保调研数据和结果的真实性和有效性。 **工作标准** ☆内容标准：调研数据包括企业内部人员的意见和外部市场的反应情况。 ☆考核标准：调研结果汇总翔实、精确，真实反应调研项目。 **考核指标** ☆调研项目完成率。 $调研项目完成率=\frac{调研完成的项目数}{需调研项目总数}\times 100\%$
调研数据分析	**执行程序** **1. 数据编校** 调研专员严格编校分类后的调研数据，检查数据的精准性和妥当性，提交调研主管进行鉴别与初筛。 **2. 进行公式计算** 调研专员根据调研主管的数据初筛情况，按照使用需求运用公式对数据统计结果进行运算。 **3. 编制统计图表并调整误差** 调研专员根据公式运算后的数据成果编制统计图表，并根据企业调研数据分析要求调整数据误差。 **工作重点** 调研专员严格测算数据分析结果，多次检查运算过程，确保数据正确。

（续）

任务名称	执行程序、工作标准与考核指标
调研数据分析	**工作标准**
	☆考核标准：调研数据分析公式运算正确率100%。 ☆质量标准：数据统计图表清晰、明确，直观反映分析结果。
	考核指标
	☆公式运算正确率。 $公式运算正确率=\frac{运算正确的公式数}{公式总数}\times100\%$ ☆数据误差合格率。 $数据误差合格率=\frac{误差范围内数据项目数}{数据项目总数}\times100\%$
撰写调研数据分析报告	**执行程序**
	撰写调研数据分析报告 ☆调研专员根据调研数据分析情况撰写调研数据分析报告，提交调研主管审核后，报研发部经理审批。 ☆调研数据分析报告审批未通过的，调研专员修改、整理和重新编写后，再次提交审核。 ☆调研数据分析报告审批通过的，调研专员根据批示意见形成调研数据分析报告的正式文书。 **工作重点** 调研专员结合企业的实际情况撰写调研数据分析报告。
	工作标准
	☆质量标准：调研数据分析报告要有明确的目的性和实用性。 ☆考核标准：调研专员在____天内完成调研数据分析报告的撰写。
	考核指标
	☆调研数据分析报告首次审核通过率。 $调研数据分析报告首次审核通过率=\frac{首次审批通过的报告数}{市批报告总数}\times100\%$
执行规范	
“调研数据分析报告”“调研数据汇总表”“调研数据统计图（表）”“企业调研报告撰写规定”。	

2.10 调研报告发布管理流程设计与工作执行

2.10.1 调研报告发布管理流程设计

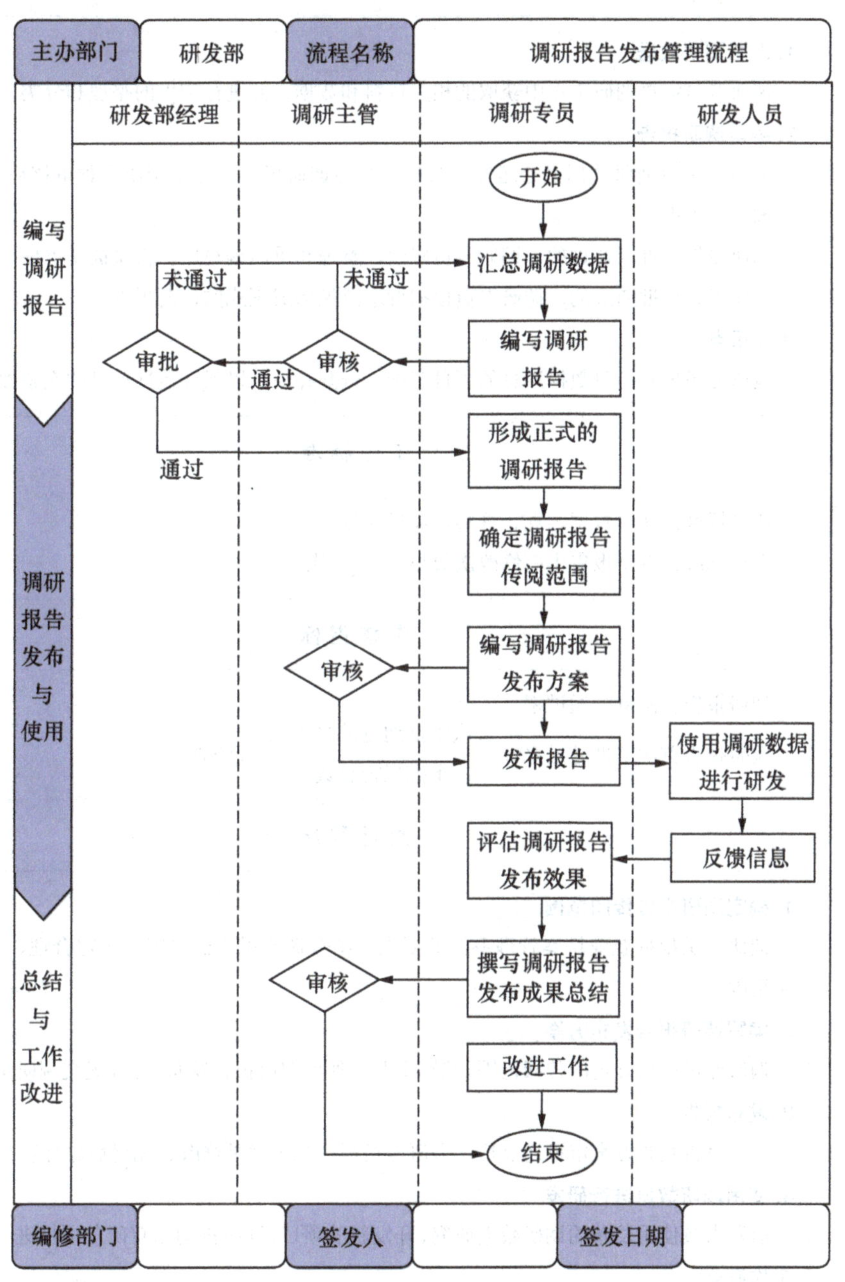

2.10.2 调研报告发布管理执行程序、工作标准、考核指标、执行规范

<table>
<tr><th>任务名称</th><th>执行程序、工作标准与考核指标</th></tr>
<tr><td rowspan="6">编写调研报告</td><td>执行程序</td></tr>
<tr><td>1. 汇总调研数据
调研专员汇总调研工作中获取的相关资料和数据，并进行初步的整理和分类。
2. 编写调研报告
☆调研专员对调研数据进行运算和分析，编写调研报告，提交调研主管审核后，报研发部经理审批。
☆调研报告审批未通过的，调研专员修改、整理和重新编写后，再次提交审核。
☆调研报告审批通过的，调研专员根据批示意见形成正式的调研报告。
工作重点
调研专员核对调研数据汇总的项目明细，查漏补缺，以保证数据项目的完整性。</td></tr>
<tr><td>工作标准</td></tr>
<tr><td>☆质量标准：调研数据客观、真实，项目详尽。
☆考核标准：调研报告审核修改次数小于____次。</td></tr>
<tr><td>考核指标</td></tr>
<tr><td>☆调研报告首次审批通过率。
$$调研报告首次审批通过率=\frac{首次审批通过的报告数}{审批报告总数}\times 100\%$$</td></tr>
<tr><td rowspan="2">调研报告发布与使用</td><td>执行程序</td></tr>
<tr><td>1. 确定调研报告传阅范围
调研专员根据企业档案管理办法的要求，结合调研报告的内容，确定合理、安全的传阅范围。
2. 编写调研报告发布方案
调研专员根据确定的传阅范围，编写企业内外部调研报告发布方案，提交调研主管审核。
3. 发布报告
调研报告发布方案审批通过后，调研专员根据批示意见修改、完善后进行发布。
4. 使用调研数据进行研发
研发人员使用发布的调研数据研究、开发新的项目，同时推动已有研发项目进一步发展。
工作重点
☆调研专员严格按照企业的保密管理制度确定报告的传阅范围。
☆调研主管严格审核调研报告发布方案的内容，保护企业的合法成果。</td></tr>
</table>

（续）

任务名称	执行程序、工作标准与考核指标
调研报告发布与使用	**工作标准** ☆质量标准：调研报告发布方案的企业内外部版本区别明确，清晰易辨。 ☆考核标准：审核通过后，调研报告在____天内完成全渠道发布。 **考核指标** ☆发布方案首次审批通过率。 $发布方案首次审批通过率=\frac{首次审批通过的方案数}{审批方案总数}\times 100\%$ ☆调研报告发布失误率。 $调研报告发布失误率=\frac{发布失误的报告数}{发布报告总数}\times 100\%$
总结与工作改进	**执行程序** **1. 评估调研数据发布效果** 调研专员根据研发人员提供的调研数据的反馈信息，评估调研数据发布的实际效果。 **2. 撰写调研报告发布成果总结** 调研专员依据调研数据的发布效果评估成绩，撰写调研报告发布成果总结，提交调研主管审核。 **3. 改进工作** 调研报告发布成果总结审核通过后，调研专员汲取经验教训，改进自身工作，完善调研报告的发布、管理工作。 **工作重点** ☆调研专员评估发布效果时应考虑企业内外部综合因素，全面收集各方面的数据。 ☆调研专员撰写的成果总结要客观、公正，确保真实反映发布成果。 **工作标准** ☆内容标准：调研报告发布成果总结要体现研发成绩，包含项目的收益与损失。 ☆考核标准：调研报告发布成果总结在____天内提交审核。 **考核指标** ☆调研报告发布成果总结首次审核通过率。 $调研报告发布成果总结首次审核通过率=\frac{首次审核通过的总结数}{发布的总结总数}\times 100\%$
执行规范	
“调研报告”“调研报告发布成果总结”“调研报告发布方案”“企业档案管理办法”。	

第3章

研发风险管理

3.1 研发风险管理流程设计

3.1.1 流程管理的目的

企业对研发风险实施流程管理的目的如下。

（1）认识研发风险，了解研发风险，科学预防、规避风险，保证研发进度。

（2）降低成本损失率，提高研发投入成本的转化率。

（3）对研发过程中常见的风险项进行总结，以便改进研发系统的运营。

（4）最大限度地确保研发工作按时完成。

3.1.2 流程结构设计

研发部的流程设计人员在设计研发风险管理流程时，着重强调了风险量化识别管理流程，所有流程都包含执行程序、工作重点、工作标准与考核指标，以保障流程有效、清晰、明确、高效地实施。研发风险管理流程总体架构如图3-1所示。

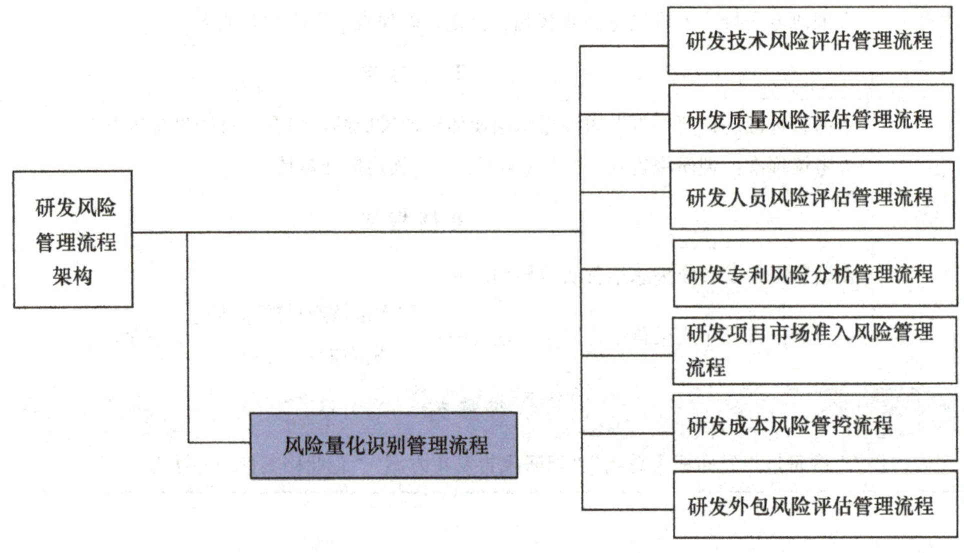

图3-1 研发风险管理流程总体架构

3.2 风险量化识别管理流程设计与工作执行

3.2.1 风险量化识别管理流程设计

主办部门	研发部	流程名称	风险量化识别管理流程

	分管副总	研发部经理	研发部
分析与识别研发风险			开始
			分析研发资料
			了解研发环境
		指导 →	识别各类研发风险
研发风险定量分析			排列风险顺序
		审核 ←	拟定风险定量分析方法
		→	分析研发各项数据
			计算风险发生概率
			形成量化风险优先清单
制订风险管理计划	审批 ←	审核 ←	制订风险管理计划
	→		执行风险管理计划
			结束

编修部门		签发人		签发日期	

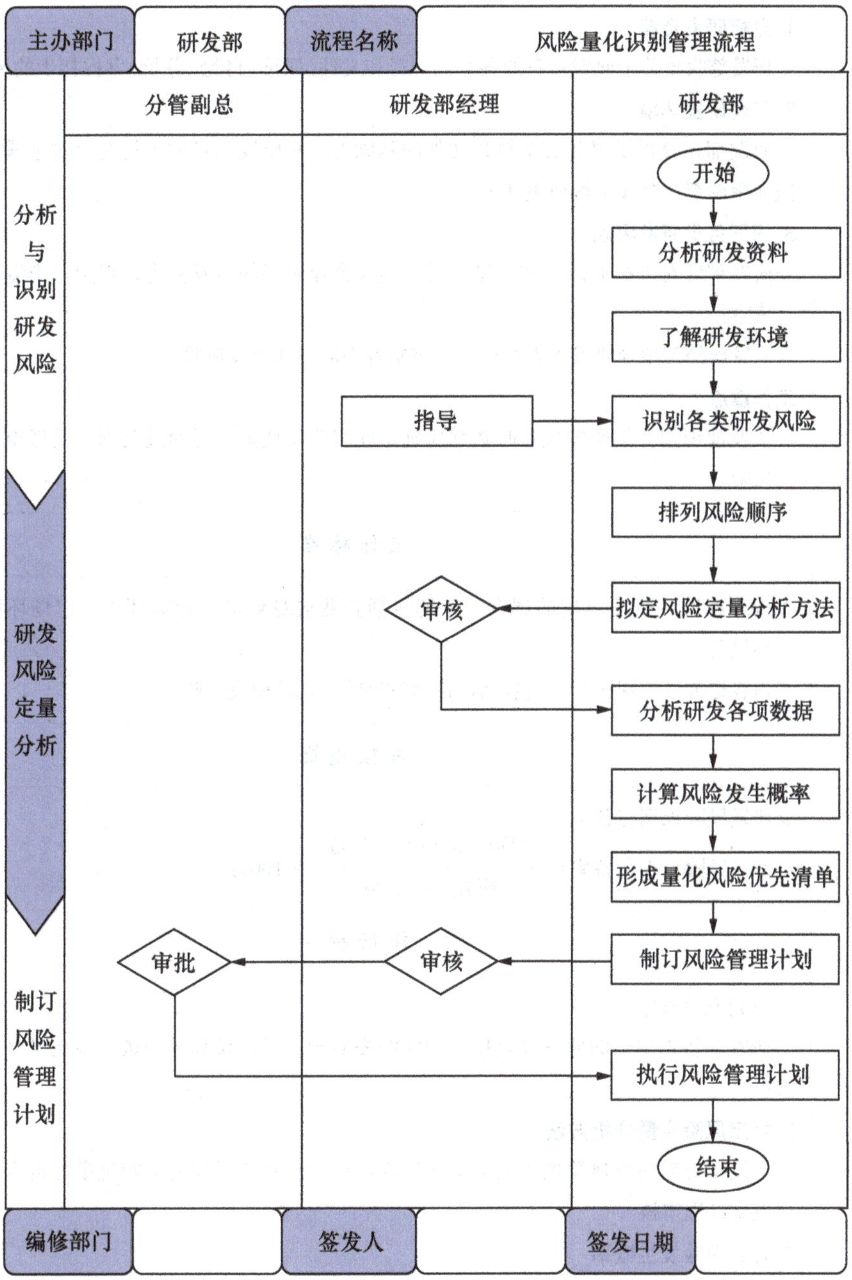

3.2.2 风险量化识别管理执行程序、工作标准、考核指标、执行规范

<table>
<tr><th>任务名称</th><th>执行程序、工作标准与考核指标</th></tr>
<tr><td rowspan="6">分析与识别研发风险</td><td>执行程序</td></tr>
<tr><td>1. 分析研发资料
研发部收集关于研发项目的各方面资料和文件，研读、讨论、分析，掌握初步的风险概念。
2. 了解研发环境
研发部在分析研究各类资料和文件的基础上，对研发项目的市场竞争对象或市场前景做环境调查，全面了解研发环境。
3. 识别各类研发风险
☆研发部针对掌握的风险和环境资料，结合企业实际的研发能力，识别各类潜在的研发风险。
☆研发部经理指导研发部人员认识、辨别各类潜在的研发风险。
工作重点
研发部识别各类研发风险时必须先确定既有研发风险，再通过类别和模拟得出不确定性风险。</td></tr>
<tr><td>工作标准</td></tr>
<tr><td>☆内容标准：研发环境的调查、了解包括企业自身环境、行业环境、市场环境、文化环境等。
☆内容标准：识别研发风险包括显性研发风险和隐性研发风险。</td></tr>
<tr><td>考核指标</td></tr>
<tr><td>☆研发风险识别完备率。
$$研发风险识别完备率=\frac{识别出的研发风险数}{研发风险总数}\times 100\%$$</td></tr>
<tr><td rowspan="2">研发风险定量分析</td><td>执行程序</td></tr>
<tr><td>1. 排列风险顺序
研发部将识别出的研发风险按照一定的先后顺序进行排列，为进一步定量分析风险做准备。
2. 拟定风险定量分析方法
研发部针对研发风险的不同类型和属性，拟定具有通用性的风险定量分析方法，提交研发部经理审核。
3. 计算风险发生概率
风险定量分析方法审核通过后，研发部使用相应的数学方法对识别出的各研发风险进行概率计算。</td></tr>
</table>

（续）

<table>
<tr><th>任务名称</th><th>执行程序、工作标准与考核指标</th></tr>
<tr><td rowspan="5">研发风险定量分析</td><td>4. 形成量化风险优先清单
研发部整理各研发风险的发生概率数据，统一进行比较、分析，通过可视化的形式对风险进行量化，形成量化风险优先清单。
工作重点
研发部在计算风险发生概率时必须多次计算并核验计算结果，确保数据准确无误。</td></tr>
<tr><td>工作标准</td></tr>
<tr><td>☆考核标准：研发部在 ____ 天内完成风险定量分析方法的拟定并提交审批。
☆考核标准：风险发生概率计算结果的失误率不超过 ____%。
☆质量标准：量化风险优先清单结果反映直观、明确，风险量化准确，优先顺序科学。</td></tr>
<tr><td>考核指标</td></tr>
<tr><td>☆风险发生概率失误率。
$风险发生概率失误率=\frac{计算失误的风险发生数}{风险发生总数}\times 100\%$
☆风险定量分析方法首次审批通过率。
$风险定量分析方法首次审批通过率=\frac{首次审批通过的方法数}{审批方法总数}\times 100\%$</td></tr>
<tr><td rowspan="6">制订风险管理计划</td><td>执行程序</td></tr>
<tr><td>1. 制订风险管理计划
研发部根据量化风险优先清单的数据结果，制订风险管理计划，提交研发部经理审核后，报分管副总审批。
2. 执行风险管理计划
风险管理计划审批通过后，研发部根据领导批示意见组织执行风险管理计划，管控企业研发风险。
工作重点
风险管理计划在准确反应研发风险量化结果的基础上，必须致力于解决企业研发工作中的实际风险。</td></tr>
<tr><td>工作标准</td></tr>
<tr><td>☆考核标准：研发部在 ____ 天内完成风险管理计划并提交审批。</td></tr>
<tr><td>考核指标</td></tr>
<tr><td>☆风险管理计划首次审批通过率。
$风险管理计划首次审批通过率=\frac{首次审批通过的计划数}{审批计划总数}\times 100\%$</td></tr>
<tr><td colspan="2">执行规范</td></tr>
<tr><td colspan="2">“企业研发任务书”“企业研发计划规划表”“研发环境调查报告”“研发风险识别说明”“研发风险量化优先清单”“研发风险管理计划”。</td></tr>
</table>

3.3 研发技术风险评估管理流程设计与工作执行

3.3.1 研发技术风险评估管理流程设计

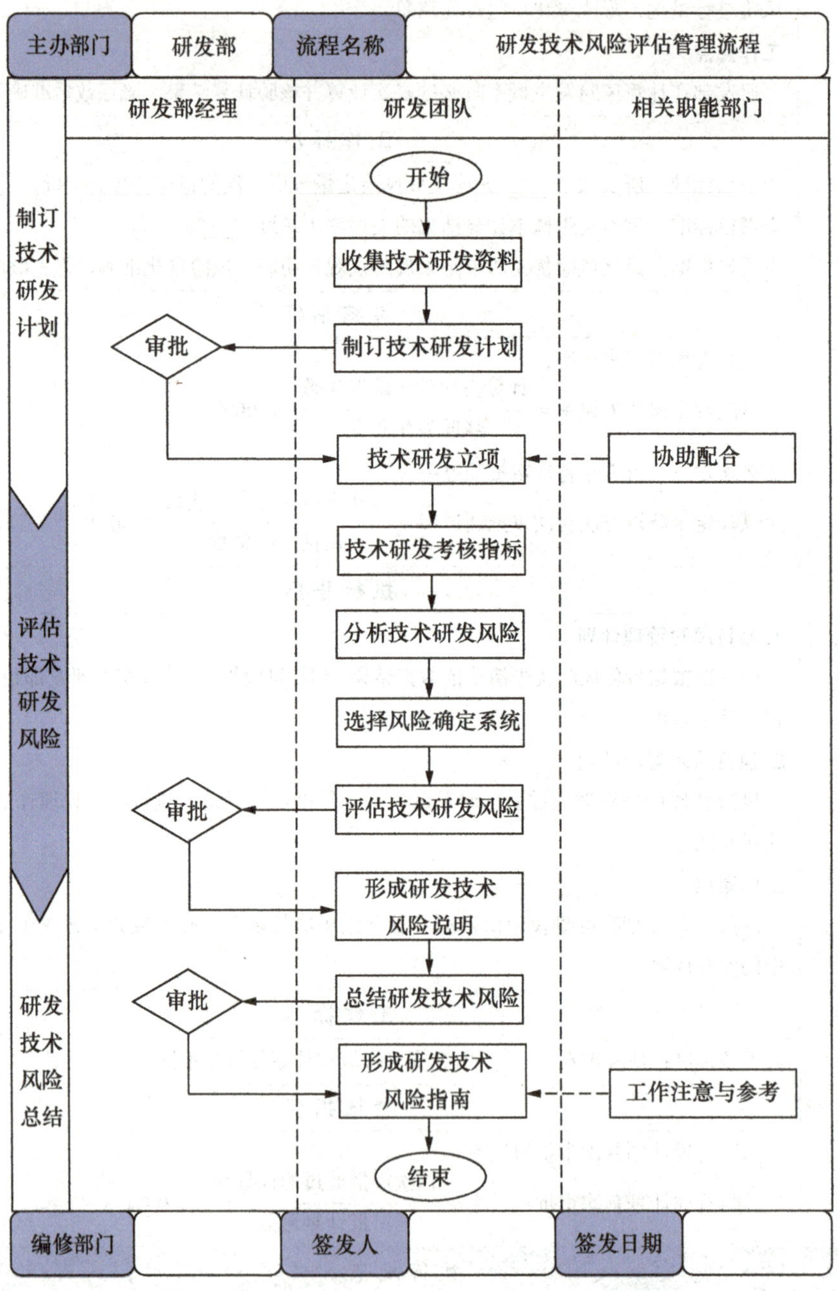

3.3.2 研发技术风险评估管理执行程序、工作标准、考核指标、执行规范

<table>
<tr><th>任务名称</th><th>执行程序、工作标准与考核指标</th></tr>
<tr><td rowspan="6">制订技术研发计划</td><td>执行程序</td></tr>
<tr><td>1. 收集技术研发资料
研发团队根据研发任务调查相关的技术研发情报，收集技术研发资料。
2. 制订技术研发计划
研发团队通过对研发资料和情报的分析和研究，制订技术研发计划，提交研发部经理审批。
3. 技术研发立项
☆技术研发计划审批通过后，研发团队组织开展技术研发立项工作。
☆相关职能部门协助配合研发团队进行技术研发立项工作。
工作重点
技术研发计划应由研发团队中有研发立项经验的专业人员共同讨论制订。</td></tr>
<tr><td>工作标准</td></tr>
<tr><td>☆内容标准：技术研发计划包括技术项目名称、项目时长、研发目的、数据指标等。
☆考核指标：技术研发计划审批通过后，研发团队在____天内完成技术研发立项工作。</td></tr>
<tr><td>考核指标</td></tr>
<tr><td>☆技术研发计划首次审批通过率。
$$技术研发计划首次审批通过率=\frac{首次审批通过的计划数}{审批计划总数}\times 100\%$$</td></tr>
<tr><td rowspan="2">评估技术研发风险</td><td>执行程序</td></tr>
<tr><td>1. 分析技术研发风险
技术研发立项完成后，研发团队做前期风险分析，讨论确定技术研发的各项风险指数。
2. 选择风险确定系统
研发团队将技术研发风险的分析数据套用到多个风险确定系统中，通过指数适配选择风险确定系统。
3. 评估技术研发风险
☆研发团队运行风险确定系统，输入风险指数和影响因素，评估技术研发风险，将评估数据和结果提交研发部经理审批。
☆技术研发风险评估数据和结果审批通过后，研发团队整理形成研发技术风险说明。
工作重点
研发团队评估技术研发风险时应多次检查输出数据，核对准确性。</td></tr>
</table>

（续）

任务名称	执行程序、工作标准与考核指标
评估技术研发风险	**工作标准**
	☆质量标准：风险确定系统适配率高于 ____%。 ☆考核指标：研发团队在 ____ 天内完成技术研发风险评估并提交审批。
	考核指标
	☆风险确定系统适配率。 $\text{风险确定系统适配率}=\frac{\text{适配的风险确定系统数}}{\text{风险确定系统总数}}\times 100\%$ ☆风险评估数据首次审批通过率。 $\text{风险评估数据首次审批通过率}=\frac{\text{首次审批通过的项目数}}{\text{审批项目总数}}\times 100\%$
研发技术风险总结	**执行程序**
	1. 总结研发技术风险 研发团队回顾研发技术风险评估过程，汇总、整理各类研发技术风险事项，形成研发技术风险总结并提交研发部经理审批。 **2. 形成研发技术风险指南** ☆研发技术风险总结审批通过后，研发团队参考批示意见，整理形成研发技术风险指南。 ☆技术研发相关职能部门学习参考研发技术风险指南，规范工作注意事项。 **工作重点** 研发团队撰写风险总结时应按照实际发生概率的先后顺序着重叙述，最大化实用性。
	工作标准
	☆考核标准：研发团队在 ____ 天内完成研发技术总结并提交审批。
	考核指标
	☆研发技术风险总结首次审批通过率。 $\text{研发技术风险总结首次审批通过率}=\frac{\text{首次审批通过的总结数}}{\text{审批总结总数}}\times 100\%$ ☆研发技术风险指南适用性。
执行规范	
“技术研发背景调查报告”“技术研发计划方案书”“技术研发风险评估报告”“研发技术风险总结报告”“企业研发任务书”“企业研发计划规划表”。	

3.4 研发质量风险评估管理流程设计与工作执行

3.4.1 研发质量风险评估管理流程设计

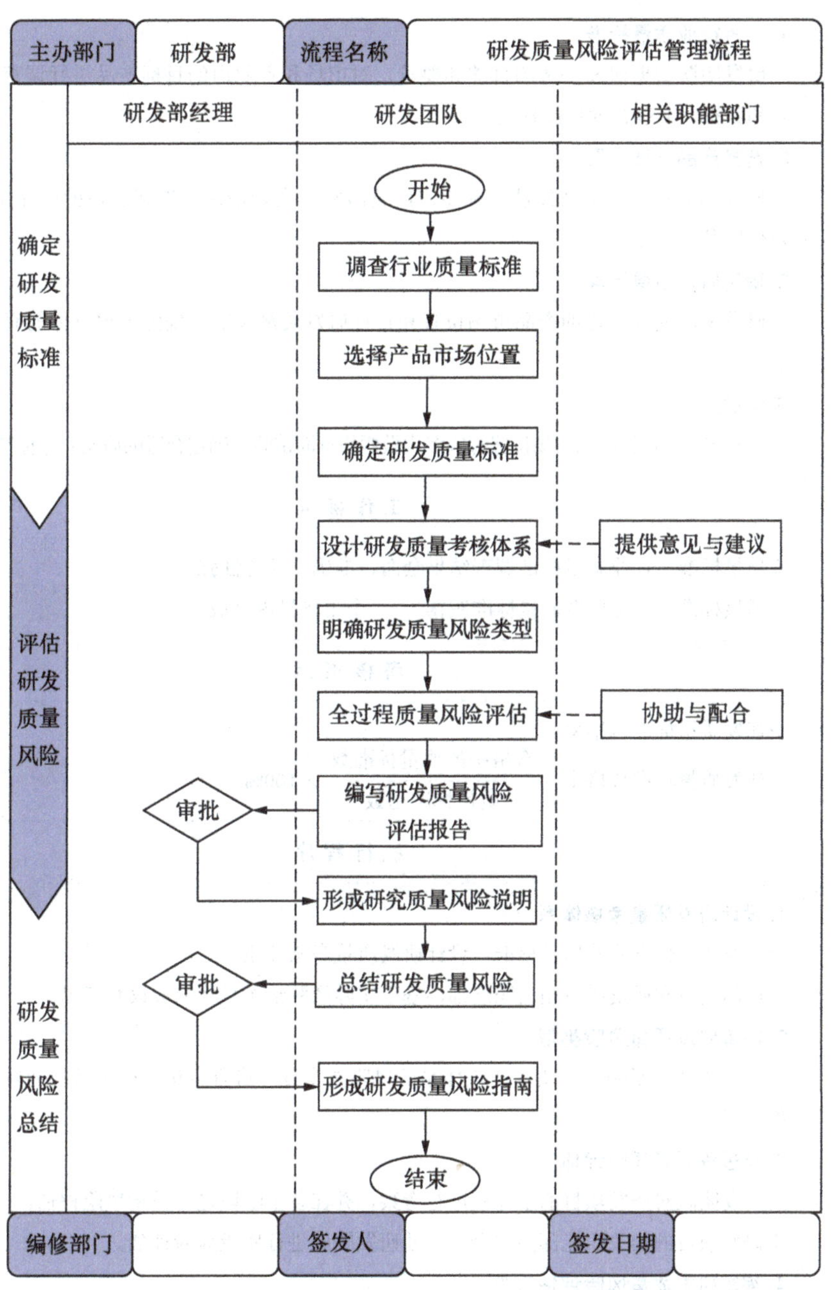

3.4.2 研发质量风险评估管理执行程序、工作标准、考核指标、执行规范

<table>
<tr><th>任务名称</th><th>执行程序、工作标准与考核指标</th></tr>
<tr><td rowspan="6">确定研发质量标准</td><td>执行程序</td></tr>
<tr><td>1. 调查行业质量标准
研发团队依据研发任务的目的和要求，对市场和行业内的目标产品进行调查，搜集资料和数据，明确行业质量标准。
2. 选择产品市场位置
研发团队根据企业研发能力和生产经营战略的实际情况，选择合适的产品市场位置，定位研发质量标准。
3. 确定研发质量标准
研发团队通过选定的产品市场位置和目标研发质量标准，确定各项具体的研发质量标准。
工作重点
研发团队在选择产品市场位置时应多次做假想推演试验，确定合适的研发质量标准。</td></tr>
<tr><td>工作标准</td></tr>
<tr><td>☆质量标准：行业质量标准调查结果全面、准确、参考性强。
☆考核标准：确定研发质量标准应在____个工作日内完成。</td></tr>
<tr><td>考核指标</td></tr>
<tr><td>☆研发质量标准合格率。
$$研发质量标准合格率=\frac{合格中的质量标准数}{质量标准总数}\times 100\%$$</td></tr>
<tr><td rowspan="2">评估研发质量风险</td><td>执行程序</td></tr>
<tr><td>1. 设计研发质量考核体系
☆研发团队依据研发质量标准，设计研发质量考核体系。
☆产品质量和研发质量相关职能部门基于实际经验给予具体的建议和意见。
2. 明确研发质量风险类型
研发团队对影响研发质量考核体系的风险要素逐一进行分析，明确各类研发质量风险的类型。
3. 全过程质量风险评估
☆研发团队对研发项目的全过程进行考察，并在各个阶段进行质量风险评估。
☆研发项目的相关职能部门配合、协助研发团队进行质量风险评估。
4. 编写研发质量风险评估报告
☆研发团队汇总、整理风险评估的数据和结果，编写研发质量风险评估报告，提交研发部经理审批。</td></tr>
</table>

（续）

<table>
<tr><th>任务名称</th><th>执行程序、工作标准与考核指标</th></tr>
<tr><td rowspan="6">评估研发质量风险</td><td>☆研发质量风险评估报告审批通过后，研发团队整理形成研发质量风险说明。
工作重点
研发质量考核体系的设计和确定应严格按照企业风险评估制度的规定来制定。</td></tr>
<tr><td>**工作标准**</td></tr>
<tr><td>☆质量标准：研发质量风险类型分析的结果覆盖率高于____%。
☆考核指标：研发团队在____天内完成研发质量风险评估报告。</td></tr>
<tr><td>**考核指标**</td></tr>
<tr><td>☆研发质量风险分析覆盖率。
$$研发质量风险分析覆盖率=\frac{分析的质量风险项目数}{质量风险项目总数}\times 100\%$$
☆研发质量风险评估报告首次审批通过率。
$$研发质量风险评估报告首次审批通过率=\frac{首次审批通过的报告数}{审批报告总数}\times 100\%$$</td></tr>
<tr></tr>
<tr><td rowspan="6">研发质量风险总结</td><td>**执行程序**</td></tr>
<tr><td>**1. 总结研发质量风险**
研发团队回顾研发质量风险评估过程，汇总、整理各类研发质量风险事项，形成研发质量风险总结并提交研发部经理审批。
2. 形成研发质量风险指南
研发质量风险总结审批通过后，研发团队参考批示意见，整理形成研发质量风险指南。
工作重点
研发团队撰写风险总结时应按照实际发生概率的大小顺序叙述，使研发质量风险指南的实用性最大化。</td></tr>
<tr><td>**工作标准**</td></tr>
<tr><td>☆考核指标：研发团队在____天内完成研发质量风险总结并提交审批。</td></tr>
<tr><td>**考核指标**</td></tr>
<tr><td>☆研发质量风险总结首次审批通过率。
$$研发质量风险总结首次审批通过率=\frac{首次审批通过的总结数}{审批总结总数}\times 100\%$$</td></tr>
<tr><th colspan="2">执行规范</th></tr>
<tr><td colspan="2">“企业研发任务书”“企业研发计划规划表”“行业质量标准调查报告”“研发质量标准确定书”“研发质量考核体系设计方案”“研发质量风险评估报告”“研发质量风险总结”“研发质量风险指南”。</td></tr>
</table>

3.5 研发人员风险评估管理流程设计与工作执行

3.5.1 研发人员风险评估管理流程设计

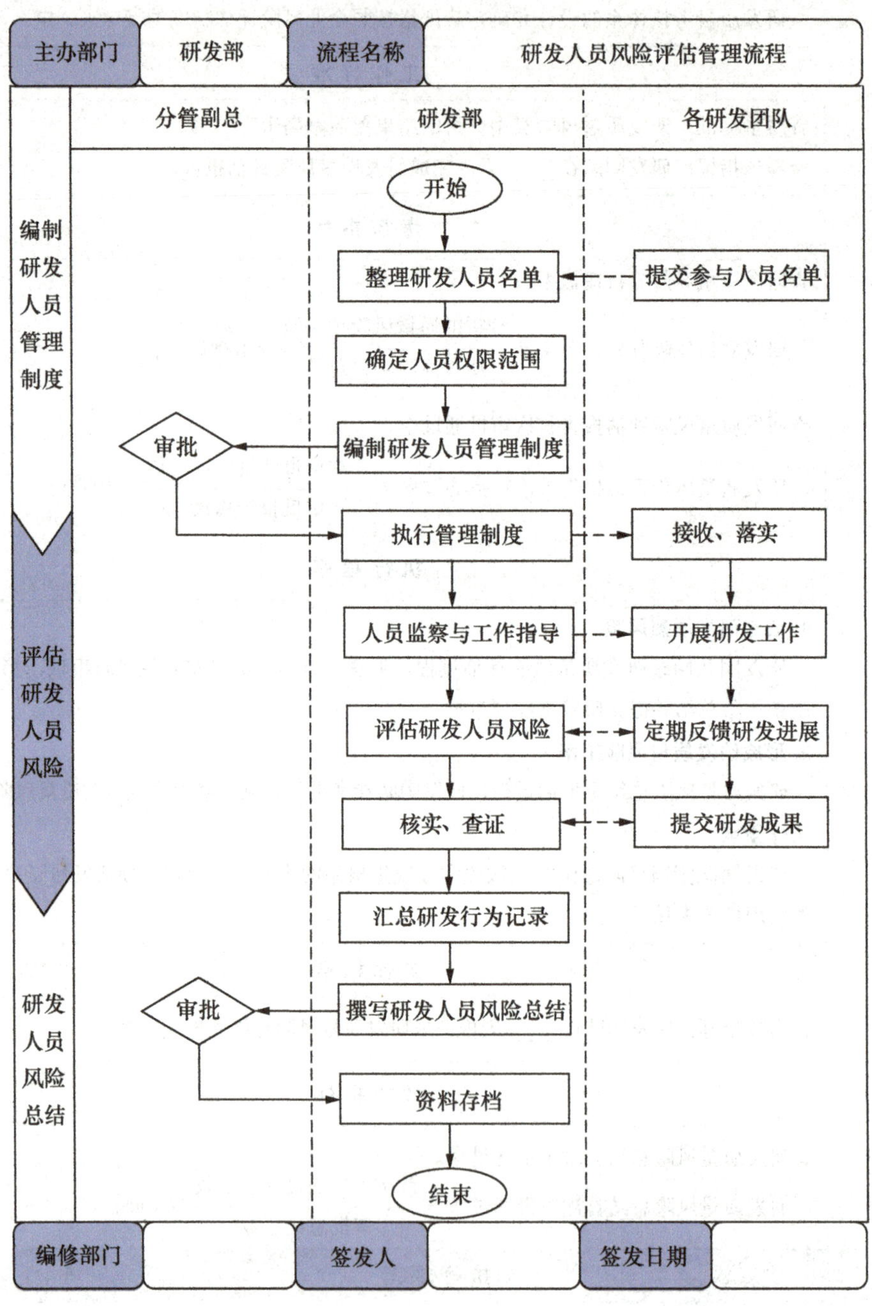

3.5.2 研发人员风险评估管理执行程序、工作标准、考核指标、执行规范

<table>
<tr><th>任务名称</th><th>执行程序、工作标准与考核指标</th></tr>
<tr><td rowspan="6">编制研发人员管理制度</td><td>执 行 程 序</td></tr>
<tr><td>1. 整理研发人员名单
☆各研发团队向研发部提交研发项目参与人员名单。
☆研发部汇总、整理各研发团队提交的人员名单。
2. 确定人员权限范围
研发部根据企业管理制度划分研发人员的权限等级，确定人员的权限范围。
3. 编制研发人员管理制度
研发部确定研发人员权限范围后，按照企业保密管理规定的要求，明确人员的权责内容，编制研发人员管理制度，提交分管副总审批。
工作重点
研发部在划定相关研发人员的权限范围后，应针对划定的权限内容整理研发人员潜在的风险项。</td></tr>
<tr><td>工 作 标 准</td></tr>
<tr><td>☆质量标准：研发人员的权限范围划定要明确、清晰、合理。
☆考核标准：研发部在____天内编制完成研发人员管理制度。</td></tr>
<tr><td>考 核 指 标</td></tr>
<tr><td>☆研发人员管理制度首次审批通过率。
$$研发人员管理制度首次审批通过率=\frac{首次审批通过的制度数}{市批制度总数}\times 100\%$$</td></tr>
<tr><td rowspan="2">评估研发人员风险</td><td>执 行 程 序</td></tr>
<tr><td>1. 执行管理制度
☆研发人员管理制度审批通过后，研发部参考批示意见组织执行并下达至各研发团队。
☆各研发团队接收研发人员管理制度，并以此规范人员行为。
2. 人员监察与工作指导
☆研发部按照研发人员管理制度的要求，对各研发团队中的所有人员进行监察和工作指导。
☆各研发团队在研发部的指导下开展研发工作。
3. 评估研发人员风险
☆研发部掌握各研发团队的研发工作情况，评估各项目进程中的研发人员风险。
☆各研发团队定期向研发部反馈研发项目进度和数据信息。
4. 核实查证
☆研发项目完成后，各研发团队向研发部提交研发工作成果。
☆研发部对各研发团队提交的成果进行核实、查证。</td></tr>
</table>

（续）

任务名称	执行程序、工作标准与考核指标
评估研发人员风险	**工作重点** 研发部要定期对各研发团队进行监察，及时发现研发人员风险，避免重大项目损失。
	工作标准
	☆考核标准：研发人员风险评估准确率超过____%。
	考核指标
	☆研发人员风险评估准确率。 $$研发人员风险评估准确率=\frac{评估准确的研发人员风险项目数}{研发人员风险项目总数}\times 100\%$$
研发人员风险总结	**执行程序**
	1. 汇总研发行为记录 研发部整理研发项目记录，汇总各研发团队的研发人员行为记录，分析存在的研发人员风险问题。 **2. 撰写研发人员风险总结** 研发部根据对研发人员行为记录的分析结果，撰写研发人员风险总结，提交分管副总审批。 **3. 资料存档** 研发人员风险总结审批通过后，研发部收集人员风险评估过程中的文件和资料，进行归档保存，以备查考。 **工作重点** 研发部对研发人员的行为记录进行汇总、分析时，要实时制定风险预防措施，降低人员风险。
	工作标准
	☆质量标准：研发行为记录的汇总要全面、详细、准确无误。 ☆考核标准：研发部在____天内完成研发人员风险总结。
	考核指标
	☆研发人员风险总结首次审批通过率。 $$研发人员风险总结首次审批通过率=\frac{首次审批通过的总结数}{审批总结总数}\times 100\%$$
执行规范	
“企业管理制度”“研发人员管理制度”“企业保密管理规定”“研发人员风险评估结果”“企业研发任务书”“企业研发计划规划表”“研发人员风险总结”。	

3.6 研发专利风险分析管理流程设计与工作执行

3.6.1 研发专利风险分析管理流程设计

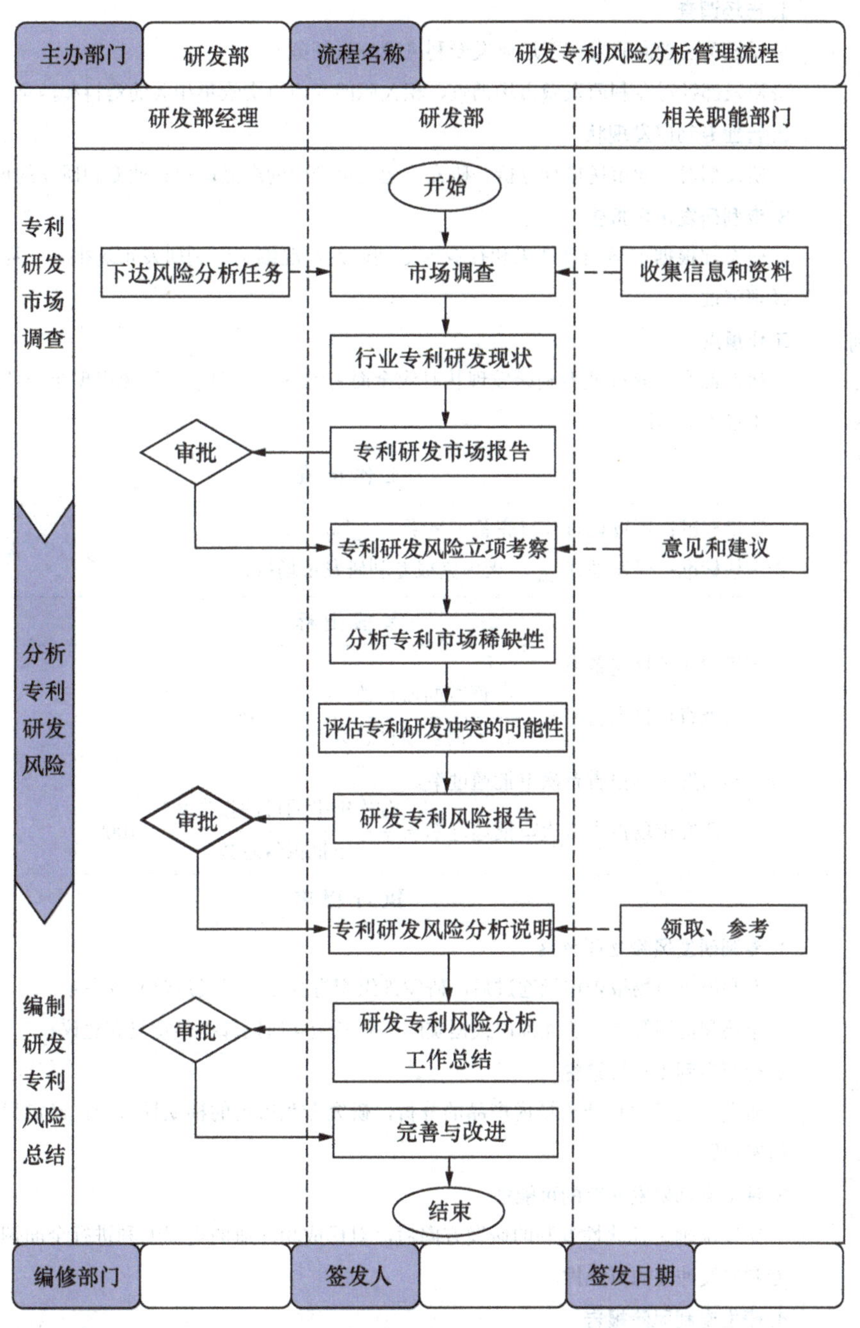

3.6.2 研发专利风险分析管理执行程序、工作标准、考核指标、执行规范

任务名称	执行程序、工作标准与考核指标
专利研发市场调查	**执行程序** **1. 市场调查** ☆研发部经理向研发部下达研发专利风险分析任务。 ☆研发部针对专利研发做市场调查，相关职能部门负责收集相关的资料和信息。 **2. 行业专利研发现状** 研发部对行业市场进行分析、研究，通过市场中的产品透视行业专利研发的现状。 **3. 专利研发市场报告** 研发部根据市场调查结果和行业内专利研发情况编制专利研发市场报告，提交研发部经理审批。 **工作重点** 研发部在判断行业专利研发现状时应全面考量各方面要素，避免出现单一要素的影响比重过大的情况。 **工作标准** ☆质量标准：市场调查项目完备率高于____%。 ☆考核标准：研发部在____天内完成专利研发市场报告。 **考核指标** ☆市场调查项目完备率。 $市场调查项目完备率=\frac{调查的项目数}{市场调查项目总数}\times 100\%$ ☆专利研发市场报告首次审批通过率。 $专利研发市场报告首次审批通过率=\frac{首次审批通过的报告数}{审批报告总数}\times 100\%$
分析专利研发风险	**执行程序** **1. 专利研发风险立项考察** ☆专利研发市场报告审批通过后，研发部组织进行专利研发风险立项考察。 ☆市场和前端等相关职能部门根据实际运营经验向研发部提供意见和建议。 **2. 分析专利市场稀缺性** 研发部通过对行业市场内产品的分析，研究专利市场的稀缺性方向，确定优势专利的研发道路。 **3. 评估专利研发冲突的可能性** 研发部确定稀缺性专利的研发方向后，对已成功注册的类似专利进行全面调查，评估专利研发冲突的可能性。 **4. 研发专利风险报告** 研发部根据确定的稀缺专利的研发方向和专利研发冲突评估结果，撰写研发专利风险报告，提交研发部经理审批。

（续）

<table>
<tr><th>任务名称</th><th>执行程序、工作标准与考核指标</th></tr>
<tr><td rowspan="5">分析专利研发风险</td><td>工作重点
研发部在分析专利市场的稀缺性方向时应充分了解目标市场的整体情况，避免得出片面的、错误的结论。</td></tr>
<tr><td>工作标准</td></tr>
<tr><td>☆质量标准：专利市场的稀缺性分析准确率高于____%。
☆考核标准：研发部在____天内完成研发专利风险报告。</td></tr>
<tr><td>考核指标</td></tr>
<tr><td>☆专利市场稀缺性分析准确率。
$$专利市场稀缺性分析准确率=\frac{准确的稀缺性项目数}{分析项目总数}\times 100\%$$</td></tr>
<tr><td rowspan="6">编制研发专利风险总结</td><td>执行程序</td></tr>
<tr><td>1. 专利研发风险分析说明
☆研发专利风险报告审批通过后，研发部根据批示意见编制专利研发风险分析说明，并下达至各相关职能部门。
☆涉及专利研发的相关部门接收专利研发风险分析说明，并以此为参考开展日常工作。
2. 研发专利风险分析工作总结
研发部回顾专利研发风险分析的全过程，总结经验教训和工作成果，形成研发专利风险分析工作总结，提交研发部经理审批。
3. 完善与改进
研发专利风险分析工作总结审批通过后，研发部参考批示意见和总结中的内容，改进与完善研发专利的风险分析工作。
工作重点
研发部在编制研发专利风险分析说明时应按照实际发生概率的大小顺序依次叙述。</td></tr>
<tr><td>工作标准</td></tr>
<tr><td>☆考核标准：研发部在____天内完成研发专利风险分析工作总结并提交审批。</td></tr>
<tr><td>考核指标</td></tr>
<tr><td>☆研发专利风险分析工作总结首次审批通过率。
$$研发专利风险分析工作总结首次审批通过率=\frac{首次审批通过的总结数}{审批总结总数}\times 100\%$$</td></tr>
<tr><th colspan="2">执行规范</th></tr>
<tr><td colspan="2">“专利研发市场调查报告”“专利研发冲突评估报告”“研发专利风险报告”“研发专利风险分析工作总结”。</td></tr>
</table>

3.7 研发项目市场准入风险管理流程设计与工作执行

3.7.1 研发项目市场准入风险管理流程设计

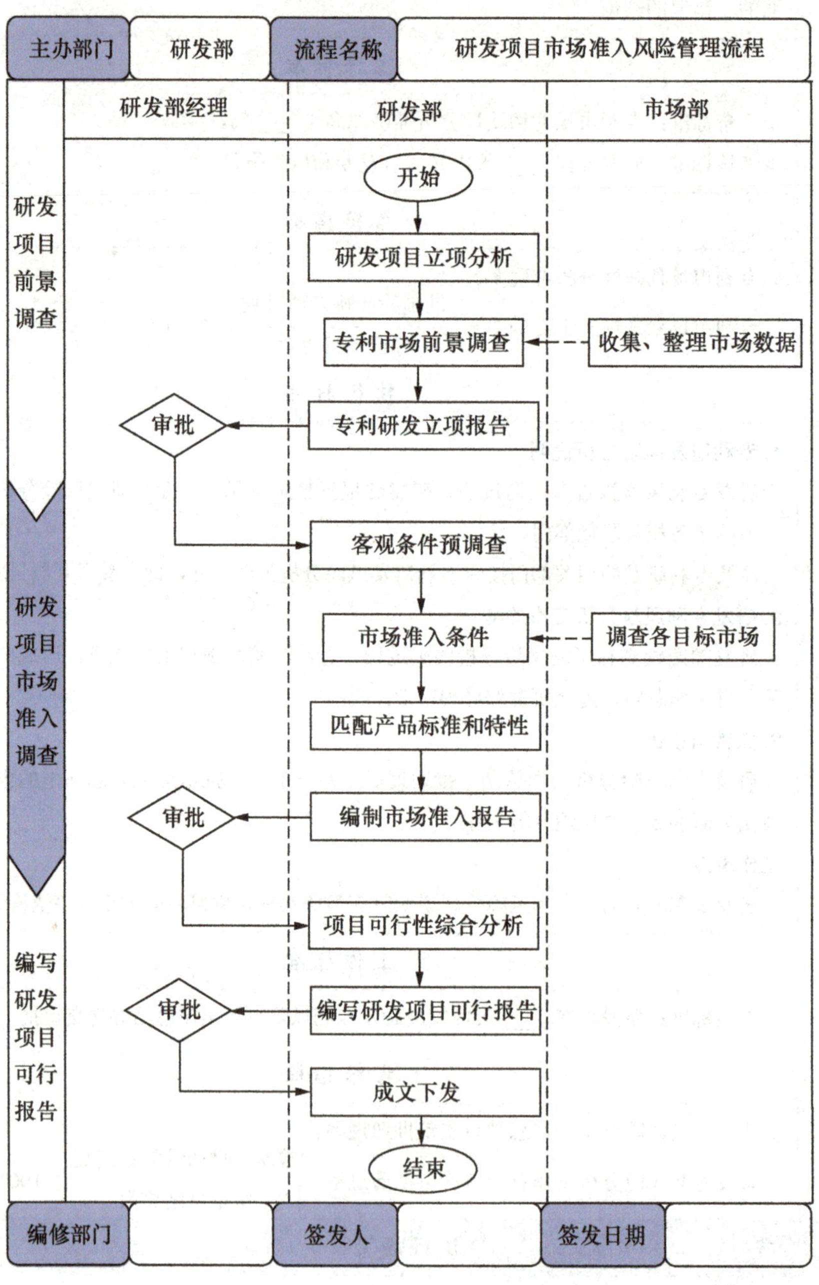

3.7.2 研发项目市场准入风险管理执行程序、工作标准、考核指标、执行规范

<table>
<tr><th>任务名称</th><th>执行程序、工作标准与考核指标</th></tr>
<tr><td rowspan="6">研发项目前景调查</td><td>执 行 程 序</td></tr>
<tr><td>1. 研发项目立项分析
研发部根据企业研发任务的要求，对研发项目进行立项分析，明确项目立项的可行性。
2. 专利市场前景调查
☆研发部针对项目的核心专利开展市场前景调查。
☆市场部收集、整理相关市场数据，向研发部反馈。
3. 专利研发立项报告
研发部根据市场前景调查数据和结果，编制专利研发立项报告，提交研发部经理审批。
工作重点
研发部应选取研发项目中最核心的专利作为市场前景调查的主体。</td></tr>
<tr><td>工 作 标 准</td></tr>
<tr><td>☆考核标准：市场前景调查项目完整率超过____%。
☆考核标准：研发部在____天内完成专利研发立项报告并提交审批。</td></tr>
<tr><td>考 核 指 标</td></tr>
<tr><td>☆市场前景调查项目完整率。
$$市场前景调查项目完整率=\frac{调查的项目数}{项目总数}\times100\%$$
☆专利研发立项报告首次审批通过率。
$$专利研发立项报告首次审批通过率=\frac{首次审批通过的报告数}{审批报告总数}\times100\%$$</td></tr>
<tr><td rowspan="2">研发项目市场准入调查</td><td>执 行 程 序</td></tr>
<tr><td>1. 市场准入条件
☆研发部根据客观条件预调查的情况，判断不同市场的准入条件。
☆市场部收集各目标市场的准入条件和资料信息，将调查结果反馈至研发部。
2. 匹配产品标准和特性
研发部根据市场准入条件，分析得出产品准入最低标准和基本特性，并同研发项目进行匹配对照。
3. 编制市场准入报告
研发部通过对市场准入条件和最低标准等要素的调查、分析，编制市场准入报告，提交研发部经理审批。
工作重点
研发部在判断市场准入条件时应全面考虑文化、法律等方面的限制。</td></tr>
</table>

（续）

任务名称	执行程序、工作标准与考核指标
研发项目市场准入调查	**工作标准** ☆考核标准：市场准入条件调查完备率超过 ____%。 ☆考核标准：研发部在 ____ 天内完成市场准入报告并提交审批。 **考核指标** ☆市场准入条件调查完备率。 市场准入条件调查完备率 = $\frac{\text{调查的项目数}}{\text{项目总数}}\times 100\%$ ☆市场准入报告首次审批通过率。 市场准入报告首次审批通过率 = $\frac{\text{首次审批通过的报告数}}{\text{审批报告总数}}\times 100\%$
编写研发项目可行报告	**执行程序** **1. 项目可行性综合分析** 市场准入报告审批通过后，研发部根据市场准入报告对研发项目开展可行性综合分析，判断研发项目与市场准入条件的符合程度。 **2. 编写研发项目可行性报告** 研发部根据研发项目可行性综合分析结果，编写研发项目可行性报告，提交研发部经理审批。 **工作重点** 研发部在开展可行性综合分析时应严格遵守客观规律，避免因急功冒进给企业造成不必要的损失。 **工作标准** ☆质量标准：研发项目可行性综合分析包括客观市场准入条件分析和企业自身研发环境分析。 ☆考核标准：研发部在 ____ 天内完成研发项目可行性报告并提交审批。 **考核指标** ☆研发项目可行性报告首次审批通过率。 研发项目可行性报告首次审批通过率 = $\frac{\text{首次审批通过的报告数}}{\text{审批报告总数}}\times 100\%$

执行规范
“专利市场前景调查结果”“专利研发立项报告”“企业研发任务书”“企业研发计划规划表”“市场准入报告”“研发项目可行性报告”。

3.8 研发成本风险管控流程设计与工作执行

3.8.1 研发成本风险管控流程设计

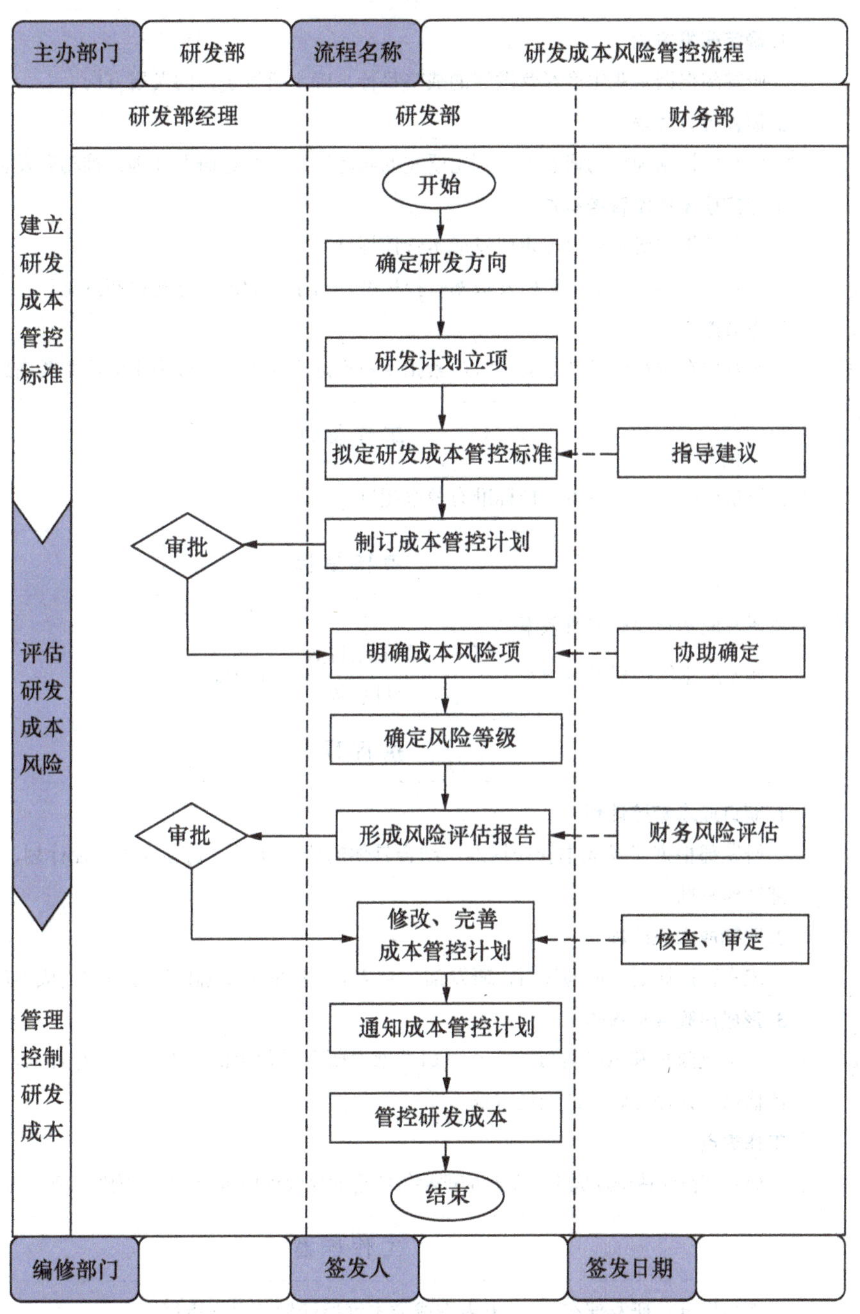

3.8.2 研发成本风险管控执行程序、工作标准、考核指标、执行规范

任务名称	执行程序、工作标准与考核指标
建立研发成本管控标准	**执行程序**
	1. 确定研发方向 研发部根据企业生产经营发展的战略目标，确定研发工作的发展方向。 **2. 研发计划立项** 研发部根据确定的研发方向判定研发的实际需要，制订研发计划，推动研发计划立项。 **3. 拟定研发成本管控标准** ☆研发部根据研发项目拟定研发成本管控标准。 ☆财务部协助研发部拟定研发成本管控标准，给予专业的指导建议和意见。 **工作重点** 研发部在进行研发计划立项时应紧扣企业实际产品需求，致力于解决主要问题。
	工作标准
	☆质量标准：研发成本管控标准有效率超过____%。
	考核指标
	☆研发成本管控标准有效率。 $\text{研发成本管控标准有效率}=\frac{\text{管控有效的项目数}}{\text{管控项目总数}}\times 100\%$
评估研发成本风险	**执行程序**
	1. 制订成本管控计划 研发部根据研发成本管控标准，结合具体的研发项目，制订成本管控计划，提交研发部经理审批。 **2. 明确成本风险项** 成本管控计划审批通过后，研发部在财务部的协助下明确研发过程中的成本风险项。 **3. 形成风险评估报告** 成本风险项和风险等级确定后，研发部对研发过程中的成本风险进行评估，形成风险评估报告并提交研发部经理审批。 **工作重点** 研发部在评估研发成本风险时应严格按照企业风险评估规定进行，确保客观、真实、准确。
	工作标准
	☆考核标准：研发部在____天内完成成本管控计划并提交审批。 ☆考核标准：研发部在____天内完成研发成本风险评估报告并提交审批。

（续）

<table>
<tr><th>任务名称</th><th>执行程序、工作标准与考核指标</th></tr>
<tr><td rowspan="2">评估研发成本风险</td><td>考核指标</td></tr>
<tr><td>☆成本管控计划首次审批通过率。
$$成本管控计划首次审批通过率=\frac{首次审批通过的计划数}{审批计划总数}\times100\%$$
☆风险评估报告首次审批通过率。
$$风险评估报告首次审批通过率=\frac{首次审批通过的报告数}{审批报告总数}\times100\%$$</td></tr>
<tr><td rowspan="6">管理控制研发成本</td><td>执行程序</td></tr>
<tr><td>1. 修改、完善成本管控计划
☆研发成本风险评估报告审批通过后，研发部根据批示意见修改、完善成本管控计划。
☆财务部协助研发部对修改后的成本管控计划进行核查、审定。
2. 通知成本管控计划
研发部将修改后的成本管控计划下发至各研发团队。
3. 管控研发成本
研发部根据成本管控计划管控各下属研发团队的研发成本。
工作重点
针对风险评估报告中的高风险项，研发部应在修改后的成本管控计划中强化其管控方法。</td></tr>
<tr><td>工作标准</td></tr>
<tr><td>☆考核标准：研发部在____天内完成成本管控计划的修改和完善。
☆质量标准：研发成本管控合格率超过____%。</td></tr>
<tr><td>考核指标</td></tr>
<tr><td>☆研发成本管控合格率。
$$研发成本管控合格率=\frac{管控合格的成本项目数}{管控成本项目总数}\times100\%$$</td></tr>
<tr><th colspan="2">执行规范</th></tr>
<tr><td colspan="2">“企业发展战略书”“企业研发任务书”“企业研发计划规划表”“研发成本管控标准说明”“研发成本管控计划”“研发成本风险评估报告”。</td></tr>
</table>

3.9 研发外包风险评估管理流程设计与工作执行

3.9.1 研发外包风险评估管理流程设计

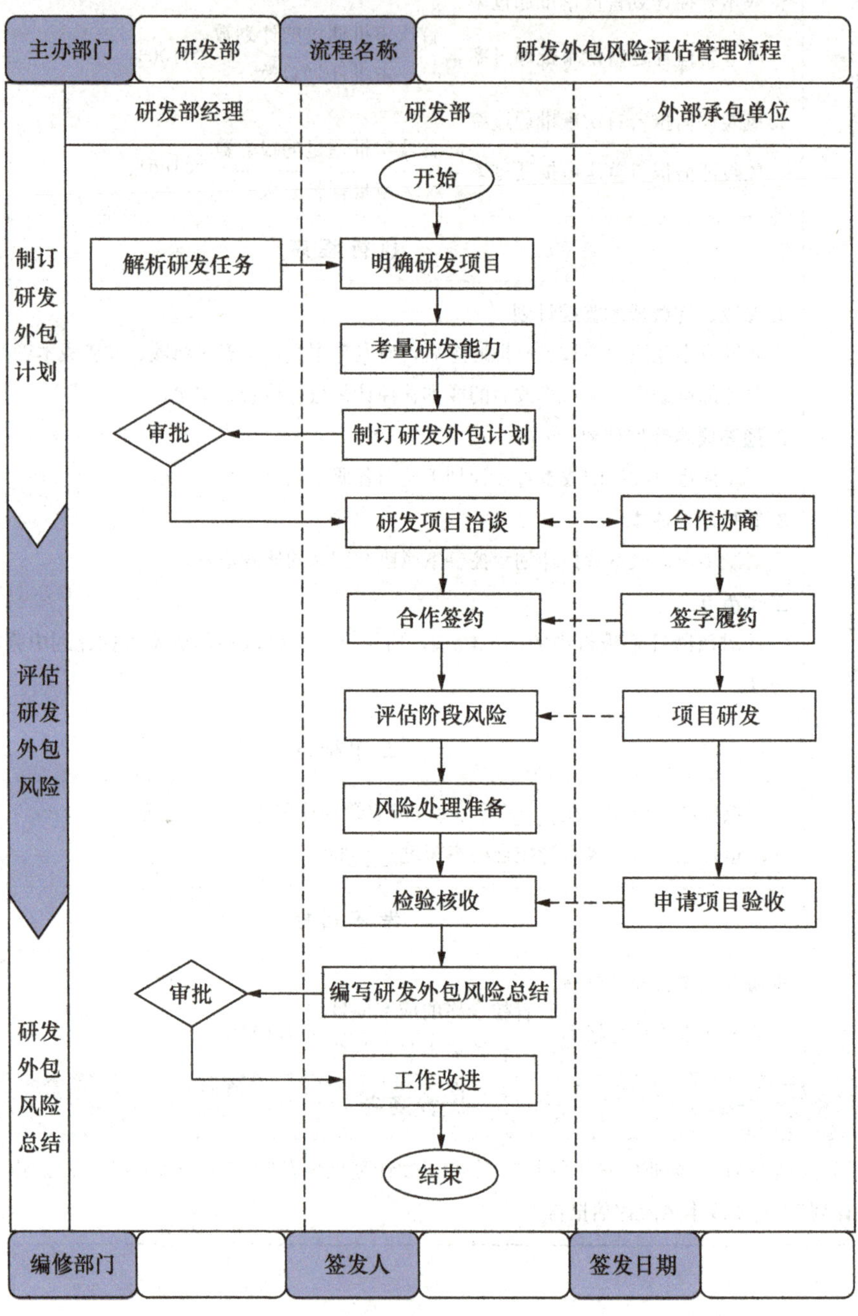

3.9.2 研发外包风险评估管理执行程序、工作标准、考核指标、执行规范

<table>
<tr><th>任务名称</th><th>执行程序、工作标准与考核指标</th></tr>
<tr><td rowspan="6">制订
研发
外包
计划</td><td>执行程序</td></tr>
<tr><td>1. 明确研发项目
☆研发部经理对研发任务进行解析，并下发至研发部。
☆研发部根据研发任务的解析结果，明确研发项目。
2. 考量研发能力
研发部根据研发项目的要求和目标，考量企业的综合研发能力。
3. 制订研发外包计划
研发部根据对企业研发能力的考量情况，按实际需求制订研发外包计划，提交研发部经理审批。
工作重点
研发部应客观地考量企业的研发能力，正确分配研发外包项目占比。</td></tr>
<tr><td>工作标准</td></tr>
<tr><td>☆考核标准：研发部在____天内完成研发外包计划并提交审批。</td></tr>
<tr><td>考核指标</td></tr>
<tr><td>☆研发外包计划首次审批通过率。
$$研发外包计划首次审批通过率=\frac{首次审批通过的计划数}{审批计划总数}\times 100\%$$</td></tr>
<tr><td rowspan="4">评估
研发
外包
风险</td><td>执行程序</td></tr>
<tr><td>1. 合作签约
研发外包计划审批通过后，研发部与外部承包单位进行合作谈判，达成一致意见后进行签约。
2. 评估阶段风险
☆外部承包单位履行合同责任，开展研发活动。
☆研发部定期监察外部承包单位的研发活动情况，评估其阶段风险。
3. 风险处理准备
研发部根据阶段风险评估情况制定风险处理方案，做好风险处理准备。
工作重点
研发部及时跟踪外部承包单位的研发进度，确保不对企业造成影响。</td></tr>
<tr><td>工作标准</td></tr>
<tr><td>☆考核标准：研发外包风险评估及时率高于____%。
☆质量标准：风险处理方案要全面、高效、合理、经济。</td></tr>
</table>

（续）

任务名称	执行程序、工作标准与考核指标
评估研发外包风险	**考核指标**
	☆研发外包风险评估及时率。 $研发外包风险评估及时率=\frac{评估及时的外包风险项目数}{评估外包风险总项目数}\times100\%$
研发外包风险总结	**执行程序**
	1. 检验核收 ☆外部承包单位完成研发工作后，应向研发部申请进行项目验收。 ☆研发部对外部承包单位的项目成果进行质量检验，检验合格后核收。 **2. 编写研发外包风险总结** 研发部回顾研发外包管理过程，整理研发外包中的各种风险，编写研发外包风险总结报告，提交研发部经理审批。 **3. 工作改进** 研发外包风险总结报告审批通过后，研发部根据批示意见和总结报告改进自身工作，完善研发外包风险的评估能力。 **工作重点** 研发部应全面、详细、客观地对研发外包风险进行总结。
	工作标准
	☆质量标准：外包项目成果检验、核收合格率。 ☆考核标准：研发部在____天内完成研发外包风险总结报告并提交审批。
	考核指标
	☆检验核收合格率。 $检验核收合格率=\frac{检验核收合格的项目数}{检验核收项目总数}\times100\%$ ☆研发外包风险总结报告首次审批通过率。 $研发外包风险总结报告首次审批通过率=\frac{首次审批通过的总结数}{审批总结总数}\times100\%$

执行规范
“企业发展战略书”“企业研发任务书”“企业研发计划规划表”“研发外包计划”“研发外包风险总结报告”。

第4章 研发立项管理

4.1 研发立项管理流程设计

4.1.1 流程管理的目的

企业对项目立项工作实施流程管理的目的如下。

（1）规范项目的过程管理，使项目立项进程得到合理的控制。

（2）使项目立项工作标准化、规范化，最大限度地提高该工作的工作效率。

4.1.2 流程结构设计

研发立项管理流程设计可采取并列式结构，即将研发立项管理细分为三个事项，就每个事项即项目立项管理、立项报告编制管理、立项报告评审管理进行流程设计。研发立项管理流程总体架构如图 4-1 所示。

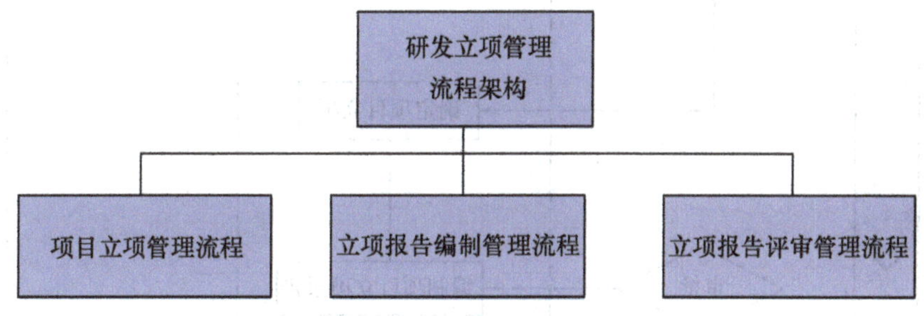

图 4-1 研发立项管理流程总体架构

4.2 项目立项管理流程设计与工作执行

4.2.1 项目立项管理流程设计

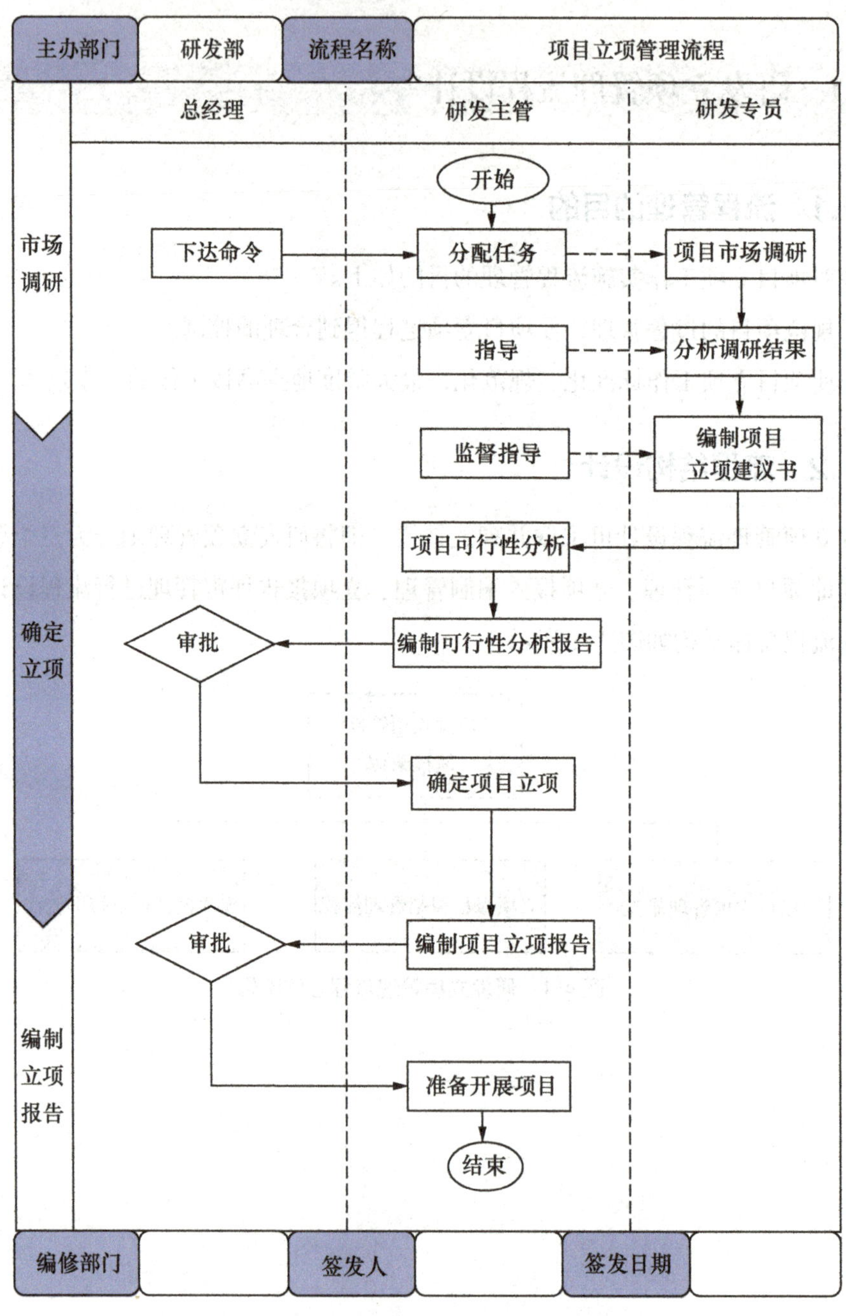

4.2.2 项目立项管理流程执行程序、工作标准、考核指标、执行规范

<table>
<tr><th>任务名称</th><th>执行程序、工作标准与考核指标</th></tr>
<tr><td rowspan="4">市场调研</td><td>执行程序</td></tr>
<tr><td>1. 项目市场调研
研发专员对项目进行市场调研，收集、整理各方面资料、信息，了解项目的社会、经济环境。
2. 分析调研结果
☆研发专员根据市场调研报告对调研结果进行整理、比较。
☆研发主管指导研发专员对调研结果进行分析。
工作重点
通常需要对调研结果进行深入分析，研发专员可能因为经验不够无法透彻分析，研发主管应给予适当的指导。</td></tr>
<tr><td>工作标准</td></tr>
<tr><td>☆目标标准：研发专员通过市场调研掌握项目立项所需的各类资料。</td></tr>
<tr><td rowspan="4">确定立项</td><td>执行程序</td></tr>
<tr><td>1. 编制项目立项建议书
☆研发专员根据对调研结果的分析编制研发项目立项建议书。
☆研发项目立项建议书主要内容包括立项的必要性及意义、项目市场分析及前景预测、项目建设进度安排、项目财务预算及经济效益的估算等。
2. 项目可行性分析
研发主管根据研发项目立项建议书组织分析人员对项目的可行性进行分析。
3. 编制可行性分析报告
☆研发主管对项目的可行性分析完毕后，编制项目研发可行性分析报告。
☆研发主管上交可行性分析报告至总经理审批，审批通过后方可进行后续工作。
4. 确定项目立项
☆研发主管根据对项目的可行性分析，结合企业的实际情况确定项目立项，并做好项目立项的申报、登记工作。
工作重点
项目可行性分析是项目立项的重中之重，可行性分析的结果直接决定着项目能否立项以及立项后带来的风险和收益，因此企业必须将其当作重点工作对待。</td></tr>
<tr><td>工作标准</td></tr>
<tr><td>☆质量标准：项目立项建议书内容严谨、完整；项目可行性分析深入、透彻。</td></tr>
</table>

（续）

任务名称	执行程序、工作标准与考核指标
确定立项	**考核指标**
	☆编制项目立项建议书和可行性分析报告的时间：应在 ____ 个工作日内完成。 ☆可行性分析报告的一次性通过率：目标值为 100%。
编制立项报告	**执行程序**
	1. 编制项目立项报告 ☆研发主管根据对项目的分析，编制项目立项报告。 ☆研发主管将项目立项报告提交总经理审批，根据其建议修改、完善。 **2. 准备开展项目** ☆项目立项后，研发主管制订项目研发计划，准备开展工作。 ☆研发主管将所有项目资料妥善保管，做存档处理。 **工作重点** 项目立项报告的主要内容包括研发项目名称、项目启动背景、可行性分析、项目存在的风险及其控制、项目预算、项目市场前景及效益简要分析等，研发主管在编制项目立项报告时要注意内容完整。
	工作标准
	☆完成标准：研发主管在规定的时间内完成项目立项报告的编制，开展项目研发工作。
执行规范	
"项目立项报告"。	

4.3 立项报告编制管理流程设计与工作执行

4.3.1 立项报告编制管理流程设计

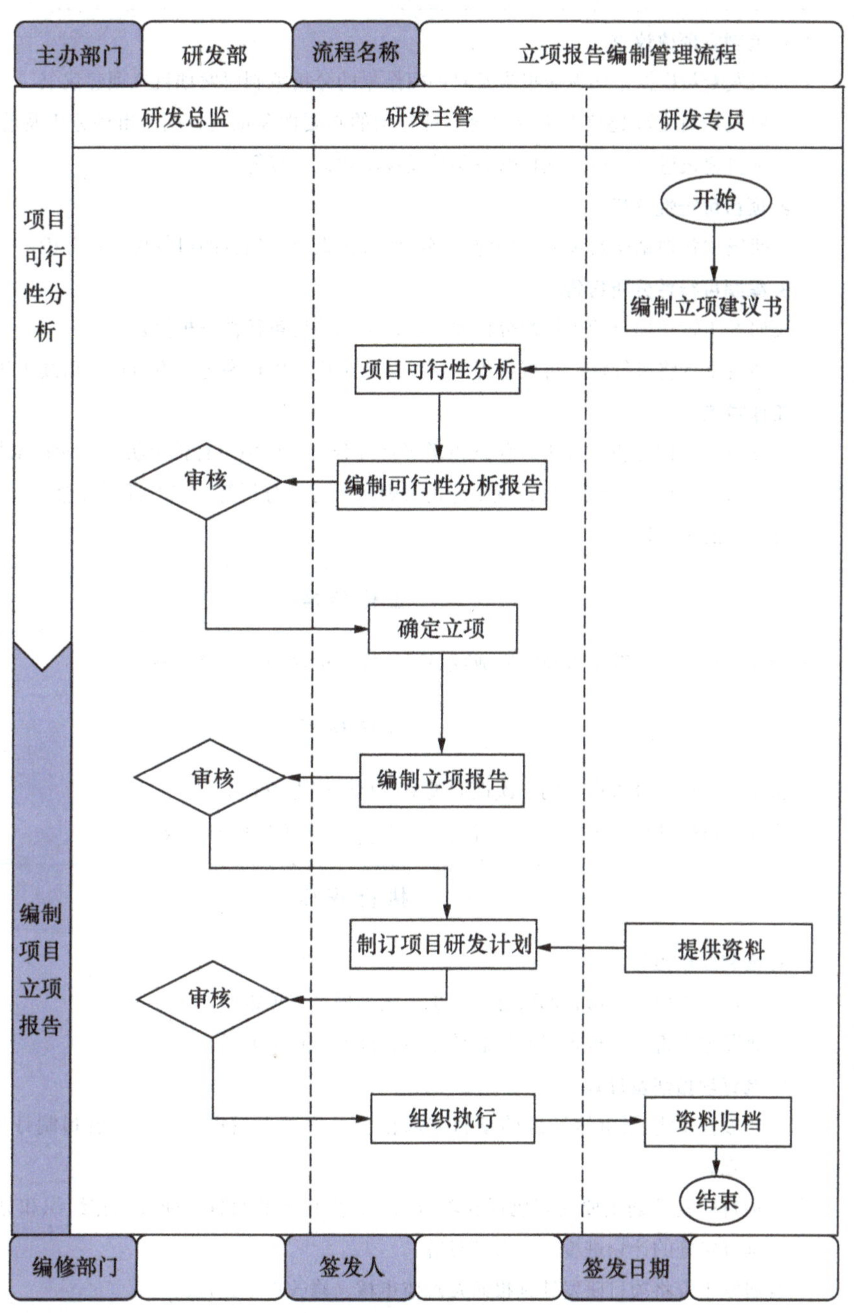

4.3.2 立项报告编制管理流程执行程序、工作标准、考核指标、执行规范

任务名称	执行程序、工作标准与考核指标
项目可行性分析	**执行程序**
	1. 编制立项建议书 ☆研发专员根据市场调研报告及对调研结果的分析编制研发项目立项建议书。 ☆研发项目立项建议书主要内容包括立项的必要性及意义、项目市场分析及前景预测、项目建设进度安排、项目财务预算及经济效益估算等。 **2. 项目可行性分析** 研发主管根据研发项目立项建议书组织分析人员对项目的可行性进行分析。 **3. 编制可行性分析报告** ☆研发主管对项目的可行性分析完毕后，编制项目可行性分析报告。 ☆研发主管将可行性分析报告提交研发总监审核，审核通过后方可进行后续工作。 **工作重点** 项目可行性分析主要内容包括市场可行性分析、环境可行性分析、企业技术与生产能力分析、法律可行性分析、风险分析及财务可行性分析等。研发部要开会讨论，深入论证项目的可行性。
	工作标准
	☆完成标准：研发主管及时完成项目可行性分析报告并提交审核。
	考核指标
	☆项目可行性分析报告的一次性通过率：目标值为100%。 ☆项目可行性分析报告的完成时间：应在 ____ 个工作日内完成。
编制项目立项报告	**执行程序**
	1. 编制立项报告 ☆研发主管根据对项目的可行性分析，编制项目立项报告。 ☆研发主管将立项报告报研发总监审核、修改，直至通过。 **2. 制订项目研发计划** ☆研发主管根据审核通过的项目立项报告及研发专员提供的信息资料制订项目研发计划。 ☆项目研发计划主要内容包括立项依据、研发内容和目标、研发工作组织和分工情况、项目实施的计划进度、经费预算等。 ☆研发主管将项目研发计划报研发总监审核、修改直至通过。

（续）

<table>
<tr><th>任务名称</th><th>执行程序、工作标准与考核指标</th></tr>
<tr><td rowspan="5">编制项目立项报告</td><td>3. 组织执行
项目研发计划审核通过后，研发主管组织人员按计划执行。
4. 资料归档
研发专员做好资料的存档工作，并将市场调研报告、项目立项申请书、研发项目立项建议书及项目可行性分析报告等编入立项管理档案中。
工作重点
项目立项报告主要内容包括研发项目名称、项目启动背景、可行性分析、项目存在的风险及其控制、项目预算、项目市场前景及效益简要分析等。研发主管要保证项目立项报告内容完整，分析合理。</td></tr>
<tr><td>工作标准</td></tr>
<tr><td>☆质量标准：项目立项报告和项目研发计划的内容完整，结构合理，通过率高。
☆目标标准：通过一系列工作，项目研发计划得到落实，项目准时启动。</td></tr>
<tr><td>考核指标</td></tr>
<tr><td>☆项目立项报告和项目研发计划的完成时间：应在____个工作日内完成。</td></tr>
<tr><th colspan="2">执行规范</th></tr>
<tr><td colspan="2">“项目立项报告”“项目研发计划”。</td></tr>
</table>

4.4 立项报告评审管理流程设计与工作执行

4.4.1 立项报告评审管理流程设计

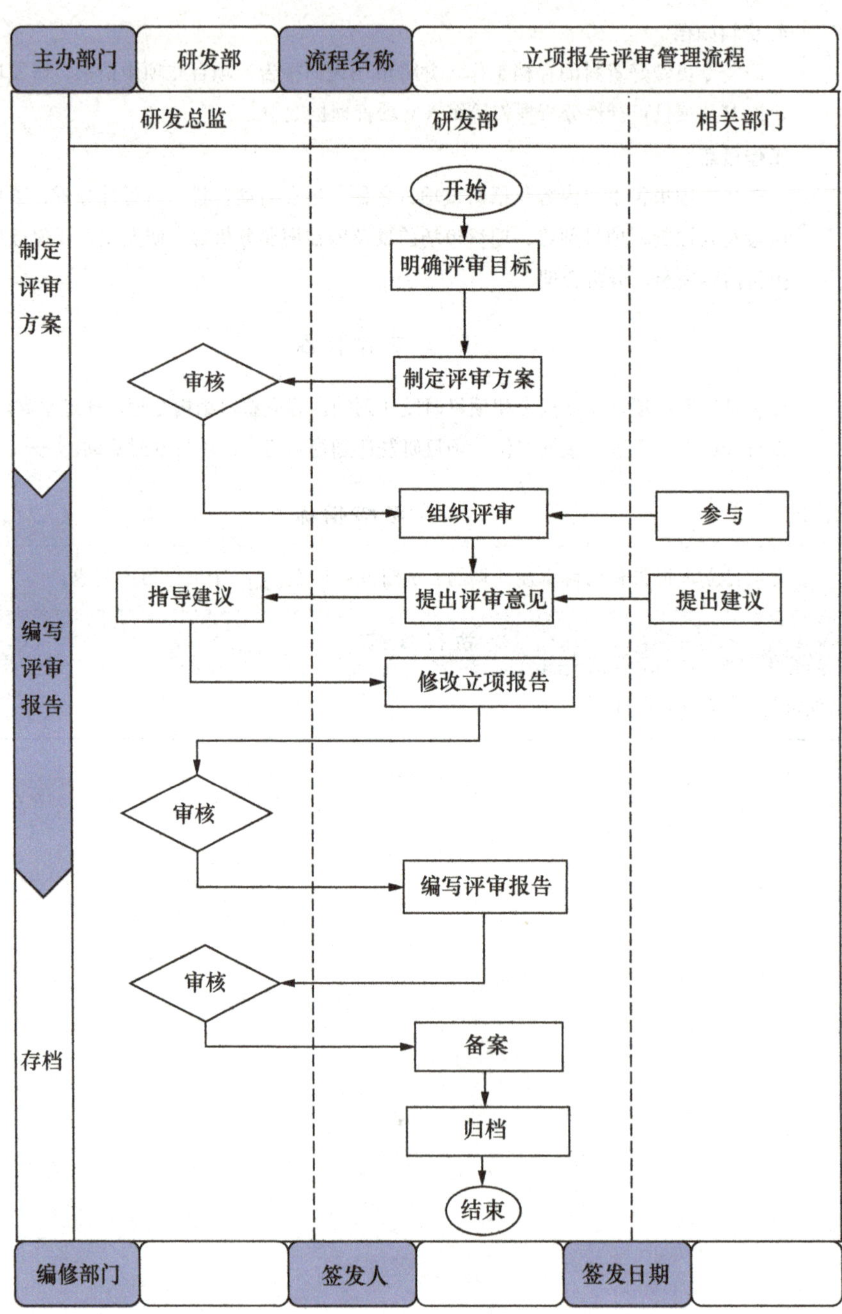

4.4.2 立项报告评审管理流程执行程序、工作标准、考核指标、执行规范

<table>
<tr><th>任务名称</th><th>执行程序、工作标准与考核指标</th></tr>
<tr><td rowspan="4">制定评审方案</td><td>执 行 程 序</td></tr>
<tr><td>1. 明确评审目标
研发部根据评审要求，明确立项报告的评审目标，提高立项报告的评审质量。
2. 制定评审方案
☆研发部根据评审目标制定评审方案，评审方案主要包括评审程序、评审目的、评审人员构成、组织评审时间、评审内容、评审重点及评审方法等。
☆评审方案经研发总监审核通过后，研发部组织执行。
工作重点
评审目标是评审质量的保障，研发部要合理制定评审目标，以提高评审质量。</td></tr>
<tr><td>工 作 标 准</td></tr>
<tr><td>☆质量标准：评审目标切实可行，评审方案制定合理。</td></tr>
<tr><td rowspan="4">编写评审报告</td><td>执 行 程 序</td></tr>
<tr><td>1. 组织评审
☆研发部组织相关评审人员对立项报告进行评审讨论，主要讨论项目的市场前景及效益、立项项目开发对资源的要求以及进度安排的可行性分析等。
☆其他相关部门按职责需要参与评审。
2. 提出评审意见
☆研发部依据讨论结果，提出立项报告评审意见，对是否批准立项给出明确的答案，对不符合企业利益的项目予以废除，并做好相应的记录。
☆研发总监对评审意见提供指导建议。
3. 修改立项报告
研发部根据评审意见，对立项报告进行修改，研发部将修改后的立项报告交由研发总监审核、补充、修订、完善，直至通过。
4. 编写评审报告
☆研发部根据评审记录，编写评审报告，并报研发总监审核、修改、完善，直至通过。
☆评审报告主要包括项目的基本情况、项目可行性评审、项目预算评审、项目风险与不确定因素、评审意见及评审结论等内容。
工作重点
立项报告的修改必须谨慎，同时又要果断决策，若立项报告不合理，则要坚决修改；若报告可行性高，则不能盲目否决。</td></tr>
<tr><td>工 作 标 准</td></tr>
<tr><td>☆目标标准：研发部通过评审流程，进一步完善立项报告。</td></tr>
</table>

（续）

任务名称	执行程序、工作标准与考核指标
编写评审报告	**考核指标**
	☆评审报告的完成时间：应在 ____ 个工作日内完成。 ☆评审报告的一次性通过率：目标值为100%。
存档	**执行程序**
	归档 ☆研发部对立项报告评审的相关资料、文件进行整理、归档。 ☆研发部将立项报告评审方案、评审意见、立项报告及相关资料编入立项报告评审管理档案中。 **工作重点** 资料归档有着储存、借鉴、保密等意义，研发部要将所有资料妥善保管。
	工作标准
	☆质量标准：资料归档环节要符合相关程序。
执行规范	
“评审报告”“项目评审制度”。	

第5章 技术方案管理

5.1 技术方案管理流程设计

5.1.1 流程管理的目的

企业对技术方案实施流程管理的目的如下。

（1）增强技术方案评价的公正性和客观性，提高技术研发水平，保障研发成果的价值。

（2）规范技术方案的制定、评价及更改，安排好技术方案管理所需的人、财、物等各项工作。

5.1.2 流程结构设计

技术方案管理流程设计将技术方案管理细分为三个事项，就每个事项即技术方案制定管理、技术方案论证管理、技术方案变更管理进行流程设计。技术方案管理流程总体架构如图5-1所示。

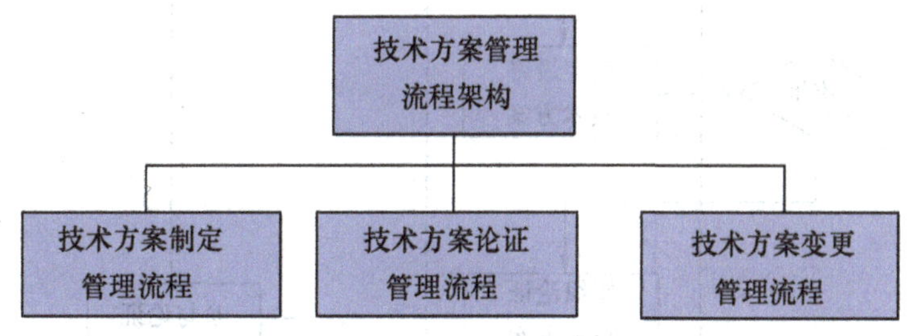

图5-1　技术方案管理流程总体架构

5.2 技术方案制定管理流程设计与工作执行

5.2.1 技术方案制定管理流程设计

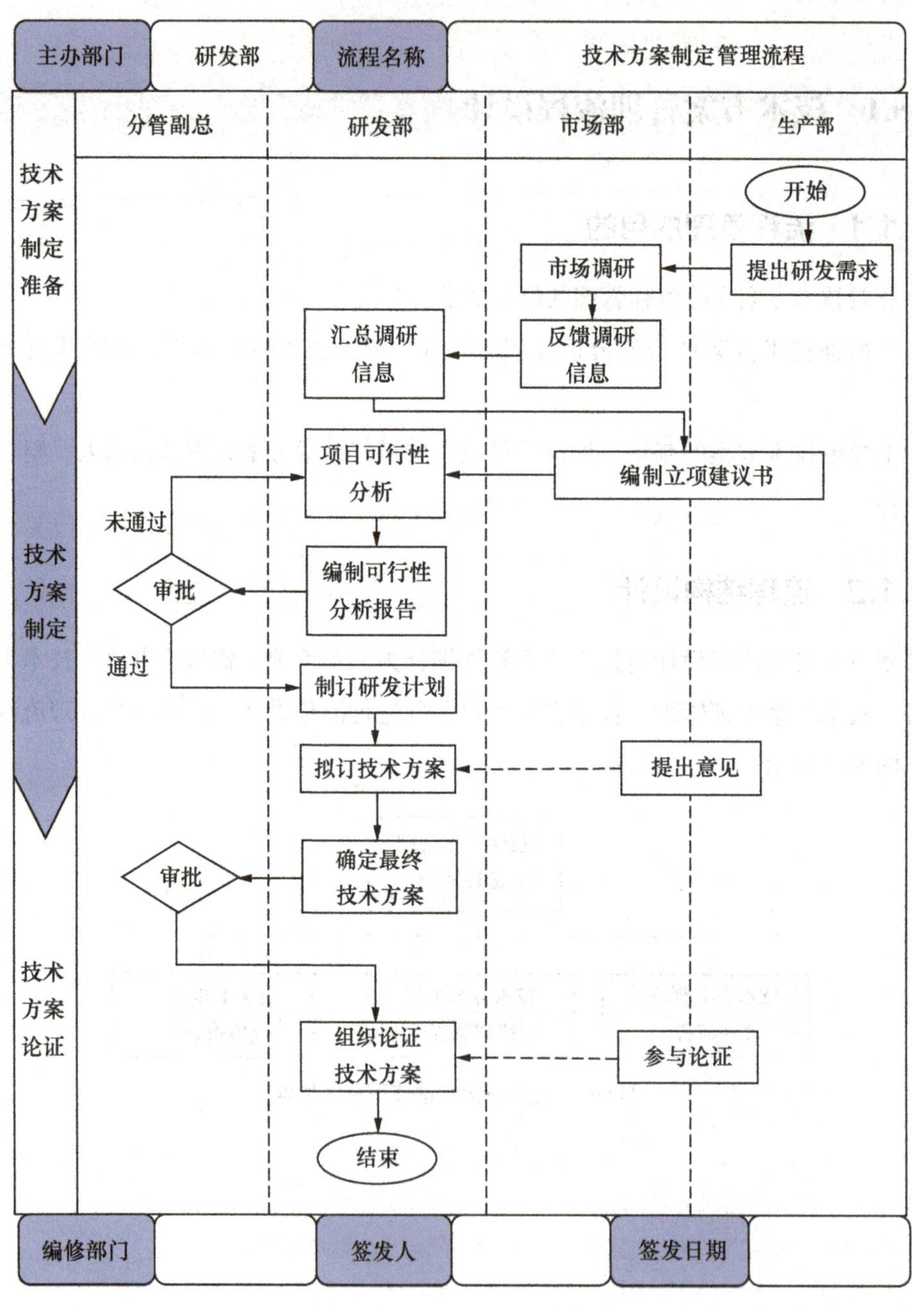

研发过程管理 流程设计与工作标准

5.2.2 技术方案制定执行程序、工作标准、考核指标、执行规范

任务名称	执行程序、工作标准与考核指标
技术方案制定准备	**执行程序**
	1. 提出研发需求 ☆分管副总向各部门传达企业的战略规划和目标。 ☆生产部根据企业的生产发展水平以及客户的需要，提出研发需求。 ☆生产部应对研发需求进行分析和论证，保证所提出的研发需求的现实性、合理性。 **2. 市场调研** ☆针对生产部提出的研发需求，市场部应进行广泛的市场调研，调研内容包括研发产品的发展方向、市场竞争力、发展前景等。 ☆市场部应根据市场调研所获得的信息反馈至研发部。 **工作重点** 生产部应提前制定好研发需求的具体参照标准，供研发部参考。
	工作标准
	☆目标标准：生产部、市场部各司其职，做好技术方案的需求确定、市场调研等工作，为将来的研发工作打好基础。
技术方案制定	**执行程序**
	1. 编制可行性分析报告 ☆研发部负责汇总市场部提供的调研信息，分析研发项目的可行性，编制可行性分析报告。 ☆可行性分析报告由企业分管副总审批，审批通过后由研发部制订研发计划。 ☆可行性分析报告未通过审批的，由研发部重新进行研发项目的可行性分析。 ☆研发部在进行项目可行性分析及编制可行性分析报告前，市场部、生产部应同时提交立项建议书，论证研发项目是否可行。 **2. 制订研发计划** ☆研发部根据可行性分析报告制订研发计划，研发计划应包括研发时间、研发主题、研发场地、研发小组成员名单、研发费用预算、项目可利用资源等内容。 ☆研发部制订完成研发计划后提交企业分管副总审批。 **3. 拟定技术方案** ☆研发部根据研发计划拟定具体的技术方案。 ☆拟定的技术方案应同时分发给市场部、生产部等部门传阅，各部门应提出针对方案的相关意见和建议，便于研发部不断改进技术方案。 **工作重点** 制订研发计划时研发部最好明确研发项目组各成员的工作责任范围、级别以及相应的职权，避免出现权责混乱、推诿扯皮的现象。

（续）

<table>
<tr><th>任务名称</th><th>执行程序、工作标准与考核指标</th></tr>
<tr><td rowspan="4">技术方案制定</td><td>工作标准</td></tr>
<tr><td>☆完成标准：研发部根据市场部、生产部等相关部门的意见完善技术方案。</td></tr>
<tr><td>考核指标</td></tr>
<tr><td>☆研发计划的目的性：研发计划要符合企业的总体战略。
☆研发计划的动态性：研发计划要随着外部和内部环境的改变而相应地变化，不能一成不变。</td></tr>
<tr><td rowspan="4">技术方案论证</td><td>执行程序</td></tr>
<tr><td>1. 确定最终技术方案
☆拟定的技术方案经不断改进后，研发部确定最终的技术方案，并上交分管副总审批。
☆针对技术方案的可行性、可操作性等，分管副总应组织各相关部门对研发方案进行论证。
2. 组织论证技术方案
研发部根据分管副总的要求，组织实施方案论证，并控制方案论证现场秩序。
工作重点
确定的技术方案不仅要符合规范，还要符合技术方案编制的要求，内容全面、结构清晰，无重大纰漏，特别要对项目执行过程中的一些重要事项进行重点描述。</td></tr>
<tr><td>工作标准</td></tr>
<tr><td>☆质量标准：技术方案具有较高的可操作性，达到文件的要求并通过审批。</td></tr>
<tr><th colspan="2">执行规范</th></tr>
<tr><td colspan="2">“研发需求报告”“立项建议书”“项目研发计划”“项目技术方案”“研发项目可行性分析报告”“新产品研发管理制度”。</td></tr>
</table>

5.3 技术方案论证管理流程设计与工作执行

5.3.1 技术方案论证管理流程设计

主办部门	研发部	流程名称	技术方案论证管理流程		
	总经理	分管副总	市场部	研发部	其他相关部门
拟定技术方案				开始	
			提供相关信息	确定研发目标	提供相关信息
				拟定并初步确定技术方案	
进行方案论证			参与论证	组织相关部门论证	参与论证
	未通过 审批	审批	通过	论证	未通过
	通过			形成最终技术方案	
进行研发及产品试生产				进行研发	
				制定作业方案	
	未通过 审批	审批	检验论证		试生产
	通过			产品定型	
				结束	
编修部门		签发人		签发日期	

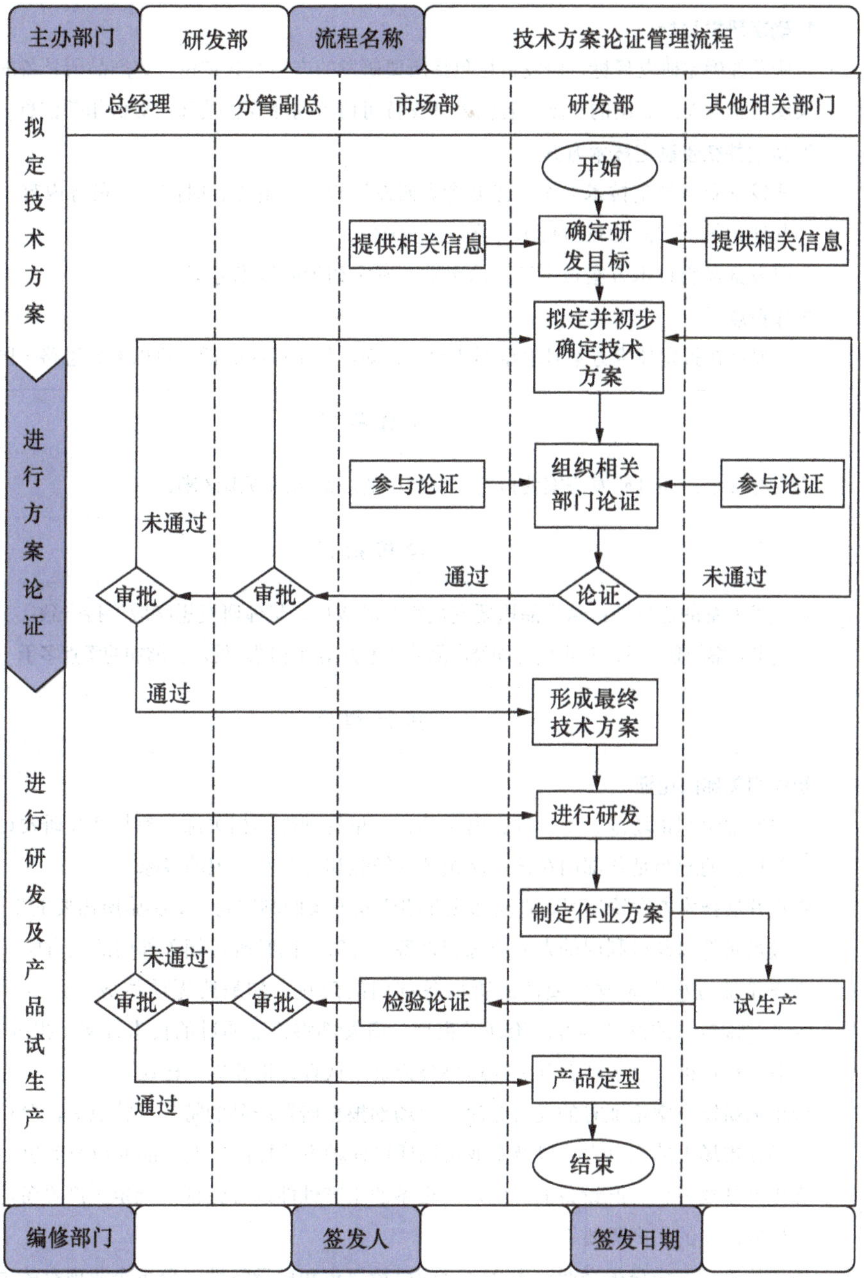

5.3.2 技术方案论证管理执行程序、工作标准、考核指标、执行规范

<table>
<tr><th>任务名称</th><th>执行程序、工作标准与考核指标</th></tr>
<tr><td rowspan="6">拟定技术方案</td><td>执行程序</td></tr>
<tr><td>1. 确定研发目标
研发部确定研发目标，研发目标包括所要研发的产品及其定位、该产品所具备的功能以及能为企业发展做出的贡献，若需外部支持可请市场部等相关部门提供相关信息。
2. 拟定并初步确定技术方案
☆研发部负责拟定技术方案，需要考虑研发过程、关键点、时间、人员等内容，并吸收其他相关部门的意见对技术方案进行修改。
☆研发部需将技术方案报主管副总审批，确定初步的技术方案。
工作重点
研发部在拟定技术方案时思路不要预先设限，如果可能的话，可以多条思路一同进行。</td></tr>
<tr><td>工作标准</td></tr>
<tr><td>☆目标标准：通过研发方案的拟定，理想中的产品形态逐渐清晰。</td></tr>
<tr><td>考核指标</td></tr>
<tr><td>☆技术方案的连贯性：从产品概要到最终产品成形，整体研发思路应保持一致。
☆技术方案的独创性：与市场上同类产品的技术方案有不同之处，新增加的卖点多于____处。</td></tr>
<tr><td rowspan="2">进行方案论证</td><td>执行程序</td></tr>
<tr><td>组织相关部门论证
☆研发部组织市场部、生产部、财务部、质量管理部等相关部门参与产品研发论证，参与论证的应当是各部门在该产品领域有经验和有专业知识的专家。
☆在开展技术方案论证时，研发部应介绍研发方案的制定背景、实施所需要的生产条件、技术条件以及可利用的人力资源和设备资源等，同时确定相关部门的发言顺序等。
☆在论证过程中研发部要注意听取各部门的意见，如最终无法达成一致意见，则以____%专家的意见为准。论证结束后，研发部将论证通过的技术方案上报分管副总、总经理审批，总经理召开总经理办公会议，认真讨论并提出建议。
☆根据研发方案论证时的发言顺序，市场部根据研发产品的特性及特点等，分析研发产品在市场上的竞争力，以及企业可以通过何种方式提高研发产品的市场竞争力等。
☆生产部要分析生产设备的现状，对设备的生产性能进行论证，确定生产设备能否满足研发产品的生产需要等。
☆质量管理部应分析企业已生产产品的质量要求和质量特性，分析企业现有的生产水平和产品质量水平能否满足研发产品的质量要求，比较研发产品与企业可能达到的质量目标间的差距。</td></tr>
</table>

（续）

<table>
<tr><th>任务名称</th><th>执行程序、工作标准与考核指标</th></tr>
<tr><td rowspan="3">进行方案论证</td><td>☆财务部应分析研发方案中涉及的研发费用预算是否合理，企业现有的资金链能否满足研发项目的开展进度等。
工作重点
研发论证的过程非常重要，也比较正式，研发部要将论证过程中各部门的意见详细记录在案，以备后期改进。
☆研发部应对各部门的方案论证进行分析，总结技术方案在执行中可能出现的问题，并根据可能出现的各类问题，改进研发方案。
☆技术方案经改进后，研发部要组织实施技术方案，并对实施过程进行监督和控制。</td></tr>
<tr><td>工作标准</td></tr>
<tr><td>☆质量标准：研发论证中富有建设性的意见，能为研发工作的顺利开展提供许多帮助。</td></tr>
<tr><td rowspan="2">进行研发及产品试生产</td><td>执行程序</td></tr>
<tr><td>1. 形成最终技术方案
☆研发部根据总经理审批意见，将论证通过的计划再研究、再分析，形成最终的产品技术方案。
☆产品技术方案应包括产品概述、产品建设目标、市场分析、产品的研发规划、工艺的持续完善等。
2. 进行研发
研发部根据产品技术方案，安排相关研发人员研发新产品，得出新产品样品。
3. 制定作业方案
研发部根据前期的技术研发结果制定切实可行的作业方案，作业方案要充分考虑可操作性，如有必要可征求生产部门的意见。
4. 试生产
☆生产部门参考研发部的新产品样品，根据研发部制定的作业方案进行小批量试生产。
☆试生产期间，研发部要紧密跟踪，提供技术支持，并要求生产部门对生产时间、生产效率、产品合格率等信息进行详细记录，及时反馈。
5. 检验论证
☆营销部将试生产的产品小批量投放市场，检验市场效果。产品投放尽量集中在某一个或几个区域，投放面不要太宽，以免产品有缺陷时对企业整体市场产生不好的影响。同时，营销部对新产品在市场上的表现应及时跟踪记录，并将实际情况及时向研发部反映。
☆总经理召开总经理办公会议，对产品设计过程、试生产过程和市场反应进行分析和总结，对于市场表现不错的产品，批准正式生产；对于市场表现不佳的产品，发回研发部重新研发。</td></tr>
</table>

（续）

任务名称	执行程序、工作标准与考核指标
进行研发及产品试生产	**工作重点** 试生产要确保规范、严谨，确保工作流程、操作步骤、检验标准等严格按照规定执行。
	工作标准
	☆质量标准：样品要符合企业的质量要求。
	考核指标
	☆生产的效率：生产 ____ 件产品的时间不得超过 ____ 小时。 ☆与设计的一致性：试生产出的产品应完全忠于设计，产品的合格率应达到 ____%。
执行规范	
"市场调研报告""产品研发论证管理细则""新产品开发计划书""产品作业方案""样品检测报告""产品技术方案论证总结报告"。	

5.4 技术方案变更管理流程设计与工作执行

5.4.1 技术方案变更管理流程设计

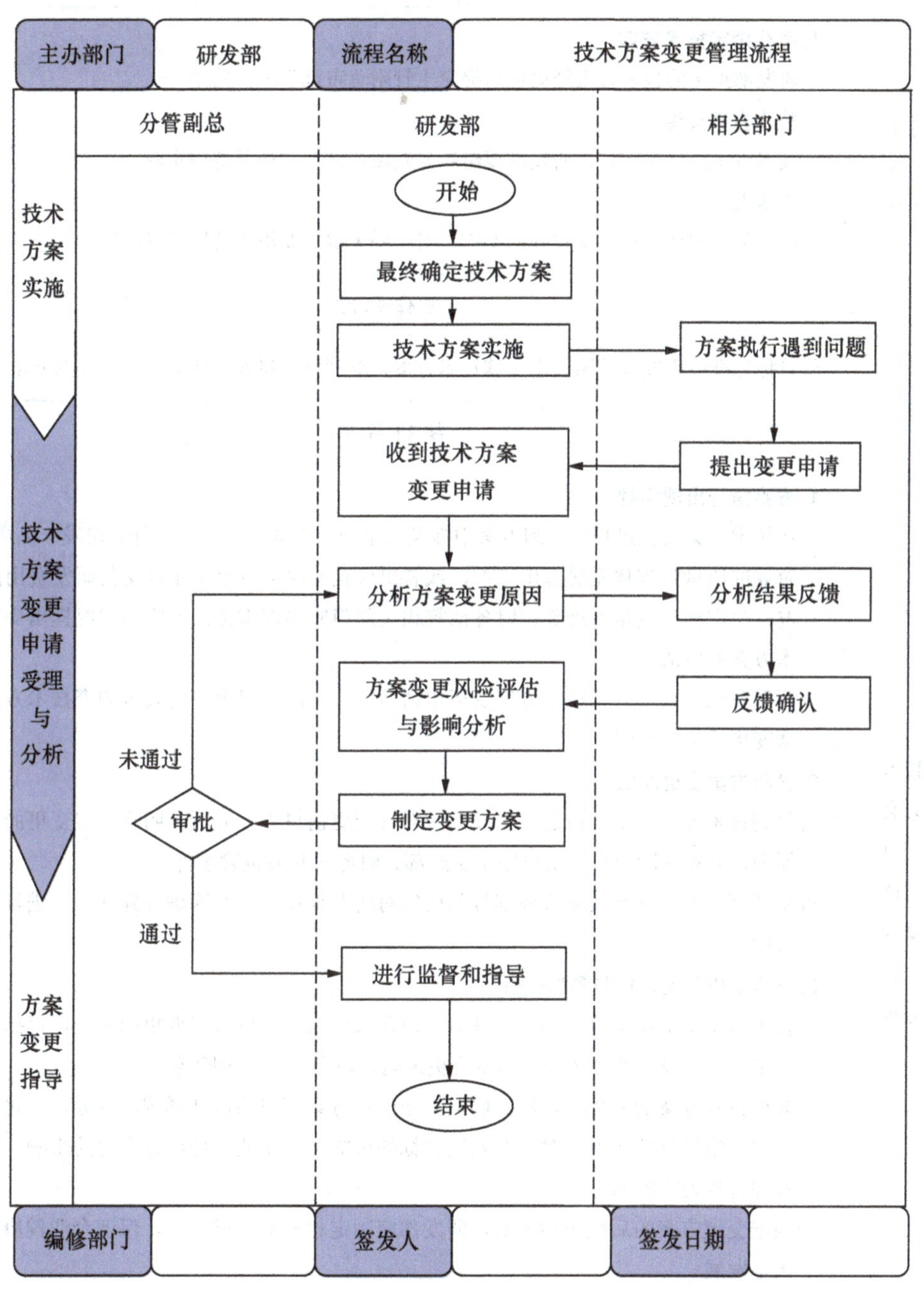

5.4.2 技术方案变更管理执行程序、工作标准、考核指标、执行规范

<table>
<tr><th>任务名称</th><th>执行程序、工作标准与考核指标</th></tr>
<tr><td rowspan="4">技术方案实施</td><td>执行程序</td></tr>
<tr><td>1. 最终确定技术方案
研发部拟定的技术方案经论证后提交主管副总审批后最终确定。
2. 技术方案实施
技术方案最终确定后，研发部要组织研发项目涉及的相关部门实施。
工作重点
研发部经理要掌握方案实施的要点，对一些关键点要组织特别的资源应对。</td></tr>
<tr><td>工作标准</td></tr>
<tr><td>☆目标标准：研发部按照要求实施技术方案，顺利开展研发工作并达到预期的要求。</td></tr>
<tr><td rowspan="2">技术方案变更申请受理与分析</td><td>执行程序</td></tr>
<tr><td>1. 方案执行出现问题
☆在技术方案实施过程中，因方案中涉及的事项与企业生产实际条件、研发产品质量、企业的质量管理体系等有出入的，或者出现企业财务资金不足以支付研发费用的情况，生产部、质量管理部、财务部等相关部门应根据本部门的实际状况提出变更技术方案的申请。
☆研发各相关部门提出技术方案变更申请后，研发部应组织部门人员调查技术方案申请变更的主要原因。
2. 分析方案变更原因
☆收到技术方案变更申请后，研发部应对各变更信息进行分析，明确方案变更的主要原因，并将原因分析结果反馈至生产部、财务部和质量管理部。
☆生产部、财务部和质量管理部等部门应对研发部反馈的原因进行确认，并进行系统说明。
3. 方案变更风险评估与影响分析
☆技术方案变更原因分析结果确认后，研发部应系统分析方案变更的风险，包括成本变更风险、设计变更风险、质量变更风险、市场竞争力风险等。
☆分析技术方案的变更风险后，研发部还应对方案变更的后续影响进行分析，包括对企业战略规划的影响、对企业发展目标的影响、对企业市场综合实力的影响、对企业综合实力的影响等。
☆根据变更方案的后续影响分析，研发部应制定相应的改进措施，保证企业健康、长久地发展。
4. 制定变更方案
☆研发部应根据制定的方案改进措施，制定技术变更方案。</td></tr>
</table>

（续）

<table>
<tr><th>任务名称</th><th>执行程序、工作标准与考核指标</th></tr>
<tr><td rowspan="5">技术方案变更申请受理与分析</td><td>☆研发部应组织方案变更部门对变更方案进行论证，预估变更方案的实施效果。
☆变更后的技术方案应交由企业分管副总进行审批，审批通过后，交研发部组织实施；如审核不通过的，研发部应重新分析技术方案的变更原因，交相关部门进行反馈确认后，重新制定技术方案提交分管副总进行审批。
工作重点
研发部在制定变更方案时不要头痛医头脚痛医脚，而是要着眼整体和未来，预先防范一些可能会出现的技术研发问题。</td></tr>
<tr><td>工作标准</td></tr>
<tr><td>☆完成标准：研发部根据市场部、生产部等相关部门提出的问题制定技术变更方案并通过审批。</td></tr>
<tr><td>考核指标</td></tr>
<tr><td>☆技术变更方案制定的及时性：在申请提出后____天内完成技术变更方案的制定，不影响企业技术研发计划的进行。</td></tr>
<tr><td rowspan="4">方案变更指导</td><td>执行程序</td></tr>
<tr><td>进行监督和指导
技术变更方案通过审批后，研发部应组织实施变更后的技术方案，对各部门执行技术方案的过程进行监督和指导，以保证技术方案的实施效果。
工作重点
☆研发部实施指导时要注意及时记录方案实施过程中的一些现象、问题，并且对相关人员进行及时、系统的培训。
☆执行技术变更方案时，相关人员要注意方案中的一些关键场景、步骤，必须按照规范进行操作并做好记录。</td></tr>
<tr><td>工作标准</td></tr>
<tr><td>☆质量标准：研发部实施指导及时，指导技术含量高且具有较高的可操作性，能顺利解决技术方案实施过程中的各种问题。</td></tr>
<tr><td colspan="2">执行规范</td></tr>
<tr><td colspan="2">“项目研发计划”“项目技术方案”“项目技术变更方案”“研发项目实施指导书”。</td></tr>
</table>

第6章

研发任务管理

6.1 研发任务管理流程设计

6.1.1 流程管理的目的

企业对研发任务实施流程管理的目的如下。

（1）规范本企业产品研发工作的执行流程，满足企业对产品研发工作的整体要求。

（2）加强研发任务管理，有效提升企业研发管理绩效和质量水平，降低企业研发任务管理成本，确保企业稳步发展。

（3）规范研发任务管理，使得研发任务的管理人员能根据组织内部每个人的岗位职责、工作特点及工作能力进行分配，做到各尽所能、责任明确、目标一致。

6.1.2 流程结构设计

研发任务管理流程设计将研发任务管理细分为七个事项，就每个事项即研发任务书编制管理、研发任务分配管理、研发工作计划制订管理、研发任务实施准备管理、阶段任务成果评估管理、研发任务跟踪统计管理、任务执行问题分析管理进行流程设计，研发任务管理流程总体架构如图 6-1 所示。

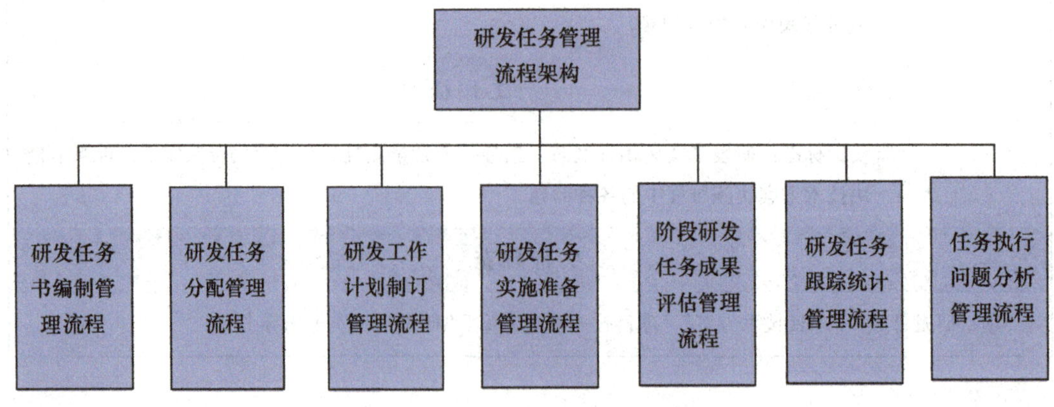

图 6-1　研发任务管理流程总体架构

6.2 研发任务书编制管理流程设计与工作执行

6.2.1 研发任务书编制管理流程设计

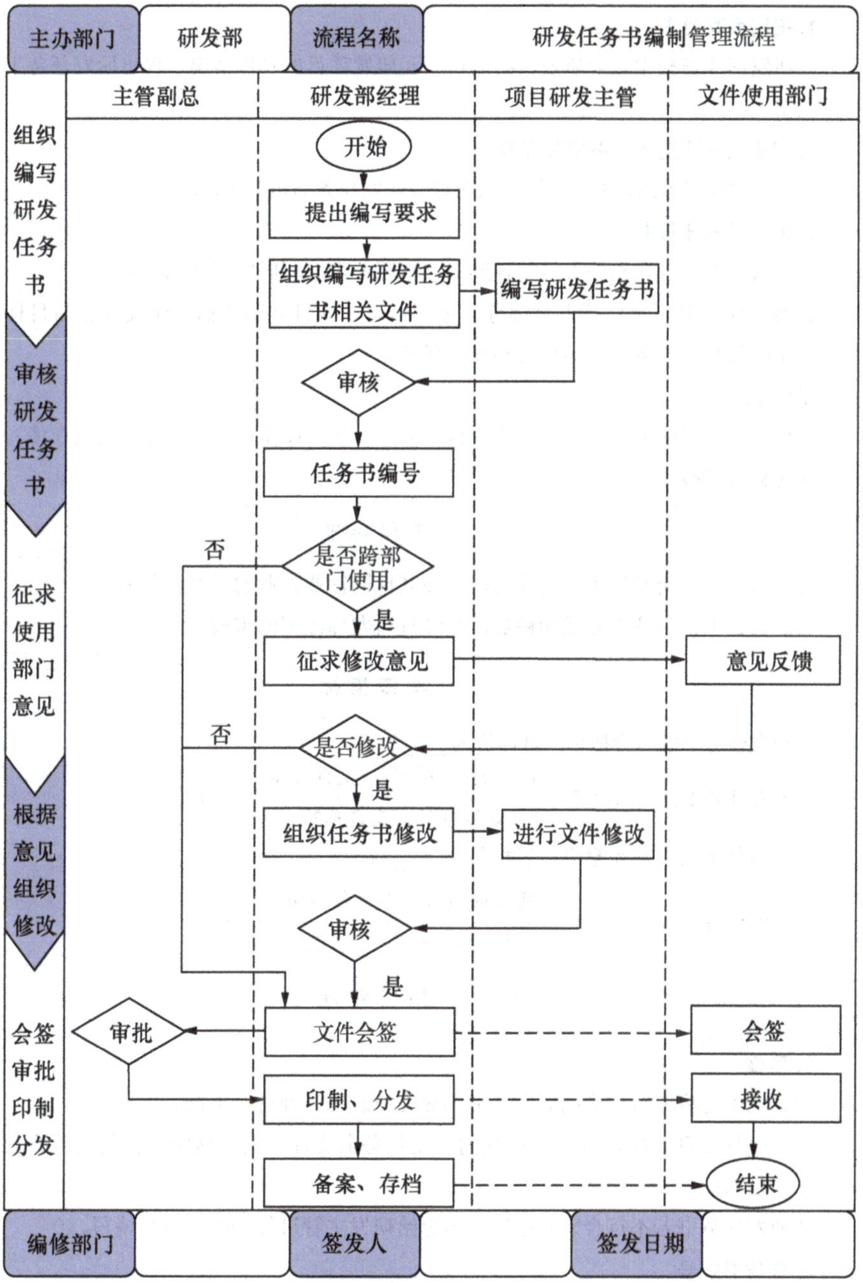

6.2.2 研发任务书编制管理执行程序、工作标准、考核指标、执行规范

<table>
<tr><th>任务名称</th><th>执行程序、工作标准与考核指标</th></tr>
<tr><td rowspan="6">组织编写研发任务书</td><td>执行程序</td></tr>
<tr><td>1. 提出编写要求
研发部经理根据企业研发战略的需要和研发项目的具体情况，提出研发任务书的编写要求。
2. 组织编写研发任务书相关文件
研发部经理组织研发项目团队人员编写研发任务书相关文件。
3. 编写研发任务书
☆项目研发主管在相关人员的辅助下，按照要求编写研发任务书。
☆研发任务书通常包括五个部分：项目概况、项目立项依据、研发任务与目标、产品试制与测试任务、产品移交与投产任务。
工作重点
研发任务书的编写要注意符合规范，同时具备可操作性，因此编写人员在编写前要掌握足够的资料。</td></tr>
<tr><td>工作标准</td></tr>
<tr><td>☆参照标准：研发任务书的编写可参照其他同行业企业的研发任务书。
☆完成标准：任务书完成初稿后，须经过研发部经理的审核。</td></tr>
<tr><td>考核指标</td></tr>
<tr><td>☆研发任务书编写合格率：目标值为____%。
$$研发任务书编写合格率=\frac{合格的研发任务书文件数量}{研发任务书文件总数}\times 100\%$$
☆研发任务书编写完整率：目标值为____%。
$$研发任务书编写完整率=\frac{实际研发任务书文件数量}{研发任务书文件总数}\times 100\%$$</td></tr>
<tr><td rowspan="2">审核研发任务书</td><td>执行程序</td></tr>
<tr><td>1. 审核
☆研发主管将编写完成的研发任务书提交研发部经理进行审核。
☆研发部经理审核研发主管提交的研发任务书文件，确定这些文件是否符合有关项目研发的标准。
☆研发任务书若不符合研发标准，则返给研发主管进行修改或重新编写。
2. 任务书编号
☆研发任务书若符合研发标准，则按照研发任务书文件的编号要求进行编号。
☆编号完毕后，研发部经理需判断这些文件是否会跨部门使用。</td></tr>
</table>

（续）

<table>
<tr><th>任务名称</th><th>执行程序、工作标准与考核指标</th></tr>
<tr><td rowspan="3">审核研发任务书</td><td>☆若文件为部门内部使用，则无须征求使用部门的意见，可直接进行研发任务书的会签工作。
工作重点
研发部经理在审核研发任务书时除了要看内容是否符合规范外，还要特别注意文件的针对性和可操作性。</td></tr>
<tr><td>**工作标准**</td></tr>
<tr><td>☆完成标准：研发任务书通过研发部经理的审核且完成编号。</td></tr>
<tr><td rowspan="6">征求使用部门意见</td><td>**执行程序**</td></tr>
<tr><td>**1. 是否跨部门使用**
若文件需跨部门使用，则依据使用部门提出的意见以及是否符合研发体系标准等决定是否对研发任务书进行修改。
2. 征求修改意见
研发部经理组织相关人员征求研发任务书使用部门的意见，对该任务书进行修改。
3. 是否修改
若通过综合分析发现研发任务书确实需要修改，研发部经理应组织项目研发主管进行修改，并传达文件使用部门的修改意见及修改要求；若通过综合分析无需修改，则直接进行会签。
工作重点
使用部门的修改意见非常重要，研发部经理对这些意见要进行仔细辨别、整理。</td></tr>
<tr><td>**工作标准**</td></tr>
<tr><td>☆参考标准：研发任务书的修改可参考其他同类企业研发任务书使用过程中的问题及解决措施。
☆完成标准：研发部经理辨别、整理出使用部门的修改意见。</td></tr>
<tr><td>**考核指标**</td></tr>
<tr><td>☆判定依据的客观性、合理性：判定依据须经过实践考验而得来，忌讳毫无基础的凭空想象。</td></tr>
<tr><td rowspan="2">根据意见组织修改</td><td>**执行程序**</td></tr>
<tr><td>**1. 组织任务书修改**
项目研发主管根据相关修改意见和要求，开展研发任务书的修改工作。
2. 审核
修改后的研发任务书提交研发部经理进行审核，若研发部经理认为研发任务书仍不符合相关要求，则令研发主管进一步修改，直至符合要求为止。</td></tr>
</table>

（续）

<table>
<tr><th>任务名称</th><th>执行程序、工作标准与考核指标</th></tr>
<tr><td rowspan="3">根据
意见
组织
修改</td><td>工作重点
研发部经理组织研发任务书修改时要注意各种问题和意见，可以从使用部门和研发标准等角度进一步完善。</td></tr>
<tr><td>工作标准</td></tr>
<tr><td>☆完成标准：修改后的研发任务书经研发部经理审核合格。</td></tr>
<tr><td rowspan="4">会签
审批
印制
分发</td><td>执行程序</td></tr>
<tr><td>1. 文件会签
☆研发任务书修改定稿后，研发部经理、研发任务书使用部门经理进行会签，对研发任务书的相关内容进一步确认。
☆研发部经理将会签后的研发任务书提交主管副总审批，主管副总依据企业的发展战略、研发方针、研发目标对研发任务书进行审批。
☆若主管副总审批未通过，则由研发部经理根据主管副总的意见组织修改。
☆若主管副总审批通过，则交由研发部经理进行文件的印制、分发工作。
2. 印制、分发
研发部负责印制和分发研发任务书，并填写研发任务书登记表，使用部门及个人分别填写研发任务书发放 / 回收登记表。
3. 备案、存档
研发部将所有的研发任务书、研发任务书登记表、研发任务书发放 / 回收登记表等文件资料进行归档、保存、备案。
工作重点
研发任务书的会签、审批、印制及分发需要相应的制度规范，工作人员要根据制度要求走流程。</td></tr>
<tr><td>工作标准</td></tr>
<tr><td>☆参照标准：对于研发任务书，可参照其他同类企业研发任务书的管理制度进行管理。
☆完成标准：研发任务书管理有序，企业研发管理工作再上新台阶。</td></tr>
<tr><th colspan="2">执行规范</th></tr>
<tr><td colspan="2">“企业研发标准”“研发任务书编写要求”“企业研发文件管理制度”。</td></tr>
</table>

6.3 研发任务分配管理流程设计与工作执行

6.3.1 研发任务分配管理流程设计

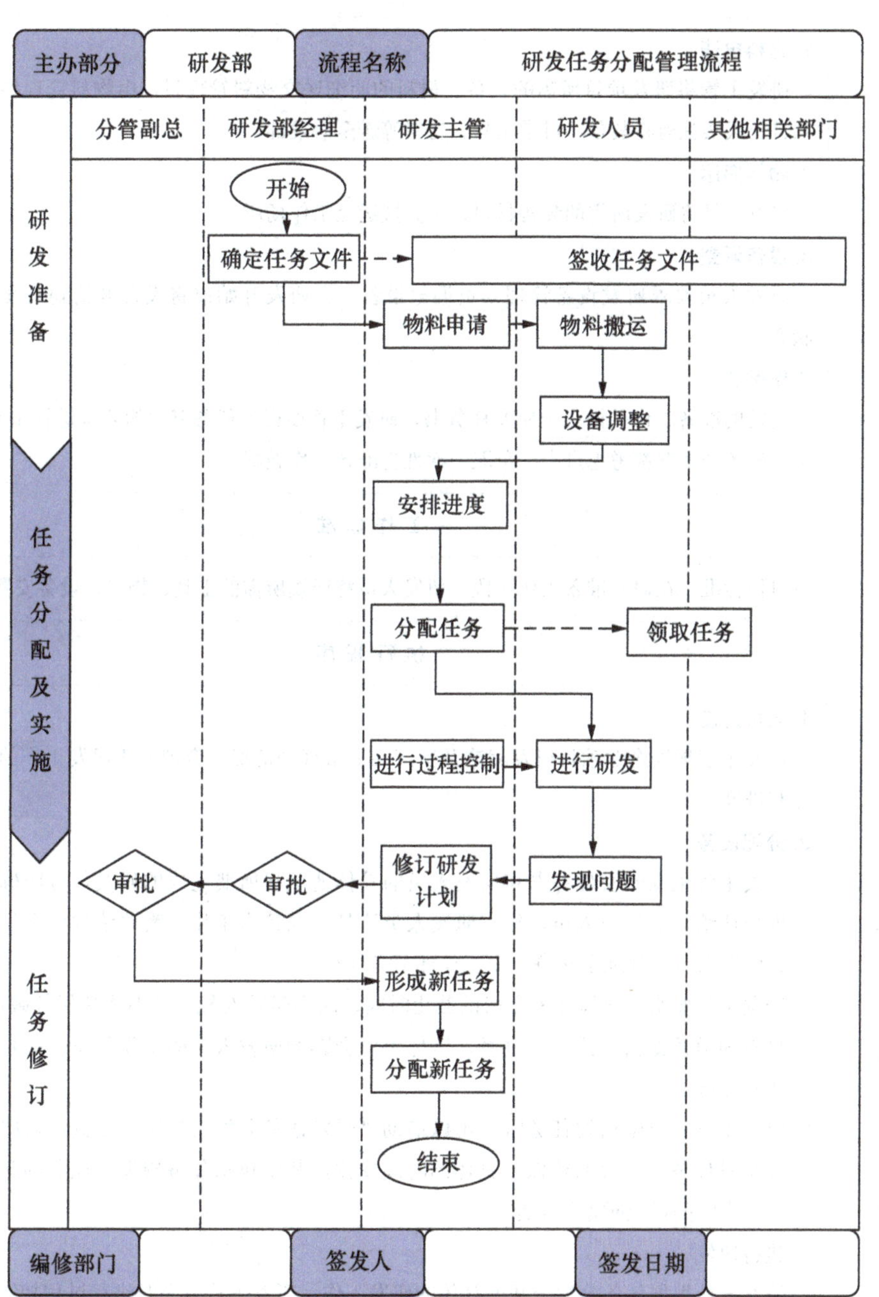

6.3.2 研发任务分配管理执行程序、工作标准、考核指标、执行规范

<table>
<tr><th>任务名称</th><th>执行程序、工作标准与考核指标</th></tr>
<tr><td rowspan="4">研发准备</td><td>执 行 程 序</td></tr>
<tr><td>1. 物料申请
研发主管将研发项目所需的装备、材料的明细送交物料管理科，由物料管理科在研发项目正式实施前将装备、日常工具、材料等送至研发部。
2. 物料搬运
研发人员将研发所需的装备材料、工具搬运至工作场所。
3. 设备调整
研发人员要求研发设备管理人员调整设备，在研发开始前将设备调整到研发所需的状态。
工作重点
研发的准备工作关键在于研发任务书，研发主管要根据任务书中的要求进行精心准备，尽量把各类情况都考虑进去，争取一次性将准备工作做好。</td></tr>
<tr><td>工 作 标 准</td></tr>
<tr><td>☆目标标准：在研发准备工作阶段，研发人员将研发所需的工具、物料、设备安置妥当。</td></tr>
<tr><td rowspan="2">任务分配及实施</td><td>执 行 程 序</td></tr>
<tr><td>1. 安排进度
研发主管根据企业项目研发战略及新产品上市规划情况，合理安排研发工作的整体顺序和进度。
2. 分配任务
☆研发主管根据研发任务书和研发人员的具体情况将所要完成的研发任务明确、清晰地传达给当职研发人员，告诉研发人员这是一项什么工作、需要达到什么程度，并让研发人员清楚地了解每一个工作环节是什么。
☆研发主管要明确研发任务完成的截止时间，因为研发人员一旦不清楚任务截止时间，将不知道该如何安排工作进度，这样不但会影响研发人员的工作效率，而且会影响研发任务的完成。
☆研发主管在分配研发任务时，可以借助“研发任务分配表”这一工具，表中需要明确研发任务的细分名称以及具体的时间安排，其中包括任务周期、任务的起始时间和结束时间以及时差等信息。
3. 进行研发
研发人员根据任务分配表开展具体的研发工作，研发主管要及时进行过程控制，在截止时间结束之前与员工确认工作任务的完成情况。</td></tr>
</table>

（续）

<table>
<tr><th>任务名称</th><th>执行程序、工作标准与考核指标</th></tr>
<tr><td rowspan="3">任务分配及实施</td><td>工作重点
研发主管在分配任务时，要注意 5 点：①应明确任务完成的结果，结果的表述不能使用抽象的字眼，而应通过可量化的数字来描述；②分配任务时，应告知研发人员完成任务应遵循的基本准则，给出一个可操作的尺度或指导方针，但不需要明确完成任务的每条措施和细节；③可明确告知研发人员完成任务会对本部门或整个企业带来的作用，以激发其更努力地完成所分配的任务；④应告知研发人员为完成任务企业所能提供的物资资源、财务资源、人力资源和时间资源等；⑤要确定让研发人员对任务负责，并告知其在什么时间、什么地点，以及以怎样的方式来汇报工作。</td></tr>
<tr><td>工 作 标 准</td></tr>
<tr><td>☆完成标准：研发主管要不断强调研发任务的要点，确认研发人员已经了解任务内容。</td></tr>
<tr><td rowspan="6">任务修订</td><td>执 行 程 序</td></tr>
<tr><td>1. 修订研发计划
研发人员在研发工作中发现问题时，研发主管需及时对研发计划进行修订，经研发部经理、分管副总的审批后，形成新的研发任务。
2. 分配新任务
研发主管将新的研发任务安排给相关研发人员，并做好研发过程控制工作。
工作重点
修订的研发计划要确保规范、严谨，按照流程向上逐级审批。</td></tr>
<tr><td>工 作 标 准</td></tr>
<tr><td>☆目标标准：通过修订研发计划，及时发现并解决在研发过程中发现的各种问题。</td></tr>
<tr><td>考 核 指 标</td></tr>
<tr><td>☆任务修订的效率：修订研发计划的时间不超过 ____ 天。
☆与研发战略的一致性：新的研发计划和任务忠于原来的设计，没有太大的背离。</td></tr>
<tr><td colspan="2">执 行 规 范</td></tr>
<tr><td colspan="2">“项目研发任务书”“项目研发管理细则”“项目研发过程控制方案”。</td></tr>
</table>

6.4 研发工作计划制订管理流程设计与工作执行

6.4.1 研发工作计划制订管理流程设计

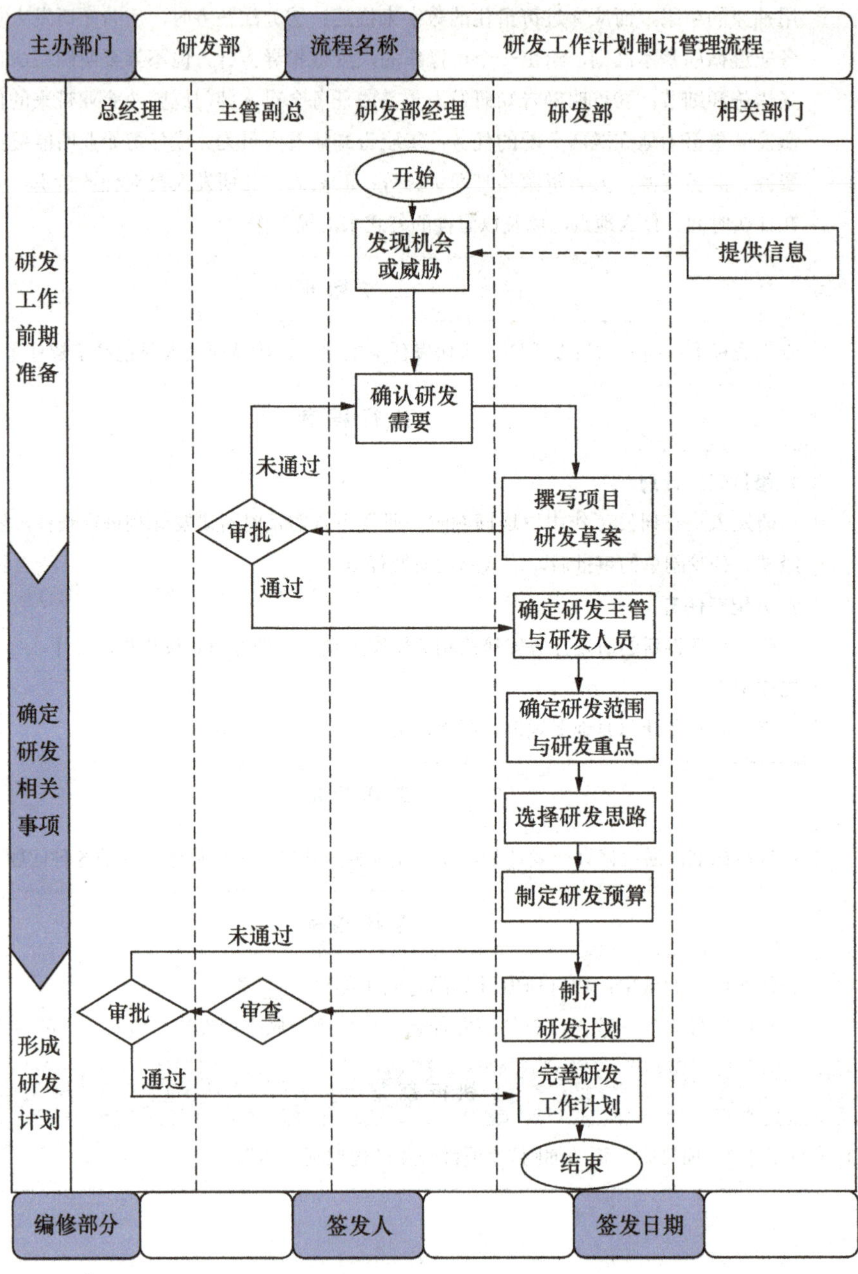

6.4.2 研发工作计划制订管理执行程序、工作标准、考核指标、执行规范

<table>
<tr><th>任务名称</th><th>执行程序、工作标准与考核指标</th></tr>
<tr><td rowspan="6">研发
工作
前期
准备</td><td>执行程序</td></tr>
<tr><td>1. 发现机会或威胁
☆市场营销部、生产部、客户服务部等部门的工作人员在实际工作中发现与企业发展相关的机会、威胁，将涉及研发的问题整理成文，反馈至研发部经理。
☆研发部经理收到相关部门的问题报告，同时发现企业产品工艺中出现的问题，并且认为需要通过研发进行产品升级，从而提出研发要求。
2. 确认研发需要
☆研发部经理将研发事项进行整理和汇总，召开研发部会议，根据实际情况确定研发活动的必要性，将有必要进行研发的项目筛选出来。
3. 撰写项目研发草案
☆确认研发需要后，研发部根据相关部门提供的资料和企业发展的实际情况，着手撰写项目研发草案，并报主管副总审批。
☆主管副总审批通过后，研发部可着手安排进一步事宜。
☆若主管副总审批未通过，则发回研发部重新确定是否存在研发需要，或发回研发部对研发草案进行修订。
工作重点
在研发前期准备环节中，发现问题的过程很重要，这就要求市场营销部、生产部等部门工作人员要有敏锐的市场情报意识，各部门负责人要注意培养大家的这种意识。</td></tr>
<tr><td>工作标准</td></tr>
<tr><td>☆参考标准：优秀企业的市场情报收集制度。
☆完成标准：研发部确认研发需求，撰写出研发草案。</td></tr>
<tr><td>考核指标</td></tr>
<tr><td>☆发现问题的敏感度：每月(季)度提出关于机会或威胁的有建设性的意见超过____次。
☆提出研发问题采纳率，目标值为____%。
$$提出研发问题采纳率=\frac{提出研发问题被采纳次数}{提出研发问题总次数}\times 100\%$$</td></tr>
<tr><td rowspan="2">确定
研发
相关
事项</td><td>执行程序</td></tr>
<tr><td>1. 确定研发主管与研发人员
研发部依据互补原则，确定研发主管与研发人员。
2. 确定研发范围与研发重点
☆研发部研究确定研发范围与研发重点，研发范围要明确，研发重点要有代表性。</td></tr>
</table>

（续）

任务名称	执行程序、工作标准与考核指标
确定研发相关事项	☆研发部与相关部门沟通，确认对研发主题认知的准确性，对研发范围与研发重点进行完善。 **3. 选择研发思路** 研发部根据已有资料，结合企业的实际情况选择合适的研发思路。 **4. 制定研发预算** ☆研发部根据研发的范围、时间、难度，研究确定研发过程所需的预算，注意研发预算应在本年度制定的总体研发预算规定的范围之内。 ☆研发预算与所选研发思路、研发方法有关，研发部应视具体情况，尽量兼顾研发成本与研发效果。 **工作重点** 要注意研发人员的专业性，一般应选择有若干年的工作经验、对研发项目有充分了解、能快速开展研发工作的人员作为研发人员。
	工 作 标 准
	☆参照标准：确定研发相关事项可参照企业以往年度类似研发项目的相关资料。
	考 核 指 标
	☆研发对象的准确性：研发对象应符合所出现问题的指向。 ☆研发预算的制定时间：应在____个工作日内完成。
形成研发计划	**执 行 程 序**
	1. 制订研发工作计划 ☆研发部需要再次检查研发重点与注意事项、研发思路与研发预算有无差错。 ☆研发事项确认无误后，研发部制订具体的研发工作计划，完整的研发工作计划应包括研发目的、研发内容、研发对象、研发进度安排、研发参与人员及责任分配、研发思路及注意事项、研发经费预算详表等。 ☆研发工作计划制订完成后提交主管副总审查，报总经理审批。 **2. 完善研发工作计划** 研发部根据主管副总、总经理的审批意见，对研发工作计划的不妥之处进行完善，最后确定研发工作计划终稿。 **工作重点** ☆研发工作计划要具有较强的可操作性，计划内容要切实可行。 ☆研发工作计划制订完成后，制订人可以先在脑海中将计划过一遍，看是否存在纰漏或可操作性不强的地方。 ☆制订研发工作计划时，研发部要及时咨询参加过研发活动的人，增加活动的场景感，防止出现凭空瞎想的情况。

（续）

任务名称	执行程序、工作标准与考核指标
形成研发计划	**工作标准**
	☆参照标准：制订研发工作计划可参照企业以往年度的研发工作计划资料。 ☆完成标准：研发工作计划制订后经总经理批准。
执行规范	
“企业市场情报处理制度”“项目研发草案”“研发立项管理细则”“项目研发报告”。	

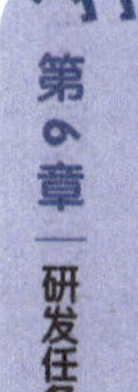

6.5 研发任务实施准备管理流程设计与工作执行

6.5.1 研发任务实施准备管理流程设计

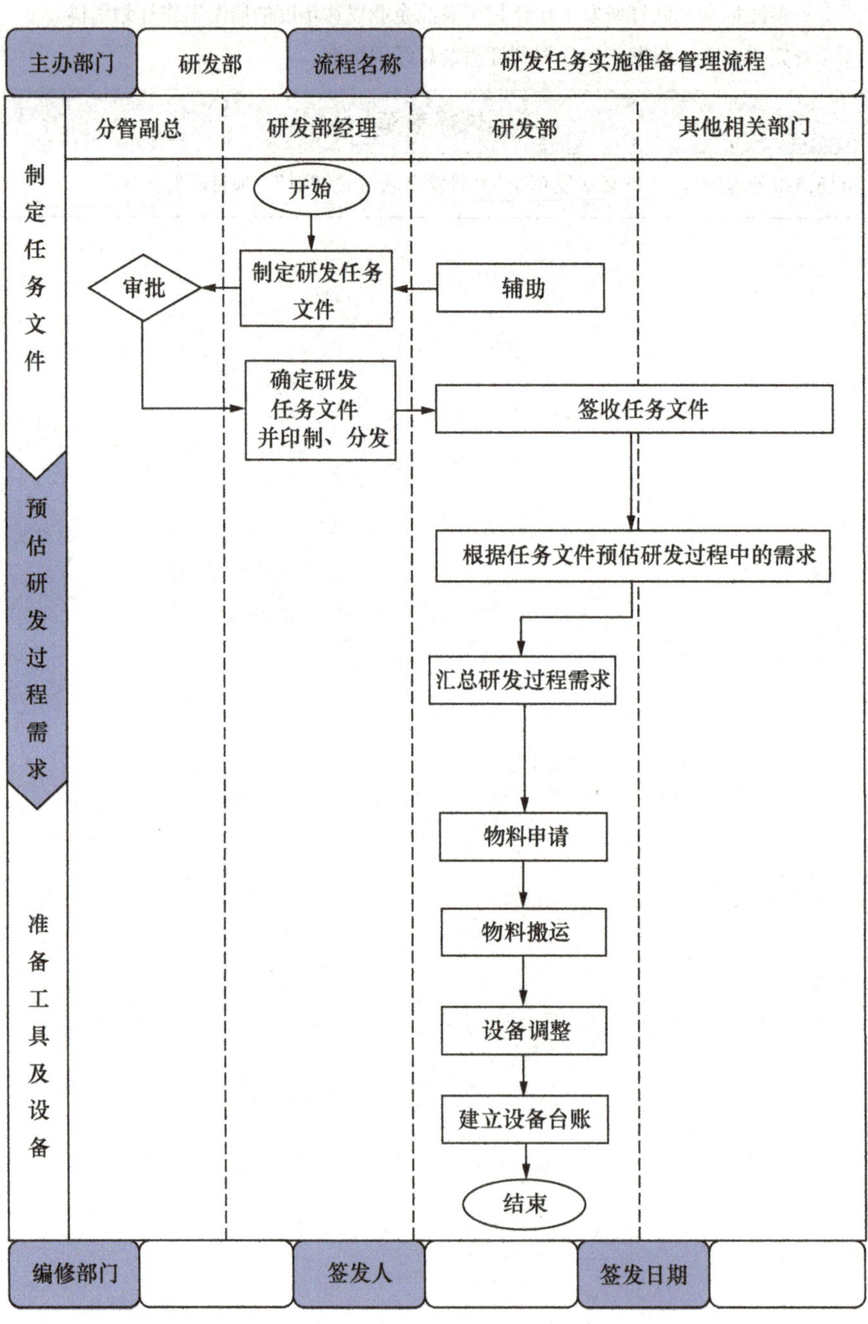

6.5.2 研发任务实施准备管理执行程序、工作标准、考核指标、执行规范

<table>
<tr><th>任务名称</th><th>执行程序、工作标准与考核指标</th></tr>
<tr><td rowspan="6">制定任务文件</td><td>执 行 程 序</td></tr>
<tr><td>1. 制定研发任务文件
研发部经理在研发人员的辅助下，制定研发任务文件并报研发副总审批。
2. 确定研发任务文件并印制、分发
研发任务文件经分管副总审批通过后，研发部经理及时印制并分发给各使用部门。
工作重点
如有必要，研发部经理可以组织专门委员会，对研发任务文件的内容进行论证。</td></tr>
<tr><td>工 作 标 准</td></tr>
<tr><td>☆目标标准：通过制定研发任务文件，为后续研发工作制定指导性的规范并划分任务范围。</td></tr>
<tr><td>考 核 指 标</td></tr>
<tr><td>☆研发任务书内容的质量：以研发任务书修订的次数来衡量，力争控制在____次以内。
☆研发任务书制定的及时性：按计划时限提交，不影响企业研发计划的进行。</td></tr>
<tr><td rowspan="6">预估研发过程需求</td><td>执 行 程 序</td></tr>
<tr><td>1. 根据任务文件预估研发过程中的需求
研发部、工艺部等研发任务文件的使用部门根据文件中自己的职责预估研发过程中本部门的需求，包括各类工具、物料、设备等。
2. 汇总研发过程需求
☆项目研发主管及时汇总各部门的需求。
☆项目研发主管如果对某项需求存疑，相关部门或人员要做出相应的解释。
工作重点
项目研发主管在汇总需求时要尽量详尽，最好通过可量化的数字来描述。</td></tr>
<tr><td>工 作 标 准</td></tr>
<tr><td>☆完成标准：项目研发主管汇总各种需求并制成表格。
☆质量标准：各项需求预估要符合实际，内容全面，重点突出。</td></tr>
<tr><td>考 核 指 标</td></tr>
<tr><td>☆汇总研发过程需求的效率：通常时间不超过____天。</td></tr>
</table>

（续）

<table>
<tr><th>任务名称</th><th>执行程序、工作标准与考核指标</th></tr>
<tr><td rowspan="6">准备工具及设备</td><td>执行程序</td></tr>
<tr><td>1. 物料申请
研发主管将研发项目所需的工具、材料、装备的明细送交物料管理科，由物料管理科在研发项目正式实施前将装备、日常工具、材料等送至指定地点。
2. 物料搬运
研发人员将研发所需的材料、工具搬运至工作场所。
3. 设备调整
☆相关部门提出研发设备的要求，研发人员对相关部门提出的设备要求进行确认和补充。
☆研发设备管理人员调整设备，在研发开始前将设备调整到研发所需的状态。
4. 建立设备台账
设备准备完毕后，研发部要建立设备台账。
工作重点
☆建立的设备台账应准确、及时、全面。
☆研发部应设置专职或兼职资料管理员，负责设备台账资料的交接、管理工作，若设备有问题应及时通报设备管理部。</td></tr>
<tr><td>工作标准</td></tr>
<tr><td>☆目标标准：研发部做好周密的准备工作，保证研发任务顺利实施。
☆参照标准：研发的准备工作可参照企业以往年度类似项目所做的准备工作。</td></tr>
<tr><td>考核指标</td></tr>
<tr><td>☆研发任务实施准备的及时性：准备工作应该按计划时限完成，不影响企业研发计划的正常进行。</td></tr>
<tr><th colspan="2">执行规范</th></tr>
<tr><td colspan="2">“项目研发任务书”“项目研发管理细则”“项目研发过程控制方案”。</td></tr>
</table>

6.6 阶段研发任务成果评估管理流程设计与工作执行

6.6.1 阶段研发任务成果评估管理流程设计

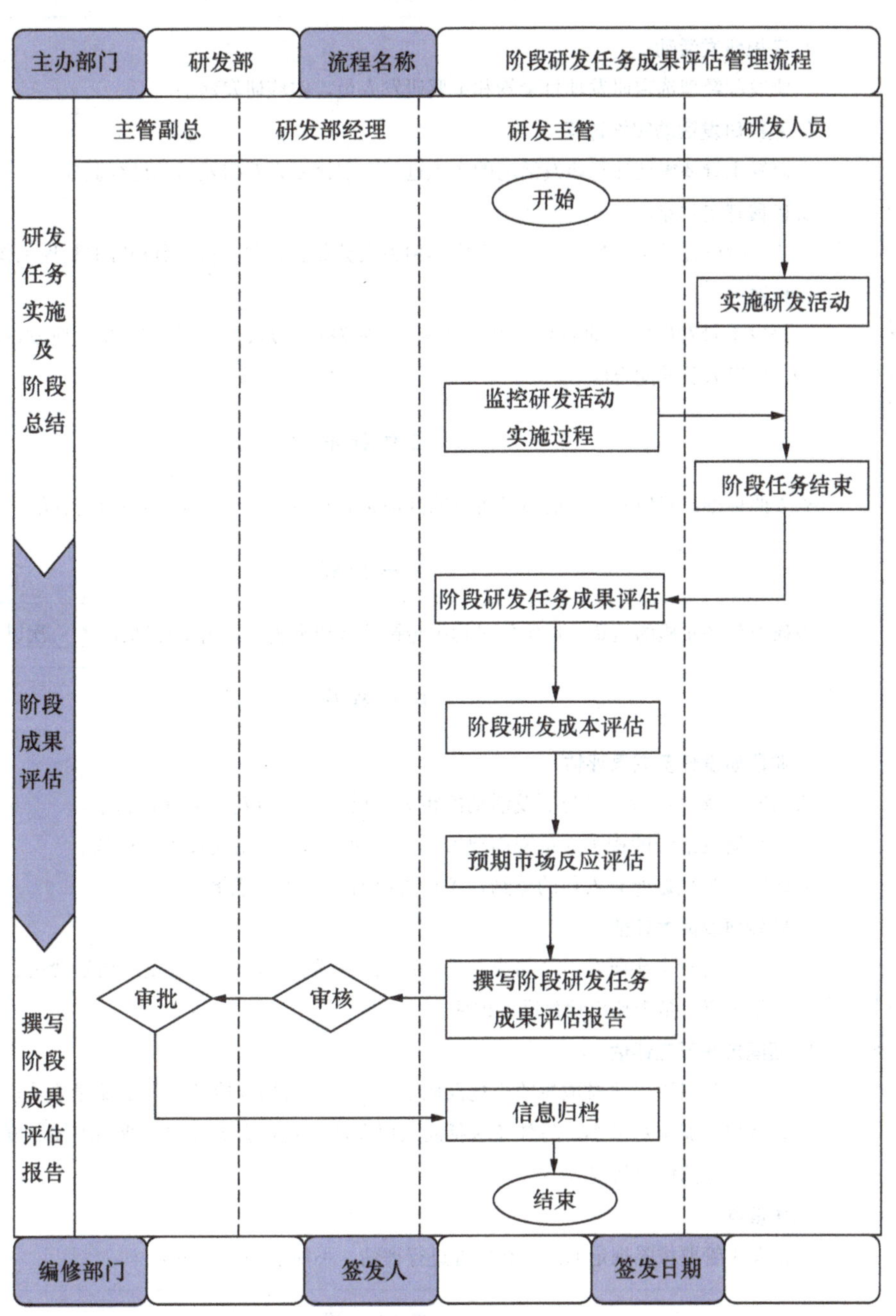

6.6.2 阶段研发任务成果评估管理执行程序、工作标准、考核指标、执行规范

<table>
<tr><th>任务名称</th><th>执行程序、工作标准与考核指标</th></tr>
<tr><td rowspan="6">研发任务实施及阶段总结</td><td>执行程序</td></tr>
<tr><td>1. 实施研发活动
研发部经理选定研发项目主管和主要研发人员，实施研发活动。
2. 监控研发活动实施过程
研发主管要密切注意研发活动的实施过程，安排专人对研发活动进行监控。
3. 阶段任务结束
研发阶段任务结束后，研发主管安排相关人员负责研发资料、财物等的整理工作。
工作重点
研发主管对研发活动的监控内容主要有：研发活动是否达到预期效果、研发进度的快慢、研发人员的配合度等。</td></tr>
<tr><td>工作标准</td></tr>
<tr><td>☆参照标准：对研发活动的监控可参照其他企业对研发活动的监控及推进情况。</td></tr>
<tr><td>考核指标</td></tr>
<tr><td>☆研发任务实施的质量，以实施过程中犯错的次数来衡量，力争控制在____次以内。</td></tr>
<tr><td rowspan="4">阶段成果评估</td><td>执行程序</td></tr>
<tr><td>1. 阶段研发任务成果评估
☆研发主管召集所有参与研发活动的相关人员对阶段研发任务进行总结。
☆参与研发活动的相关人员都需要做一份活动总结，报给研发主管审核。
☆研发主管根据所有人员的总结，评估阶段研发任务的成果。
2. 阶段研发成本评估
研发主管对本次研发活动的成本进行评估，研发成本评估主要是对研发费用、研发人力等相关资源是否超出预算进行评估。
3. 预期市场反应评估
研发主管对阶段研发成果的市场反应进行评估。市场反应评估的主要对象是市场经销商、客户、竞争对手等，另外还包括此次研发活动是否会提升本企业品牌知名度、研发结束后产品的销售状况等。
工作重点
研发主管要按照规定的流程和标准进行评估，不能跳序、漏序。</td></tr>
<tr><td>工作标准</td></tr>
<tr><td>☆参照标准：阶段研发成果的评估可参照同行业其他企业的阶段研发任务评估流程与方法等。</td></tr>
</table>

（续）

<table>
<tr><th>任务名称</th><th>执行程序、工作标准与考核指标</th></tr>
<tr><td rowspan="2">阶段成果评估</td><td>考核指标</td></tr>
<tr><td>☆任务执行完成率：用于衡量研发人员的任务完成情况。
$$任务执行完成率 = \frac{按期完成的任务数}{同期任务总数} \times 100\%$$
☆完成研发目标总数：用来评估阶段研发绩效，以考核期内已经通过审核的研发目标总数来衡量。
☆领导满意度：以相关领导对研发水平满意度评分的算术平均值来衡量。</td></tr>
<tr><td rowspan="6">撰写阶段成果评估报告</td><td>执行程序</td></tr>
<tr><td>1. 撰写阶段研发任务成果评估报告
☆研发主管根据对研发绩效、成本及市场反应等的评估情况，撰写阶段研发任务成果评估报告。
☆研发主管将此次阶段研发任务成果评估报告报研发部经理审核后，报主管副总审批。
2. 信息归档
☆研发主管将审批后的阶段研发成果评估报告发送给相关部门及人员备留、参考。
☆研发主管派人将研发活动评估报告归档并妥善保管。
工作重点
报告撰写要规范，要严格按照撰写要求进行撰写，做到内容全面、结构清晰、无重大纰漏。</td></tr>
<tr><td>工作标准</td></tr>
<tr><td>☆目标标准：撰写的阶段研发任务成果评估报告能够为后续的类似活动提供借鉴。</td></tr>
<tr><td>考核指标</td></tr>
<tr><td>☆品牌知名度：研发后比研发前的品牌知名度有明显提升。</td></tr>
<tr><td colspan="2">执行规范</td></tr>
<tr><td colspan="2">“研发任务书”“阶段研发任务成果评估报告”。</td></tr>
</table>

6.7 研发任务跟踪统计管理流程设计与工作执行

6.7.1 研发任务跟踪统计管理流程设计

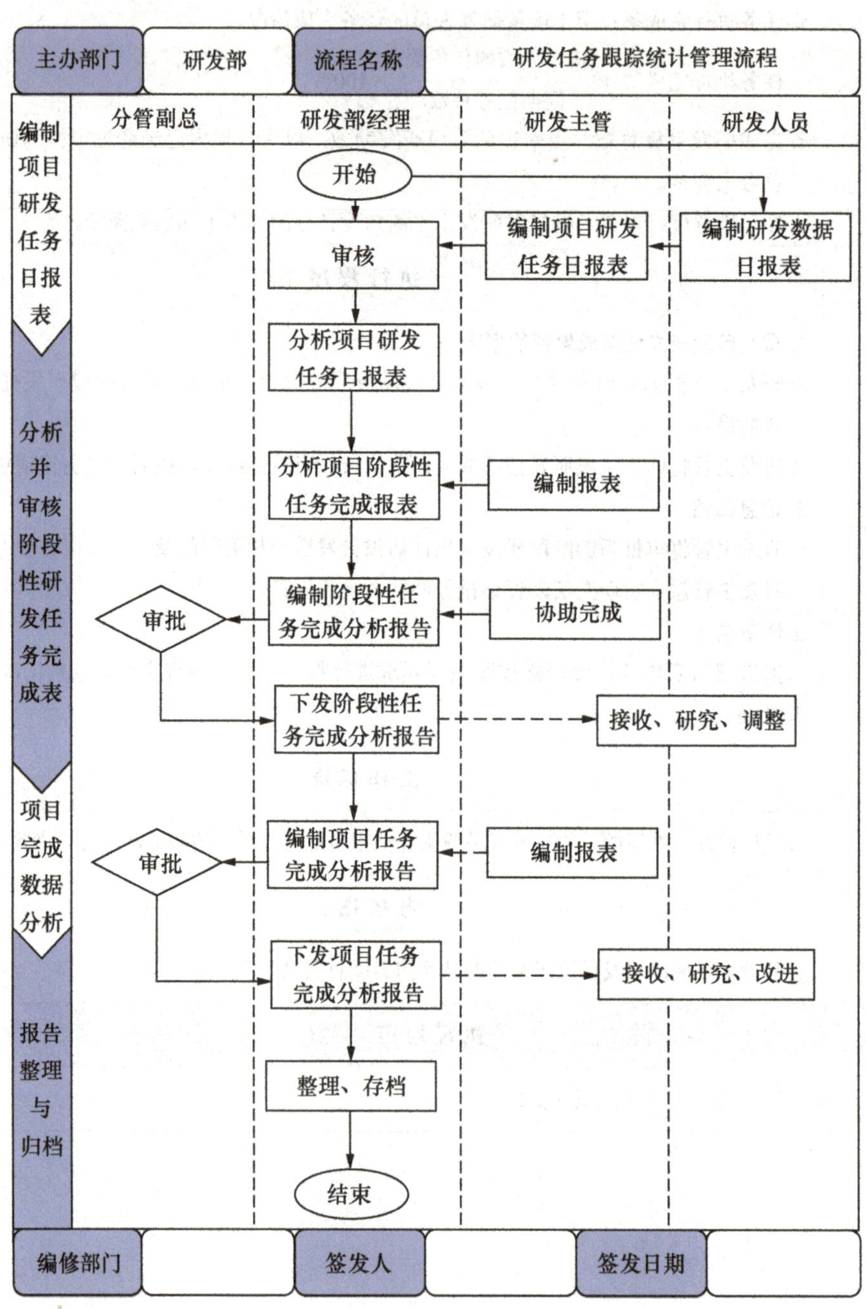

6.7.2 研发任务跟踪统计管理执行程序、工作标准、考核指标、执行规范

任务名称	执行程序、工作标准与考核指标
编制项目研发任务日报表	**执行程序** **编制项目研发任务日报表** ☆各研发人员记录当日研发过程中的研发信息并编制成研发信息日报表。 ☆研发主管安排专人将各研发人员上报的研发信息日报表进行整理、汇总，编制成研发任务日报表。 ☆研发主管将整理、汇总后的研发任务日报表进行编号，报给研发部经理审核。 **工作重点** 要注意报表编制的规范性，要严格按照要求进行编制，做到内容全面、结构清晰、无重大纰漏。 **工作标准** ☆完成标准：研发主管要按照要求编制研发任务日报表。 ☆质量标准：研发任务日报表中的信息要真实、及时、全面。
分析并审核阶段性研发任务完成表	**执行程序** **1. 分析项目研发任务日报表** 研发部经理对研发任务日报表进行初步分类、分析，根据研发项目的进展做出总结，并对项目参与者提出意见和建议。 **2. 分析项目阶段性任务完成报表** ☆研发主管在阶段性任务完成后，编制阶段性任务完成报表，阶段性任务完成报表的内容包括阶段研发进度、材料使用情况、费用支出情况等。 ☆研发部经理经过分析、研究阶段性任务完成报表，总结阶段研发情况。 **3. 编制阶段性任务完成分析报告** ☆研发部经理在相关人员辅助下编制阶段性任务完成分析报告，分析报告应包含对研发成本的分析、对研发成果的分析等，为研发控制、改进提供依据。 ☆研发部经理将分析报告上报至分管副总审批。 **4. 下发阶段性任务完成分析报告** ☆分析报告审批通过后，研发部经理将其下发给研发项目各参与部门及人员。 ☆研发主管组织研发人员针对阶段性任务完成分析报告进行研究后，对现有工作做出相应调整。 **工作重点** 如果研发信息有波动，要根据信息分析波动是偶然性的还是系统性的。

（续）

任务名称	执行程序、工作标准与考核指标
分析并审核阶段性研发任务完成表	**工作标准**
	☆参照标准：阶段性任务完成分析报告可参照以往年份企业类似项目的阶段性任务完成分析报告进行编制。 ☆目标标准：总结阶段性任务完成情况，规范下一阶段的研发工作。
	考核指标
	☆阶段性任务完成分析报告的指导性：报告将前一阶段研发过程中出现的各种问题做好相关的数据分析，对需要改进的部分提出改进措施。 ☆研发费用控制率：用来衡量研发管理人员的费用控制能力。 $研发费用控制率=\frac{考核期内研发费用支出额}{考核期内研发费用预算额}\times 100\%$
项目完成数据分析	**执行程序**
	编制项目任务完成分析报告 ☆项目完成后，研发人员将研发数据上报至研发主管处，研发主管将数据进行整理、汇总。 ☆研发主管将整理、汇总后的报表交研发部经理，由其编制项目任务完成分析报告，同时提出下一阶段的相关工作建议。 ☆项目任务完成分析报告编制完成后提交分管副总审批。 **工作重点** ☆分析报告的编写要按相关规范进行。 ☆编写分析报告时，除了项目成果外，要重点对研发费用的控制情况进行总结，列出原定计划费用与实际支出费用的对比情况并分析变动的主要原因，对物料消耗、出差费等其他费用支出情况也要一一列明并附上相关单据。 ☆研发部经理在报告中要对研发项目进行评价，研发项目评价通常包括对研发效率的评价（要算出具体的每人每月研发工作量，并与原定计划数进行对比）、对研发方法的评价（要给出对在研发过程中所使用的技术、方法、工具、手段的评价）、对产品质量的评价（说明在测试中检查出来的错误发生率，如果研发过程中制订过质量保证计划，要同计划相比较）及出错原因的分析（给出对于研发中出现的错误的原因分析）。
	工作标准
	☆完成标准：研发部对项目研发完成数据进行分析，并形成完整的报告。
	考核指标
	☆分析报告数据准确率：力争达到100%，确保相关研发问题的统计数据全面准确、客观有效。

（续）

<table>
<tr><th>任务名称</th><th>执行程序、工作标准与考核指标</th></tr>
<tr><td rowspan="6">报告整理与归档</td><td>执 行 程 序</td></tr>
<tr><td>1. 下发项目任务完成分析报告
☆研发部经理将审批通过后的项目任务分析报告发给参与研发的各部门和人员。
☆参与研发的各部门及人员集体研究项目任务完成分析报告中所发现的问题，并提出工作建议，经过讨论后对下一阶段的工作进行改进。
2. 整理、存档
研发部经理安排资料管理人员将涉及本项目的阶段分析报告、完成分析报告等资料进行整理、分类、编号、存档。
工作重点
☆参与研发的各部门及人员要重点学习报告中的“经验与教训”，通常包括八个方面的内容：①管理人员的管理水平；②研发人员的合理分工；③研发人员的技术水平；④研发人员的更换；⑤研发人员的配合及协作；⑥用户的密切配合；⑦需求及设计的更改；⑧研发过程中计划的合理调整。
☆整理、存档要注意后续使用的方便。</td></tr>
<tr><td>工 作 标 准</td></tr>
<tr><td>☆完成标准：研发改进工作完成，相关资料存档</td></tr>
<tr><td>考 核 指 标</td></tr>
<tr><td>☆文件、技术资料及时归档率：目标值为____%。
$$\text{文件、技术资料及时归档率}=\frac{\text{及时归档的文件、技术资料数}}{\text{文件、技术资料总数}}\times 100\%$$</td></tr>
<tr><td colspan="2">执 行 规 范</td></tr>
<tr><td colspan="2">“阶段性任务完成分析报告”“项目任务完成分析报告”“研发成本分析报告”。</td></tr>
</table>

6.8 任务执行问题分析管理流程设计与工作执行

6.8.1 任务执行问题分析管理流程设计

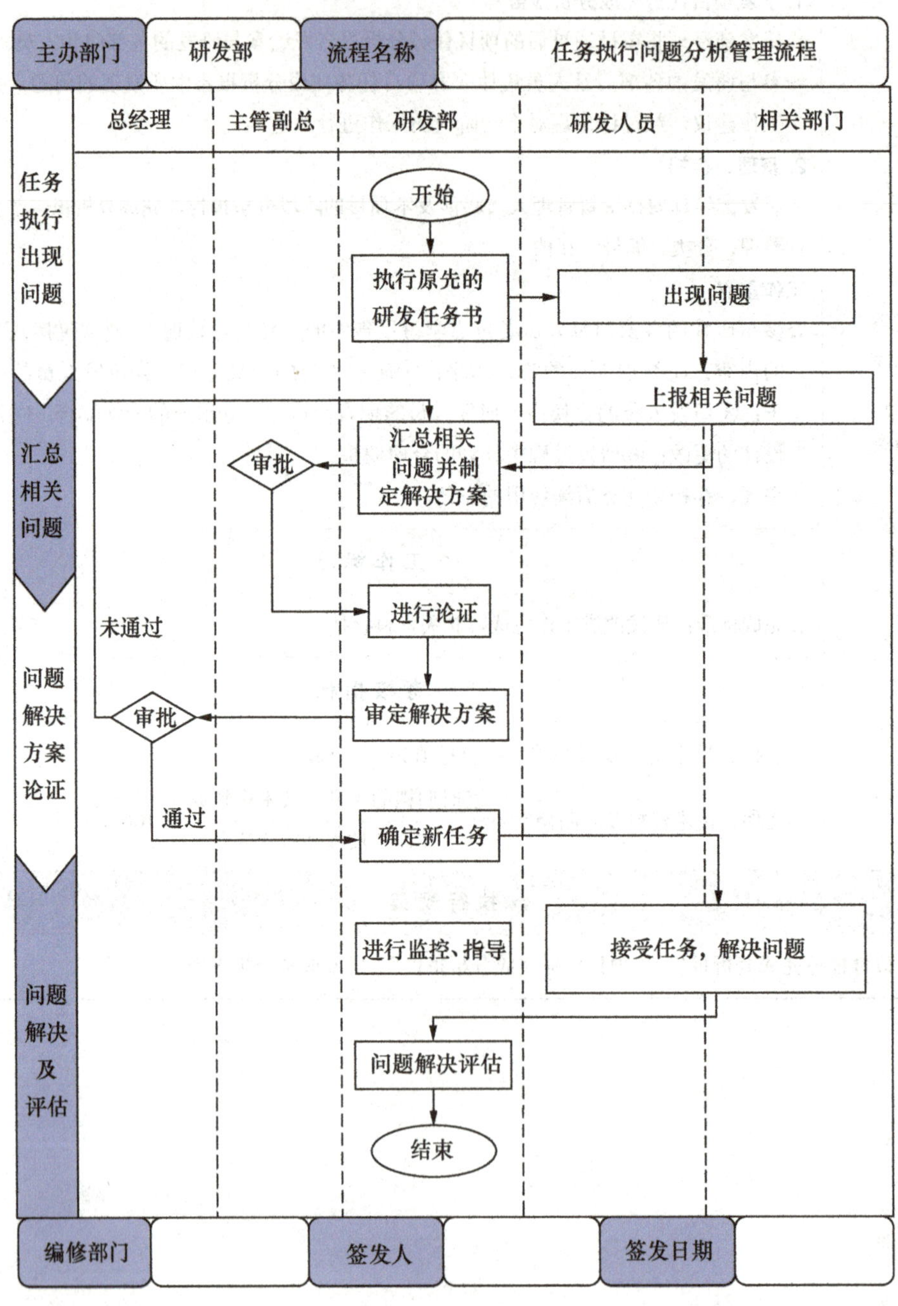

6.8.2 任务执行问题分析管理执行程序、工作标准、考核指标、执行规范

<table>
<tr><th>任务名称</th><th>执行程序、工作标准与考核指标</th></tr>
<tr><td rowspan="6">任务执行出现问题</td><td>执行程序</td></tr>
<tr><td>1. 执行原先的研发任务书
研发部执行原先的研发任务书，组织相关部门和人员进行项目研发活动。
2. 出现问题
参与研发的相关部门及人员在任务执行的过程中出现问题。
3. 上报相关问题
参与研发的相关部门及人员将问题及相关资料上报研发主管、研发部经理悉知。
工作重点
在上报问题时，参与研发的相关部门及人员要将问题出现的背景、相关参数、已经采取的对策等情况进行全面说明，以利于研发主管、研发部经理做出正确判断。</td></tr>
<tr><td>工作标准</td></tr>
<tr><td>☆目标标准：参与研发的相关部门及人员及时将出现的问题上报，以免耽误正常的研发工作进度。
☆参照标准：研发过程中出现问题的上报流程可参照企业研发问题上报流程执行。</td></tr>
<tr><td>考核指标</td></tr>
<tr><td>☆问题上报的及时性：在发现并确认问题后必须在____天内及时上报。</td></tr>
<tr><td rowspan="6">汇总相关问题</td><td>执行程序</td></tr>
<tr><td>汇总相关问题并制定解决方案
☆研发部汇总研发参与部门及人员反映的问题，进行初步整理、分析，并制定问题解决方案。
☆研发部将汇总、整理的相关问题及解决方案交主管副总审批。
工作重点
对研发人员所说的各种“实际问题”，研发部经理要有自己的判断。</td></tr>
<tr><td>工作标准</td></tr>
<tr><td>☆参照标准：在任务执行过程中出现问题的解决方案可参照企业过去若干年研发过程中出现的各类问题的解决措施来制定。</td></tr>
<tr><td>考核指标</td></tr>
<tr><td>☆汇总的时间：研发部应在收到参与研发的各部门及人员提交问题后____个工作日内，将各种问题汇总完成。</td></tr>
</table>

第6章 研发任务管理

（续）

任务名称	执行程序、工作标准与考核指标
问题解决方案论证	**执行程序** **1. 进行论证** 经主管副总审批后，研发部组织相关部门及人员对问题解决方案进行论证。 **2. 审定解决方案** 经过论证后，研发部审定问题解决方案并报总经理审批。 **3. 确定新任务** 总经理审批通过后，研发部根据审定的问题解决方案确定新的研发任务。 **工作重点** 问题解决方案的论证包括以下几方面内容：①问题的本质到底是什么，当前确定的问题概念是否正确，有无必要通过论证进一步详细分析；②确定项目中有哪些关键性问题，是否需要通过市场调查、试验室试验、工业性试验等对关键性问题进行深入研究；③当前的解决措施是否对症、有效，是否有更好的解决方案等。 **工作标准** ☆完成标准：问题解决方案经审批通过后，研发部据此确定新的研发任务。
问题解决及评估	**执行程序** **1. 接受任务，解决问题** 相关部门和人员接受新任务，解决之前的问题，研发部对其进行相应的监控、指导。 **2. 问题解决评估** 研发部对问题解决情况进行评估并总结经验教训，为以后工作提供借鉴。 **工作重点** 如有特殊或者异常情况，研发人员需及时记录。 **工作标准** ☆目标标准：研发部顺利解决任务执行中的问题，同时总结经验教训，为以后的研发工作提供借鉴。
执行规范	
“研发问题上报流程”“研发任务执行问题解决方案”。	

第7章

研发进度管理

7.1 研发进度管理流程设计

7.1.1 流程管理的目的

企业对研发进度管理工作实施流程管理的目的如下。

（1）清楚研发项目进程中各部门、人员的工作职责，防止出现纠纷。

（2）为项目进度管控工作提供清晰的思路，使各项工作程序规范，执行合理。

7.1.2 流程结构设计

研发进度管理流程设计可采取并列式结构，即将研发调研管理规划细分为四个事项，就每个事项即研发进度计划管理、研发进度控制管理、研发进度考核管理、研发进度诊断及改善管理进行流程设计，研发进度管理流程总体架构如图 7-1 所示。

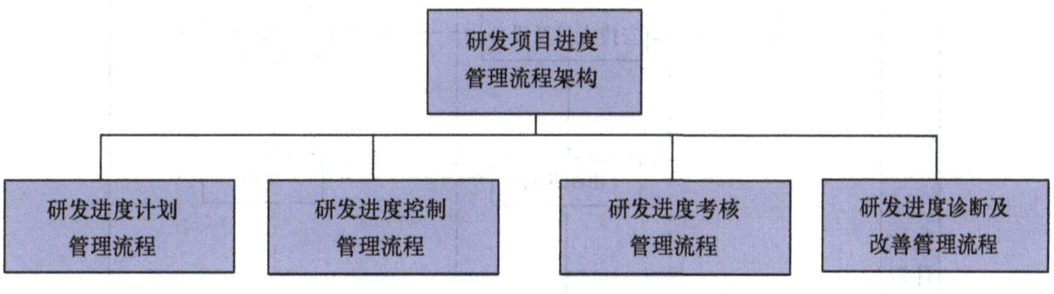

图 7-1 研发进度管理流程总体架构

7.2 研发进度计划管理流程设计与工作执行

7.2.1 研发进度计划管理流程设计

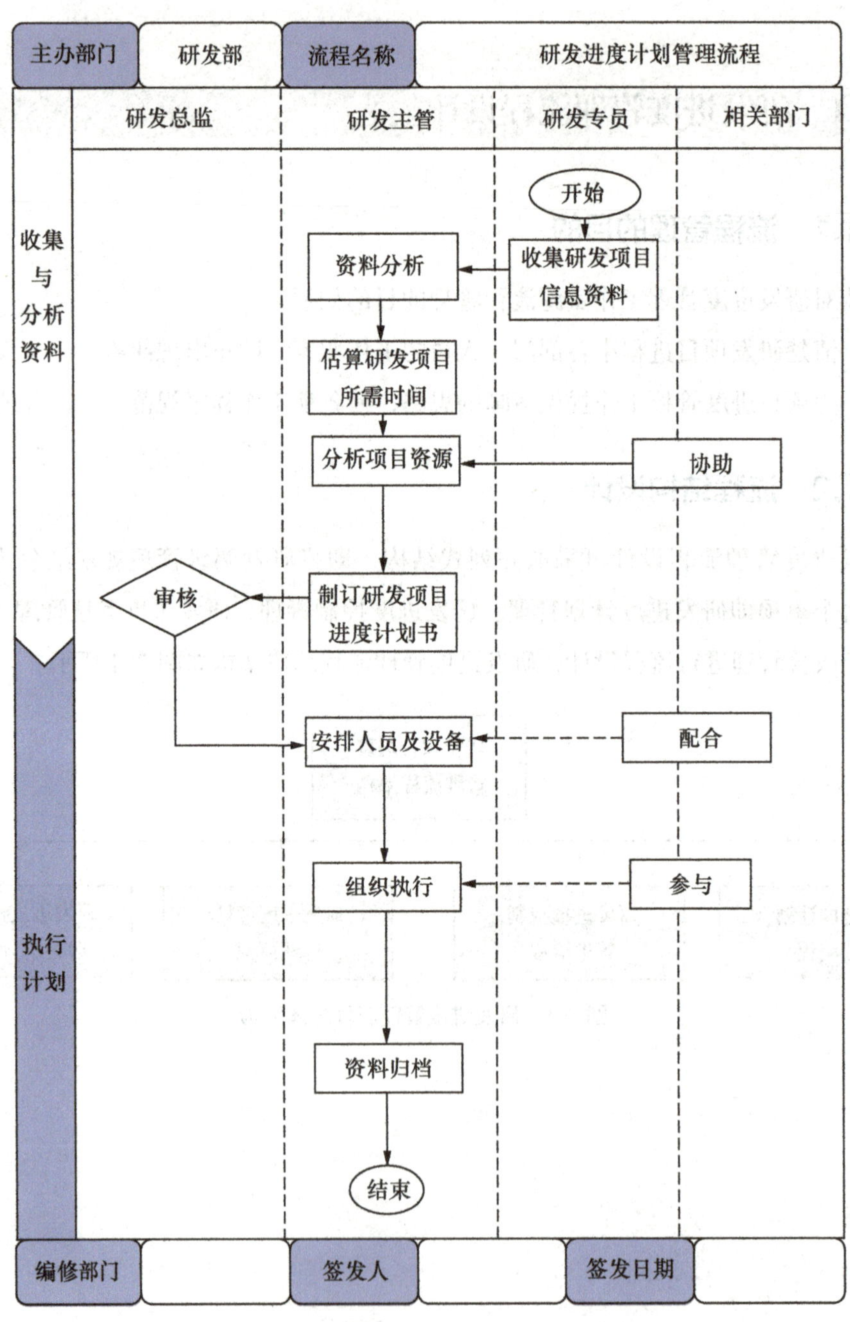

7.2.2 研发进度计划管理流程执行程序、工作标准、考核指标、执行规范

任务名称	执行程序、工作标准与考核指标
收集与分析资料	**执行程序** **1. 收集研发项目信息资料** ☆研发专员开展市场调研，收集与研发项目有关的信息资料。 ☆研发专员将资料汇总、整理后上交研发主管。 **2. 资料分析** 研发主管收到项目信息资料后，安排有关人员展开讨论，对资料进行分析，以发挥资料的价值。 **3. 估算研发项目所需时间** 研发主管根据分析资料的结果和企业现状，对研发项目有一个大致的认知，预估研发项目所需时间。 **4. 分析项目资源** ☆研发主管分析企业内外部资源对研发项目的支持程度。 ☆项目资源主要包括外部市场环境、企业内部人力、物力、财力状况等。 ☆其他部门如财务部、市场部配合研发部进行资源分析。 **工作重点** 研发项目想要顺利运行，必须对企业内外部情况有一定的了解，不能因为机遇而忽视企业研发能力，也不能因为大意而错过机遇。
	工作标准 ☆完成标准：通过市场调研和内部调查，研发主管深入了解企业内外部对项目的支持情况。
执行计划	**执行程序** **1. 制订研发项目进度计划书** ☆研发主管根据研发项目的具体情况，以及企业内外部情况，制订研发项目进度计划书。 ☆研发主管将研发项目进度计划书报研发总监审核，审核通过后方可执行 。 **2. 安排人员及设备** ☆研发主管根据研发项目需要安排项目参与人员，项目参与人员除研发部有关人员外，还可按需要安排其他部门人员以及外部专业人才。 ☆若企业已经具备研发项目所需设备，则可直接投入使用；若企业不具备设备条件，则需要按规定采购。 **3. 组织执行** ☆人力、物力均安排妥当后，研发主管组织相关人员正式开始项目研发工作。 ☆研发主管应亲自或安排有关人员对项目流程进行监督。 **工作重点** 研发项目进度计划书是项目合理进行的重要依据，研发主管要宏观把控整个项目，科学制订进度计划。

（续）

任务名称	执行程序、工作标准与考核指标
执行计划	**工作标准**
	☆质量标准：研发项目进度计划书内容规范，进度安排合理。 ☆目标标准：研发项目在研发部组织下有序开展。
	考核指标
	☆研发项目进度计划书的一次性通过率：目标值为100%。 ☆研发项目进度计划书的完成时间：应在 ____ 个工作日内完成。
执行规范	
“研发项目进度计划书”。	

7.3 研发进度控制管理流程设计与工作执行

7.3.1 研发进度控制管理流程设计

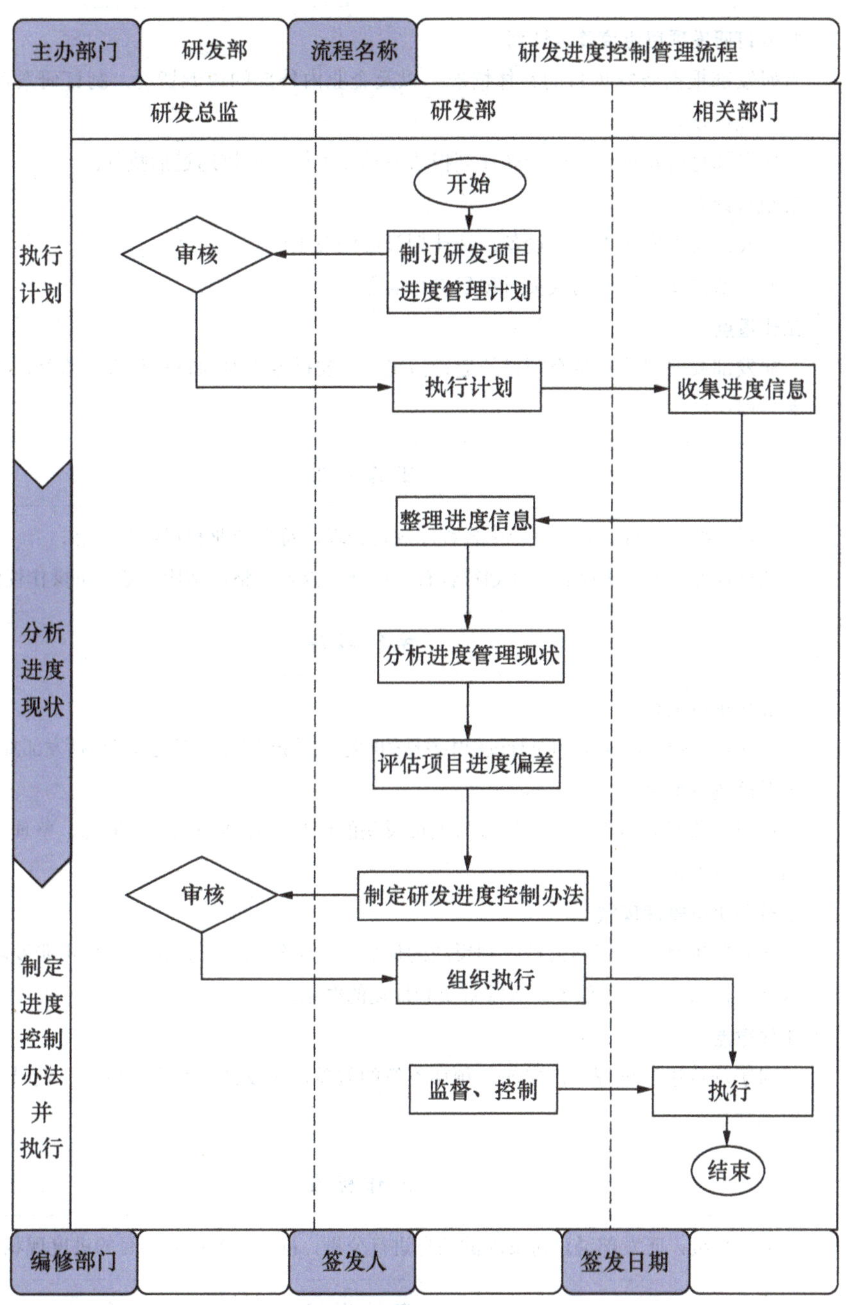

7.3.2 研发进度控制管理流程执行程序、工作标准、考核指标、执行规范

<table>
<tr><th>任务名称</th><th>执行程序、工作标准与考核指标</th></tr>
<tr><td rowspan="4">执行计划</td><td>执行程序</td></tr>
<tr><td>1. 制订研发项目进度管理计划
☆研发部根据研发项目的具体情况，以及企业内外部的资源情况，制订研发项目进度管理计划。
☆研发部将研发项目进度管理计划报研发总监审核，审核通过后执行。
2. 执行计划
☆研发部统筹安排人员、设备，按计划开展研发工作。
☆研发部需要安排专门人员对项目进行监督。
工作重点
研发部要宏观控制整个项目的运行情况，并安排专人对项目流程进行监督，及时收集和反馈信息。</td></tr>
<tr><td>工作标准</td></tr>
<tr><td>☆质量标准：项目在开展过程中各程序规范合理，符合企业和行业的规定。
☆依据标准：项目进度管理计划符合有关标准，内容完整，结构清晰，可操作性强。</td></tr>
<tr><td rowspan="6">分析进度现状</td><td>执行程序</td></tr>
<tr><td>1. 收集进度信息
研发项目参与人员在项目进行过程中发现的问题，须及时将有关信息反映给研发部监督人员。
2. 整理进度信息
研发部监督人员将研发项目参与人员反映的信息进行详细记录和汇总、整理，并上报给有关负责人员。
3. 分析进度管理现状
研发部项目进度管理人员收到反映的信息后，组织人员进行讨论，分析研发项目进度现状，评估项目进度偏差，寻求解决和优化的办法。
工作重点
对于项目进行过程中出现的与预期不符的偏差，研发部必须高度重视，及时发现，及时调整。</td></tr>
<tr><td>工作标准</td></tr>
<tr><td>☆完成标准：研发部通过对反映的信息进行分析，准确了解研发项目的进度现状。</td></tr>
<tr><td>考核指标</td></tr>
<tr><td>☆发现问题并反应的时间：应不多于 ____ 个工作日。</td></tr>
</table>

（续）

<table>
<tr><th>任务名称</th><th>执行程序、工作标准与考核指标</th></tr>
<tr><td rowspan="6">制定进度控制办法并执行</td><td>执行程序</td></tr>
<tr><td>1. 制定研发进度控制办法
☆研发部根据对研发进度偏差的评估，制定项目进度控制办法。
☆研发部将制定的进度控制办法报研发总监审核，直至通过。
2. 组织执行
☆研发进度控制办法审核通过后，研发部组织人员按办法执行，对当前项目进程进行合理调整。
☆研发部需要安排专人对项目进程进行监督。
工作重点
研发部对项目进度的控制和调整应是随时进行的，只有不断地调整和优化，项目才能顺利进行。</td></tr>
<tr><td>工作标准</td></tr>
<tr><td>☆目标标准：通过对研发进度控制办法的制定、执行及项目偏差的调整，项目进程得以优化。</td></tr>
<tr><td>考核指标</td></tr>
<tr><td>☆研发进度控制办法的完成时间：应在____个工作日内完成。
☆研发进度控制办法的一次性通过率：目标值为100%。</td></tr>
<tr><td colspan="2">执行规范</td></tr>
<tr><td colspan="2">“研发进度控制办法”。</td></tr>
</table>

7.4 研发进度考核管理流程设计与工作执行

7.4.1 研发进度考核管理流程设计

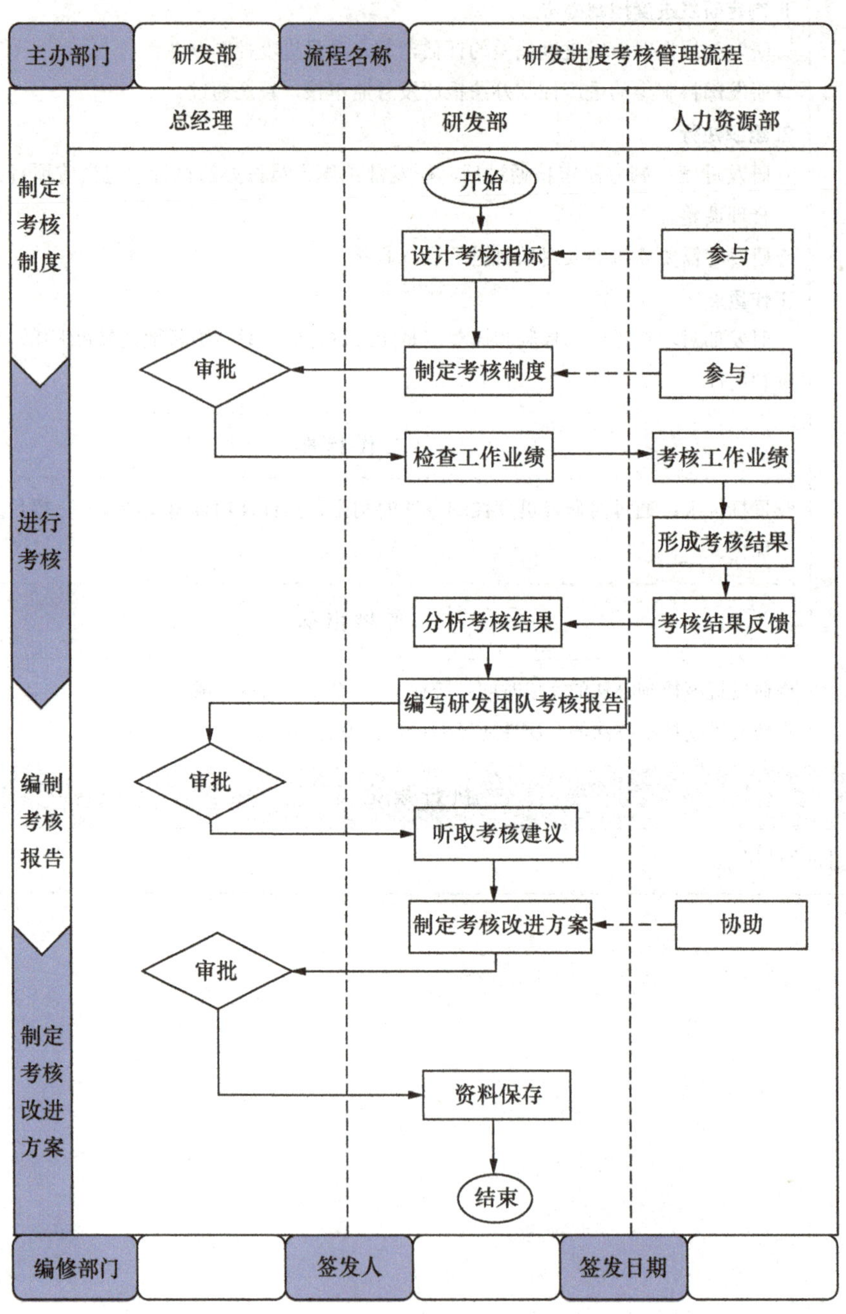

7.4.2 研发进度考核管理执行程序、工作标准、考核指标、执行规范

任务名称	执行程序、工作标准与考核指标
制定考核制度	**执行程序**
	1. 设计考核指标 研发部根据项目参与人员的情况，与人力资源部沟通，按照参与人员的具体职责，设计考核指标。 **2. 制定考核制度** 研发部与人力资源部沟通，根据研发项目具体情况，参考企业现有的考核制度，制定针对研发项目参与人员的特别考核制度，报总经理审批，直至通过。 **工作重点** 在进行考核时，考核制度可有别于企业常规的考核制度，研发部要根据实际情况制定特别的考核制度。
	工作标准
	☆在进行考核时，考核制度可有别于企业常规的考核制度，研发部需要根据实际情况制定特别的考核制度。 ☆完成标准：研发部参考人力资源部现有的考核制度，制定出针对研发项目参与人员的考核制度。
进行考核	**执行程序**
	1. 检查工作业绩 ☆研发部要清晰地设计研发项目参与人员的具体职责以及对应的考核指标。 ☆研发部管理人员按规定定期对研发项目参与人员进行考察，检查其工作业绩，并做好统计，呈报人力资源部。 **2. 考核工作业绩** ☆人力资源部根据研发部呈报的项目参与人员的工作业绩情况，按考核制度的规定对其进行考核。 ☆人力资源部按时完成考核工作，并统计考核结果，将考核结果反馈至研发部。 **工作重点** 研发部与人力资源部在考核时要严格按照研发项目考核制度进行。
	工作标准
	☆质量标准：人力资源部对项目参与人员的考核要公平、公正、公开。 ☆考核指标：人力资源部完成考核的时间：应在 ____ 个工作日内完成。

（续）

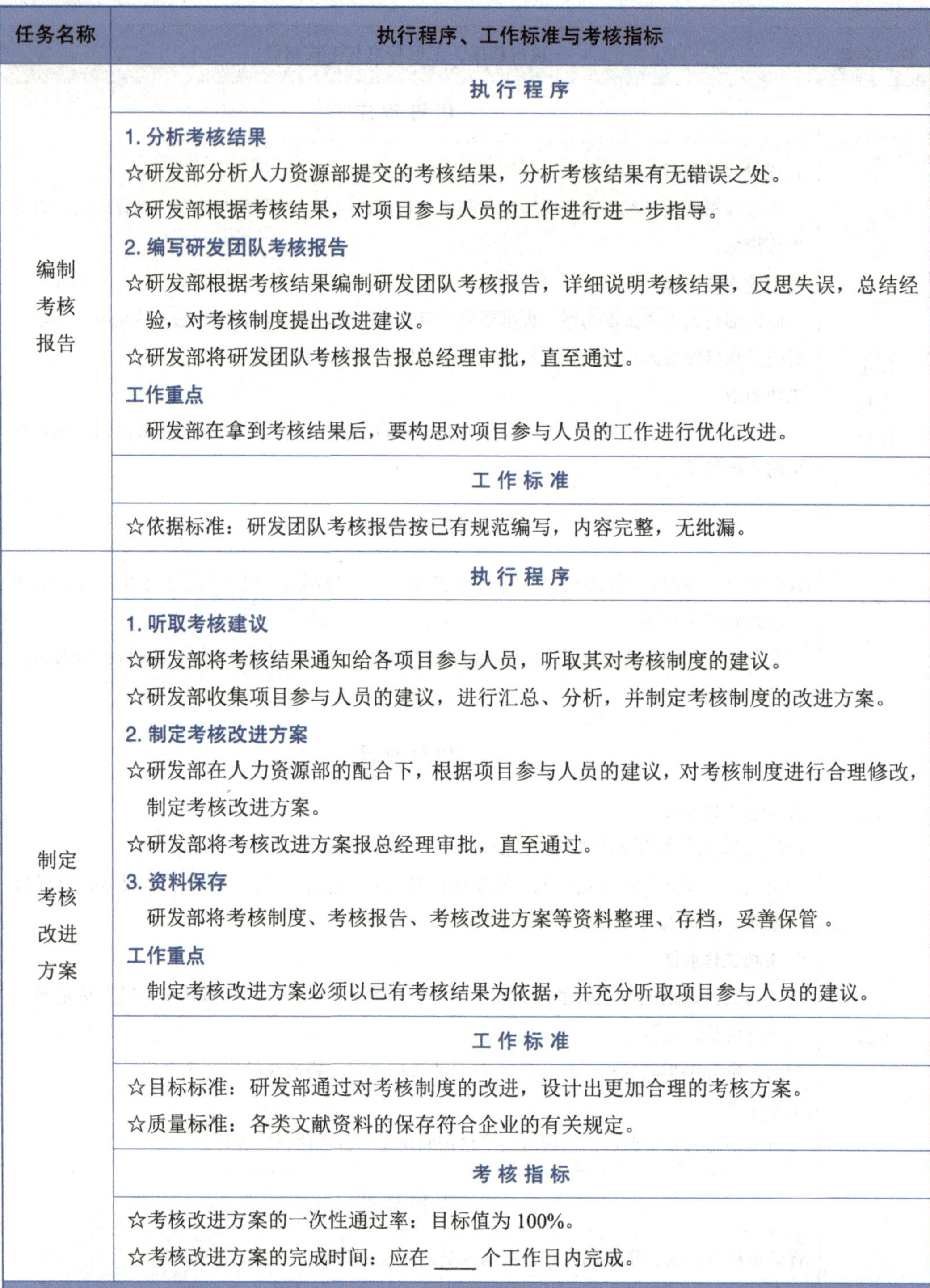

任务名称	执行程序、工作标准与考核指标
编制考核报告	**执行程序** **1. 分析考核结果** ☆研发部分析人力资源部提交的考核结果，分析考核结果有无错误之处。 ☆研发部根据考核结果，对项目参与人员的工作进行进一步指导。 **2. 编写研发团队考核报告** ☆研发部根据考核结果编制研发团队考核报告，详细说明考核结果，反思失误，总结经验，对考核制度提出改进建议。 ☆研发部将研发团队考核报告报总经理审批，直至通过。 **工作重点** 研发部在拿到考核结果后，要构思对项目参与人员的工作进行优化改进。
	工作标准
	☆依据标准：研发团队考核报告按已有规范编写，内容完整，无纰漏。
制定考核改进方案	**执行程序** **1. 听取考核建议** ☆研发部将考核结果通知给各项目参与人员，听取其对考核制度的建议。 ☆研发部收集项目参与人员的建议，进行汇总、分析，并制定考核制度的改进方案。 **2. 制定考核改进方案** ☆研发部在人力资源部的配合下，根据项目参与人员的建议，对考核制度进行合理修改，制定考核改进方案。 ☆研发部将考核改进方案报总经理审批，直至通过。 **3. 资料保存** 研发部将考核制度、考核报告、考核改进方案等资料整理、存档，妥善保管 。 **工作重点** 制定考核改进方案必须以已有考核结果为依据，并充分听取项目参与人员的建议。
	工作标准
	☆目标标准：研发部通过对考核制度的改进，设计出更加合理的考核方案。 ☆质量标准：各类文献资料的保存符合企业的有关规定。
	考核指标
	☆考核改进方案的一次性通过率：目标值为100%。 ☆考核改进方案的完成时间：应在____个工作日内完成。
执行规范	
“研发团队考核报告”。	

7.5 研发进度诊断及改善管理流程设计与工作执行

7.5.1 研发进度诊断及改善管理流程设计

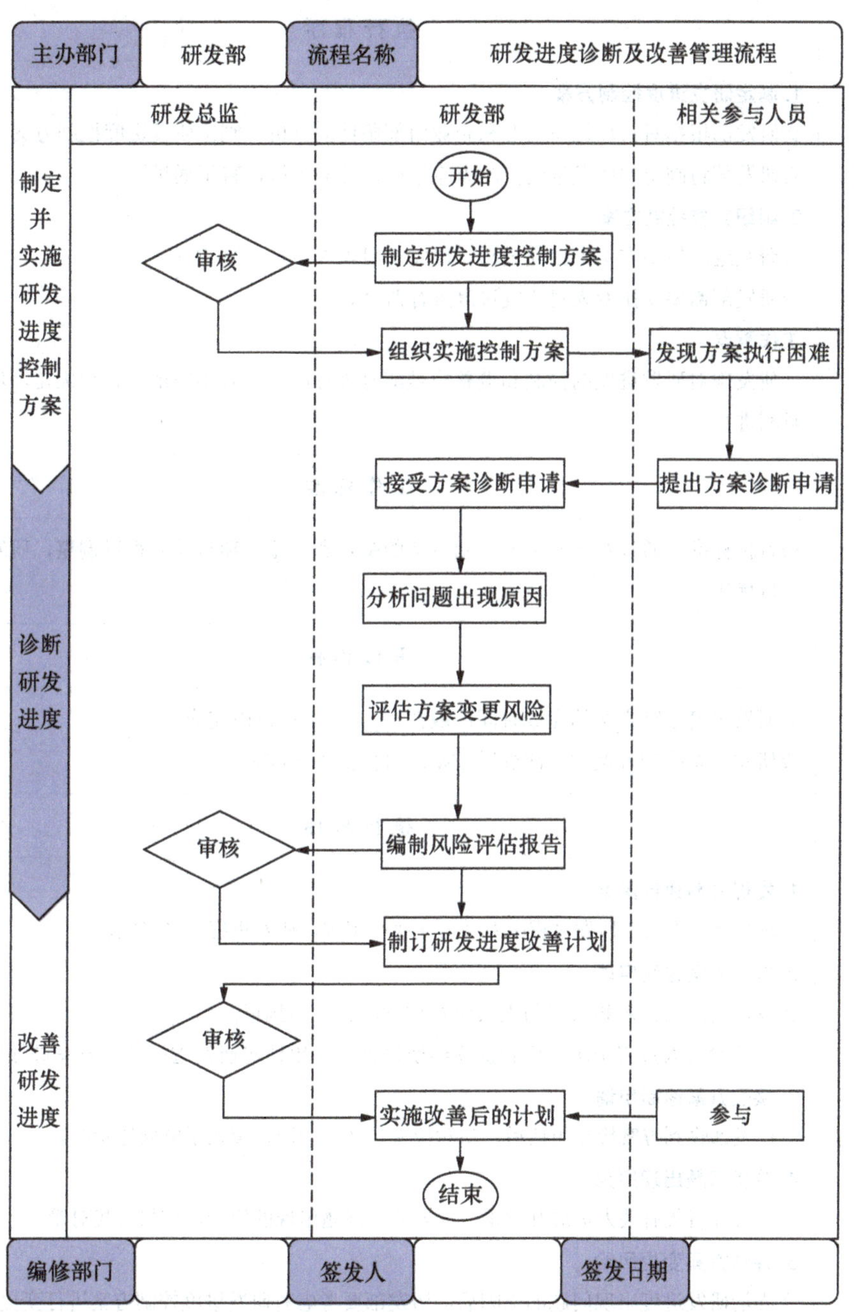

7.5.2 研发进度诊断及改善管理流程执行程序、工作标准、考核指标、执行规范

<table>
<tr><th>任务名称</th><th>执行程序、工作标准与考核指标</th></tr>
<tr><td rowspan="6">制定并实施研发进度控制方案</td><td>执行程序</td></tr>
<tr><td>1. 制定研发进度控制方案
☆研发部根据对市场调研情况和企业内部条件的分析，制定研发进度控制方案。
☆研发部将制定的研发进度控制方案报研发总监审核，直至通过。
2. 组织实施控制方案
☆研发进度控制方案审核通过后，研发部组织人员按方案实行。
☆研发部需要安排专人对研发进度进行监督。
工作重点
研发部对研发进度的控制和调整应是随时进行的，只有不断地调整和优化，项目才能顺利进行。</td></tr>
<tr><td>工作标准</td></tr>
<tr><td>☆目标标准：通过对研发进度控制方案的制定和实施，项目偏差得以调整，研发进度得以优化。</td></tr>
<tr><td>考核指标</td></tr>
<tr><td>☆研发进度控制方案的完成时间：应在____个工作日内完成。
☆研发进度控制方案的一次性通过率：目标值为100%。</td></tr>
<tr><td rowspan="2">诊断研发进度</td><td>执行程序</td></tr>
<tr><td>1. 发现方案执行困难
项目参与人员在研发过程中发现方案执行困难，研发进度受到影响。
2. 提出方案诊断申请
☆发现问题后，由相关参与人员进行详细的记录与描述。
☆相关参与人员将记录的问题提交给研发部，并申请对研发进度控制方案进行诊断。
3. 接受方案诊断申请
研发部收到方案诊断申请后，与对接人员仔细沟通，深入了解问题状况。
4. 分析问题出现原因
研发部召集有关人员展开讨论，深入分析问题出现的原因，积极寻找对策。
5. 评估方案变更风险
☆弄清研发进度出现问题的原因后，研发部要考虑对研发进度控制方案进行变更、调整。
☆对方案进行变更之前，研发部要思考方案变更带来的风险，力求将变更方案对项目整体进度的影响降至最低。</td></tr>
</table>

（续）

任务名称	执行程序、工作标准与考核指标
诊断研发进度	**6. 编制风险评估报告** ☆研发部仔细评估变更方案带来的风险，并编制风险评估报告。 ☆研发部将风险评估报告报研发总监审核，请其根据风险定夺是否变更方案。 **工作重点** 研发部分析研发进度出现的问题时要深入基层调查，找到问题发生的根本原因。
	工作标准
	☆目标标准：研发部通过深入讨论，找到问题的原因，并合理评估变更方案带来的风险。
	考核指标
	☆发现问题并反应的时间：应控制在问题出现后的____个工作日内。 ☆风险评估报告的完成时间：应在____个工作日内完成。
改善研发进度	**执行程序**
	1. 制订研发进度改善计划 ☆研发部根据项目进度出现的问题以及产生的原因，仔细评估变更方案带来的风险后，制订出研发进度改善计划。 ☆研发部将研发进度改善计划报研发总监审核，直至通过。 **2. 实施改善后的计划** ☆研发进度改善计划审核通过后，研发部组织人员按改善计划继续实施项目。 ☆研发部继续安排专人对研发进度进行监督，及时发现问题并进行反映。 **工作重点** 继续实施项目时，项目参与人员要注意规避已出现的问题。
	工作标准
	☆目标标准：通过研发部的工作，研发进度得到调整，研发工作得到改善。
执行规范	
“研发进度控制方案”“研发进度改善计划”。	

第8章 研发物料管理

8.1 研发物料管理流程设计

8.1.1 流程管理的目的

企业对研发物料实施流程管理的目的如下。

（1）规范研发物料采购程序与工作规范，确保研发所需物料及时采购与供应。

（2）加强物料管理工作，确保研发物料不断料、不待料，以保证研发交期。

（3）加强物料领用、处理、盘点的分析与计算工作，为研发物料的核算提供依据。

（4）规范研发物料出入库和在库保管工作，保证既不会产生滞留物料，又不会短料。

8.1.2 流程结构设计

研发部流程设计人员在设计研发物料管理流程时，可大致采取三段式的形式即按采购——优选——认证、领用——辅料处理——仓储——盘点、成本核算来设计。各个流程均包含执行程序、工作重点、工作标准与考核指标，以保障流程的有效实施。研发物料管理流程总体架构如图 8-1 所示。

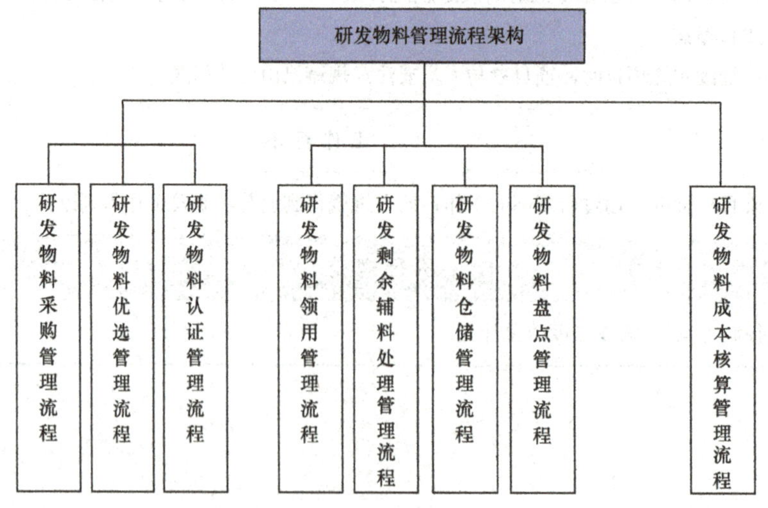

图 8-1 研发物料管理流程总体架构

8.2 研发物料采购管理流程设计与工作执行

8.2.1 研发物料采购管理流程设计

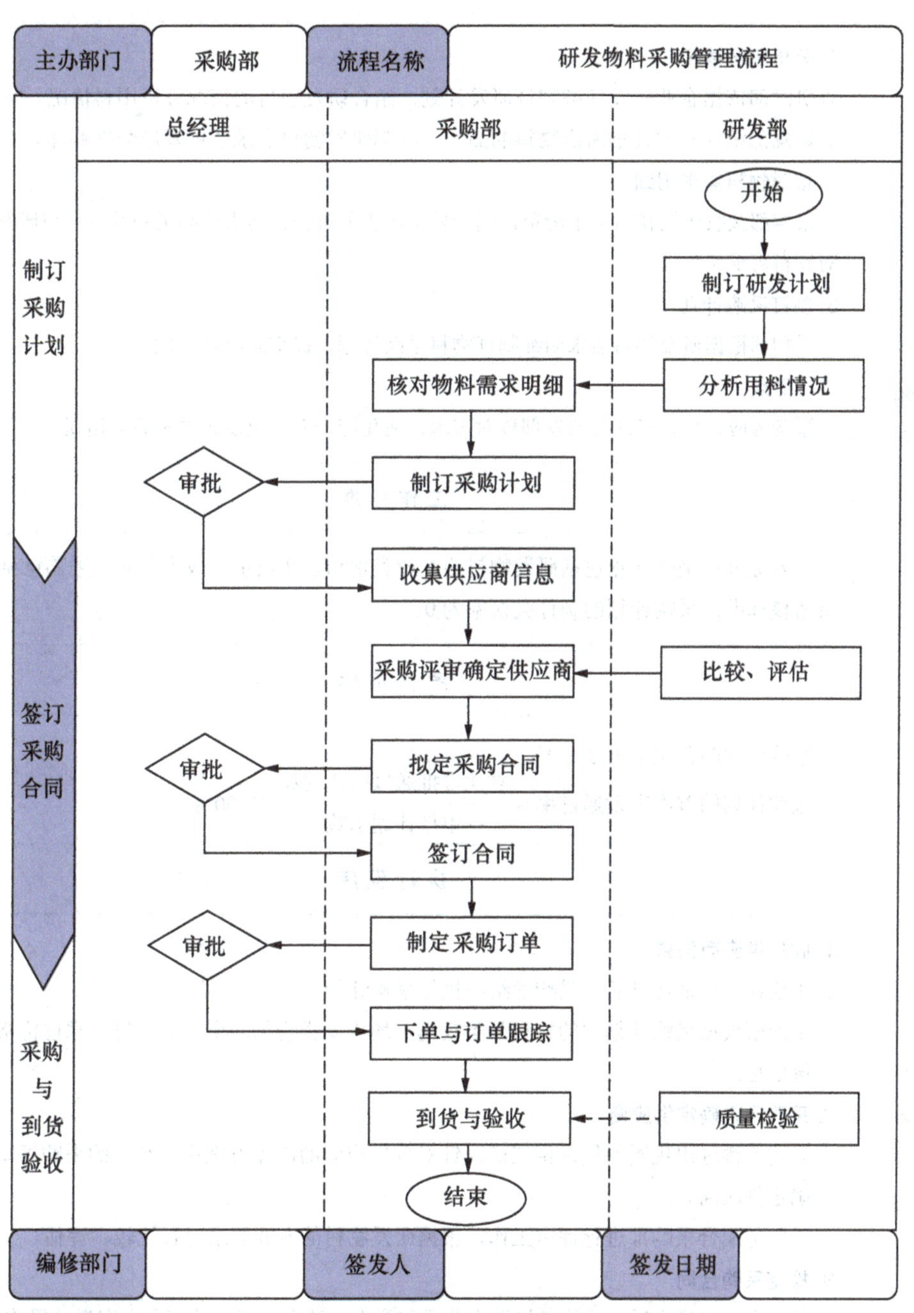

8.2.2 研发物料采购管理执行程序、工作标准、考核指标、执行规范

任务名称	执行程序、工作标准与考核指标
制订采购计划	**执行程序**
	1. 分析用料情况 ☆研发部依据企业研发任务制订研发计划，结合研发项目的情况分析用料情况。 ☆研发部统计研发计划所需物料的品类，编制研发物料需求清单发送给采购部。 **2. 核对物料需求明细** 采购部接收研发物料需求清单，结合采购历史分析物料需求的品类和数量，与研发部核对物料需求明细。 **3. 制订采购计划** 采购部根据研发物料需求明细制订物料采购计划，提交总经理审批。 **工作重点** 采购部应详细、多次与研发部核对需求，避免因不专业出现种类和数量错误。
	工作标准
	☆内容标准：采购计划包括研发物料的专业类别和确切数量、成本预估与采购意见等。 ☆考核标准：采购计划的制订失误率为0。
	考核指标
	☆采购计划的首次审批通过率。 $\text{采购计划的首次审批通过率} = \frac{\text{首次审批通过的计划数}}{\text{审批计划总数}} \times 100\%$
签订采购合同	**执行程序**
	1. 收集供应商信息 ☆采购计划审批通过后，采购部组织执行采购计划。 ☆采购部根据采购计划中的物料品类收集市场中此类物品的供应商信息，掌握价格等关键信息。 **2. 采购评审确定供应商** ☆采购部挑选出优质的候选供应商，针对各供应商的产品方案进行统一的采购评审，以确定供应商。 ☆研发部配合采购部进行评审工作，根据研发物料的专业要求进行比较、评估。 **3. 拟定采购合同** 供应商评审确定后，采购部根据企业采购要求，结合供应商的产品方案拟定采购合同，提交总经理审批。

（续）

<table>
<tr><th>任务名称</th><th>执行程序、工作标准与考核指标</th></tr>
<tr><td rowspan="5">签订采购合同</td><td>工作重点
☆采购部应优先挑选企业供应商库中已有的供应商，无法满足的再收集市场中的供应商信息。
☆在供应商采购评审工作中，采购部要充分参考研发部的专业质量意见。</td></tr>
<tr><td>工 作 标 准</td></tr>
<tr><td>☆内容标准：收集的供应商信息应包括价格、质量水平、信用、实力与技术、财务状况等。
☆考核标准：采购合同拟写在____天内完成并提交审批。</td></tr>
<tr><td>考 核 指 标</td></tr>
<tr><td>☆供应商信息收集完备率。
$供应商信息收集完备率=\frac{收集完成的供应商信息项目数}{供应商信息项目总数}\times100\%$
☆采购合同首次审批通过率。
$采购合同首次审批通过率=\frac{首次审批通过的合同数}{审批合同总数}\times100\%$</td></tr>
<tr><td rowspan="6">采购与到货验收</td><td>执 行 程 序</td></tr>
<tr><td>1. 制定采购订单
制定合同签约完成后，采购部根据研发部物料需求清单制定采购订单，提交总经理审批。
2. 下单与订单跟踪
☆采购订单审批通过后，采购部向签约供应商发送采购订单。
☆采购部跟踪订单情况，定期掌握订单生产进度。
3. 到货与验收
☆供应商完成订单生产后，将货物运送到指定收货点，并通知采购部。
☆研发部协助采购部进行货物验收，对专业层面的物料质量进行检验。
工作重点
采购部要按时跟踪供应商的生产进度，避免订单延期造成损失，要确保企业研发工作正常开展。</td></tr>
<tr><td>工 作 标 准</td></tr>
<tr><td>☆内容标准：采购订单中的物料种类清晰、明确，数量合理、准确。
☆考核标准：采购货物验收准确率不低于____%。</td></tr>
<tr><td>考 核 指 标</td></tr>
<tr><td>☆货物验收准确率。
$货物验收准确率=\frac{验收准确的货物种类数}{货物种类总数}\times100\%$</td></tr>
<tr><th colspan="2">执 行 规 范</th></tr>
<tr><td colspan="2">“企业研发任务书”“企业研发计划规划表”“研发物料采购计划”“企业采购规范”“仓储验收管理规定”。</td></tr>
</table>

8.3 研发物料优选管理流程设计与工作执行

8.3.1 研发物料优选管理流程设计

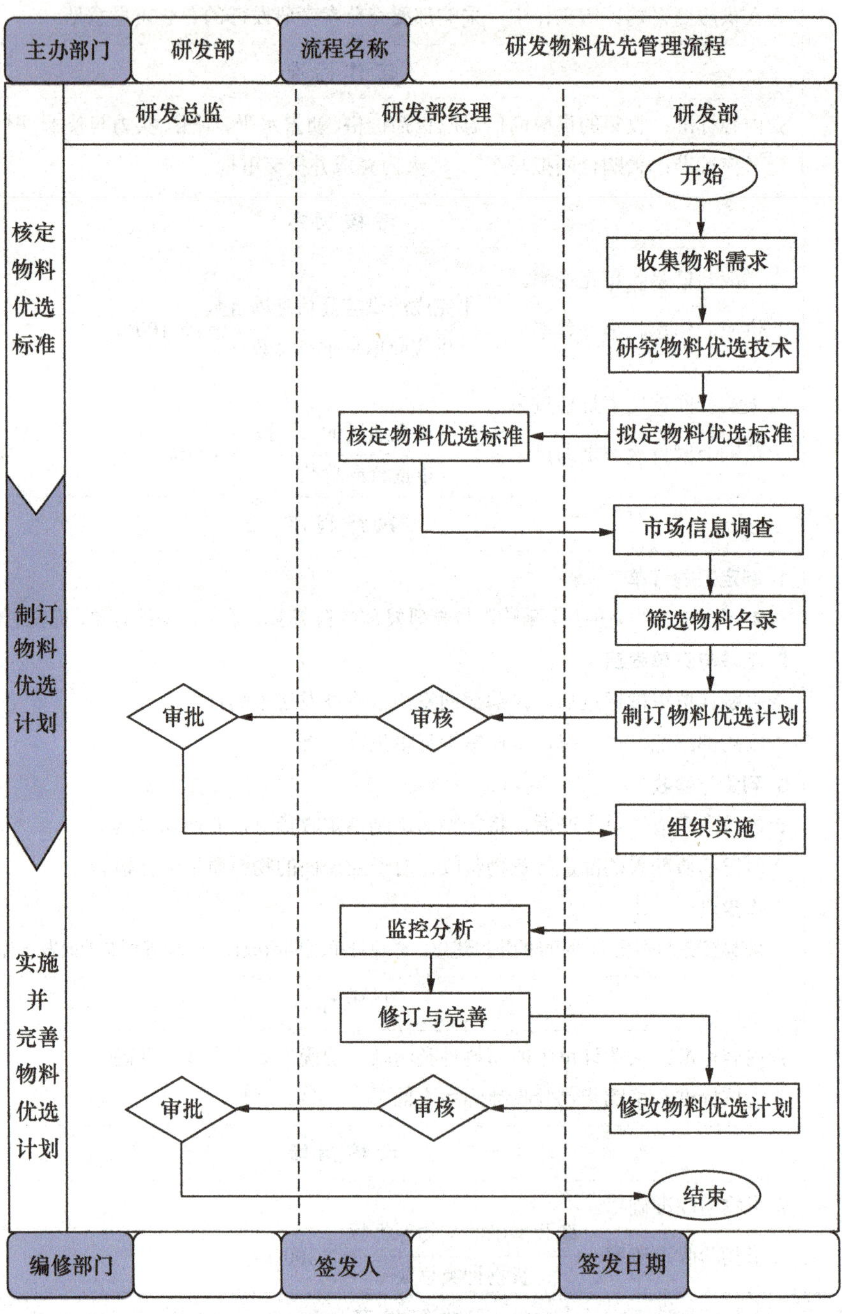

8.3.2 研发物料优选管理执行程序、工作标准、考核指标、执行规范

任务名称	执行程序、工作标准与考核指标
核定物料优选标准	**执行程序** **1. 收集物料需求** 研发部统一收集、汇总各研发团队的物料需求，对数据和类目进行整理和归类。 **2. 研究物料优选技术** 研发部根据企业研发任务的目的和要求，结合各研发团队的实际需要，对物料的不同质量和属性要求进行分析，研究、确定物料优选技术。 **3. 拟定物料优选标准** 研发部依照确定的物料优选技术，拟定该技术条件下的物料优选标准，提交研发部经理做进一步核定。 **工作重点** 研发部经理对物料优选标准的核定应全面参照研发历史经验，避免不合理、不切实际的情况。 **工作标准** ☆质量标准：确定的物料优选技术具备可实施性、实用性、经济性等优点。 ☆考核标准：物料优选标准核定通过率不低于____%。 **考核指标** ☆物料优选标准核定通过率。 $物料优选标准核定通过率=\frac{核定通过的优选标准数}{核定优选标准总数}\times 100\%$
制订物料优选计划	**执行程序** **1. 市场信息调查** 物料优选标准核定后，研发部根据物料的需求情况对市场进行调查，收集各方面信息和口碑数据。 **2. 筛选物料名录** 研发部通过比对市场上的物料信息和资料，初步筛选出符合要求的候选物料名录。 **3. 制订物料优选计划** 研发部根据筛选出的物料名录制订物料优选计划，提交研发部经理审核后，报研发总监审批。 **工作重点** ☆研发部筛选市场中的候选物料名录，要确保无偏见和偏好。 ☆物料优选计划应由研发部具备实际优选工作经验的员工共同讨论制订。

（续）

<table>
<tr><th>任务名称</th><th>执行程序、工作标准与考核指标</th></tr>
<tr><td rowspan="4">撰写物料优选计划</td><td>工作标准</td></tr>
<tr><td>☆内容标准：物料的市场信息收集包括物料价格基础、市场行情、供应商、质量水准等。
☆考核标准：物料优选计划在____天内制订完成并提交审批。</td></tr>
<tr><td>考核指标</td></tr>
<tr><td>☆市场信息调查完备率。
$$市场信息调查完备率=\frac{调查的市场信息项目数}{市场信息项目总数}\times 100\%$$
☆物料优选计划首次审批通过率。
$$物料优选计划首次审批通过率=\frac{首次审批通过的计划数}{审批计划总数}\times 100\%$$</td></tr>
<tr><td rowspan="6">实施并完善物料优选计划</td><td>执行程序</td></tr>
<tr><td>1. 组织实施
物料优选计划审批通过后，研发部获取候选物料的全部样品，按确定的技术和标准组织实施物料优选检验工作。
2. 修订与完善
研发部经理根据在物料优选检验工作的监控情况，分析、研究发现的问题，并提出改进建议。
3. 修改物料优选计划
研发部根据改进建议，修改物料优选计划，提交研发部经理审核后，报研发总监审批。
工作重点
☆研发部在实施物料优选检验工作时，应采取双盲的方法，确保结果客观、公正。
☆研发部经理要发现实际问题，解决实际问题，使改进建议切实、有效。</td></tr>
<tr><td>工作标准</td></tr>
<tr><td>☆质量标准：物料优选结果验证合格率不低于____%。
☆考核标准：物料优选计划修改案应在收到改进建议后____天内完成。</td></tr>
<tr><td>考核指标</td></tr>
<tr><td>☆物料优选合格率。
$$物料优选合格率=\frac{合格的项目数}{优选项目数}\times 100\%$$
☆物料优选计划修改案首次审核通过率。
$$物料优选计划修改案首次审核通过率=\frac{首次审核通过的计划数}{审核计划总数}\times 100\%$$</td></tr>
<tr><th colspan="2">执行规范</th></tr>
<tr><td colspan="2">“企业研发任务书”“企业研发计划规划表”“研发物料优选标准规定”“研发物料优选计划”“研发物料优选执行方案”。</td></tr>
</table>

8.4 研发物料认证管理流程设计与工作执行

8.4.1 研发物料认证管理流程设计

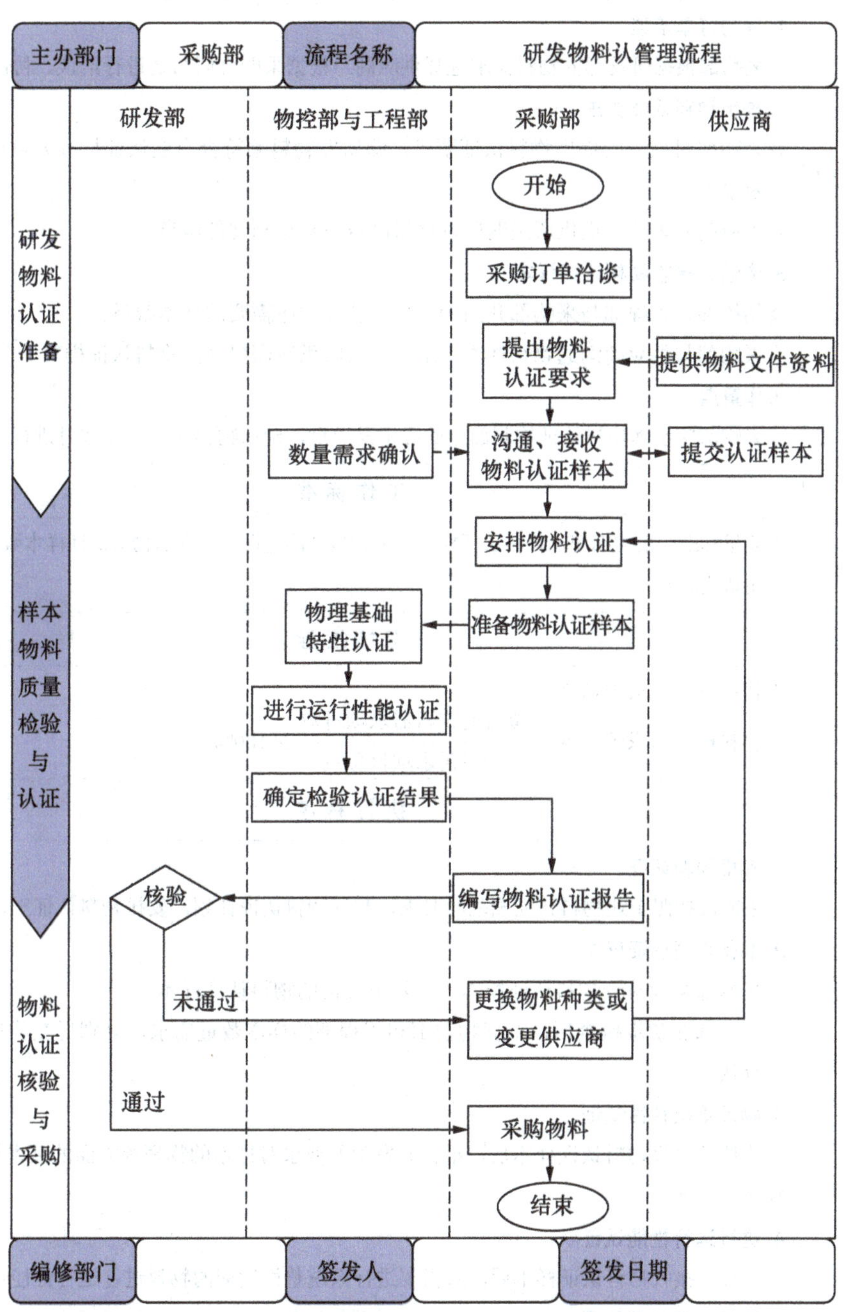

8.4.2 研发物料认证管理执行程序、工作标准、考核指标、执行规范

<table>
<tr><th>任务名称</th><th>执行程序、工作标准与考核指标</th></tr>
<tr><td rowspan="6">研发
物料
认证
准备</td><td>执行程序</td></tr>
<tr><td>1. 采购订单洽谈
采购部根据研发部的物料需求选择供应商，根据采购合同与之进行洽谈、协商。
2. 提出物料认证要求
☆采购部对供应商提出物料认证要求，即研发物料须符合企业认证标准方可进一步协定签约。
☆供应商向采购部提供所采购研发物料的资料数据和文件信息。
3. 沟通、接收物料认证样本
☆物控部、工程部与采购部共同确认物料认证程序需要的样本数量。
☆采购部与供应商沟通物料样本需求量，接收供应商提交的物料认证样本。
工作重点
采购部应明确物料认证检测部门的样本需求量，确保物料认证工作按时进行。</td></tr>
<tr><td>工作标准</td></tr>
<tr><td>☆质量标准：采购部统计物料认证样本需求数量准确无误，接收的物料认证样本数量完全满足认证需求。</td></tr>
<tr><td>考核指标</td></tr>
<tr><td>☆物料样本需求覆盖率。
$$物料样本需求覆盖率=\frac{覆盖的物料需求项目数}{物料需求项目总数}\times 100\%$$</td></tr>
<tr><td rowspan="2">样本
物料
质量
检验
与
认证</td><td>执行程序</td></tr>
<tr><td>1. 安排物料认证
采购部按照企业物料认证规范的要求，制订物料认证计划，安排物料认证工作。
2. 准备物料认证样本
☆采购部初步检查物料认证样本，筛除不合格的物料认证样本。
☆采购部在初步检查后，根据物控部和工程部的样本数量需求，分别送交物料样本进行认证。
3. 物理基础特性认证
物控部接收物料认证样本后，根据研发部的要求对样本的物理等方面的基本特性进行检查、认证。
4. 进行运行性能认证
工程部接收物料认证样本后，对需要进行系统整机适配的物料进行运行性能认证。
5. 汇总物料认证结果
物控部和工程部核对物料认证数据，将物料认证结果汇总、整理后提交采购部。</td></tr>
</table>

（续）

任务名称	执行程序、工作标准与考核指标
样本物料质量检验与认证	**工作重点** 物控部、工程部应严格按照规定进行物料认证，详细、准确地记录认证数据和结果。 **工 作 标 准** ☆质量标准：物料认证程序严谨、规范，认证数据精准、真实，认证流程客观、公正。 ☆考核标准：物控部、工程部在完成物料认证后____天内整理结果并提交采购部。 **考 核 指 标** ☆物料认证项目完整率。 $物料认证项目完整率=\frac{认证的物料项目数}{物料项目总数}\times100\%$ ☆物料认证项目准确率。 $物料认证项目准确率=\frac{认证准确的物料项目数}{物料认证项目总数}\times100\%$
物料认证核验与采购	**执 行 程 序** **1. 编写物料认证报告** 采购部根据物料认证数据和结果编写物料认证报告，提交研发部进行核验。 **2. 更换物料种类或变更供应商** 研发部核验物料认证报告是否符合研发物料认证的专业标准，若不符合，采购部根据核验意见确定更换物料种类或是选择变更供应商，重新安排物料认证工作。 **3. 采购物料** 物料认证报告经研发部核验通过后，采购部与认证合格物料供应商签订采购合同，采购物料。 **工作重点** ☆采购部应准确地将物控部和工程部的认证数据与结果反映在物料认证报告中。 ☆若核验不通过，研发部应明确指出物料认证的缺点与不足，以方便采购部确定问题。 **工 作 标 准** ☆质量标准：在物料认证报告中各项物料指标和要素数据要准确无误，结果要客观、真实。 ☆考核标准：采购部更换物料种类或变更供应商在____天内完成。 **考 核 指 标** ☆物料认证报告首次核验通过率。 $物料认证报告首次核验通过率=\frac{首次核验通过的报告数}{核验报告总数}\times100\%$
执 行 规 范	
“研发物料计划”“研发物料认证执行方案”“企业研发物料采购计划”“企业研发物料认证标准”。	

8.5　研发物料领用管理流程设计与工作执行

8.5.1　研发物料领用管理流程设计

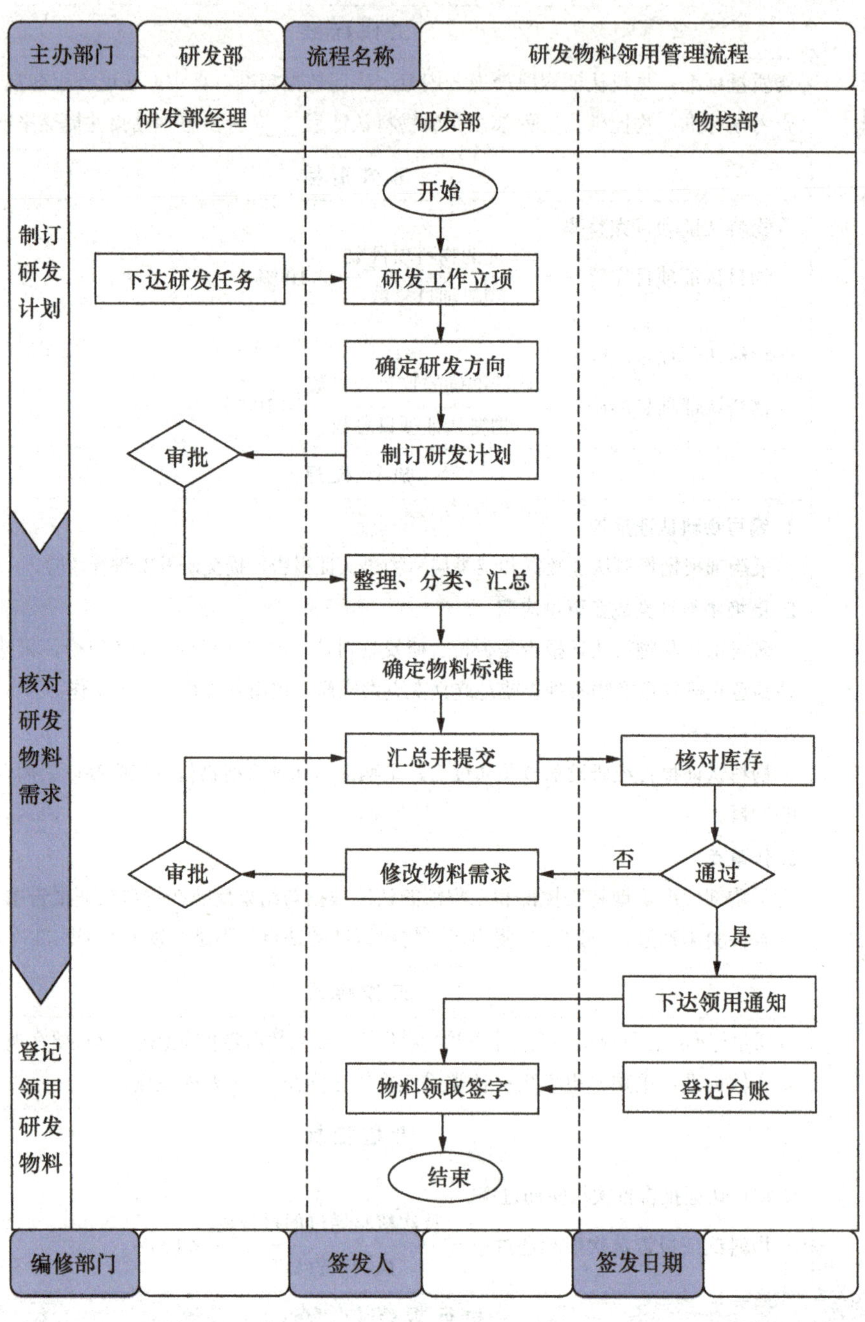

8.5.2 研发物料领用管理执行程序、工作标准、考核指标、执行规范

任务名称	执行程序、工作标准与考核指标
制订研发计划	**执行程序** **1. 研发工作立项** ☆研发部经理根据企业研发战略的要求，向研发部明确下达研发任务。 ☆研发部分析、讨论研发任务，组织研发立项工作。 **2. 确定研发方向** 研发立项后，研发部根据企业实际生产经营情况对研发项目进行具体的产品方向论证，确定研发方向。 **3. 制订研发计划** 研发部依据研发项目的方向，制订研发计划，提交研发部经理审批。 **工作重点** ☆研发方向的确定应紧扣企业真实发现的问题，确保研发高效实用。 ☆研发部制订研发计划时要对产出目标进行阶段量化。 **工作标准** ☆内容标准：研发计划包含项目名称、进程安排、产出目标、成本评估等。 ☆考核标准：研发计划在____天内制订完成并提交审批。 **考核指标** ☆研发计划首次审批通过率。 $研发计划首次审批通过率=\frac{首次审批通过的计划数}{审批计划总数}\times 100\%$
核对研发物料需求	**执行程序** **1. 整理、分类、汇总** 研发部根据研发计划，对该细分领域研发工作所需的物料和必要物料进行整理、分类、汇总，填写物料需求表。 **2. 确定物料标准** 根据研发计划的具体项目目标，研发部对各类所需物料进行质量研究，分析确定各物料、材料的合格标准。 **3. 核对库存** 物控部根据研发部提交的物料需求表，查阅库存台账，核对库存数据，确定物料需求的满足情况。 **4. 修改物料需求** 如果库存无法满足物料需求，研发部应根据物控部的反馈意见重新考量物料需求情况，修改物料需求表并提交研发部经理审批后，再次送交物控部进行库存核对。

<table>
<tr><th>任务名称</th><th>执行程序、工作标准与考核指标</th></tr>
<tr><td rowspan="5">核对研发物料需求</td><td>工作重点
☆研发物料标准的确定应具体到每个物料类别的细分种类。
☆物控部核对物料需求表后应尽快对空缺物料种类进行补充。</td></tr>
<tr><td>工作标准</td></tr>
<tr><td>☆质量标准：物料类别整理详细、全面；物料标准确定清晰、实用。
☆考核标准：物控部在____天内完成物料需求库存核对。</td></tr>
<tr><td>考核指标</td></tr>
<tr><td>☆物料类别整理完备率。
$物料类别整理完备率 = \frac{整理的物料类别数}{物料类别总数} \times 100\%$
☆库存核对准确率。
$库存核对准确率 = \frac{核对准确的库存项目数}{核对库存项目总数} \times 100\%$</td></tr>
<tr><td rowspan="6">登记领用研发物料</td><td>执行程序</td></tr>
<tr><td>1. 下达领用通知
研发物料需求的库存核对通过后，物控部向研发部下达领用通知单。
2. 物料领取签字
☆研发部接收领用通知单后，按照物料需求表领取研发物料，并签字确认。
☆物控部发放研发物料后，填写库存变更信息登记台账。
工作重点
物控部正确发放研发物料，准确记录台账信息。</td></tr>
<tr><td>工作标准</td></tr>
<tr><td>☆考核标准：物控部在物料需求的库存核对通过后____天内下发领用通知。</td></tr>
<tr><td>考核指标</td></tr>
<tr><td>☆研发物料发放正确率。
$研发物料发放正确率 = \frac{正确发放的物料项目数}{发放物料项目总数} \times 100\%$</td></tr>
<tr><th colspan="2">执行规范</th></tr>
<tr><td colspan="2">“企业研发战略规定”“研发立项方案书”“企业研发计划”“研发物料需求表”“企业物料领用制度”“企业台账信息登记管理规定”。</td></tr>
</table>

8.6 研发剩余辅料处理管理流程设计与工作执行

8.6.1 研发剩余辅料处理管理流程设计

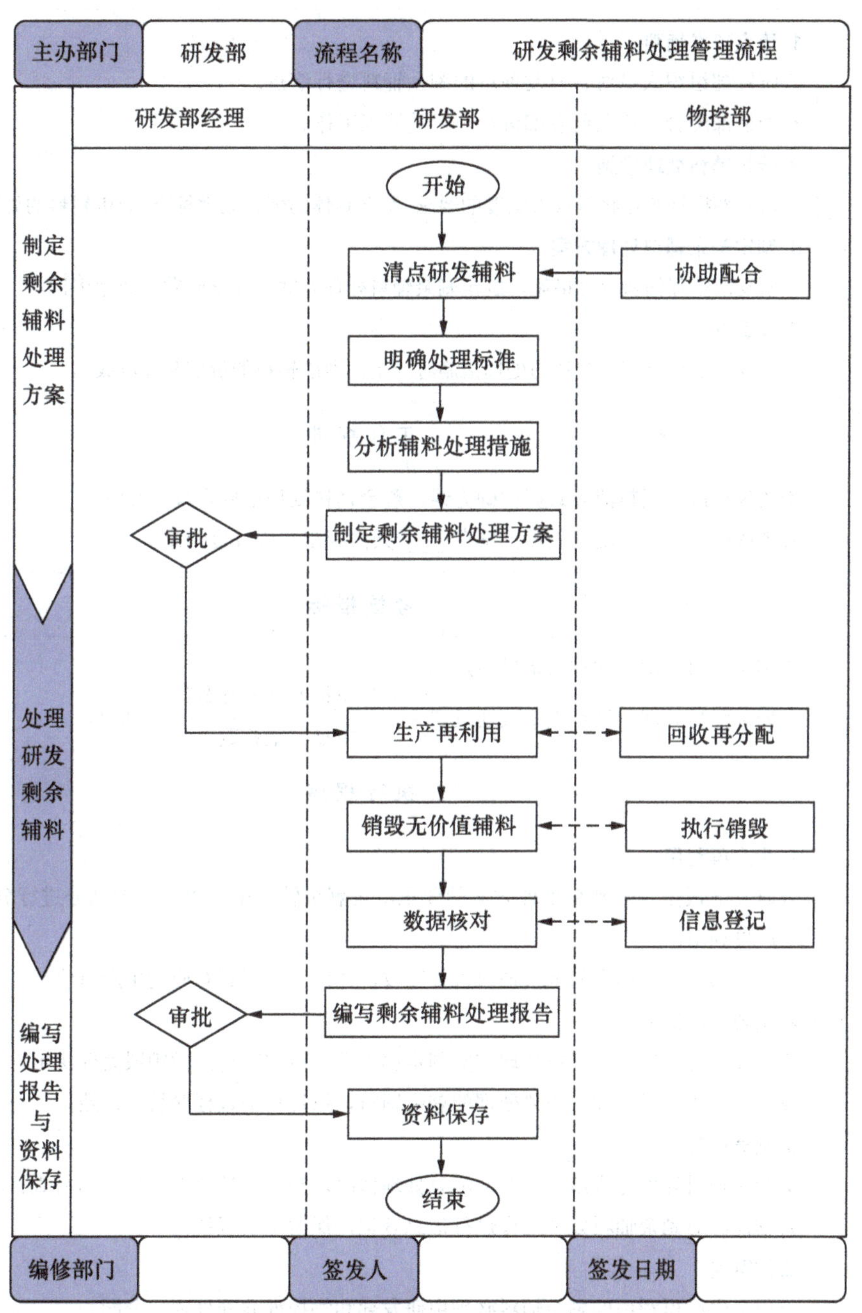

8.6.2 研发剩余辅料处理管理执行程序、工作标准、考核指标、执行规范

<table>
<tr><th>任务名称</th><th>执行程序、工作标准与考核指标</th></tr>
<tr><td rowspan="6">制定剩余辅料处理方案</td><td>执行程序</td></tr>
<tr><td>1. 清点研发辅料
☆研发部组织人员对各研发项目的剩余辅料进行清点。
☆物控部配合、协助研发部进行辅料的清点工作。
2. 分析辅料处理措施
研发部根据企业物料管理制度的要求，结合具体的辅料处理标准，分析辅料的处理措施。
3. 制定剩余辅料处理方案
研发部整理辅料处理措施，制定剩余辅料处理方案，提交研发部经理审批。
工作重点
研发部在分析剩余辅料的处理措施时应全面考虑辅料的价值和经济成本。</td></tr>
<tr><td>工作标准</td></tr>
<tr><td>☆质量标准：辅料清点数据精确无误，剩余辅料处理措施合理、经济。
☆考核标准：剩余辅料处理方案在____天内制定完成并提交审批。</td></tr>
<tr><td>考核指标</td></tr>
<tr><td>☆剩余辅料处理方案首次审批通过率。
$$剩余辅料处理方案首次审批通过率=\frac{首次审批通过的方案数}{审批方案总数}\times 100\%$$</td></tr>
<tr><td rowspan="2">处理研发剩余辅料</td><td>执行程序</td></tr>
<tr><td>1. 生产再利用
☆研发部根据剩余辅料处理方案的要求，将剩余辅料中可再利用的部分进行分离做生产再利用。
☆物控部对可再利用的剩余辅料进行回收，再统一分配到对应的生产单位。
2. 销毁无价值辅料
☆研发部对根据剩余辅料处理方案判定属于无价值的物料，做销毁处理决定。
☆物控部接收研发部做销毁处理的剩余辅料，按物料销毁程序统一销毁。
3. 数据核对
☆剩余辅料处理完成后，研发部汇总处理情况，整理处理数据，核对物料账目。
☆物控部对剩余辅料处理工作进行信息登记，保留重要资料。
工作重点
☆用于生产再利用的剩余辅料必须由研发部和物控部共同处理、分配。
☆无价值剩余辅料不可由研发部直接销毁。</td></tr>
</table>

（续）

任务名称	执行程序、工作标准与考核指标
处理研发剩余辅料	**工作标准**
	☆质量标准：剩余辅料处理决定合理、实用、经济效用最大化。 ☆考核标准：剩余辅料处理措施执行正确率 100%。
	考核指标
	☆辅料处理措施执行正确率。 $辅料处理措施执行正确率=\frac{正确处理的辅料项目数}{处理辅料项目总数}\times100\%$ ☆辅料处理数据核对准确率。 $辅料处理数据核对准确率=\frac{核对准确的数据项目数}{核对数据项目总数}\times100\%$
编写处理报告与资料保存	**执行程序**
	1. 编写剩余辅料处理报告 研发部根据剩余辅料的处理情况和数据核对结果编写剩余辅料处理报告，提交研发部经理审批。 **2. 资料保存** 剩余辅料处理报告审批通过后，研发部将报告同处理过程中的文件、资料进行保存，以备查考。 **工作重点** 研发部应严格按照实际处理情况编写剩余辅料处理报告。
	工作标准
	☆内容标准：辅料处理报告应包括剩余辅料的类别和数量、处理方式、处理时间、处理地点、处理人员等关键要素。 ☆考核标准：剩余辅料处理报告在____天内编写完成并提交审批。
	考核指标
	☆处理报告首次审批通过率。 $处理报告首次审批通过率=\frac{首次审批通过报告数}{审批报告总数}\times100\%$
执行规范	
“企业物料管理制度”“研发剩余辅料处理方案”“研发剩余辅料处理结果”“剩余辅料处理报告”“研发剩余辅料处理清单表”。	

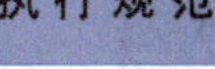

8.7 研发物料仓储管理流程设计与工作执行

8.7.1 研发物料仓储管理流程设计

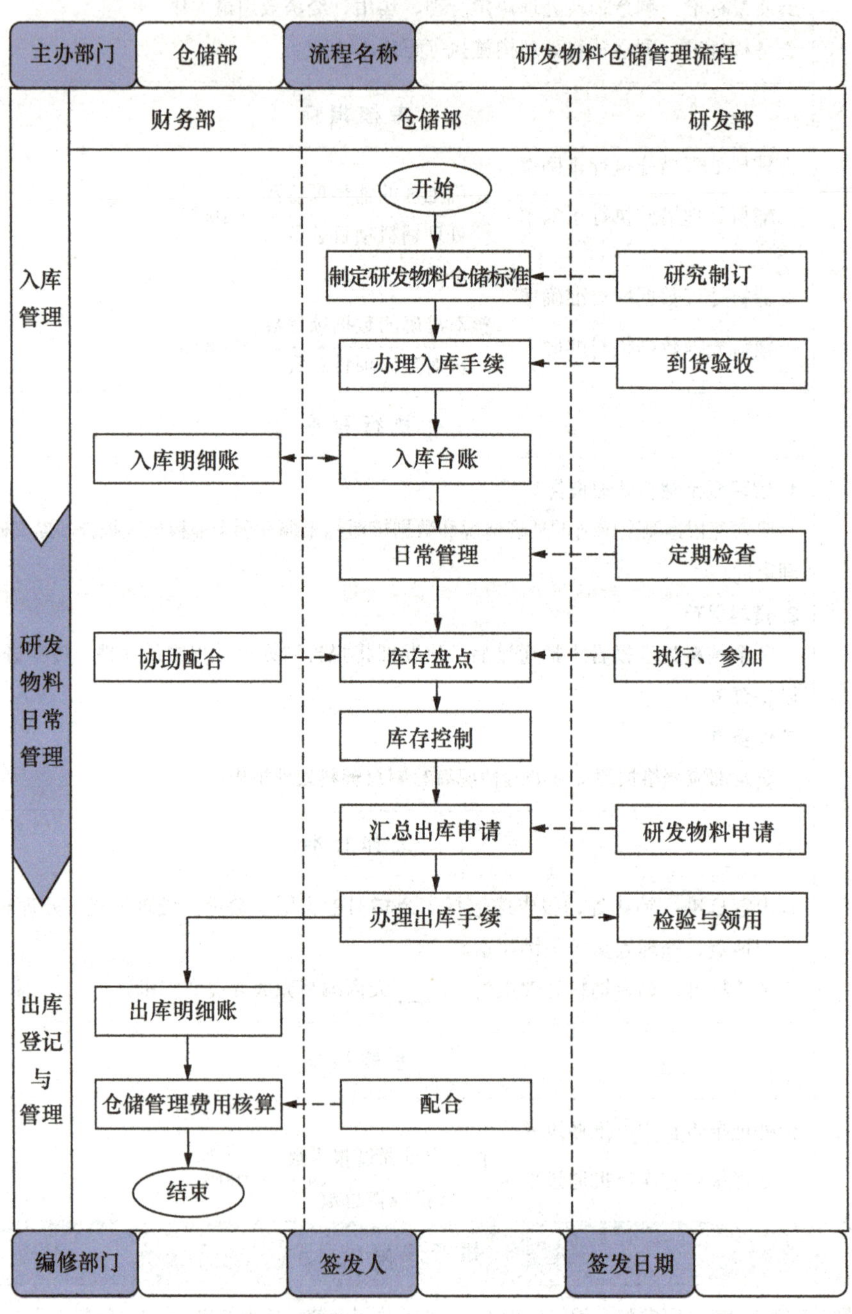

8.7.2 研发物料仓储管理执行程序、工作标准、考核指标、执行规范

<table>
<tr><th>任务名称</th><th>执行程序、工作标准与考核指标</th></tr>
<tr><td rowspan="6">入库管理</td><td>执行程序</td></tr>
<tr><td>1. 制订研发物料仓储标准
☆仓储部学习、了解不同研发物料的储存条件和其他企业的研发物料仓储标准。
☆研发部分析物料属性和储存要求，制定研发物料的仓储标准。
2. 办理入库手续
☆仓储部为研发部验收完成的到货物料办理入库手续。
☆研发部配合相关部门进行到货物料的质量验收工作。
3. 入库台账
☆到货物料入库完成后，仓储部登记入库信息台账。
☆财务部根据验收入库情况登记入库明细账。
工作重点
仓储部应充分掌握研发部的研发物料储存标准，防止非必要的物料损耗。</td></tr>
<tr><td>工作标准</td></tr>
<tr><td>☆质量标准：仓储部登记入库信息正确、精准、及时。
☆考核标准：到货物料验收合格后，仓储部在____小时内办理入库手续。</td></tr>
<tr><td>考核指标</td></tr>
<tr><td>☆仓储标准正确率。
$$仓储标准正确率=\frac{回收问卷中废卷的数量}{发放问卷总数量}\times 100\%$$</td></tr>
<tr><td rowspan="2">研发物料日常管理</td><td>执行程序</td></tr>
<tr><td>1. 日常管理
☆仓储部管理研发物料仓库，对仓储条件做日常维护管理。
☆研发部定期检查研发物料情况，掌握研发物料储存状态。
2. 库存盘点
☆仓储部组织进行库存盘点，汇总、整理研发物料的实际库存情况和数据。
☆财务部和研发部配合仓储部进行盘点工作。
3. 库存控制
仓储部根据仓库盘点情况控制库存，根据企业物料管理规定对损坏的研发物料采取对应的处理措施。
工作重点
针对特殊的研发物料，研发部应及时掌握仓储条件和物料库存状态，避免因非专业而造成损失。</td></tr>
</table>

（续）

任务名称	执行程序、工作标准与考核指标
研发物料日常管理	**工作标准**
	☆内容标准：库存盘点清单包括物料名称、种类、数量、质量状态、损毁率等。 ☆考核标准：仓储部在库存盘点结束后 ____ 天内采取对应的处理措施。
	考核指标
	☆库存盘点正确率。 库存盘点正确率 $= \frac{\text{正确盘点的物料数}}{\text{盘点物料总数}} \times 100\%$ ☆研发物料库存损毁率。 ☆研发物料库存损毁率 $= \frac{\text{损毁的研发物料库存数}}{\text{研发物料库存总数}} \times 100\%$
出库登记与管理	**执行程序**
	1. 汇总出库申请 ☆研发部根据研发任务的需求，填写研发物料申请单提交仓储部。 ☆仓储部汇总、整理出库申请，有序安排研发物料出库。 **2. 办理出库手续** ☆仓储部为合规的研发物料申请办理出库手续。 ☆研发部检查研发物料的各关键属性，签字领取研发物料。 **3. 出库明细账** 财务部根据研发物料的实际发放和出库情况，将相关数据和信息登记到出库明细账上。 **4. 仓储管理费用核算** 财务部对仓储部的物料管理费用进行阶段性核算，控制预算与实际仓储成本间的差距。 **工作重点** 仓储部认真核对各研发物料申请单，确保合规、准确发放。
	工作标准
	☆考核标准：仓储部收到研发物料申请单后在 ____ 天内处理回复。 ☆考核标准：研发物料出库办理正确率 100%。
	考核指标
	☆研发物料出库安排正确率。 研发物料出库安排正确率 $= \frac{\text{正确安排的出库物料数}}{\text{出库物料总数}} \times 100\%$
执行规范	
“研发物料仓储标准说明”“仓储部出入库台账登记管理制度”“研发物料使用管理规定”“物料仓储管理流程规范”。	

8.8 研发物料盘点管理流程设计与工作执行

8.8.1 研发物料盘点管理流程设计

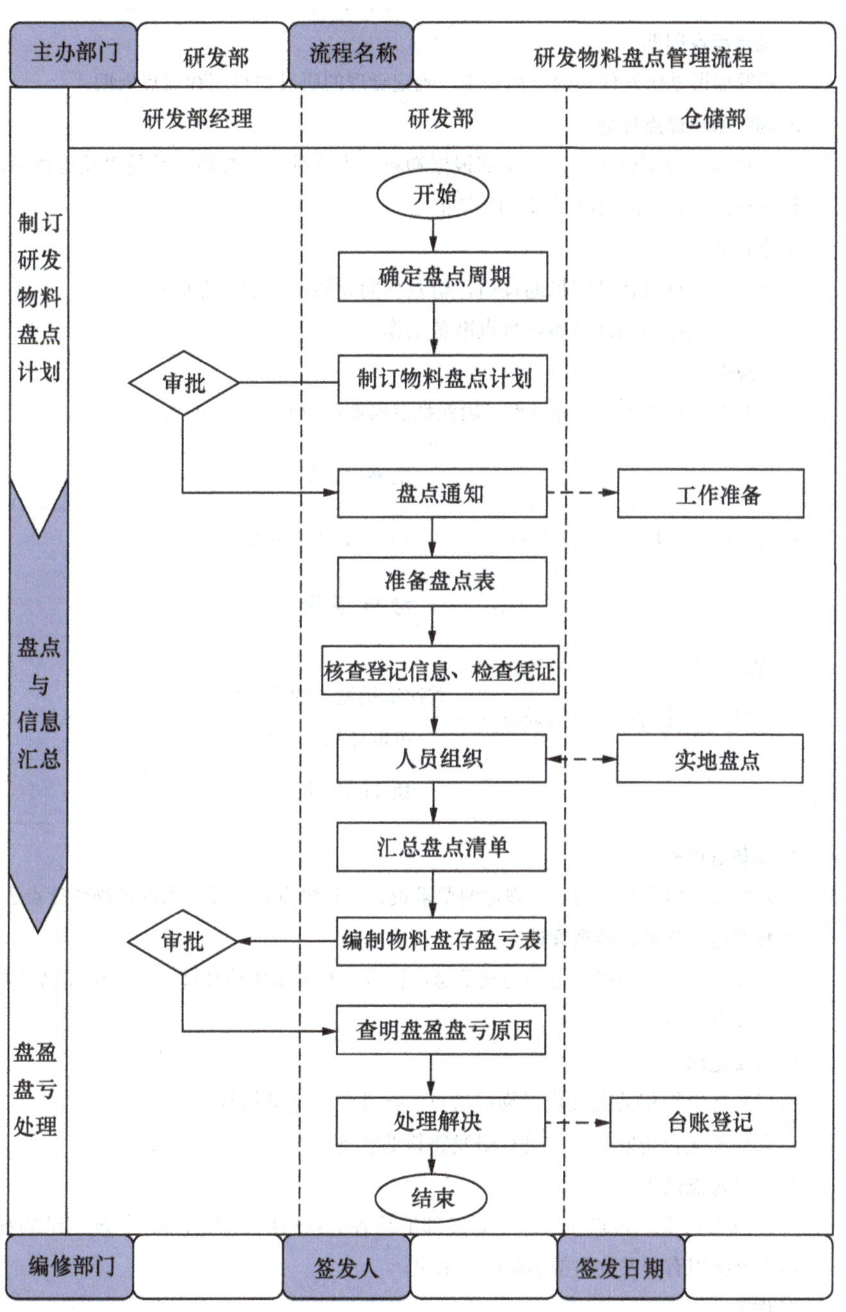

8.8.2 研发物料盘点管理执行程序、工作标准、考核指标、执行规范

<table>
<tr><th>任务名称</th><th>执行程序、工作标准与考核指标</th></tr>
<tr><td rowspan="6">制订研发物料盘点计划</td><td>执行程序</td></tr>
<tr><td>1. 确定盘点周期
研发部根据研发任务的进程安排，确定合理的研发物料库存盘点周期。
2. 制订物料盘点计划
物料盘点周期确定后，研发部根据物料的不同种类、性质、数量以及检测标准等制订物料盘点计划，提交研发部经理审批。
3. 盘点通知
☆研发物料盘点计划审批通过后，研发部向仓储部传达盘点通知。
☆仓储部根据通知详情做好盘点准备工作。
工作重点
研发部应紧扣研发任务进程，确保盘点周期适应研发工作的进度。</td></tr>
<tr><td>工作标准</td></tr>
<tr><td>☆考核标准：物料盘点计划在____天内编制完成并提交审批。</td></tr>
<tr><td>考核指标</td></tr>
<tr><td>☆物料盘点计划首次审批通过率。
$$物料盘点计划首次审批通过率=\frac{首次审批通过的计划数}{审批计划告总数}\times100\%$$</td></tr>
<tr><td rowspan="2">盘点与信息汇总</td><td>执行程序</td></tr>
<tr><td>1. 准备盘点表
研发部根据企业物料盘点规定的要求设计物料盘点表，按需求准备物料盘点表。
2. 核查登记信息、检查凭证
研发部核查明细账登记的历史信息，检查物料需求申请凭证，计算研发物料账面数据，准备盘点资料。
3. 人员组织
☆研发部组织相关人员执行物料盘点工作并负责现场指导。
☆仓储部配合研发部共同进行研发物料的实地盘点。
4. 汇总盘点清单
研发物料实地盘点完成后，研发部汇总各类物料的盘点清单，整理记录的盘点数据，综合掌握现有研发物料的实际库存情况。
工作重点
研发部在核查登记信息、检查凭证时，应按时间顺序进行整理，确保无遗漏。</td></tr>
</table>

（续）

<table>
<tr><th>任务名称</th><th>执行程序、工作标准与考核指标</th></tr>
<tr><td rowspan="4">盘点与信息汇总</td><td>工作标准</td></tr>
<tr><td>☆考核标准：物料盘点表在____天内设计、准备完成。
☆质量标准：盘点清单数据整理正确、及时、精准、无误。</td></tr>
<tr><td>考核指标</td></tr>
<tr><td>☆盘点数据统计失误率。
$$盘点数据统计失误率=\frac{统计失误的盘点数据项目数}{盘点数据项目总数}\times 100\%$$</td></tr>
<tr><td rowspan="6">盘盈盘亏处理</td><td>执行程序</td></tr>
<tr><td>1. 编制物料盘存盈亏表
研发部根据物料盘点数据和分析情况，编制物料盘存盈亏表，提交研发部经理审批。
2. 查明盘盈盘亏原因
物料盘存盈亏表审批通过后，研发部结合实际物料库存情况，核对历史登记信息，寻找问题根源，查明盘盈盘亏的原因。
3. 处理解决
☆研发部查明盘盈盘亏的原因后，根据企业物料管理制度的规定，针对不同的情况制定不同的处理措施。
☆仓储部将处理后的研发物料信息和详细数据登记到台账上。
工作重点
查明是人为原因造成盘盈盘亏的，追究相关人员的责任；查明是自然原因造成盘盈盘亏的，按物料损耗处理办法解决。</td></tr>
<tr><td>工作标准</td></tr>
<tr><td>☆内容标准：物料盘存盈亏表应包含物料名称、类别、数量、质量等级、盈亏状态、盈亏数量等基本要素。
☆考核标准：研发部在查明盘盈盘亏原因后____天内完成处理。</td></tr>
<tr><td>考核指标</td></tr>
<tr><td>☆物料盘存盈亏表首次审批通过率。
$$物料盘存盈亏表首次审批通过率=\frac{首次审批通过的盈亏表数}{审批盈亏表总数}\times 100\%$$</td></tr>
<tr><td colspan="2">执行规范</td></tr>
<tr><td colspan="2">“企业研发任务书”“企业研发计划规划表”“研发物料盘点计划方案书”“研发物料盘存盈亏说明”。</td></tr>
</table>

8.9 研发物料成本核算管理流程设计与工作执行

8.9.1 研发物料成本核算管理流程设计

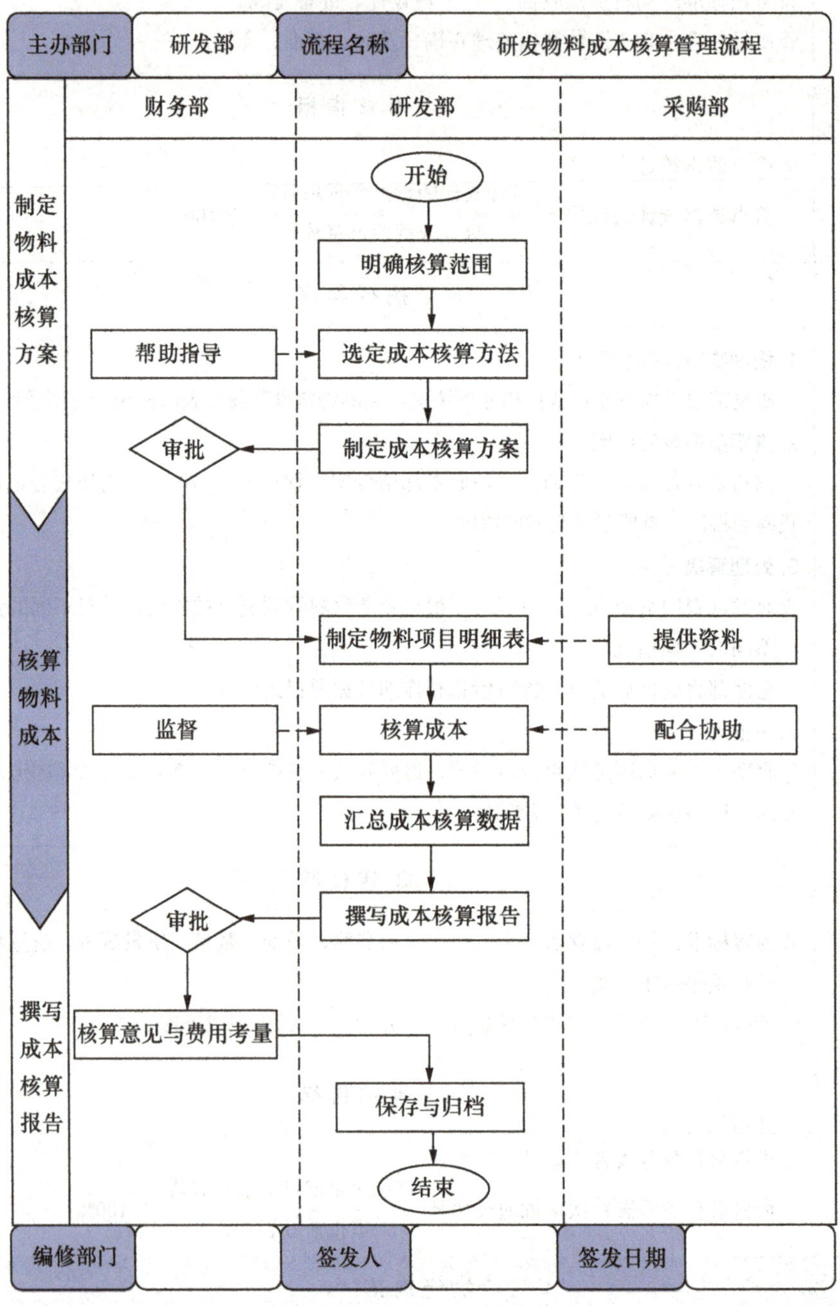

8.9.2 研发物料成本核算管理执行程序、工作标准、考核指标、执行规范

<table>
<tr><th>任务名称</th><th>执行程序、工作标准与考核指标</th></tr>
<tr><td rowspan="6">制定物料成本核算方案</td><td>执行程序</td></tr>
<tr><td>1. 明确核算范围
研发部根据企业物料成本核算制度的要求，明确研发物料成本的涵盖范围，确定核算范围。
2. 选定成本核算方法
☆研发部根据本部门的实际工作情况，结合研发物料的规模和属性，选定合适的成本核算方法。
☆财务部指导、帮助研发部选定成本核算方法。
3. 制定成本核算方案
研发部根据选定的成本核算方法对核算范围内的物料成本制定核算方案，并提交财务部审批。
工作重点
研发部必须多次试验成本核算方法，在此基础上选择最合适和最精确的成本核算方法。</td></tr>
<tr><td>工作标准</td></tr>
<tr><td>☆质量标准：成本核算方案严谨、可操作，项目完善，程序清楚，权责明确，方法科学。
☆考核标准：研发部在 ____ 天内制定完成成本核算方案并提交审批。</td></tr>
<tr><td>考核指标</td></tr>
<tr><td>☆物料成本核算方案首次审批通过率。
$$物料成本核算方案首次审批通过率=\frac{首次审批通过的方案数}{审批方案总数}\times100\%$$</td></tr>
<tr><td rowspan="2">核算物料成本</td><td>执行程序</td></tr>
<tr><td>1. 制定物料项目明细表
☆研发部按成本核算方案的要求，制定物料项目明细表。
☆采购部向研发部提供必要的资料和说明信息。
2. 核算成本
☆研发部使用选定的核算方法逐一对物料项目进行成本核算。
☆财务部监督研发部的成本核算工作。
☆采购部配合研发部进行成本核算，并提供必要的市场数据。
3. 汇总成本核算数据
物料成本核算完成后，研发部汇总各项目明细表，统计、整理核算数据，检查成本核算结果的准确性。
工作重点
研发部在核算物料成本时要认真、细致，确保核算结果精准、真实。</td></tr>
</table>

（续）

任务名称	执行程序、工作标准与考核指标
核算物料成本	**工作标准**
	☆内容标准：物料项目明细表包括物料种类、名称、数量、价格等关键要素。 ☆考核标准：研发部成本核算工作准确率在____% 以上。
	考核指标
	☆物料项目明细表制定及时率。 $$物料项目明细表制定及时率=\frac{制定及时的明细表数}{制定明细表总数}\times100\%$$ ☆成本核算数据正确率。 $$成本核算数据正确率=\frac{核算正确的数据项目数}{核算数据项目总数}\times100\%$$
撰写成本核算报告	**执行程序**
	1. 撰写成本核算报告 研发部根据研发物料成本核算数据和分析研究结果，撰写成本核算报告，提交财务部审批。 **2. 保存与归档** 研发部收集物料成本核算过程中的资料和数据，将物料成本核算报告等重要文件进行归档、保存，以备查考。 **工作重点** 研发部撰写物料成本核算报告应坚持客观、真实的标准，准确反映研发物料的成本。
	工作标准
	☆考核标准：研发部在____天内撰写完成物料成本核算报告并送交审批。
	考核指标
	☆成本核算报告首次审批通过率。 $$成本核算报告首次审批通过率=\frac{首次审批通过的报告数}{审批报告总数}\times100\%$$
执行规范	
“企业物料成本核算制度”“研发物料成本核算方案”“物料项目明细表填写规范”“研发物料成本核算报告”“企业档案管理制度”“企业研发任务书”“企业研发计划规划表”。	

第9章 研发设备管理

9.1 研发设备管理流程设计

9.1.1 流程管理的目的

企业对研发设备管理工作施行流程管理的目的如下。

（1）为企业研发设备管理工作提供清晰思路，规范具体步骤，避免盲目工作。

（2）明确研发设备管理工作过程中各部门和人员的权责关系，避免互相推诿、配合困难等情况的发生，提高工作效率。

（3）提高相关部门及人员的工作执行力以及业务水平，为企业获取更多利益。

9.1.2 流程结构设计

研发设备管理流程设计可采取并列式结构，将研发调研管理细分为五个事项，就每个事项即研发设备采购管理、研发设备使用管理、研发设备维修管理、研发仪器校验管理、研发设备档案管理进行流程设计。研发设备管理流程总体架构如图 9-1 所示。

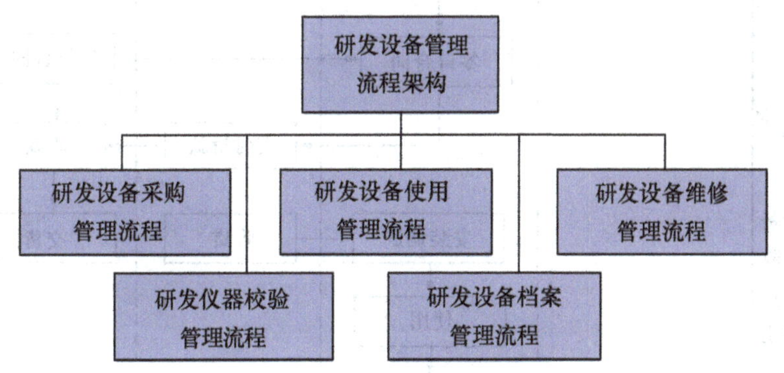

图 9-1 研发设备管理流程总体架构

9.2 研发设备采购管理流程设计与工作执行

9.2.1 研发设备采购管理流程设计

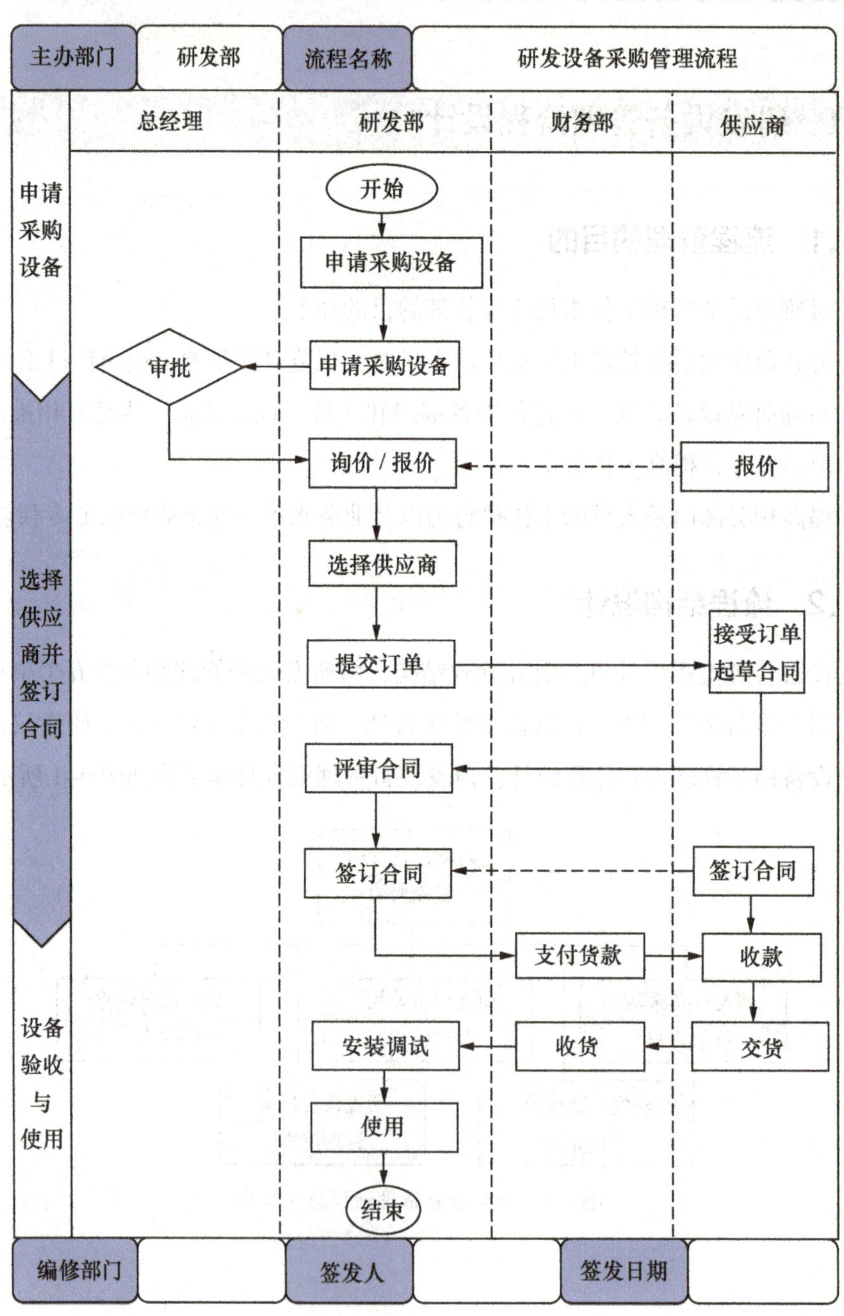

9.2.2 研发设备采购管理流程执行程序、工作标准、考核指标、执行规范

<table>
<tr><th>任务名称</th><th>执行程序、工作标准与考核指标</th></tr>
<tr><td rowspan="4">申请采购设备</td><td>执行程序</td></tr>
<tr><td>1. 申请采购设备
研发部因研发项目的需要，提出研发设备采购申请。
2. 制定采购清单
☆研发部根据需要制定采购清单。
☆研发部将采购清单报总经理审批，审批通过后方可采购。
工作重点
设备采购需符合企业采购的有关规定，合理使用采购预算。</td></tr>
<tr><td>工作标准</td></tr>
<tr><td>☆依据标准：采购清单按照企业有关规定进行制定。</td></tr>
<tr><td rowspan="6">选择供应商并签订合同</td><td>执行程序</td></tr>
<tr><td>1. 询价 / 报价
研发部到供应商市场询问需要采购的设备的市场价格，根据预算选择合适的供应商。
2. 提交订单
研发部确定供应商后，向供应商提交采购订单。
3. 接收订单、起草合同
☆设备供应商收到研发部发来的订单，对订单进行审核。
☆审核通过后供应商起草设备销售合同，并将其发至研发部。
4. 评审合同
☆研发部收到供应商发来的合同后，召集有关人员对合同进行评审。
☆若对合同有异议，研发部应联系供应商修改；若无异议，则准备签订合同事宜。
5. 签订合同
研发部与供应商就合同各方面细节达成一致意见后，双方签订采购合同。
工作重点
对于采购合同，研发部要组织专人进行评审，以免因合同漏洞给企业带来损失。</td></tr>
<tr><td>工作标准</td></tr>
<tr><td>☆依据标准：采购合同的内容按法律有关规定制定。</td></tr>
<tr><td>考核指标</td></tr>
<tr><td>☆合同评审的完成时间：应在 ____ 个工作日内完成。
☆货款支付的完成时间：应在 ____ 个工作日内完成。</td></tr>
</table>

（续）

任务名称	执行程序、工作标准与考核指标
设备验收与使用	**执行程序** **1. 收货** ☆研发部准时收到供应商发来的货物，并填写收获回执。 ☆若未按时收到货物，研发部应及时联系供应商按合同规定解决。 **2. 安装、调试** ☆研发部收到货物后，将设备按规定安装好，并进行调试。 ☆若设备出现问题，研发部应及时联系供应商解决。 **3. 使用** 研发设备安装、调试完毕后，研发部按规定使用。 **工作重点** 研发部收到货物后需要当场验货，以免出现纠纷。
	工作标准
	☆完成标准：研发部顺利收到货物并安装成功投入使用。
执行规范	
“采购合同”“合同评审制度”。	

9.3 研发设备使用管理流程设计与工作执行

9.3.1 研发设备使用管理流程设计

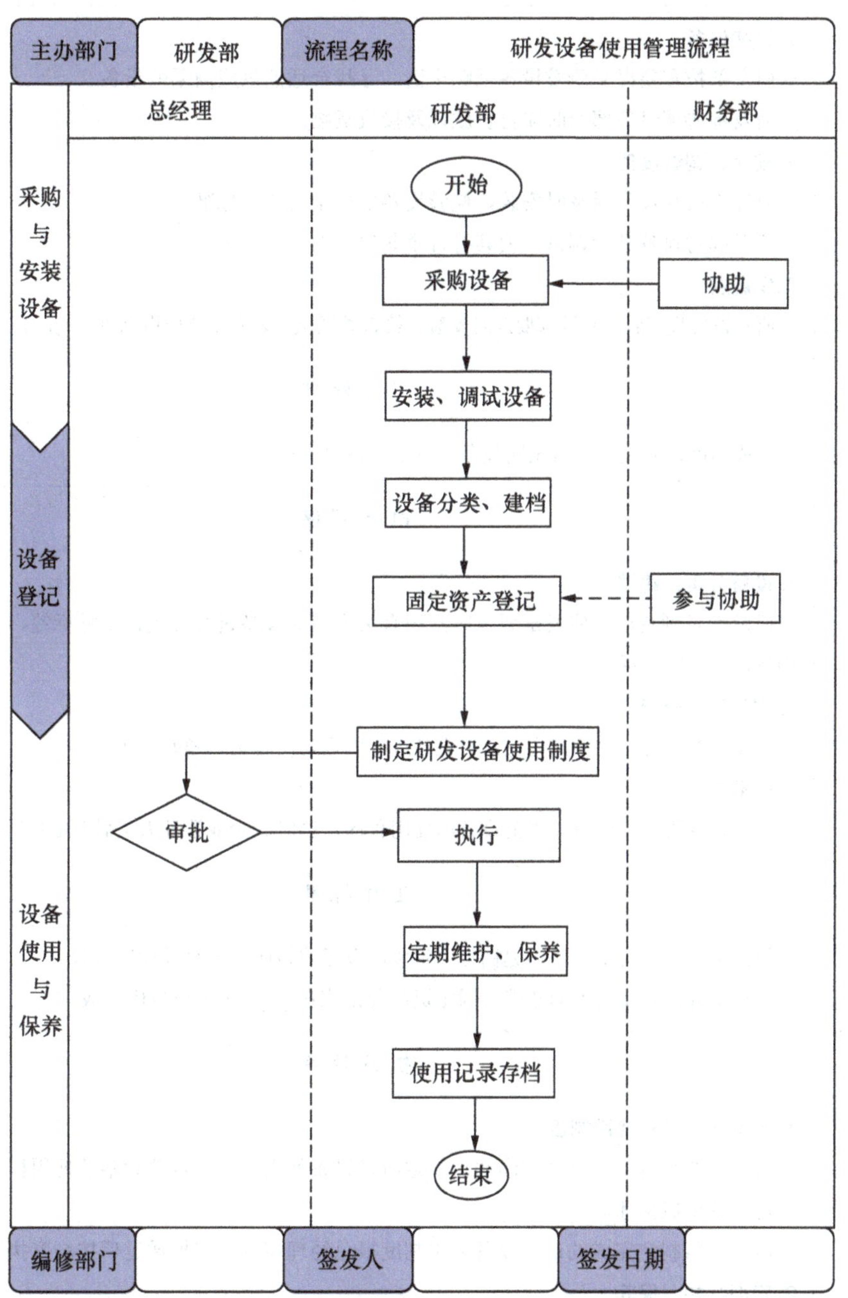

9.3.2 研发设备使用管理流程执行程序、工作标准、考核指标、执行规范

任务名称	执行程序、工作标准与考核指标
采购与安装设备	**执行程序** **1. 采购设备** ☆研发部按需要提交研发设备采购申请，寻找合适的供应商采购设备。 ☆研发部协调财务部及时支付货款以及接收货物。 **2. 安装、调试设备** ☆研发部接收设备后及时安装，检验设备质量是否符合标准。 ☆研发部对设备进行调试，使其符合企业生产的需要。 **工作重点** 研发设备收到后，研发部要及时安装、检查并调试，若有困难应咨询供应商的技术人员。 **工作标准** ☆完成标准：研发部及时采购设备并安装、调试完毕。
设备登记	**执行程序** **1. 设备分类、建档** 研发设备到货后，研发部要及时组织有关人员对设备进行分类，张贴标签，建立设备档案，妥善保管资料。 **2. 固定资产登记** 研发部要及时与财务部沟通，对设备进行固定资产登记，做好台账。 **工作重点** 对设备分类、建档可以规范设备的使用程序，同时让企业管理人员做到心中有数。 **工作标准** ☆依据标准：对研发设备的建档与固定资产登记要按照企业有关规定执行。 ☆考核指标：研发设备的建档与固定资产登记应在____个工作日内完成。
设备使用与保养	**执行程序** **1. 制定研发设备使用制度** ☆研发部要与设备管理部门沟通，制定研发设备使用制度，规范设备的使用程序，避免对设备造成损坏。 ☆研发部将制定完成的研发设备使用制度报总经理审批，审批通过后按制度执行。 **2. 定期维护、保养** ☆研发设备投入使用后，研发部的设备使用人员要定期对设备进行维护、保养，以延长设备使用寿命。

（续）

任务名称	执行程序、工作标准与考核指标
设备使用与保养	☆若设备出现损坏，研发部应按规定请企业维修人员或供应商技术人员进行维修。 **工作重点** 设备的保养事关设备使用寿命与生产安全问题，研发部的设备使用人员务必重视
	工作标准
	☆依据标准：研发部对设备的使用、维修及保养按照企业有关规定执行。
	考核指标
	☆设备保养次数：每月应进行保养 ____ 次。 ☆对损坏设备进行维修应不多于 ____ 个工作日。
执行规范	
“研发设备使用制度”。	

9.4 研发设备维修管理流程设计与工作执行

9.4.1 研发设备维修管理流程设计

主办部门	研发部	流程名称	研发设备维修管理流程

阶段	研发部	综合办公室	维修部	设备生产商
发现问题	开始 使用设备 发现异常 确认、维修 →	收到申请		
维修设备		联系维修部 → 临时采购 → 维修设备	是否维修（否 → 产商维修；能 → 厂内维修） 厂内维修 确认备件库存 库存（无 → 临时采购；有 → 维修设备） 维修设备	产商维修 → 维修设备
继续使用	继续使用 维修记录存档 结束		设备正常 → 继续使用	

编修部门		签发人		签发日期	

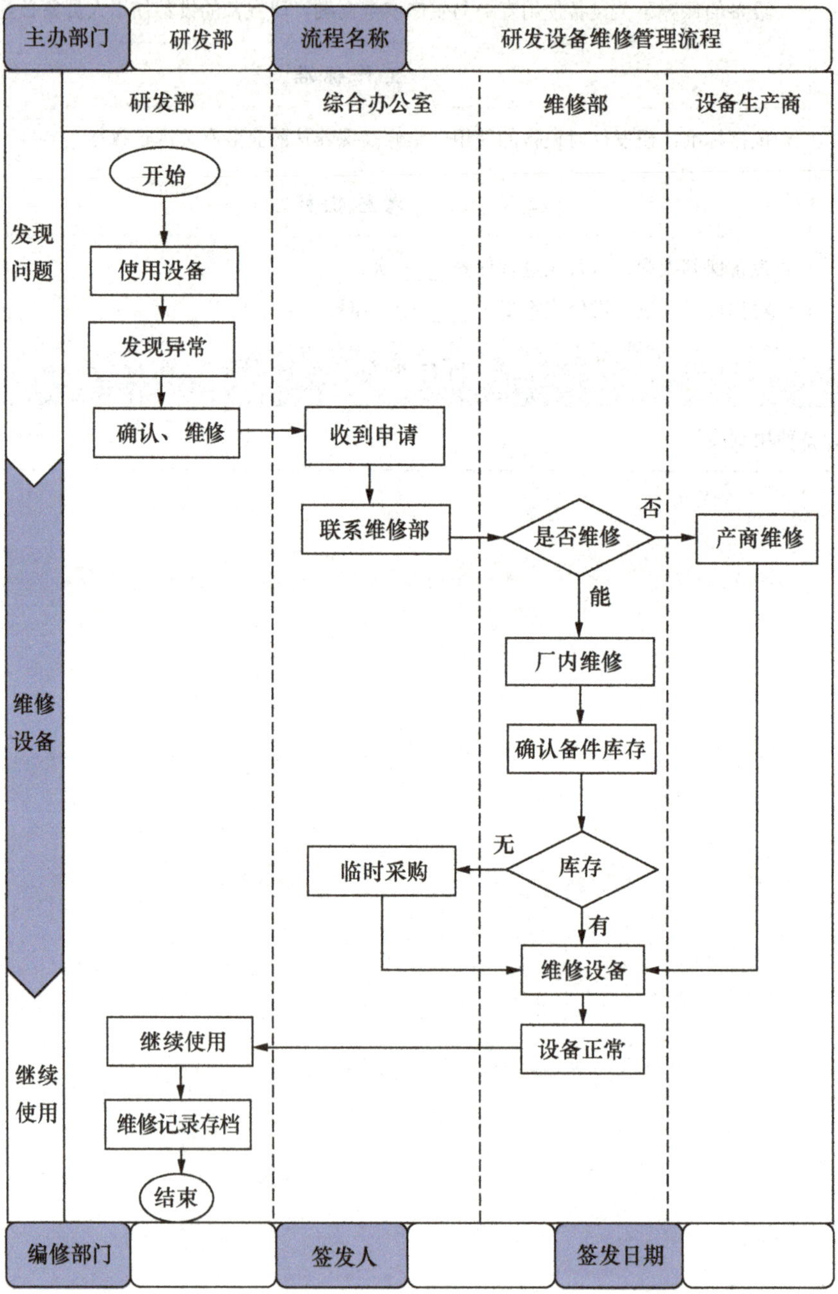

9.4.2 研发设备维修管理执行程序、工作标准、考核指标、执行规范

<table>
<tr><th>任务名称</th><th>执行程序、工作标准与考核指标</th></tr>
<tr><td rowspan="6">发现问题</td><td>执行程序</td></tr>
<tr><td>1. 使用设备
研发部有关人员根据工作需要按规定使用研发设备。
2. 发现异常
研发部有关人员在设备使用过程中发现异常，对研发项目的进程造成了不利影响。
3. 确认、维修
☆设备使用人员将问题反映至研发部设备管理人员，请其确认设备异常。
☆研发部设备管理人员将设备异常报综合办公室，填写设备维修申请单，提出设备维修申请。
工作重点
研发设备出现异常后，研发部设备管理人员应第一时间确认异常情况，并尽可能调查异常原因。</td></tr>
<tr><td>工作标准</td></tr>
<tr><td>☆设备的维修申请按企业有关规定执行，不可私自拆卸设备。</td></tr>
<tr><td>考核指标</td></tr>
<tr><td>☆发现设备异常的反应时间：应在____个工作日内上报。</td></tr>
<tr><td rowspan="2">维修设备</td><td>执行程序</td></tr>
<tr><td>1. 收到申请
综合办公室收到研发部提交的设备维修申请后，应先确认申请单填写是否规范。
2. 联系维修部
综合办公室确认研发部的维修申请后，立即联系设备维修部门。
3. 厂内维修 / 生产商维修
☆若企业内部维修部门能够完成维修工作，则尽快完成设备维修。
☆若企业内部维修部门无法维修，综合办公室要联系设备生产商请其安排技术人员进行维修。
4. 确认库存
☆若由企业内部维修，且维修工具、零件齐全，则尽快维修。
☆若企业内部有关零件、工具缺失，则尽快购买以完成维修工作。
工作重点
设备维修事关研发项目的整体进程，若企业内部无法维修，企业要随机应变，及时联系外部维修人员。</td></tr>
</table>

（续）

<table>
<tr><th>任务名称</th><th>执行程序、工作标准与考核指标</th></tr>
<tr><td rowspan="2">维修设备</td><td>工 作 标 准</td></tr>
<tr><td>☆完成标准：经过企业内部或外部维修人员的努力，研发设备及时得到维修。</td></tr>
<tr><td rowspan="4">继续使用</td><td>执 行 程 序</td></tr>
<tr><td>1. 继续使用
☆设备维修完成后，研发部继续使用设备。
☆研发部要对设备异常原因进行调查，以避免类似事件再次发生。
2. 维修记录存档
☆设备维修完成后，研发部要及时对设备异常原因以及维修经过进行详细记录。
☆研发部将设备维修记录存档，妥善保管。
工作重点
研发部相关人员在设备使用过程中应注意设备的维护。</td></tr>
<tr><td>工 作 标 准</td></tr>
<tr><td>☆质量标准：维修记录需要详细、完整。</td></tr>
<tr><td colspan="2">执 行 规 范</td></tr>
<tr><td colspan="2">“设备维修记录表”。</td></tr>
</table>

9.5 研发仪器校验管理流程设计与工作执行

9.5.1 研发仪器校验管理流程设计

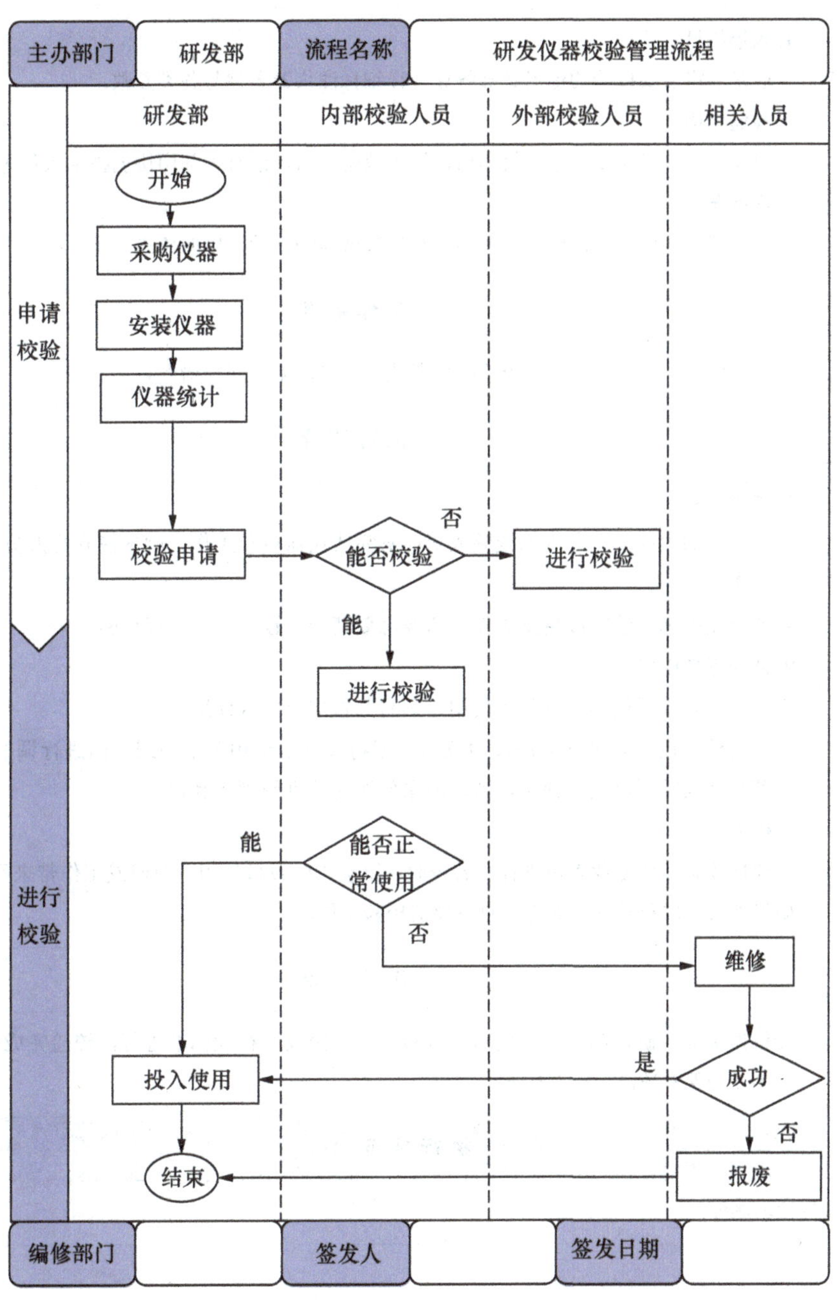

9.5.2 研发仪器校验管理执行程序、工作标准、考核指标、执行规范

<table>
<tr><th>任务名称</th><th>执行程序、工作标准与考核指标</th></tr>
<tr><td rowspan="4">申请校验</td><td>执行程序</td></tr>
<tr><td>1. 仪器统计
研发部将需要校验的仪器做好统计，详细标注仪器名称与各类参数。
2. 校验申请
研发部统计好需要校验的仪器后，提出校验申请，请有关部门协调技术人员进行校验。
工作重点
研发部在统计时，需要将仪器名称和参数做详细记录，以便校验人员开展工作。</td></tr>
<tr><td>工作标准</td></tr>
<tr><td>☆质量标准：研发部对需要校验的仪器统计详尽，无遗漏与错误。</td></tr>
<tr><td rowspan="4">进行校验</td><td>执行程序</td></tr>
<tr><td>1. 能否校验
☆若研发部内部或企业内部校验人员能够完成仪器校验工作，则尽快安排人员进行校验工作。
☆若企业内部无法完成校验工作，研发部要请外部校验人员进行校验。
2. 能否正常使用
☆若校验完成后仪器能够正常使用，则将其按规定投入使用。
☆若内外部校验人员均无法校验仪器，则将仪器送至相关部门或厂商进行调试或维修。若维修成功则可投入使用，若因质量问题无法维修则将其报废。
工作重点
仪器校验需要专业人员进行，若校验不准会影响设备使用，对研发工作带来不利影响，研发部必须以科学严谨的态度对待仪器校验工作。</td></tr>
<tr><td>工作标准</td></tr>
<tr><td>☆依据标准：研发部对研发仪器的校验工作按照仪器行业标准进行，校验完成的仪器设备要确保参数满足行业标准。</td></tr>
<tr><td colspan="2">执行规范</td></tr>
<tr><td colspan="2">“研发仪器校验制度”。</td></tr>
</table>

9.6 研发设备档案管理流程设计与工作执行

9.6.1 研发设备档案管理流程设计

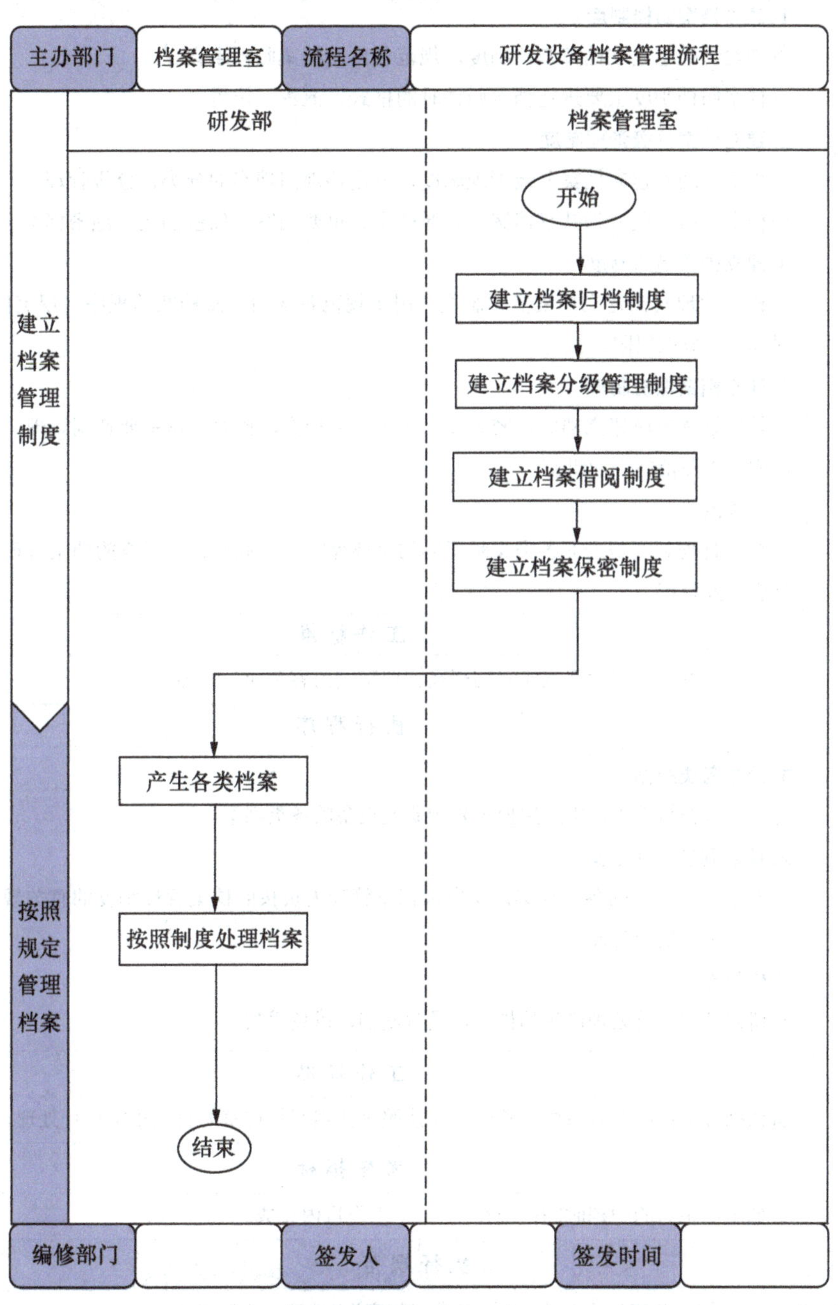

9.6.2 研发设备档案管理执行程序、工作标准、考核指标、执行规范

<table>
<tr><th>任务名称</th><th>执行程序、工作标准与考核指标</th></tr>
<tr><td rowspan="4">建立档案管理制度</td><td>执行程序</td></tr>
<tr><td>1. 建立档案归档制度
☆档案管理室建立档案归档制度，规范各部门档案归档事宜。
☆档案归档制度主要规定档案归档时的格式、流程、位置。
2. 建立档案分级管理制度
☆档案管理室建立档案分级管理制度，方便各部门档案的分类、分级管理。
☆档案分级一般分为共享档案、普通档案、重要档案、保密档案、绝密档案。
3. 建立档案借阅制度
档案管理室应建立档案借阅制度，用于规范各部门借阅档案的程序，规定借阅权限、时间以及修改权限。
4. 建立档案保密制度
档案管理室应建立档案保密制度，对于重要档案，档案管理室要特别管理，提高档案权限，以免泄露企业机密。
工作重点
档案管理制度是企业各类文献资料的重要保障，企业要建立严格的档案管理制度，以保管企业财产。</td></tr>
<tr><td>工作标准</td></tr>
<tr><td>☆质量标准：档案管理室建立的档案管理制度内容全面、无漏洞。</td></tr>
<tr><td rowspan="6">按照规定管理档案</td><td>执行程序</td></tr>
<tr><td>1. 产生各类档案
研发部在日常工作中产生但不限于研发设备的各类档案。
2. 按照制度处理档案
对于工作产生的各类档案，研发部档案管理人员按照档案管理制度的有关规定进行归档、分类、借阅等操作。
工作重点
研发部要妥善处理产生的档案，及时归档，以免丢失。</td></tr>
<tr><td>工作标准</td></tr>
<tr><td>☆依据标准：研发设备档案管理工作按照企业档案管理室的有关规定进行处理。</td></tr>
<tr><td>考核指标</td></tr>
<tr><td>☆档案产生后的归档时间：应在____个工作日内完成。</td></tr>
<tr><th colspan="2">执行规范</th></tr>
<tr><td colspan="2">“档案归档制度”“档案分级管理制度”“档案借阅制度”“档案保密制度”。</td></tr>
</table>

第10章

研发文档管理

10.1 研发文档管理流程设计

10.1.1 流程管理的目的

企业对研发文档管理工作实施流程管理的目的如下。

（1）合理设计文档管理工作程序，明确研发部和相关部门的工作职责，保证研发文档管理工作有序开展。

（2）规范对文档管理人员的管理，提高文档管理人员的业务水平，保障研发文档得到妥善保管。

10.1.2 流程结构设计

研发文档管理流程设计可采取并列式结构，将研发文档管理细分为五个事项，就每个事项即研发文档分类管理、研发文档备份管理、研发文档保密管理、研发文档借阅管理、研发文档网络管理展开流程设计。研发文档管理流程总体架构如图 10–1 所示。

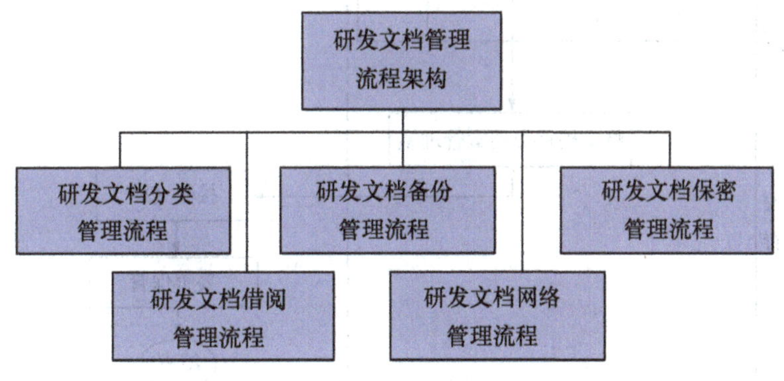

图 10–1　研发文档管理流程总体架构

10.2 研发文档分类管理流程设计与工作执行

10.2.1 研发文档分类管理流程设计

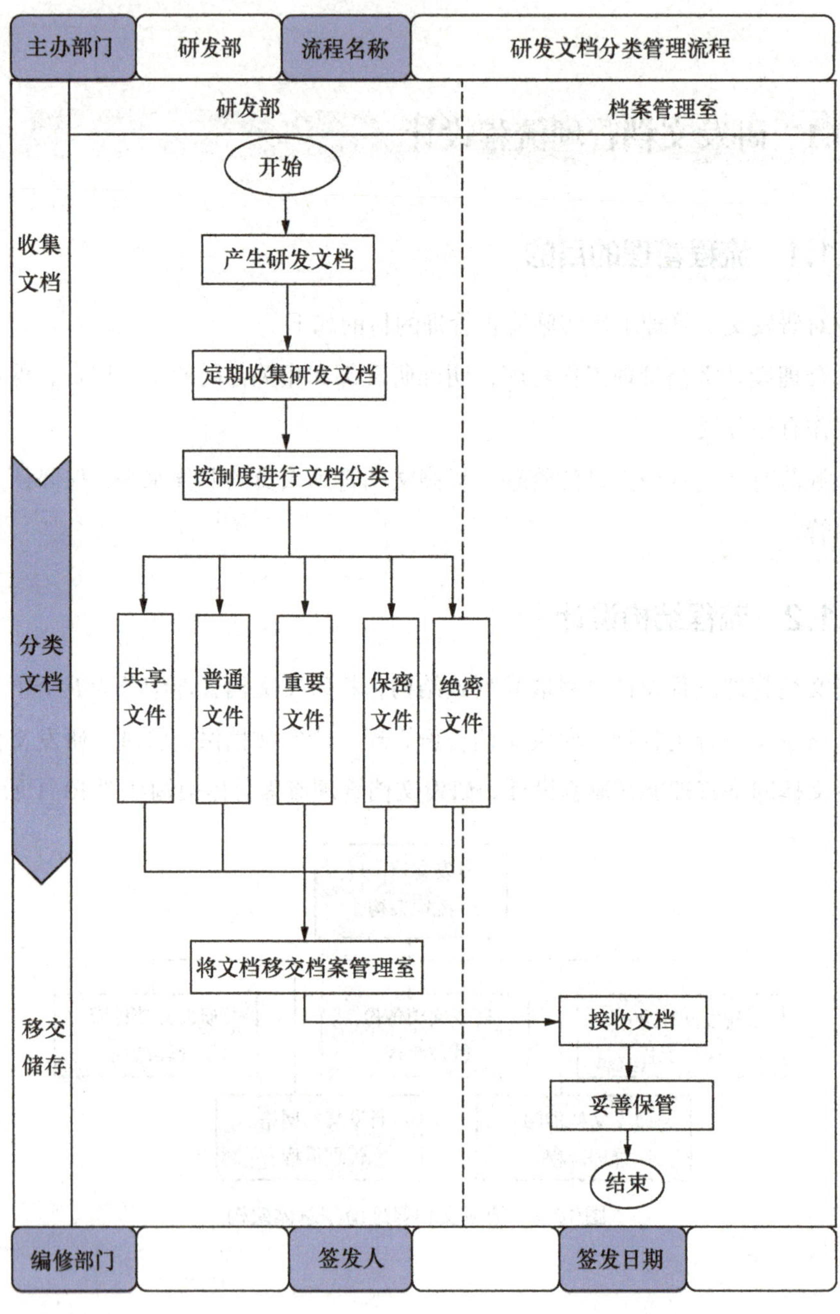

10.2.2 研发文档分类管理执行程序、工作标准、考核指标、执行规范

<table>
<tr><th>任务名称</th><th>执行程序、工作标准与考核指标</th></tr>
<tr><td rowspan="4">收集
文档</td><td>执 行 程 序</td></tr>
<tr><td>1. 产生研发文档
研发部在日常工作中产生各类研发文档。
2. 定期收集研发文档
☆研发部档案管理人员定期收集研发部产生的各类文档。
☆研发部档案管理人员对收集的文档进行初步整理。
工作重点
研发部档案管理人员对文档的收集要定期进行，避免延时或遗漏。</td></tr>
<tr><td>工 作 标 准</td></tr>
<tr><td>☆完成标准：研发文档被定期收集、整理。</td></tr>
<tr><td rowspan="6">分类
文档</td><td>执 行 程 序</td></tr>
<tr><td>按制度进行文档分类
☆研发部档案管理人员按企业文档分类制度将文档进行分类处理。
☆文档分类一般分为共享文件、普通文件、重要文件、保密文件、绝密文件。
工作重点
文档分类有助于区分文档的重要性和保密等级，保障企业文档不泄露，研发部的研发文档要严格按照规定妥善处理。</td></tr>
<tr><td>工 作 标 准</td></tr>
<tr><td>☆依据标准：研发部对文档的分类管理按照企业文档管理有关制度执行。</td></tr>
<tr><td>考 核 指 标</td></tr>
<tr><td>☆文档分类的正确率：目标值为 100%。</td></tr>
<tr><td rowspan="4">移交
储存</td><td>执 行 程 序</td></tr>
<tr><td>1. 将文档移交档案管理室
研发部将研发文档分类处理后，尽快移交企业档案管理室妥善保管。
2. 接收文档
☆企业档案管理室收到研发文档后，首先要认真登记。
☆企业档案管理室将登记好的文档按规定妥善保管。
工作重点
企业各类文档最好专门设立档案管理室集中保管，以提高文档的安全性。</td></tr>
<tr><td>工 作 标 准</td></tr>
<tr><td>☆依据标准：研发文档的入库、保存按企业有关规定执行。</td></tr>
<tr><td colspan="2">执 行 规 范</td></tr>
<tr><td colspan="2">“企业文档分类制度”“研发文档接收表”。</td></tr>
</table>

10.3 研发文档备份管理流程设计与工作执行

10.3.1 研发文档备份管理流程设计

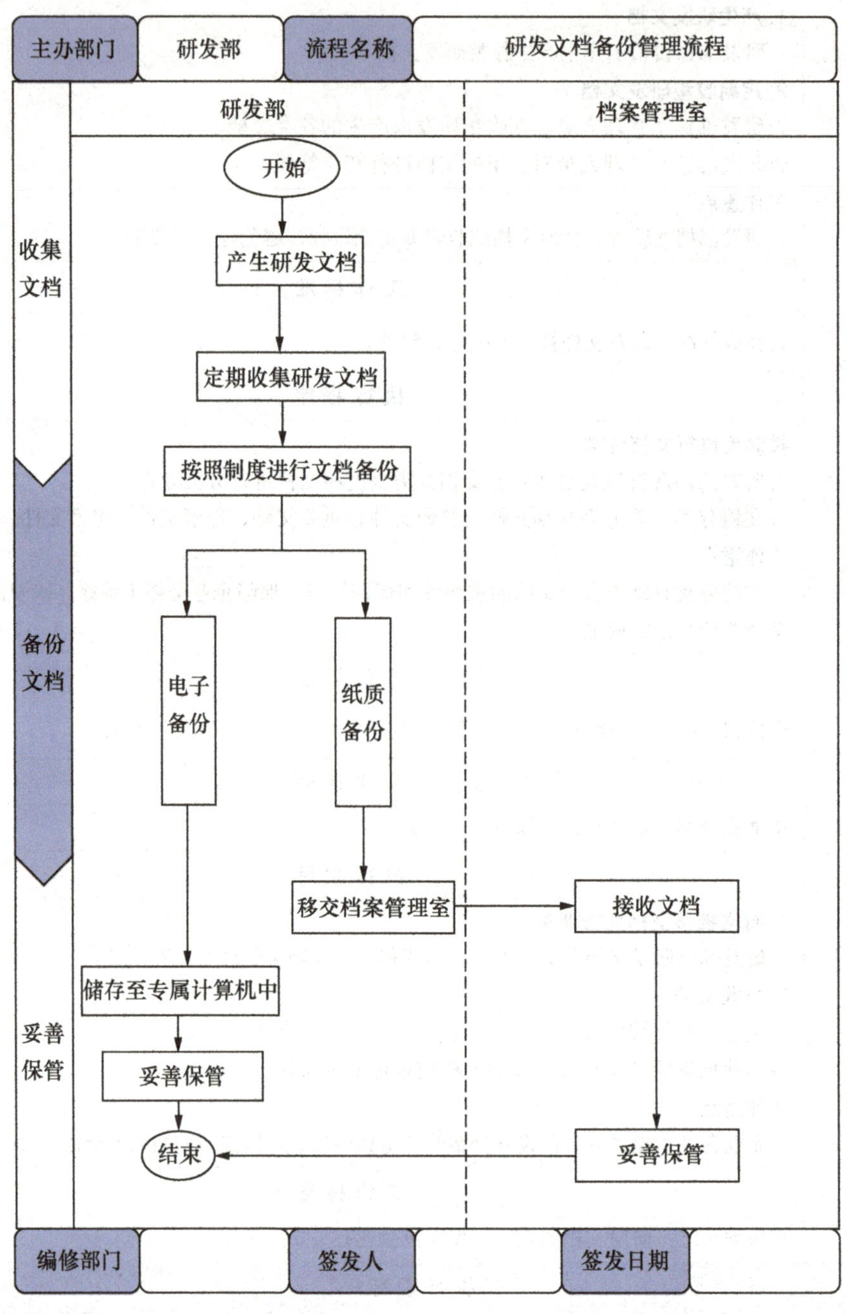

10.3.2 研发文档备份管理执行程序、工作标准、考核指标、执行规范

<table>
<tr><th>任务名称</th><th>执行程序、工作标准与考核指标</th></tr>
<tr><td rowspan="5">收集文档</td><td>执行程序</td></tr>
<tr><td>1. 产生研发文档
研发部在日常工作中产生各类研发文档。
2. 定期收集研发文档
☆研发部档案管理人员定期收集研发部产生的各类文档。
☆研发部档案管理人员对收集的文档进行初步整理。
工作重点
研发部档案管理人员对文档的收集要定期进行，避免延时或遗漏。</td></tr>
<tr><td>工作标准</td></tr>
<tr><td>☆完成标准：研发文档被定期收集、整理。</td></tr>
<tr><td rowspan="7">备份文档</td><td>执行程序</td></tr>
<tr><td>按照制度进行文档备份
☆研发部档案管理人员将收集到的文档进行备份处理。
☆文档备份主要包括电子备份与纸质备份。一般的常用文档用电子备份，重要且需要保密的文档用纸质备份。
工作重点
文档备份可以在文档原件丢失的情况下弥补损失，档案管理人员要严格按照相关规定进行文档备份。</td></tr>
<tr><td>工作标准</td></tr>
<tr><td>☆依据标准：研发部对文档备份工作按照企业有关制度执行。</td></tr>
<tr><td>考核指标</td></tr>
<tr><td>☆文档备份失误率：目标值为0。</td></tr>
<tr><td rowspan="4">妥善保管</td><td>执行程序</td></tr>
<tr><td>研发文档储存至专属计算机中 / 移交档案管理室
☆对于可以电子备份的研发文档，研发部按规定储存至专属计算机中，并做好保密工作。
☆对于十分重要且需要保密的文档，研发部做好纸质备份，并移交企业档案管理室妥善保管。
工作重点
电子备份的文档也需要做好保密工作，要注意为保存档案的计算机设置密码，防止文档泄露。</td></tr>
<tr><td>工作标准</td></tr>
<tr><td>☆依据标准：研发文档的保管工作按企业有关规定执行。</td></tr>
<tr><th colspan="2">执行规范</th></tr>
<tr><td colspan="2">“文档备份制度”。</td></tr>
</table>

10.4 研发文档保密管理流程设计与工作执行

10.4.1 研发文档保密管理流程设计

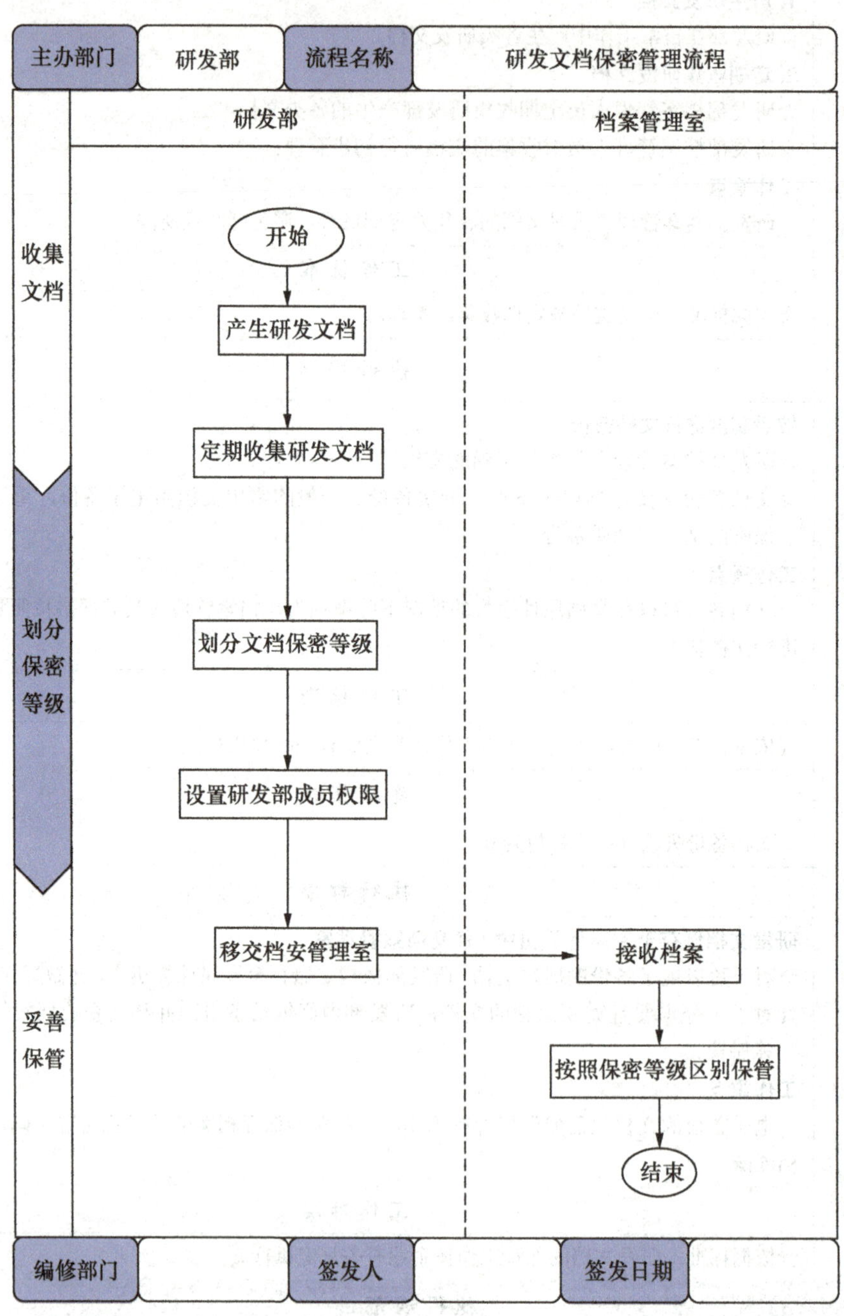

10.4.2 研发文档保密管理执行程序、工作标准、考核指标、执行规范

<table>
<tr><th>任务名称</th><th>执行程序、工作标准与考核指标</th></tr>
<tr><td rowspan="4">收集文档</td><td>执行程序</td></tr>
<tr><td>1. 产生研发文档
研发部在日常工作中产生各类研发档案。
2. 定期收集研发文档
☆研发部档案管理人员定期收集研发部产生的各类文档。
☆研发部档案管理人员对收集的文档进行初步整理。
工作重点
研发部档案管理人员对文档的收集要定期进行，避免延时或遗漏。</td></tr>
<tr><td>工作标准</td></tr>
<tr><td>☆完成标准：研发文档被定期收集、整理。</td></tr>
<tr><td rowspan="4">划分保密等级</td><td>执行程序</td></tr>
<tr><td>1. 划分文档保密等级
☆研发部档案管理人员将研发文档收集后，将需要保密处理的文档上报研发总监，研发总监按照文档的重要性划分保密等级。
☆保密等级一般可分为秘密和绝密，或按星级分为一星、二星、三星、四星、五星。
2. 设置研发部成员权限
研发总监要设置研发部各成员文档查阅的权限，权限越高，能查阅的保密等级越高。
工作重点
需要保密的文件一般为特别重要的文件，因此其保密等级以及查阅权限需要研发总监亲自设计。</td></tr>
<tr><td>工作标准</td></tr>
<tr><td>☆依据标准：研发文档的保密管理工作按照企业有关规定执行。</td></tr>
<tr><td rowspan="4">妥善保管</td><td>执行程序</td></tr>
<tr><td>1. 移交档案管理室
研发部将研发文档划分保密等级后移交企业档案管理室保管。
2. 按照保密等级区别保管
企业档案管理室按规定对研发文档进行入库管理，并按照保密等级分别保管。
工作重点
在将文档移交档案管理室以及入库过程中，研发部要严防文档泄露。</td></tr>
<tr><td>工作标准</td></tr>
<tr><td>☆依据标准：研发文档的入库和保管工作按企业档案管理制度的有关规定执行。</td></tr>
<tr><th colspan="2">执行规范</th></tr>
<tr><td colspan="2">“文档保密制度”。</td></tr>
</table>

10.5 研发文档借阅管理流程设计与工作执行

10.5.1 研发文档借阅管理流程设计

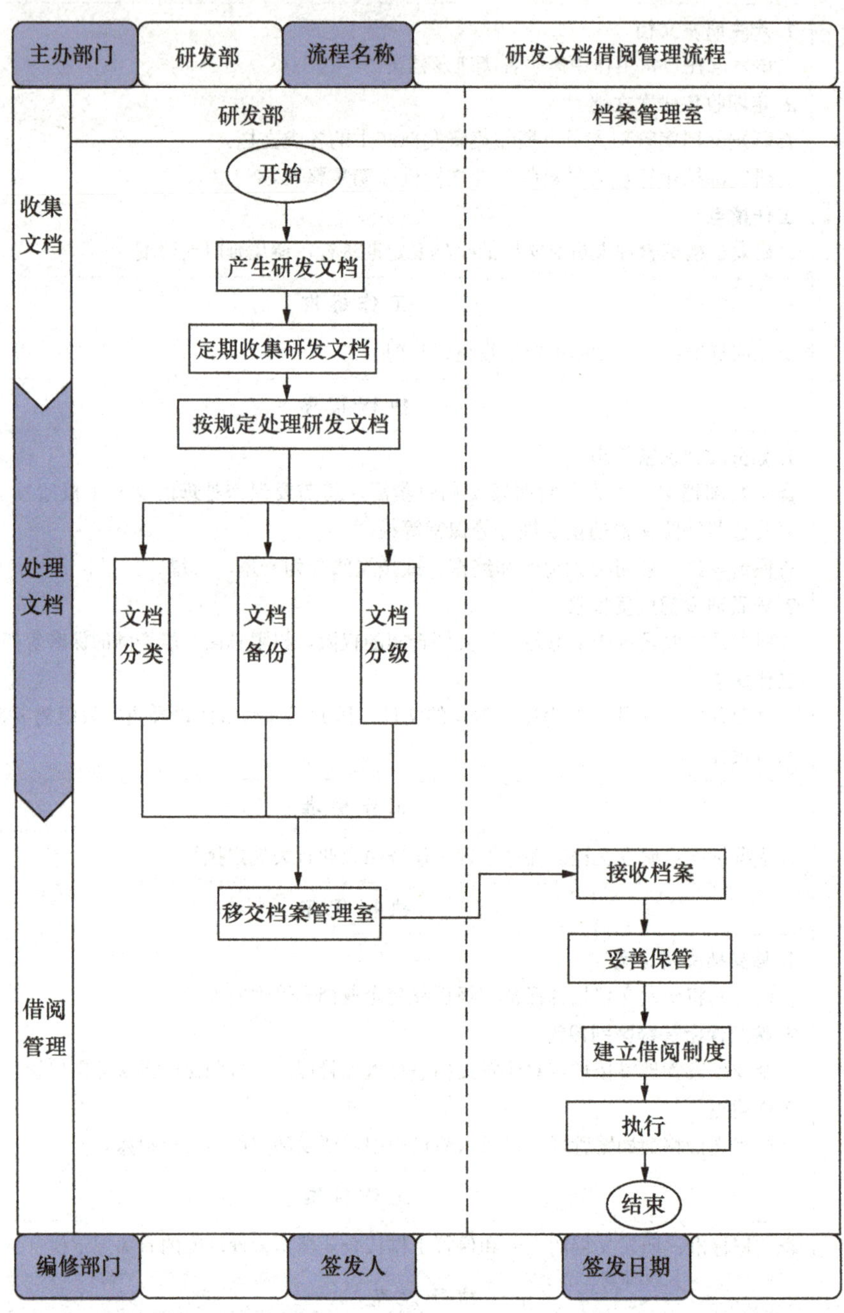

10.5.2 研发文档借阅管理执行程序、工作标准、考核指标、执行规范

<table>
<tr><th>任务名称</th><th>执行程序、工作标准与考核指标</th></tr>
<tr><td rowspan="4">收集
文档</td><td>执行程序</td></tr>
<tr><td>1. 产生研发文档
研发部在日常工作中产生各类研发文档。
2. 定期收集研发文档
☆研发部档案管理人员定期收集研发部产生的各类文档。
☆研发部档案管理人员对收集的文档进行初步整理。
工作重点
研发部档案管理人员对文档的收集要定期进行，避免延时或遗漏。</td></tr>
<tr><td>工作标准</td></tr>
<tr><td>☆完成标准：研发文档被定期收集、整理。</td></tr>
<tr><td rowspan="4">处理
文档</td><td>执行程序</td></tr>
<tr><td>按规定处理研发文档
☆研发部档案管理人员收集研发文档后，按照企业文档管理有关规定处理研发文档。
☆研发部对研发文档的处理主要包括文档分类、文档备份、文档分级等。
工作重点
研发文档的收集、整理要定期进行，避免遗漏。</td></tr>
<tr><td>工作标准</td></tr>
<tr><td>☆依据标准：研发部对研发文档的处理按照企业档案管理有关规定执行。</td></tr>
<tr><td rowspan="2">借阅
管理</td><td>执行程序</td></tr>
<tr><td>1. 移交档案管理室
研发部将研发文档按规定处理后移交企业档案管理室保管。
2. 接收档案
企业档案管理室按规定对研发文档进行入库管理。
3. 建立借阅制度
☆档案管理室要根据各类文档的类别和重要性，建立文档借阅制度，规范文档使用流程。
☆文档借阅制度应是档案管理室成立之初就落地执行的，但也可根据文档的特殊性临时建立特殊管理办法。
工作重点
文档借阅制度可以有效规避档案的不合理使用，档案管理室要严格按照制度办事。</td></tr>
</table>

（续）

任务名称	执行程序、工作标准与考核指标
借阅管理	工作标准
	☆目标标准：通过文档借阅制度规范文档使用，发挥文档价值。
	考核指标
	☆文档借阅失误率：目标值为0。
执行规范	
“文档借阅制度”。	

10.6 研发文档网络管理流程设计与工作执行

10.6.1 研发文档网络管理流程设计

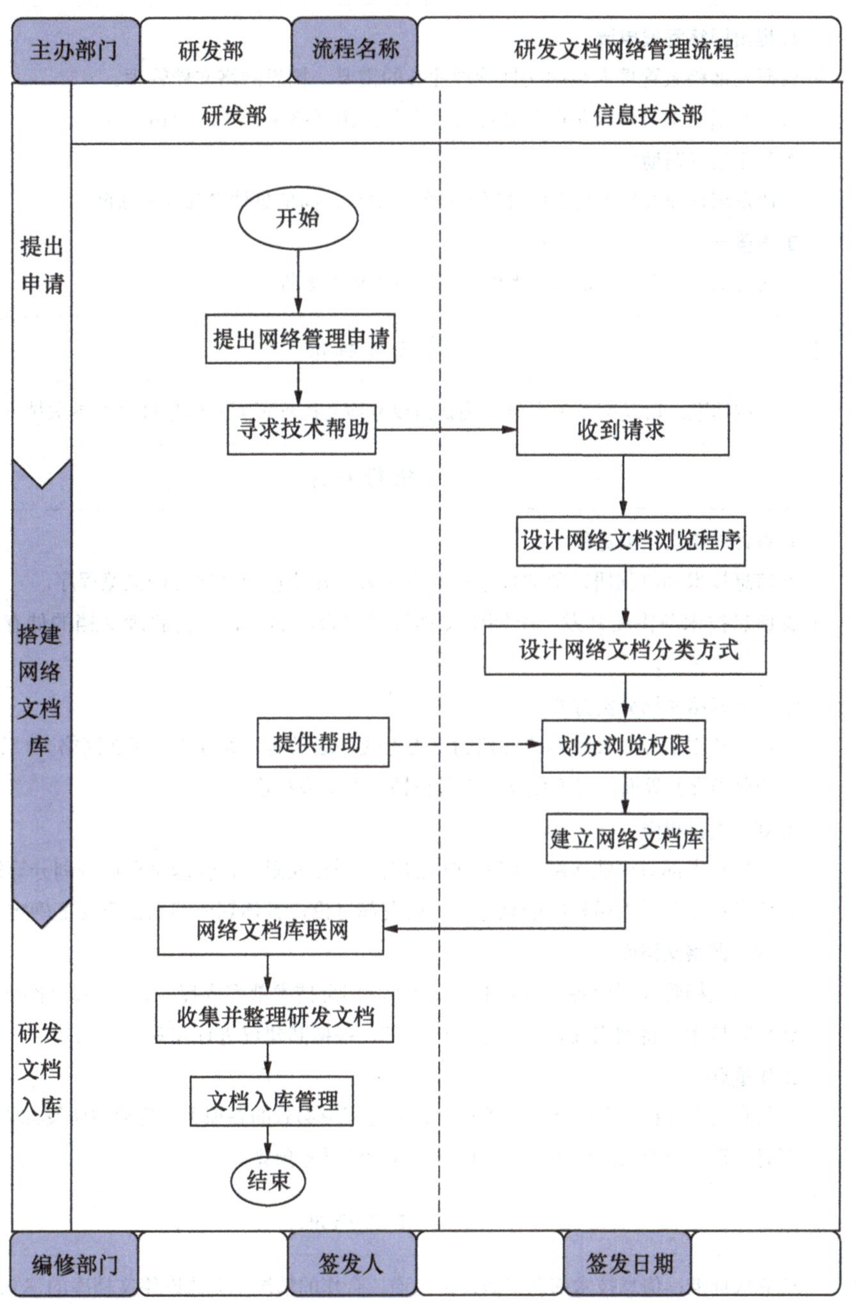

10.6.2 研发文档网络管理执行程序、工作标准、考核指标、执行规范

任务名称	执行程序、工作标准与考核指标
提出申请	**执行程序**
	1. 提出网络管理申请 ☆研发部档案管理人员因文档管理业务的需要，构思网络文档管理。 ☆研发部档案管理人员向研发部管理人员提出网络文档管理申请。 **2. 寻求技术帮助** 研发部管理人员收到文档管理人员的申请后，向信息技术部寻求帮助。 **工作重点** 研发部管理人员要认真思考网络文档管理的必要性。
	工作标准
	☆完成标准：研发部管理人员在确认需要网络文档管理后向信息技术部寻求技术援助。
搭建网络文档库	**执行程序**
	1. 设计网络文档浏览程序 ☆信息技术部收到研发部的技术援助请求后，开始设计网络文档浏览程序。 ☆信息技术部需要开发一个网络文档管理平台，通过该平台管理文档的储存、分类、借阅等工作。 **2. 设计网络文档分类方式** 信息技术部需要设计网络文档的分类方式，这里的分类方式是指在网络文档管理平台上的分类交互界面，可方便操作人员按档案类别进行管理。 **3. 划分浏览权限** ☆信息技术部对可能接触到研发文档的人员划分权限，在管理平台后台划分等级。 ☆信息技术部对人员权限的划分要与研发部讨论，具体划分细则由研发部确定。 **4. 建立网络文档库** ☆网络文档管理平台各类事宜准备妥当后，信息技术部完成程序设计，建立网络文档库。 ☆信息技术部将网络文档库展示给研发部，根据其建议进行完善。 **工作重点** 信息技术部在开发网络文档管理平台的过程中遇到的各项事宜都要与研发部积极沟通，同时要符合企业信息技术管理的规定，且考虑财务预算。
	工作标准
	☆完成标准：信息技术部在与研发部沟通、合作的情况下完成网络文档库的建立。

（续）

<table>
<tr><th>任务名称</th><th>执行程序、工作标准与考核指标</th></tr>
<tr><td rowspan="4">研发
文档
入库</td><td>执行程序</td></tr>
<tr><td>1. 网络文档库联网
☆信息技术部在研发部相关人员的计算机上搭载网络文档库，并与本部门的母库联网。
☆信息技术部指导研发部相关人员学习网络文档库的使用方法。
2. 收集并整理研发文档
☆研发部在日常工作中产生各类研发文档。
☆研发部档案管理人员定期收集研发部产生的各类文档。
☆研发部档案管理人员对收集的文档进行初步整理。
3. 文档入库管理
研发部文档管理人员将收集、整理后的研发文档按网络文档库的操作规范上传入库。
工作重点
网络文档库搭建完成后，网络文档库的使用人员在日常使用中遇到各类问题时，要及时联系信息技术部修复缺陷，以免造成文档损失。</td></tr>
<tr><td>工作标准</td></tr>
<tr><td>☆目标标准：网络文档库联网后，研发部能够顺利进行研发文档网络管理工作。</td></tr>
<tr><td colspan="2">执行规范</td></tr>
<tr><td colspan="2">“文档入库制度”。</td></tr>
</table>

第11章 研发问题管理

11.1 研发问题管理流程设计

11.1.1 流程管理的目的

企业对研发问题实施流程管理的目的如下。

（1）规范产品研发过程中的问题管理工作，满足企业对产品研发过程管控的整体要求。

（2）加强研发问题会议管理，有效提升企业研发问题会议管理水平，提升研发人员解决问题的积极性，确保研发过程中的各类问题顺利解决。

（3）加强研发过程中技术难题攻关管理，规范技术难题攻关中的各项事务，确保技术难题及时得到解决。

11.1.2 流程结构设计

研发问题管理流程设计将研发问题管理细分为四个事项，就每个事项即研发问题收集管理、研发问题分类分析管理、研发问题会议管理及技术难题攻关管理展开流程设计。研发问题管理流程总体架构如图 11-1 所示。

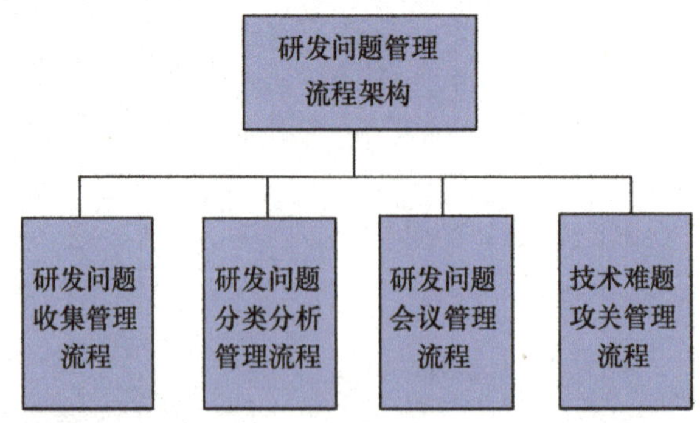

图 11-1 研发问题管理流程总体架构

11.2 研发问题收集管理流程设计与工作执行

11.2.1 研发问题收集管理流程设计

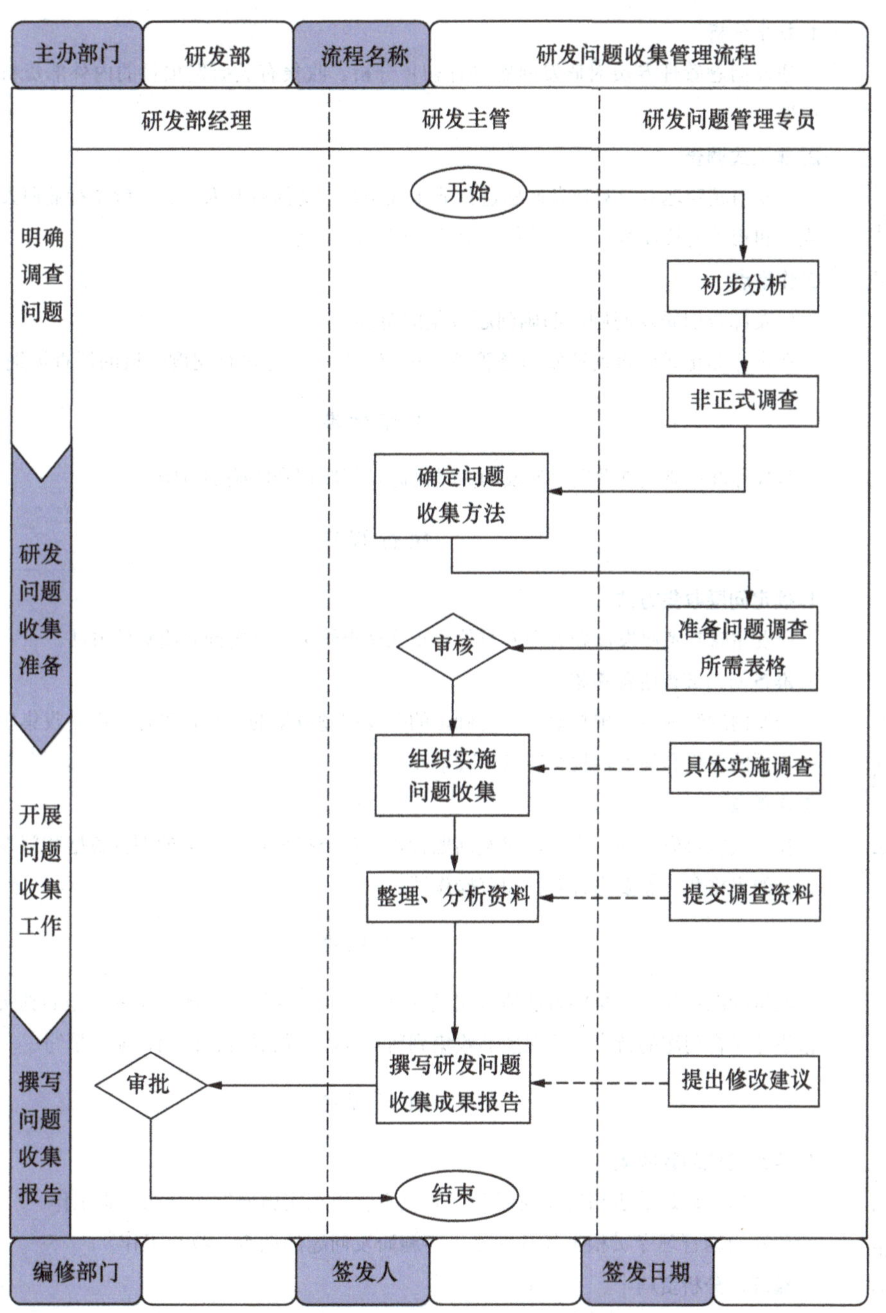

11.2.2 研发问题收集管理执行程序、工作标准、考核指标、执行规范

<table>
<tr><th>任务名称</th><th>执行程序、工作标准与考核指标</th></tr>
<tr><td rowspan="4">明确调查问题</td><td>执行程序</td></tr>
<tr><td>1. 初步分析
研发问题管理专员对研发问题进行初步分析，收集有关研发项目的内外部资料，查明问题。
2. 非正式调查
研发问题管理专员对研发问题进行非正式调查，访问研发人员、了解本行业研发情况的人员和相关的特殊客户，征求他们对研发问题的意见。
工作重点
☆研发部查明研发问题，明确问题收集的范围。
☆在进行非正式调查前研发问题管理专员应事先准备好进行问题访谈的调查提纲。</td></tr>
<tr><td>工作标准</td></tr>
<tr><td>☆目标标准：研发部要明确研发的关键问题及问题调查的确切范围。</td></tr>
<tr><td rowspan="4">研发问题收集准备</td><td>执行程序</td></tr>
<tr><td>1. 确定问题收集方法
研发主管参考研发问题管理专员的非正式调查结果，确定问题收集的方法。
2. 准备问题调查所需表格
研发问题管理专员根据研发主管确定的研发问题收集的方法，设计、准备收集研发问题所需要的表格和问卷，提交研发主管审核。
工作重点
在正式收集研发问题之前，研发问题管理专员要提前设计所需的调查表格和问卷，注意设计的表格和问卷要有针对性和可操作性。</td></tr>
<tr><td>工作标准</td></tr>
<tr><td>☆质量标准：问题收集的方法适合研发问题的特点，能够确保所收集的问题的真实性；表格设计符合问题的特点，确保能够收集到所需问题；问卷设计简明，便于填写。</td></tr>
<tr><td rowspan="2">开展问题收集工作</td><td>执行程序</td></tr>
<tr><td>1. 组织实施问题收集
☆收集研发问题的表格准备完成后，研发主管组织实施研发问题的收集工作。
☆研发问题管理专员根据任务安排，实施研发问题的调查、收集工作。
2. 整理、分析资料
☆问题调查结束后，研发问题管理专员将调查取得的信息提交研发主管。
☆研发主管对调查收集到的研发问题资料进行整理、分析。</td></tr>
</table>

（续）

任务名称	执行程序、工作标准与考核指标
开展问题收集工作	**工作重点** ☆在调查之前，为了保证实地调查工作的质量，研发主管应提前做好问题收集的培训工作。 ☆在收集问题时，研发部要加强对研发问题收集工作的控制，防止出现以下三类问题：①计划问题，包括研发问题收集人员在收集问题之前未做准备，或准备工作不周密、不具体；②实施问题，包括问题收集人员未充分理解且未按照研发问题收集的具体计划执行，或在问题收集过程中未对所收集到的问题信息做初步的分类、整理，增加了后期工作负担；③后续问题，包括对所收集到的问题资料不准确和不全的问题，问题收集人员未根据需求进行补充、追踪和更新，或问题收集人员未对所收集到的问题资料进行登记和储存等。
	工作标准
	☆审核标准：研发问题真实，所收集的问题完全符合要求。 ☆质量标准：研发问题分析准确，能够为上级的决策提供支持。
	考核指标
	☆研发问题调查目标达成率：目标值为100%。 $$研发问题调查目标达成率=\frac{调查完成的项目数}{调查计划项目总数}\times 100\%$$
撰写问题收集报告	**执行程序**
	撰写研发问题收集成果报告 研发主管根据所收集的问题资料整理、分析结果，撰写研发问题收集成果报告，并提交研发部经理审批。 **工作重点** 研发部撰写报告需要在对调查资料分析、整理的基础上进行。
	工作标准
	☆质量标准：研发问题收集成果报告内容全面、详细，能够反映研发工作中的实际问题。
执行规范	
“研发问题调查访谈提纲”“研发问题收集表格”“研发问题收集问卷”“研发问题收集成果报告”。	

11.3 研发问题分类分析管理流程设计与工作执行

11.3.1 研发问题分类分析管理流程设计

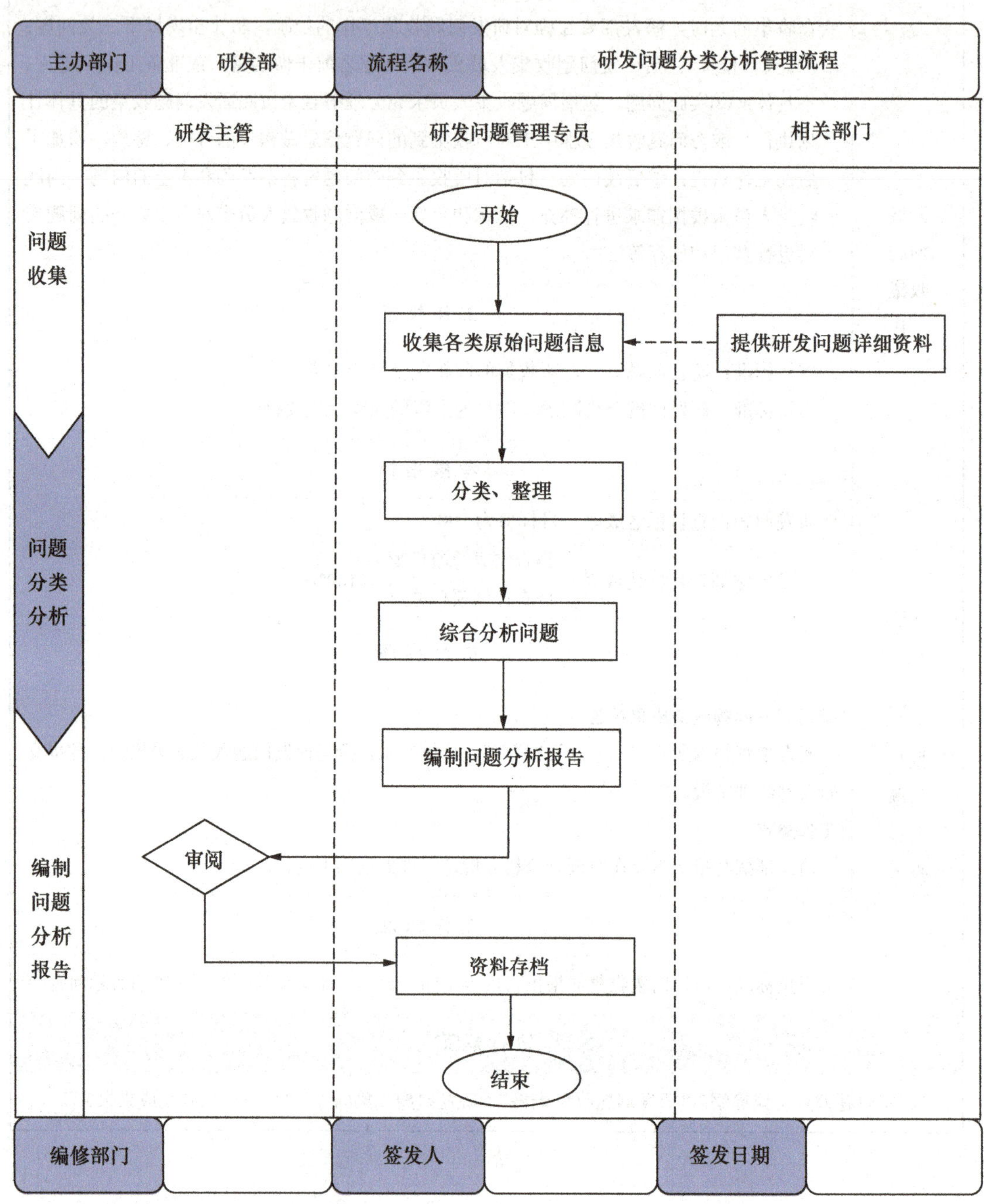

11.3.2 研发问题分类分析管理执行程序、工作标准、考核指标、执行规范

<table>
<tr><th>任务名称</th><th>执行程序、工作标准与考核指标</th></tr>
<tr><td rowspan="4">问题收集</td><td>执行程序</td></tr>
<tr><td>收集各类原始问题信息
研发问题管理专员通过各种渠道收集研发项目各类原始问题信息，企业相关部门员工协助提供研发问题资料。
工作重点
其他相关部门也可提供有关研发问题的基本信息，研发问题管理专员要注意收集相关信息。</td></tr>
<tr><td>工作标准</td></tr>
<tr><td>☆内容标准：原始问题信息包括问题背景、问题描述及各种书面材料等。
☆质量标准：收集研发问题准确、及时，契合企业研发实际情况。</td></tr>
<tr><td rowspan="4">问题分类分析</td><td>执行程序</td></tr>
<tr><td>1. 分类、整理
研发问题管理专员按照一定的分类标准，将收集来的研发问题进行分类、整理。
2. 综合分析问题
研发问题管理专员根据对研发问题分类、整理的结果，按照企业研发问题的分析要求对问题进行综合分析。
工作重点
☆研发问题管理专员可以根据企业对研发问题处理的惯例或实际情况，确定问题的等级标准，将现有问题分为不同的等级，然后制定不同的处理标准。
☆将研发问题进行分类后，研发问题管理专员接下来的任务是对研发问题进行分析，找出有效的解决措施，并据此提供相应的分析报告。</td></tr>
<tr><td>工作标准</td></tr>
<tr><td>☆分类标准：研发问题管理专员可以按照问题的性质、问题解决的紧急程度、问题所带来的影响等标准进行分类。
☆质量标准：采用科学方法，符合实际需要。
☆参照标准：研发问题的分类、分析可参照企业以往年度的研发问题分类、分析惯例。</td></tr>
<tr><td rowspan="2">编制问题分析报告</td><td>执行程序</td></tr>
<tr><td>1. 编制问题分析报告
研发问题管理专员根据研发问题收集、分类、分析的情况，编制问题分析报告，提交研发主管审阅。
2. 资料存档
研发问题分析报告审阅通过后，研发问题管理专员根据要求对报告进行修改，之后按照企业研发档案管理要求对重要的研发问题资料进行存档。</td></tr>
</table>

（续）

<table>
<tr><th>任务名称</th><th>执行程序、工作标准与考核指标</th></tr>
<tr><td rowspan="5">编制问题分析报告</td><td>**工作重点**
☆为了给企业研发工作提供准确的决策依据，研发部在编制研发问题统计报表时要做到月报有文字说明，阶段总结、年报有分析报告。
☆研发部编制的各种研发问题定期统计报表，必须根据实际业务需要，进行统一印刷、保管和发放。</td></tr>
<tr><td>**工作标准**</td></tr>
<tr><td>☆质量标准：编制的问题分析报告应内容全面、详细，无重要内容遗漏。
☆方法标准：研发主管将研发问题资料存档，将所掌握的研发问题统计资料采用卡片形式，按月、季、年进行整理、分类，以便于使用。</td></tr>
<tr><td>**考核指标**</td></tr>
<tr><td>☆研发问题分析报告编制及时率：目标值为100%。
$$研发问题分析报告编制及时率=\frac{期限内完成的报告数}{提交报告总数}\times 100\%$$
☆报告档案的完整率：目标值为100%。
$$报告档案的完整率=\frac{档案包含项目数}{档案要求项目总数}\times 100\%$$</td></tr>
<tr><th colspan="2">执行规范</th></tr>
<tr><td colspan="2">“研发问题管理制度”“研发问题统计报表”“研发问题分析报告”。</td></tr>
</table>

11.4 研发问题会议管理流程设计与工作执行

11.4.1 研发问题会议管理流程设计

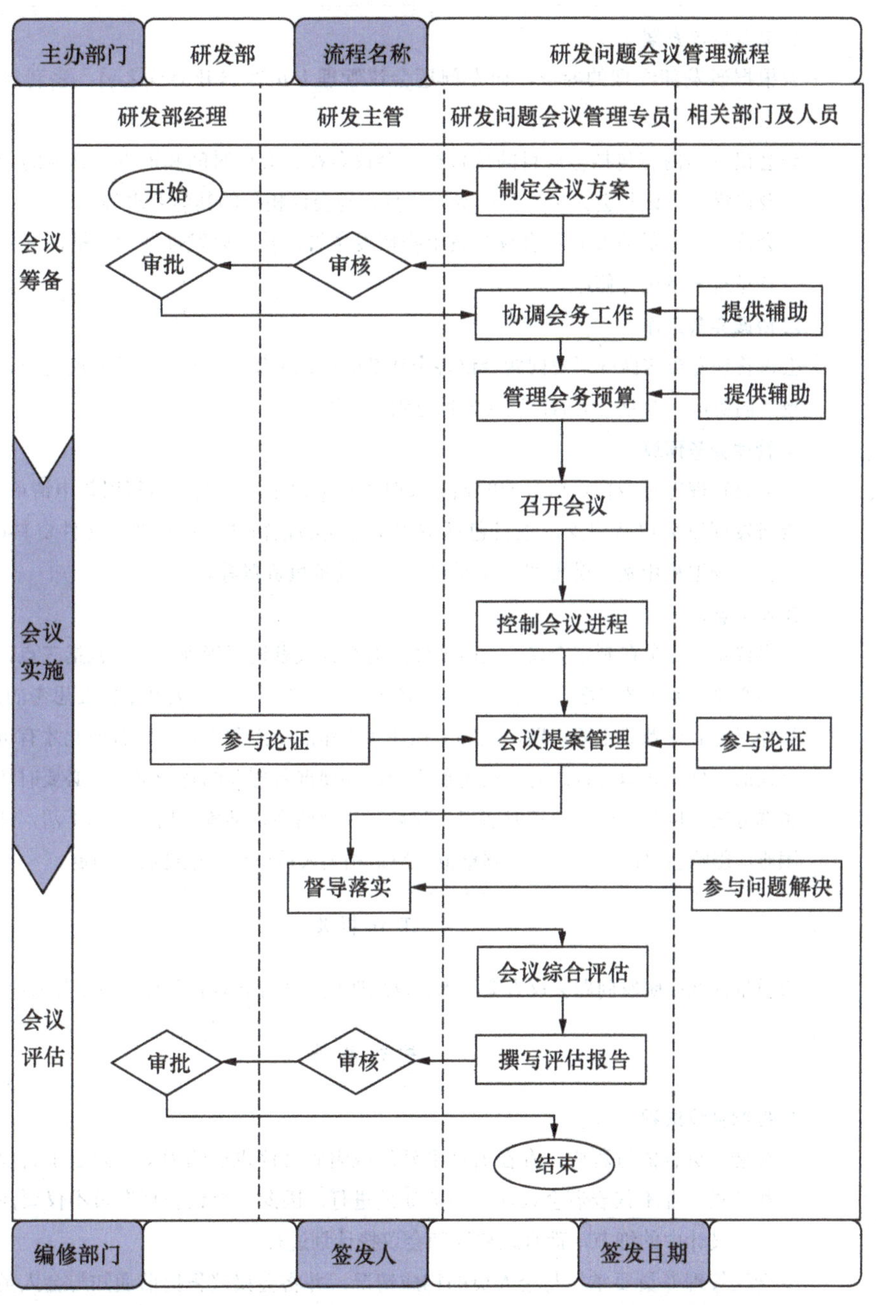

11.4.2 研发问题会议管理执行程序、工作标准、考核指标、执行规范

<table>
<tr><th>任务名称</th><th>执行程序、工作标准与考核指标</th></tr>
<tr><td rowspan="4">会议
筹备</td><td>执行程序</td></tr>
<tr><td>1. 制定会议方案
☆根据研发部经理的要求，研发问题会议管理专员在召开会议之前，妥善制定会议方案。
☆会议方案内容包括会议目的或目标、会议名称、会议时间和地点、具体的会议议题及议程、会议与会人员、会议费用预算、与会议相关的其他要求等。
☆会议管理专员应及时将会议方案上报研发主管审核、研发部经理审批，并根据领导意见对方案进行修改。
2. 协调会务工作
会议管理专员需做好研发问题会议各个环节的协调工作，它包括会议时间的协调、会议场所的协调、专业人员的协调（如供电供水）等。
3. 管理会务预算
☆会议管理专员应根据所批准的预算及时制订会议用款计划，填写用款申请单。
☆研发问题会议费用支出项目包括按规定开支的住宿费、伙食费、文件资料印刷费、会议场地租用费、劳务费、交通费、专用设备租赁费等。
工作重点
会议管理专员在制定会议方案时要注意对会议议题进行管理，主要包括三点。①要确定中心议题或主要议题，以保证与会者将主要精力集中在最重要和最需要思考的问题上。抓住了中心议题或主要议题，就等于抓住了工作的重点和难点，只有如此才有可能实现会议的目标。②拟订议题时，准备要充分，还要准备相关的背景资料，必要时还可提供备选方案，以便讨论和决策时参考。议题表述要清晰、准确，切勿含糊不清，造成沟通困难，影响会议的效率。③议题草拟后应请相关人员审核，通过后再确定。</td></tr>
<tr><td>工作标准</td></tr>
<tr><td>☆质量标准：研发问题会议方案清晰、议题明确、预算合理，各项协调工作及时、妥当。</td></tr>
<tr><td rowspan="2">会议
实施</td><td>执行程序</td></tr>
<tr><td>1. 控制会议进程
☆在会议进行的过程中，存在着许多延迟或阻碍会议进展的因素。确定了会议的方案和计划，并不代表着会议就一定能如期进行。因此，会议管理专员不仅要注意会议议程设计中的细节，而且还要控制会议按计划进行。
☆会议管理专员要掌握与会人员的构成情况，并将会议议程提前通知与会人员，使其及早了解议程安排，并在会议进行中遵守议程。会议议程表应当条理明确，这样能够使负责会议的现场管理人员更容易控制会议的进程。</td></tr>
</table>

（续）

任务名称	执行程序、工作标准与考核指标
会议实施	☆在讨论每项议程时，会议管理专员要引导与会人员着眼于解决实际问题，不要因其他问题而疏忽了开会的真正目的。 ☆会议的每项议题都应有时间限制，当会议持续的时间较长时，会议现场管理人员应建议安排短暂的休息。 **2. 会议提案管理** 会议管理专员要指定专人负责会议提案，及时对提案进行收集、分类等处理，并将后续处理结果及时通知提案提交人。 **工作重点** ☆企业可将提案管理列入企业研发的规章制度中，明确提案的目的、要求，期望实现的目标，对提案人的奖励措施等，使得提案管理不再流于形式。 ☆为使提案更具实操性，促进与会人员广泛参与提案活动，在会议提案管理工作中使用标准化的提案表单更具实际意义。
	工 作 标 准
	☆参照标准：研发问题会议的实施可参照企业以往年度类似研发问题会议的实施情况。 ☆目标标准：研发问题会议顺利实施，找到解决研发问题的思路、方法。
会议评估	**执 行 程 序**
	1. 督导落实 通过研发问题会议确定解决问题的思路、方法之后，研发主管要督导相关部门及人员及时落实。 **2. 会议综合评估** 研发问题会议管理专员对会议工作进行综合评估，通常可从如下几方面进行：会议目标、会议主持、会议讨论、会议组织、会议时间、会议服务、会议成本、会议质量等。 **工作重点** 会议过程的评估较为重要，评估内容包括以下事项：①与会人员的发言是否离题，会议主持人是否能控制会场；②会议文件与资料的数量是否适中，会议记录是否翔实、周全；③与会人员对会议议题是否关心，是否敢于发表自己的见解；④与会人员的发言是否超时；⑤会议场所中的视听设备是否能正常运转与使用；⑥会议保卫工作是否实现了预定目标，有无出现安全事故；⑦会议是否能按时结束；⑧会议主持人是否能科学而周详地总结会议取得的成果。
	工 作 标 准
	☆目标标准：研发问题顺利解决，相关人员对研发问题会议进行总结，为以后的类似工作提供借鉴。

（续）

<table>
<tr><th>任务名称</th><th>执行程序、工作标准与考核指标</th></tr>
<tr><td rowspan="2">会议
评估</td><td>考核指标</td></tr>
<tr><td>☆研发问题会议目标达成率：目标值为100%。
研发问题会议目标达成率 = $\frac{\text{会议达成的目标数}}{\text{会议计划达成的目标数}}\times 100\%$
☆研发问题的解决时间：研发问题应在研发问题会议结束后的____个工作日内得到解决。该指标衡量研发问题会议的质量。</td></tr>
<tr><td colspan="2">执行规范</td></tr>
<tr><td colspan="2">“会议管理制度”“会前准备工作细则”“会场服务工作细则”“会议纪要”“会议质量评估制度”“会后跟踪工作细则”“会议质量评估办法”“会务工作总结报告”。</td></tr>
</table>

11.5 技术难题攻关管理流程设计与工作执行

11.5.1 技术难题攻关管理流程设计

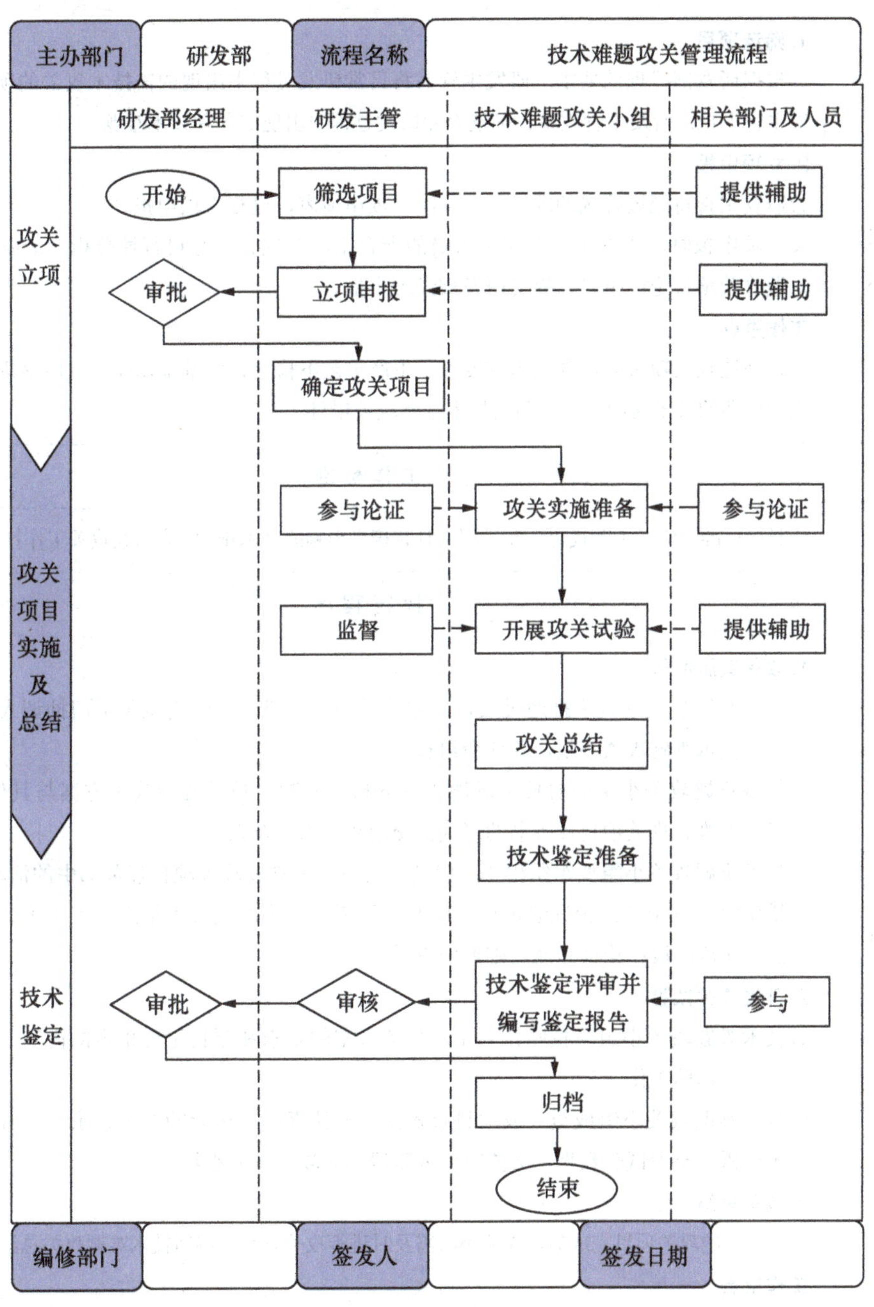

11.5.2 技术难题攻关管理执行程序、工作标准、考核指标、执行规范

<table>
<tr><th>任务名称</th><th>执行程序、工作标准与考核指标</th></tr>
<tr><td rowspan="4">攻关
立项</td><td>执行程序</td></tr>
<tr><td>1. 筛选项目
根据研发部经理的要求，研发主管需将日常研发过程中出现的需技术攻关的项目向研发主管汇报；研发主管收集、筛选企业研发过程中出现的各种技术难题。
2. 立项申报
☆研发主管将经过筛选的项目统一编制立项申请表，进行立项申报。
☆立项申报时，研发主管在相关人员的配合下，对项目进行可行性分析，编制技术难题攻关项目论证报告，提交研发部经理审批。
工作重点
在筛选攻关项目时，凡技术难度大、生产工艺不稳定、质量难以保证或明显影响产品生产周期的技术问题，均可列为技术难题攻关项目。</td></tr>
<tr><td>工作标准</td></tr>
<tr><td>☆目标标准：研发主管找出研发过程中具有相当影响的技术难题，为后续攻关工作打下基础。</td></tr>
<tr><td rowspan="2">攻关
项目
实施
及
总结</td><td>执行程序</td></tr>
<tr><td>1. 攻关实施准备
☆技术难题攻关项目审批通过后，确定攻关项目，研发主管需从各部门抽调人员组织成立技术难题攻关小组，并任命组长
☆技术难题攻关小组需对技术难题进行分析，并制定技术难题攻关方案与具体措施，以技术难题攻关项目任务书的形式提交给相关部门及人员。
☆技术难题攻关小组要组织相关部门及人员对技术难题攻关项目任务书中的活动方案、措施等进行论证。论证通过后，研发主管或技术难题攻关小组组长签字确认，项目进入实施阶段；论证未通过则返回重做。
2. 开展攻关试验
☆技术难题攻关小组应按照技术难题攻关方案的要求和项目论证报告的内容，组织开展攻关试验工作。
☆技术难题攻关小组成员（或项目负责人）要认真做好试验的原始记录，及时进行技术分析，整理试验数据，必要时应分阶段编写攻关试验小结。
3. 攻关总结
技术难题攻关项目完成后，攻关小组需及时进行攻关总结，编写技术难题攻关总结报告。
工作重点
在技术难题攻关项目实施过程中，攻关项目组需每月定期向研发主管以书面形式汇报项目进展情况及所需支持；研发主管需每月对进行中的项目进行检查、督促、支持。</td></tr>
</table>

（续）

<table>
<tr><th>任务名称</th><th>执行程序、工作标准与考核指标</th></tr>
<tr><td rowspan="2">攻关
项目
实施
及
总结</td><td>工作标准</td></tr>
<tr><td>☆参照标准：技术难题攻关项目的实施可参照企业以往年度类似技术难题攻关项目的实施情况。
☆目标标准：攻关计划顺利实施，技术难题被攻克。</td></tr>
<tr><td rowspan="6">技术
鉴定</td><td>执行程序</td></tr>
<tr><td>1. 技术鉴定准备
技术难题攻关小组做好鉴定准备工作，通常需准备的技术资料和实物样品包括：①技术难题攻关总结报告；②质量分析报告（含检验或测试数据）；③立项申请表和项目论证报告；④有关的文件资料；⑤有关的实物样品（照片或影像资料）；⑥资料审查报告；⑦经济效益和社会效益报告。
2. 技术鉴定评审并编写鉴定报告
☆技术难题攻关小组将相关技术资料准备妥当之后，研发主管组织相关人员进行评审（此时为内部评审）。
☆技术难题攻关小组根据评审结果，编写技术攻关鉴定报告，提交研发主管审核、研发部经理审批。
工作重点
☆要注意鉴定报告的规范性，最好都以固定的模板来编写，这样可以有效提升报告的编写效率。
☆当攻关成果符合国家规定的奖励条件时，企业应按有关规定和要求及时进行奖励。</td></tr>
<tr><td>工作标准</td></tr>
<tr><td>☆目标标准：通过鉴定初步验证技术难题的解决程度。</td></tr>
<tr><td>考核指标</td></tr>
<tr><td>☆技术难题攻关项目的时间：通常应在立项之后的____个月内完成。该指标用来衡量技术难题攻关的效率。</td></tr>
<tr><td colspan="2">执行规范</td></tr>
<tr><td colspan="2">“技术难题攻关管理制度”“攻关项目可行性论证报告”“技术难题攻关总结报告”“技术难题攻关鉴定报告”。</td></tr>
</table>

第12章 研发质量管控

12.1 研发质量管控流程设计

12.1.1 流程管理的目的

企业对研发质量管控实施流程管理的目的如下。

（1）加强对研发项目的质量管理，有效控制研发项目的质量，不断提高研发过程中软硬件产品的质量水平。

（2）规范研发质量管理，使得研发质量管理人员能科学地确定每个人的岗位职责，使每个人都能各尽所能、责任明确、目标一致。

（3）加强研发质量改进管理，规范研发质量改进各项事务，确保企业研发质量能够持续得到改善。

12.1.2 流程结构设计

研发质量管控流程结构设计将研发质量管理细分为五个事项，就每个事项即研发质量管理计划管理、研发质量控制管理、研发质量保证体系管理、研发质量评审管控及研发质量改进管控展开流程设计，研发质量管控流程总体架构如图 12-1 所示。

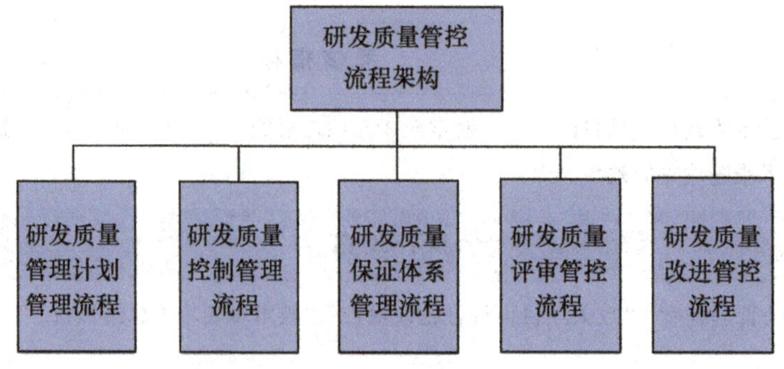

图 12-1 研发质量管控流程总体架构

12.2 研发质量管理计划管理流程设计与工作执行

12.2.1 研发质量管理计划管理流程设计

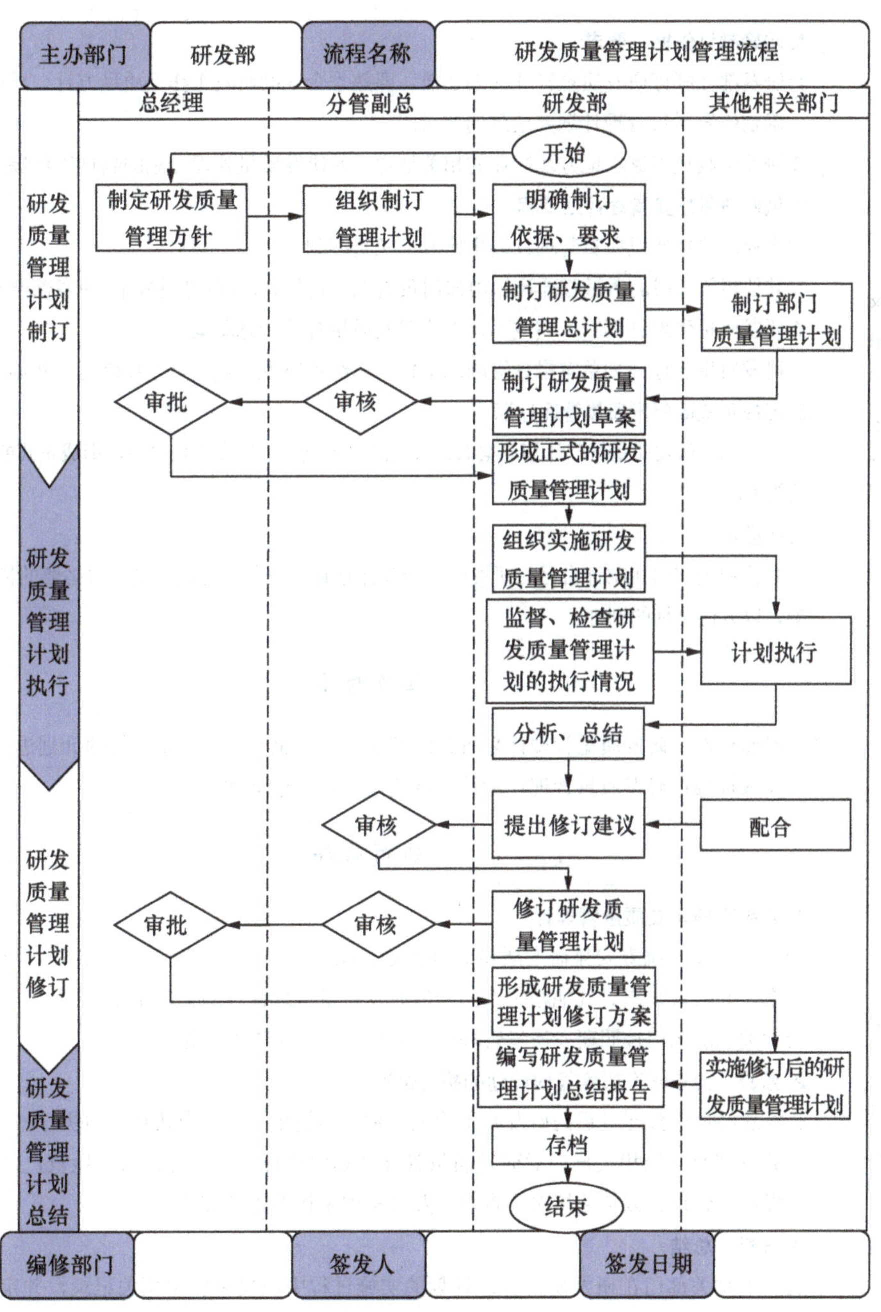

12.2.2 研发质量管理计划管理执行程序、工作标准、考核指标、执行规范

任务名称	执行程序、工作标准与考核指标
研发质量管理计划制订	**执行程序**
	1. 明确制订依据、要求 ☆研发部在制订研发质量管理计划之前，要熟悉企业的研发工作及质量方针、质量目标，确定研发质量管理计划要达到的要求。 ☆研发部收集国家、地方及行业的相关规定，为研发质量管理计划的制订工作提供依据。 **2. 编制研发质量管理计划草案** ☆企业的总体研发质量管理计划由研发部负责编制。 ☆其他相关部门的质量管理计划由部门负责人负责制订，在制订过程中，研发部给予指导。 ☆研发质量管理计划制订完成后，形成研发质量管理计划草案。 ☆研发质量管理计划草案报分管副总审核、总经理审批，通过后予以确定、实施。 **3. 形成正式的研发质量管理计划** 研发部在研发质量管理计划草案通过分管副总审核、总经理审批之后，形成正式的研发质量管理计划。 **工作重点** 其他相关部门在制订自己的研发质量管理计划时，研发部可以提供一些必要的模板、框架，以方便计划的制订。
	工 作 标 准
	☆参照标准：研发质量管理计划可参照其他同行业企业的研发质量管理计划进行制订。 ☆完成标准：研发质量管理计划符合规范，经总经理审批通过。
研发质量管理计划执行	**执行程序**
	1. 组织实施研发质量管理计划 ☆研发部负责统筹安排研发质量管理计划的实施工作，制定研发质量管理计划实施方案，并监督、指导其他相关部门开展研发质量管理计划的实施工作。 ☆相关职能部门按照研发质量管理计划开展研发质量管理工作。 **2. 监督、检查研发质量管理计划的执行情况** ☆经总经理审批通过后的研发质量管理计划，其他相关部门应认真贯彻执行。 ☆研发部及其他相关部门对研发质量管理计划的执行情况进行监督、检查，并填写研发质量管理计划实施情况检查表，及时反馈至相关责任部门。 **3. 分析、总结** ☆其他相关部门在研发质量管理计划的实施过程中应妥善保留相关记录，并定期汇报给研发部。 ☆研发部对研发质量管理计划实施过程中出现的问题，定期进行分析、总结。

（续）

<table>
<tr><th>任务名称</th><th>执行程序、工作标准与考核指标</th></tr>
<tr><td rowspan="5">研发质量管理计划执行</td><td>工作重点
分析、总结工作是实施研发质量管理计划的一个重要过程，可以有效提升研发部工作人员的业务能力和综合素质，研发部经理对此要有清晰的认识。</td></tr>
<tr><td>工作标准</td></tr>
<tr><td>☆参照标准：研发质量管理计划的实施可参照其他同行业企业的有关研发质量管理计划的工作制度、标准和流程等。</td></tr>
<tr><td>考核指标</td></tr>
<tr><td>☆研发质量管理计划目标达成率：目标值应达到____%。
$$研发质量管理计划目标达成率=\frac{实际完成的研发质量管理目标数}{计划完成的研发质量管理目标数}\times 100\%$$</td></tr>
<tr><td rowspan="6">研发质量管理计划修订</td><td>执行程序</td></tr>
<tr><td>1. 提出修订建议
☆研发部对研发质量管理计划执行过程中出现的问题，提出修订建议，报给分管副总审核。
☆研发质量管理计划的修订建议经分管副总审核通过后，研发部制订研发质量管理计划修订方案。
2. 修订研发质量管理计划
☆研发质量管理计划的修订按照企业相关文件和资料控制程序的规定执行。
☆修订后的研发质量管理计划经分管副总审核、总经理审批通过后予以公布实施。
工作重点
修订研发质量管理计划要有针对性和典型性，要围绕研发质量管理计划实施过程中的主要问题展开。</td></tr>
<tr><td>工作标准</td></tr>
<tr><td>☆参考标准：研发质量管理计划的修订可参照其他同类企业研发质量管理计划实施过程中的问题及解决建议。
☆完成标准：研发质量管理计划修订方案的格式规范，经总经理审批通过。</td></tr>
<tr><td>考核指标</td></tr>
<tr><td>☆被采纳的有效建议数量：至少达到____条。</td></tr>
</table>

（续）

任务名称	执行程序、工作标准与考核指标
研发质量管理计划总结	**执行程序** **1. 实施修订后的研发质量管理计划** ☆在总经理对修订的研发质量管理计划审批通过后，研发部将修订后的研发质量管理计划发放到所有相关部门，各部门按修订后的研发质量管理计划实施。 ☆在合同范围内，客户有要求的，应将研发质量管理计划更改的建议在实施前提交客户认可。 **2. 编写研发质量管理计划总结报告** ☆研发部总结研发质量管理计划实施过程中的经验、教训，编写研发质量管理计划总结报告。 ☆研发部将总结报告归档、保存。 **工作重点** 研发质量管理计划的变更要与客户做好沟通工作。
	工作标准 ☆参照标准：研发质量管理计划的修订可参照业内其他企业最新的研发质量管理计划修订方案。 ☆完成标准：研发质量管理计划总结报告要规范、有针对性，且要归档、保存。
执行规范	
“企业质量方针”“研发质量管理计划草案”“研发质量管理计划书”“研发质量管理计划实施方案”“研发质量管理计划修订方案”“研发质量管理计划总结报告”。	

12.3 研发质量控制管理流程设计与工作执行

12.3.1 研发质量控制管理流程设计

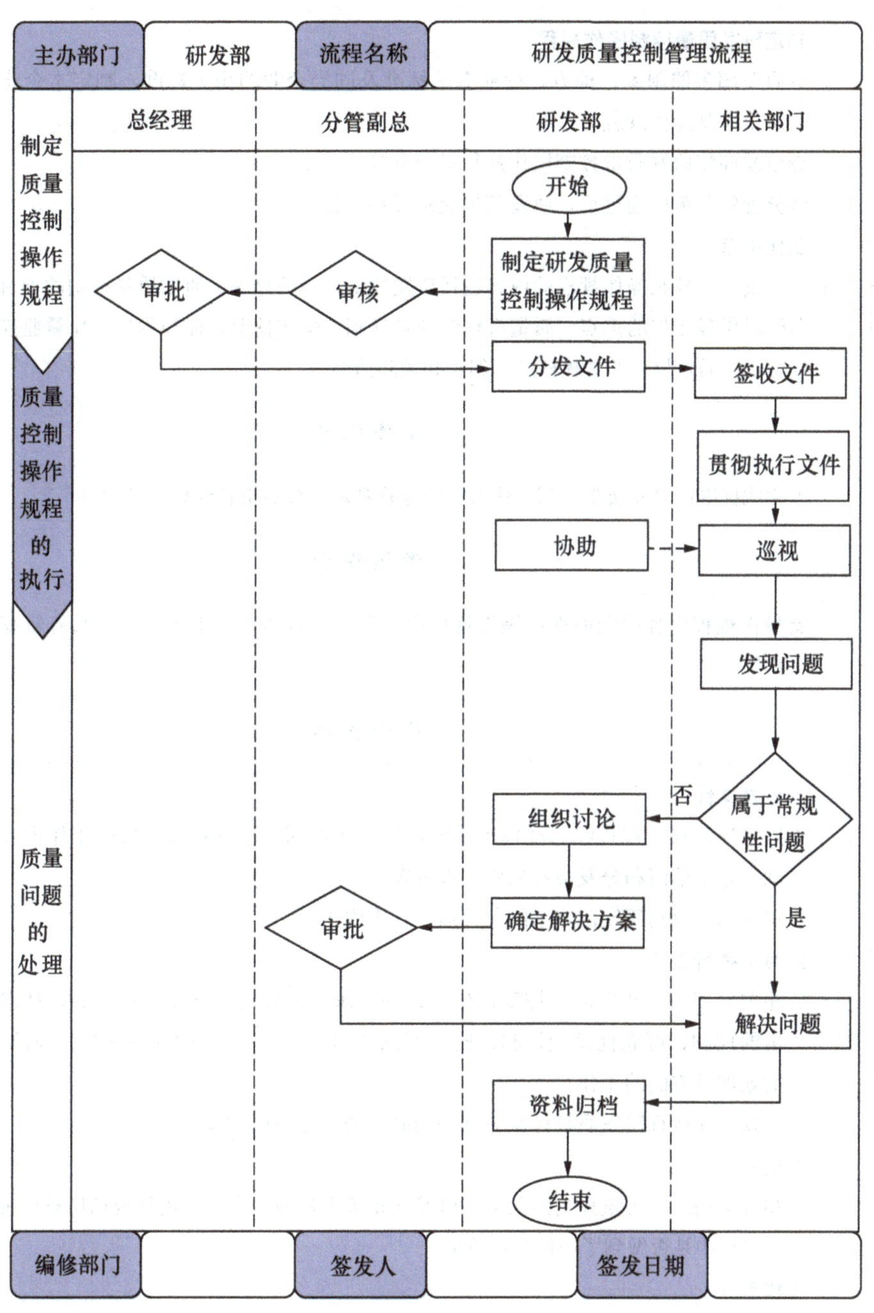

12.3.2 研发质量控制管理执行程序、工作标准、考核指标、执行规范

<table>
<tr><th>任务名称</th><th>执行程序、工作标准与考核指标</th></tr>
<tr><td rowspan="6">制定质量控制操作规程</td><td>执 行 程 序</td></tr>
<tr><td>制定研发质量控制操作规程
☆研发部参照国家、地方、行业有关标准及同类企业的相关标准，制定本企业的研发质量控制操作规程
☆研发部将研发质量控制操作规程提交分管副总审核。
☆分管副总审核通过后，研发部提交总经理审批。
工作重点
研发质量控制操作规程的内容包括研发质量目标的分解、研发质量控制的项目、研发各阶段质量工作的重点、质量目标管理责任制的落实情况、监控程序、质量监控员的任职资格、质量控制的考核标准、纠正和预防措施等。</td></tr>
<tr><td>工 作 标 准</td></tr>
<tr><td>☆完成标准：研发质量控制操作规程经分管副总审核后报总经理审批通过。</td></tr>
<tr><td>考 核 指 标</td></tr>
<tr><td>☆操作规程内容的全面性：操作规程内容全面、具体，无重大遗漏，具有较高的可操作性。</td></tr>
<tr><td rowspan="2">质量控制操作规程的执行</td><td>执 行 程 序</td></tr>
<tr><td>1. 分发文件
☆质量控制操作规程经总经理审批通过后，研发部根据各相关部门的工作内容、需求确定分发部门和分发数量后将文件分发。
☆相关部门收到研发部送来的文件后，认真组织学习。
2. 贯彻执行文件
☆相关部门按照研发质量控制操作规程的要求，做好设计开发质量控制、技术解决方案的控制、可靠性试验控制、质量测试计划执行控制、技术评审控制、研发质量事故处理等方面的工作。
☆研发部在执行研发质量控制方案的同时，做好相应的记录。
3. 巡视
相关部门负责质量控制的人员在研发部相关人员的配合下，进行现场质量巡视，检查研发过程中是否做到了严格监控质量。
工作重点
☆质量测试计划要严格按照操作规程中规定的时间、测试方案、检验标准、测试工具和测试仪器来制订。</td></tr>
</table>

（续）

<table>
<tr><th>任务名称</th><th>执行程序、工作标准与考核指标</th></tr>
<tr><td rowspan="3">质量控制操作规程的执行</td><td>☆技术评审的项目通常包括以下几种：标准符合性、可检验性、与其他模块的匹配性、与系统的一致性、可拓展性、可测试性、集成性、耦合性、测试模型可行性等。
☆研发项目质量负责人应在研发项目过程中建立报告制度，相关的质量管理人员应定期编写质量控制报告交授权人员审核，使授权人员能够全面了解研发项目的质量控制情况，并制定有针对性的措施来确保整个项目的质量。</td></tr>
<tr><td>工作标准</td></tr>
<tr><td>☆完成标准：通过现场巡视和定期巡视，企业研发过程的质量得到保证。</td></tr>
<tr><td rowspan="4">质量问题的处理</td><td>执行程序</td></tr>
<tr><td>1. 发现问题
☆相关部门在质量控制操作规程的执行过程中要注意发现问题，如研发过程的异常现象、样品质量的异常现象、技术评审不过关等。
☆相关部门对问题的性质进行判断，看其是否属于常规问题，如果属于常规问题，则由相关部门按照以往的解决方案进行处理。
2. 组织讨论
☆如果出现的问题不属于常规问题，相关部门则向研发部寻求解决方法。
☆研发部负责组织相关部门讨论问题的解决方案，根据问题的实际情况，确定参会部门及具体人员、会议时间、会议地点、议程安排、会议记录人员等。
☆各相关部门人员参加会议，根据自身要求积极参与讨论。
3. 确定解决方案
☆经过讨论，研发部根据问题的实际情况，以及企业的研发质量管理等相关制度确定最终的问题解决方案。
☆分管副总对问题解决方案进行审批。
4. 解决问题
☆方案审批通过后由相关部门负责具体执行，并要求执行人员安排得当，执行过程操作规范，保质、保量、按时完成解决方案的目标。
5. 资料归档
在研发质量控制过程中产生的相关资料由研发部合理分类，妥善保存。
工作重点
分管副总在审查解决方案时，要审查其是否符合相关的管理规定、预算是否超标等。</td></tr>
<tr><td>工作标准</td></tr>
<tr><td>☆完成标准：研发质量问题得到解决，资料及时归档。</td></tr>
</table>

（续）

任务名称	执行程序、工作标准与考核指标
	考核指标
质量问题的处理	☆质量测试合格率：力争达到____%。 质量测试合格率 = $\frac{\text{合格的样品数量}}{\text{样品总数量}}\times100\%$ ☆异常发现的及时率：目标值为____%，旨在尽快发现研发异常，减少研发异常带来的损失。 异常发现及时率 = $\frac{\text{及时发现的异常数}}{\text{异常总数}}\times100\%$ ☆异常发现的全面性：在研发质量控制过程中对于所有结果与标准参数有差异的样品或工序都要进行登记。
执行规范	
"研发质量控制操作规程""常规研发问题处理方案""研发质量问题解决方案""研发项目质量控制办法"。	

12.4 研发质量保证体系管理流程设计与工作执行

12.4.1 研发质量保证体系管理流程设计

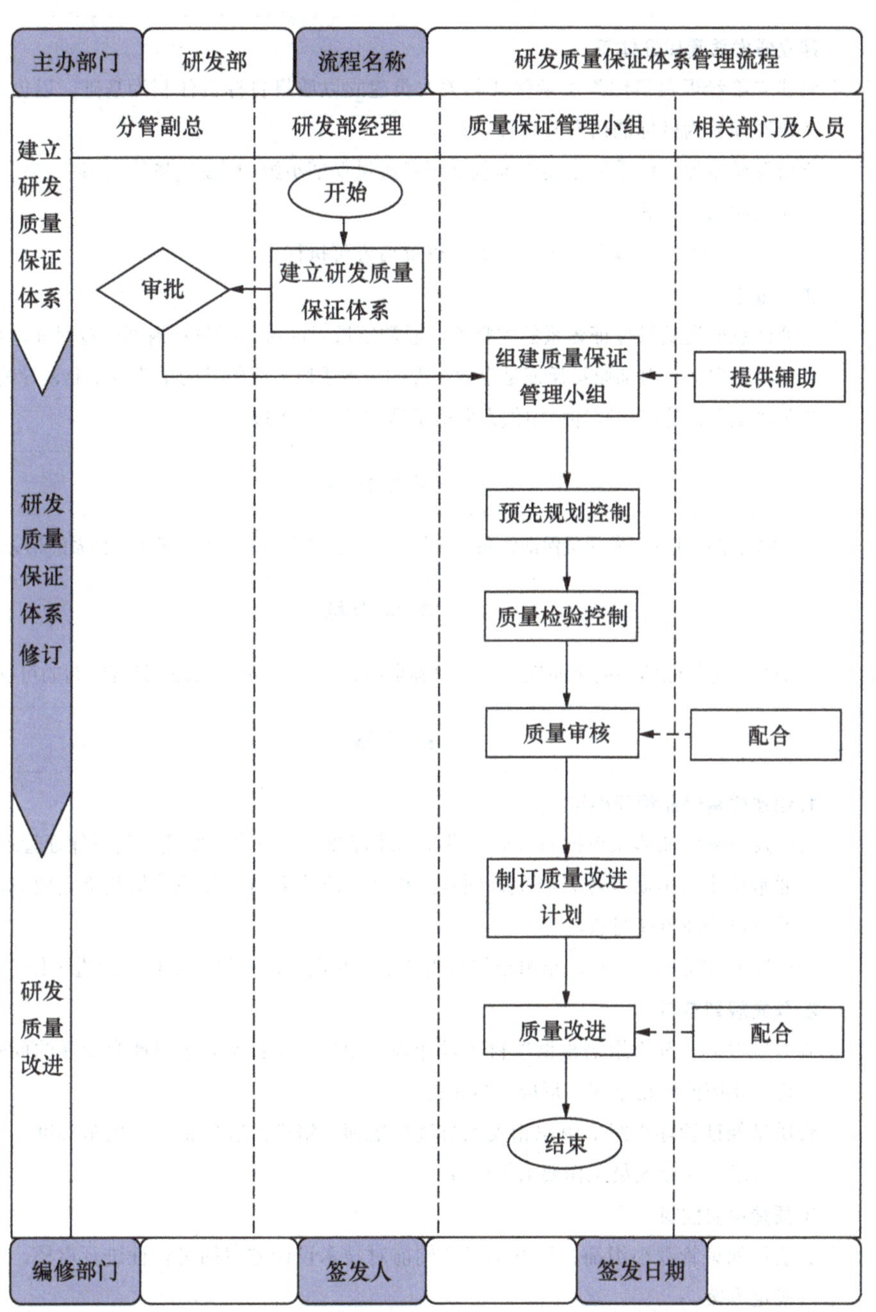

12.4.2 研发质量保证体系管理执行程序、工作标准、考核指标、执行规范

<table>
<tr><th>任务名称</th><th>执行程序、工作标准与考核指标</th></tr>
<tr><td rowspan="6">建立研发质量保证体系</td><td>执行程序</td></tr>
<tr><td>建立研发质量保证体系
☆建立部经理负责组织质量保证相关人员建立以质量目标责任制为基础、以创造优良研发项目为目标的研发质量保证体系。
☆研发质量保证体系的主要内容包括研发质量保证小组、研发质量计划、研发质量检验、研发质量审核等。
☆研发质量保证体系要经过分管副总审批后方可执行。
工作重点
要注意研发质量保证体系的完整性，通常质量保证体系既包括内部质量保证，也包括外部质量保证。内部质量保证是企业管理的一种手段，目的是为了获得企业领导的认可；外部质量保证是在合同环境中供方取信于需方的一种手段。</td></tr>
<tr><td>工作标准</td></tr>
<tr><td>☆参照标准：建立研发质量保证体系可参照其他同行业企业的研发质量保证体系的相关资料。</td></tr>
<tr><td>考核指标</td></tr>
<tr><td>☆研发质量保证体系的全面性：体系内容全面、具体，无重大遗漏，具有较高的可操作性。</td></tr>
<tr><td rowspan="2">研发质量保证体系修订</td><td>执行程序</td></tr>
<tr><td>1. 组建质量保证管理小组
☆研发质量保证体系审批通过后，研发部经理要及时组建研发项目质量保证管理小组，通常该小组由研发项目经理、项目工程师、质检人员、辅助单位负责人构成，由研发项目经理担任组长。
☆研发项目质量保证管理小组全权负责研发项目质量的检测、审核、改进工作。
2. 预先规划控制
☆质量保证管理小组需根据项目质量计划，预估在项目实施中可能会出现的问题，并提出相应的纠正措施，形成质量保证文件。
☆质量保证管理小组需组织相关人员进行培训，培训内容包括项目质量标准、项目技术要求、作业人员工作要求等内容。
3. 质量检验控制
☆质量保证管理小组需在研发项目开始前对技术设计方案的可行性进行审核，并最终确定方案。
☆质量保证管理小组需对研发项目进程进行巡视与检查，及时发现并制止各类违反研发项目质量规定的行为。</td></tr>
</table>

（续）

<table>
<tr><th>任务名称</th><th>执行程序、工作标准与考核指标</th></tr>
<tr><td rowspan="5">研发质量保证体系修订</td><td>☆质量保证管理小组需根据研发项目质量标准及企业相关规定，对项目质量进行检查，并根据检查结果判定项目质量的等级。对于质量不符合要求的项目，质量保证管理小组有权要求项目返工。
4. 质量审核
☆研发项目完成后，质量保证管理小组需对项目质量进行审核，其审核工作的目标为：保证项目质量符合规定要求；保证设计、实施与组织过程符合规定要求；保证研发质量保证体系有效运行并不断完善，不断提高质量管理水平。
☆项目质量审核内容通常包括三类：①研发质量保证体系审核，该审核应覆盖项目相关所有部门和过程，应围绕项目成果质量形成全过程进行，通过对研发质量保证体系中的各个场所、部门、过程进行审核，得出研发质量保证体系在符合性、有效性、达标性方面的评价结论；②过程质量审核，可从输入、资源、活动、输出着眼，涉及人员、设备、材料、方法、环境、时间、信息及成本八个要素的审核；③项目最终成果质量审核，是对最终成果的质量进行单独评价，用以确定最终成果质量的符合性和适用性，最终成果质量审核由项目部配合企业审核部门进行。
工作重点
质量保证管理小组应对与研发质量有关的活动逐层分解，直到最基本的研发质量活动，以便实施有效的管理和控制。</td></tr>
<tr><td>工作标准</td></tr>
<tr><td>☆目标标准：研发部通过各种控制措施，促进研发项目质量的不断改进，从而保证研发项目质量目标的实现。</td></tr>
<tr><td>考核指标</td></tr>
<tr><td>☆异常发现的及时率：目标值为____%，旨在尽快发现研发异常，减少研发异常带来的损失。
$$异常发现及时率=\frac{及时发现的异常数}{异常总数}\times 100\%$$
☆研发质量保证体系领导满意度：达到____分，以确保在研发过程中研发质量保证体系能够发挥应有的作用，有效保证研发质量。</td></tr>
<tr><td rowspan="2">研发质量改进</td><td>执行程序</td></tr>
<tr><td>1. 制订质量改进计划
质量保证管理小组需根据审核结果及实际工作情况，组织相关人员制订质量改进计划。
2. 质量改进
质量保证管理小组按照质量改进计划落实质量改进的工作。
工作重点
质量保证管理小组要注意质量改进计划的可操作性，要立足实际，便于后期实施和操作。</td></tr>
</table>

（续）

任务名称	执行程序、工作标准与考核指标
研发质量改进	**工作标准** ☆参照标准：质量改进计划可参照企业以往年度的质量改进活动资料来制订。 ☆目标标准：研发部针对研发过程中发现的各种问题进行有针对性的改进，有效提升研发质量。 **考核指标** ☆质量改进计划的规范性：质量保证管理小组需按照计划书规定的内容框架、格式要求进行制订，重点突出，将进行质量改进的背景和必要性说清楚。
执行规范	
“研发质量保证体系管理制度”“研发质量保证体系文件”“项目质量标准”“项目质量保证管控程序”“研发过程控制规定”“项目质量保证活动方案”“研发项目质量审核报告”。	

12.5 研发质量评审管控流程设计与工作执行

12.5.1 研发质量评审管控流程设计

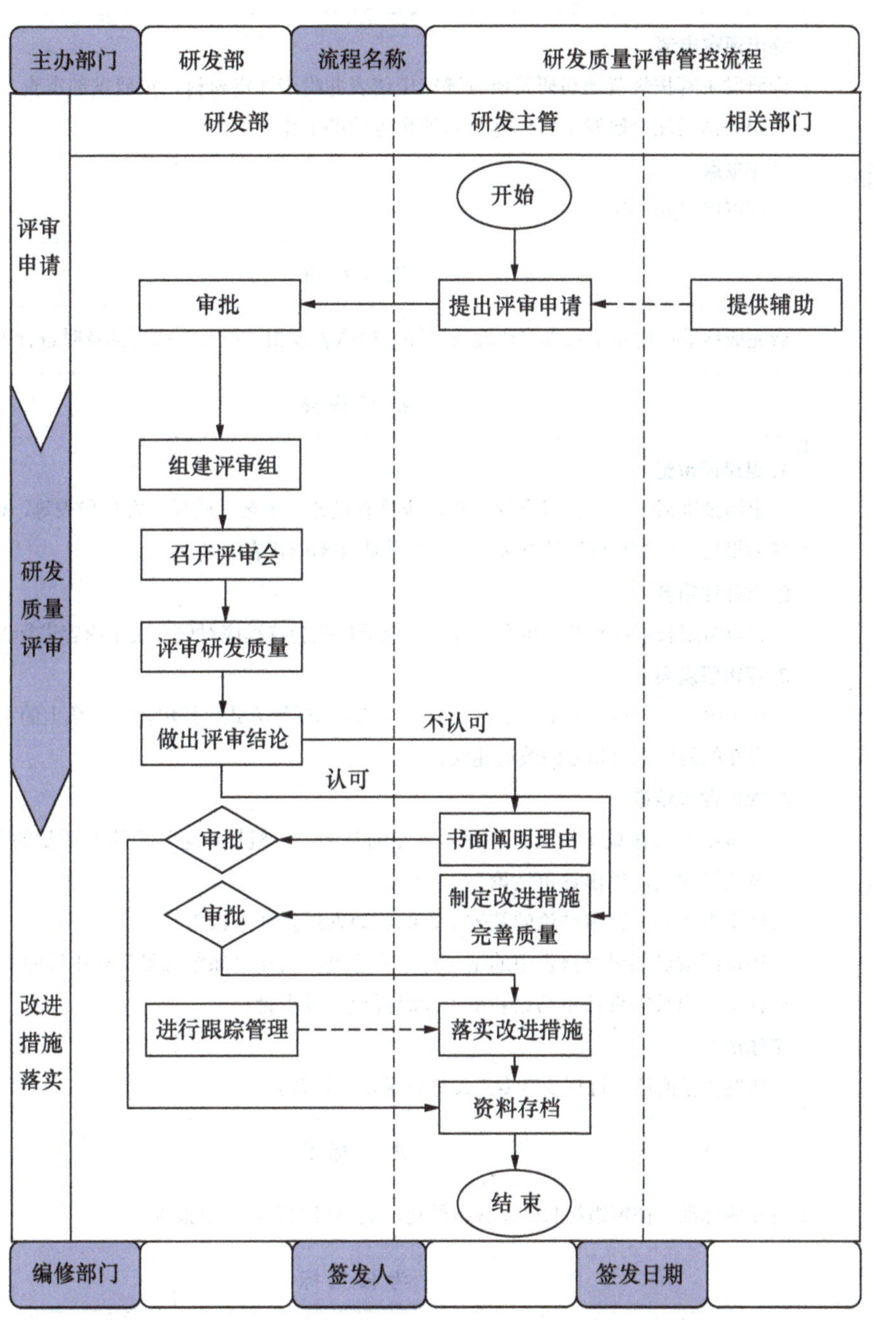

12.5.2 研发质量评审管控执行程序、工作标准、考核指标、执行规范

任务名称	执行程序、工作标准与考核指标
评审申请	**执行程序**
	提出评审申请 ☆研发主管按规范填写研发质量评审申请表并附带评审材料，报研发部审查、批准。 ☆相关部门配合研发主管做好材料搜集等辅助工作。 **工作重点** 评审申请要及时。
	工作标准
	☆完成标准：研发主管提交研发质量评审申请表及相关材料，研发部及时进行审批。
研发质量评审	**执行程序**
	1. 组建评审组 申请批准后，研发部成立评审组，成员有设计、工艺、质量、客户代表等，研发部经理为组长，必要时可邀请有关专家、其他职能部门代表等参加。 **2. 召开评审会** 评审组组长主持召开评审会，评审组成员按照会议程序对研发质量内容进行评审。 **3. 评审研发质量** 评审组依据材料、汇报、审议、答辩、现场抽样等方式，找出研发质量上的不足之处，对存在的问题提出相应的改进建议。 **4. 做出评审结论** ☆评审组组长在集中组员各种评审意见的基础上，概括、总结出研发质量的主要问题及改进建议，做出评审结论。 ☆评审组组长在评审结论的基础上，编制研发质量评审报告。 ☆评审组成员如果对报告中的结论有不同意见，要在“保留意见”栏中注明并签名。 ☆评审组组长需将评审结论和报告及时提交研发主管。 **工作重点** 研发质量的评审过程要有专人做好记录，以备查验。
	工作标准
	☆完成标准：评审组组长做出评审结论，编制研发质量评审报告。
	考核指标
	研发质量评审报告的规范性：评审组严格按照报告编制的要求进行编制，内容全面、结构清晰、无重大纰漏，有不同意见者要在“保留意见”栏中注明并签字。

（续）

任务名称	执行程序、工作标准与考核指标
改进 措施 落实	**执行程序**
	1. 书面阐明理由 研发主管如果不认可评审结论，则要书面阐明理由并报研发部审批。 **2. 制定改进措施完善质量** 研发主管如果认可评审结论，则要针对报告中所列的问题及改进建议，制定改进措施完善质量，并报研发部审批。 **3. 落实改进措施** ☆研发部批准后，研发主管负责组织改进措施的落实，并在研发质量评审报告中的“存在的主要问题及改进建议”栏中注明。 ☆研发部对改进措施的落实情况进行跟踪管理。 **4. 资料存档** 研发质量评审工作完成后，研发部对相关文件、资料进行存档。 **工作重点** 评审工作的每一个重要步骤都要留下文字记录。
	工作标准
	☆完成标准：落实改进措施，能进一步提升新产品的质量水平。
	考核指标
	☆改进措施的有效性：针对研发质量评审报告制定合适的解决方案，做到对症下药。
执行规范	
“研发质量评审管理细则”“研发质量评审报告”“研发质量问题改进方案”。	

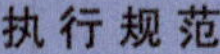

12.6 研发质量改进管控流程设计与工作执行

12.6.1 研发质量改进管控流程设计

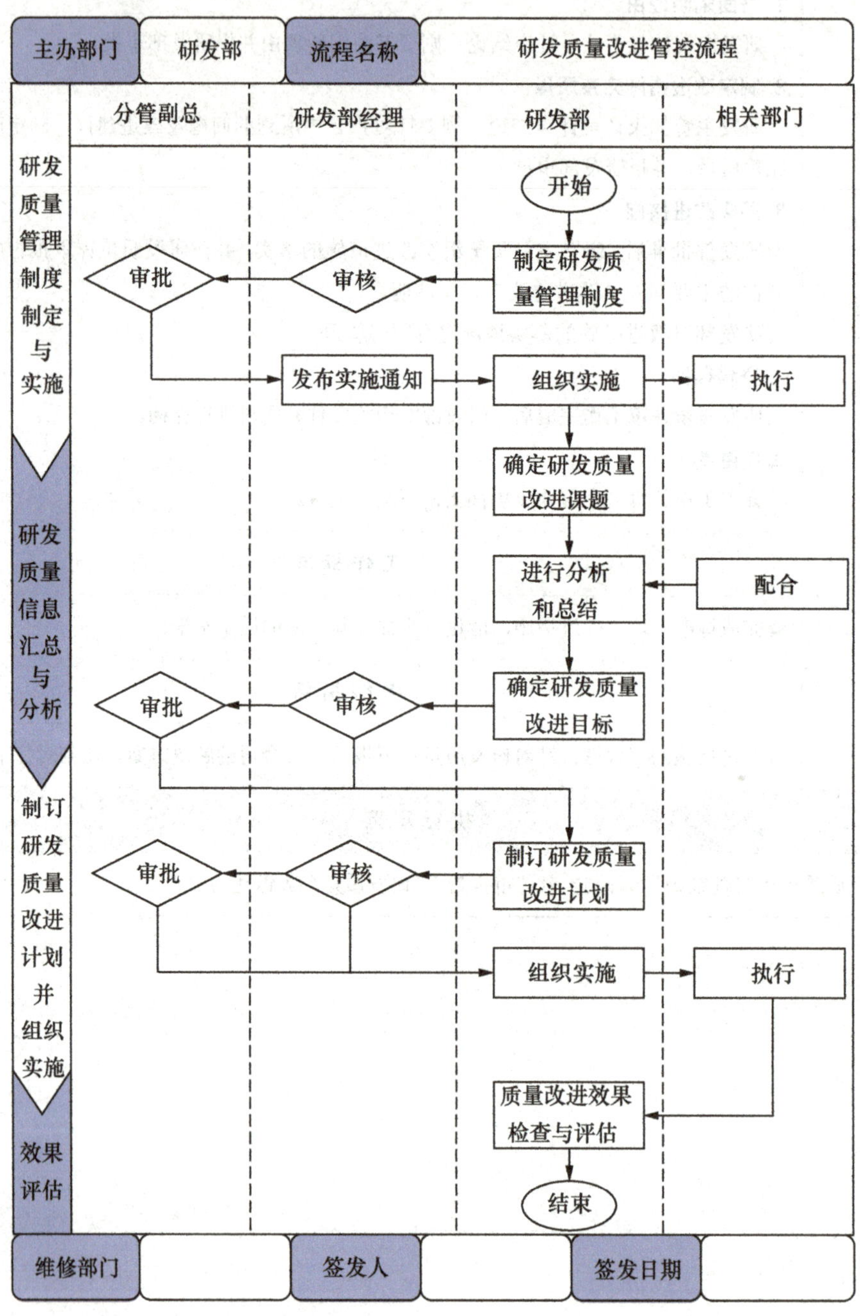

12.6.2 研发质量改进管控执行程序、工作标准、考核指标、执行规范

任务名称	执行程序、工作标准与考核指标
研发质量管理制度制定与实施	**执 行 程 序** **1. 制定研发质量管理制度** ☆研发部根据国家、地方及行业有关标准和规定，结合企业实际，制定研发质量管理制度。 ☆制定的研发质量管理制度提交研发部经理审核、分管副总审批后组织实施。 **2. 组织实施** ☆研发部经理根据领导审批的意见修改、完善研发质量管理制度，将其正式成文，并发布研发质量管理制度的实施通知，研发部相关负责人组织企业相关部门执行研发质量管理制度。 ☆企业相关部门认真执行研发质量管理制度，并按要求做好相关记录。 **工作重点** 研发部在制定研发质量管理制度时要按照规范进行，同时结合本企业的实际情况。 **工 作 标 准** ☆参照标准：研发质量管理制度的制定可参照行业内其他企业的研发质量管理制度的相关资料。 ☆目标标准：研发部通过制定与实施研发质量管理制度，实现对研发质量的规范化管理。 **考 核 指 标** ☆研发质量管理制度的质量标准：以考核期内制度修订的次数来衡量，力争控制在____次以内。
研发质量信息汇总与分析	**执 行 程 序** **1. 确定研发质量改进课题** ☆各相关部门定期或不定期地将执行过程中遇到的问题及改进建议汇报到研发部。 ☆根据研发质量管理制度的执行情况，研发部确定研发质量管理需改进的课题，其中可能包括设计管理、成本管理、质量指标管理、研发人员管理等。 **2. 进行分析和总结** ☆研发部对需改进的课题所涉及的质量问题进行分析，了解和掌握质量问题产生的过程及其原因。 ☆通过对质量数据及其他相关信息的收集与分析，研发部要对数据的波动进行规律性的总结。 **3. 确定研发质量改进目标** ☆研发部确定研发质量改进目标，且与企业总体经营目标紧密结合，并突出研发过程质量管理。

（续）

任务名称	执行程序、工作标准与考核指标
研发质量信息汇总与分析	☆研发质量改进目标报研发部经理审核，研发部经理附自己的审核意见，审核通过后报分管副总审批。 **工作重点** 研发质量改进课题要合理，要用科学的方法进行选择，要全面考虑课题内容对于成本控制、技术鉴定、质量总体水平的影响。
	工作标准
	☆参照标准：研发质量改进目标可参照同行业优秀企业的研发质量改进情况。 ☆完成标准：研发部分析研发质量问题后确定研发质量改进目标。
	考核指标
	☆目标的完备性：目标应包含设计产品的性能、研发成本、工作流程的要求等，从而保证研发质量改进工作带来的效益最大化。 ☆目标的明确性：目标的文字表达清晰、明了，无歧义。
制订研发质量改进计划并组织实施	**执行程序**
	1. 制订研发质量改进计划 ☆研发部根据已经审批通过的研发质量攻进目标，结合企业的实际，制订研发质量改进计划。 ☆改进计划内容包括需改进的项目、详细的改进方案、执行负责人、改进考核措施、改进实施周期、质检标准等。 **2. 组织实施** 质量改进的实施需要研发部全体员工的积极参与，并严格按照研发质量改进计划的要求进行，相关负责人要及时做好登记。 **工作重点** 研发部应注意研发质量改进计划的可操作性，尤其是在质量改进的流程设计、人员安排、成本预算等都方面要做到科学、合理。
	工作标准
	☆参照标准：研发质量改进计划可参照企业以往年度的研发质量改进计划来制订。 ☆目标标准：经过实施研发质量改进计划，质量问题得到有效解决。
	考核指标
	☆安全隐患整改率：力争达到____%。 $\text{安全隐患整改率}=\dfrac{\text{整改完成的安全隐患数}}{\text{应该整改的安全隐患数}}\times 100\%$

（续）

任务名称	执行程序、工作标准与考核指标
效果评估	**执行程序** **质量改进效果检查与评估** ☆实施质量改进后，研发部要对质量改进效果进行检查与评估，形成研发质量改进效果评估报告提交研发部经理审核、分管副总审批。 ☆质量改进效果的评估方法一般有客户评估法、专家评估法、产品性能评估法等。 **工作重点** 质量改进是一个艰难且永无止境的过程，研发部所有人员要注意持续推进。 **工作标准** ☆目标标准：通过质量改进效果检查与评估，总结经验教训以进一步提升企业的研发质量。 **考核指标** ☆研发质量改进目标完成总数：用来评估研发质量改进的绩效，以考核期内已经通过审批的研发质量改进目标数量来衡量。 ☆领导满意度：以相关领导对研发质量改进工作的满意度评分的算术平均值来衡量。
执行规范	
“研发质量改进管理制度”“研发质量改进计划”“研发质量改进效果评估报告”。	

第13章 研发人员管控

13.1 研发人员管控流程设计

13.1.1 流程管理的目的

企业之间的竞争归根到底是人的竞争，如何将合适的人员配备到合适的职位上，并让其从事合适的工作，从而实现“人适其位，位得其人”，是企业管理者不可忽视的一个问题。就人员管控这一环节的工作而言，其内容是多方面的，主要包括招聘管理、培训管理、薪酬管理等。

企业对研发人员管控工作实施流程管理的目的如下。

（1）规范、完善人才引进的程序，提高人才招聘的成效。

（2）让员工更好地胜任工作，促进工作效率的提高和企业目标的实现。

（3）强化企业内部管理，规范员工的工作和行为标准，引导建立积极向上的工作氛围。

13.1.2 流程结构设计

结合研发人员的工作特点，本章从人才引进、竞业限制调查、离职管理等七个方面，以流程的形式规范了员工的工作行为。研发人员管控流程总体架构如图 13-1 所示。

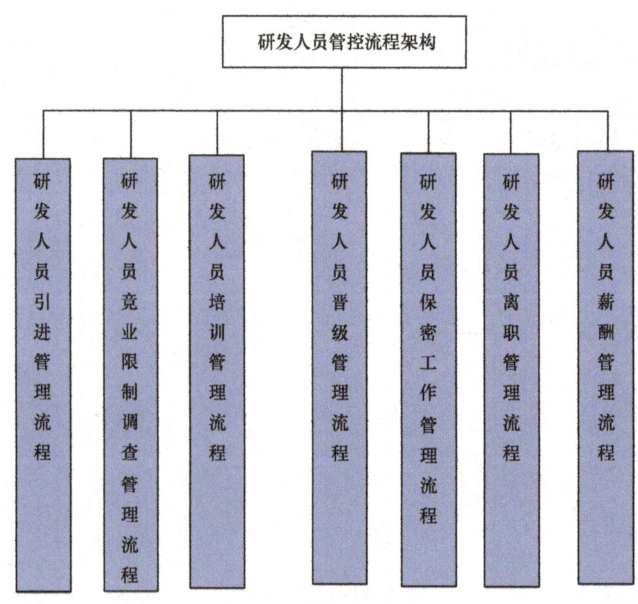

图 13-1　研发人员管控流程总体架构

13.2 研发人员引进管理流程设计与工作执行

13.2.1 研发人员引进管理流程设计

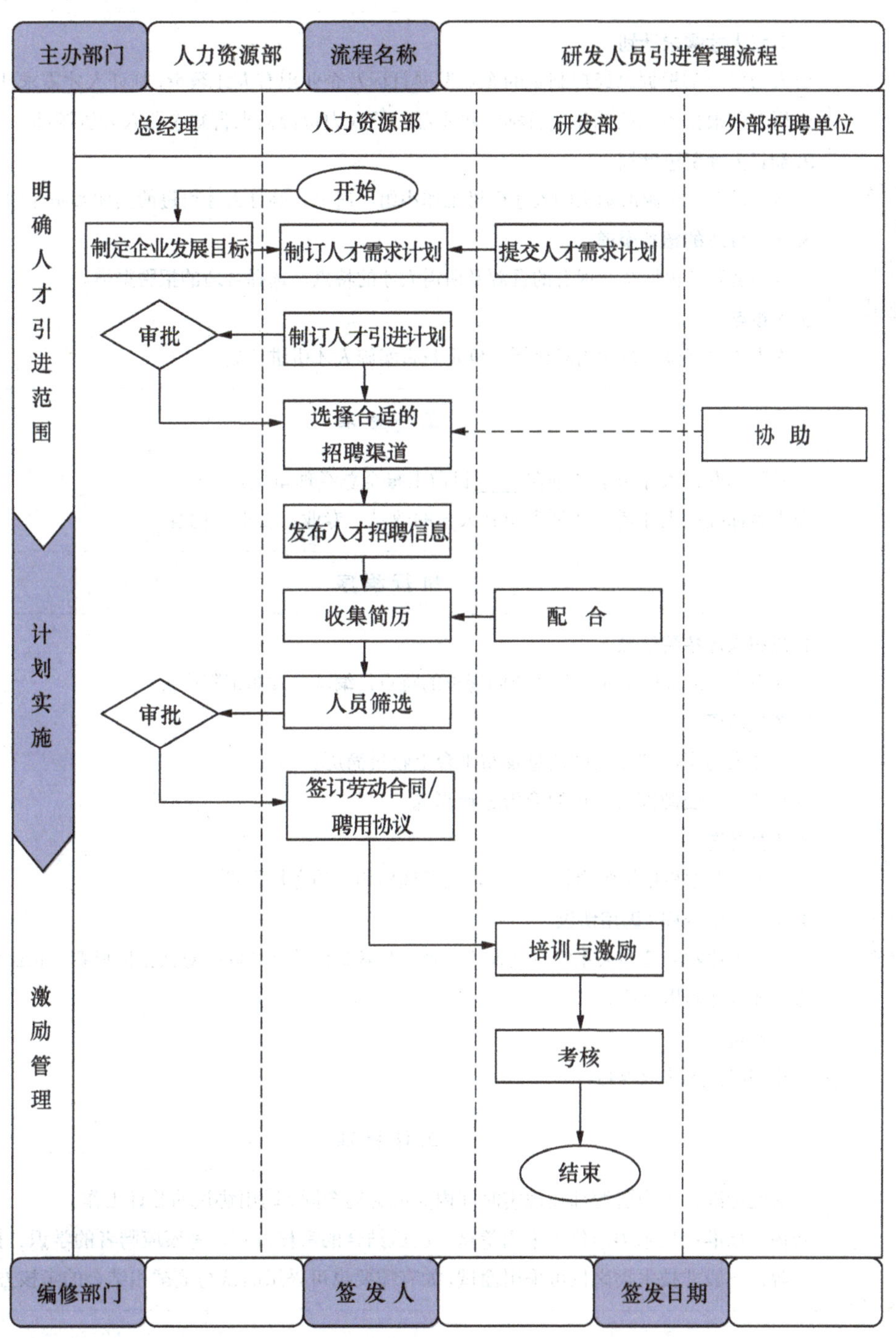

13.2.2　研发人员引进管理执行程序、工作标准、考核指标、执行规范

<table>
<tr><th>任务名称</th><th>执行程序、工作标准与考核指标</th></tr>
<tr><td rowspan="4">明确人才引进范围</td><td>执行程序</td></tr>
<tr><td>1. 制订人才需求计划
☆人力资源部根据总经理制定的企业发展目标及企业现有人才数量，制订人才需求计划。
☆研发部根据本部门的年度目标，将本部门的人力资源需求告知企业人力资源部。
2. 制订人才引进计划
成立以人力资源部牵头的人才引进工作小组，研究、制订人才引进的具体实施计划。
3. 选择合适的招聘渠道
人力资源部根据企业现有的资源及所需人才的特点，选择合适的招聘渠道。
工作重点
人力资源部做好招聘需求分析，确定是否实施人才引进计划。</td></tr>
<tr><td>工作标准</td></tr>
<tr><td>☆时间标准：人才引进计划在____日前上报至总经理审批。
☆内容标准：人才需求计划需明确人才的数量、专业、要求等内容。</td></tr>
<tr><td rowspan="4">计划实施</td><td>执行程序</td></tr>
<tr><td>1. 发布人才招聘信息
人力资源部根据企业实际及招聘岗位的特点，编制并发布招聘广告。
2. 收集简历
☆企业人力资源部在招聘信息发布平台上收集简历。
☆企业人力资源部对收集的简历进行筛选。
3. 人员筛选
人力资源部根据招聘岗位的不同，灵活选用相应的考核方式。
4. 签订劳动合同 / 聘用协议
对与企业建立劳动关系的引进人才，企业与其签订劳动合同；对其他情形者，企业与引进人才签订聘用协议。
工作重点
招聘广告无违规内容。</td></tr>
<tr><td>工作标准</td></tr>
<tr><td>☆时间标准：人力资源部在规定时间内完成劳动合同 / 聘用协议的签订工作。
☆内容标准：技术类岗位可采用笔试与面试结合的考核方式，考察应聘者的学识、技能等；一般非技术类岗位可采用面试，如有需要也可采用面试与笔试相结合的考核方式。</td></tr>
</table>

（续）

<table>
<tr><th>任务名称</th><th>执行程序、工作标准与考核指标</th></tr>
<tr><td rowspan="2">计划实施</td><td>考核指标</td></tr>
<tr><td>☆合同签订及时率。
$$合同签订及时率=\frac{及时签订的合同数量}{应签订合同的总数量}\times 100\%$$</td></tr>
<tr><td rowspan="4">激励管理</td><td>执行程序</td></tr>
<tr><td>1. 培训与激励
☆人力资源部通过各种专项培训及其他方式，提升人才的潜能。
☆通过薪酬、职业生涯构建等方式来激励企业引进的人才，充分调动其工作积极性。
2. 考核
考核以岗位目标责任书为主要内容，考核结果作为奖惩兑现的依据。
工作重点
激励及时。</td></tr>
<tr><td>工作标准</td></tr>
<tr><td>☆时间标准：人力资源部按照岗位目标责任书的内容，在规定时间内完成考核工作。</td></tr>
<tr><td colspan="2">执行规范</td></tr>
<tr><td colspan="2">“人才引进管理办法”“人才需求计划”“人才引进实施计划”“劳动合同”“聘用协议”“岗位目标责任书”。</td></tr>
</table>

13.3 研发人员竞业限制调查管理流程设计与工作执行

13.3.1 研发人员竞业限制调查管理流程设计

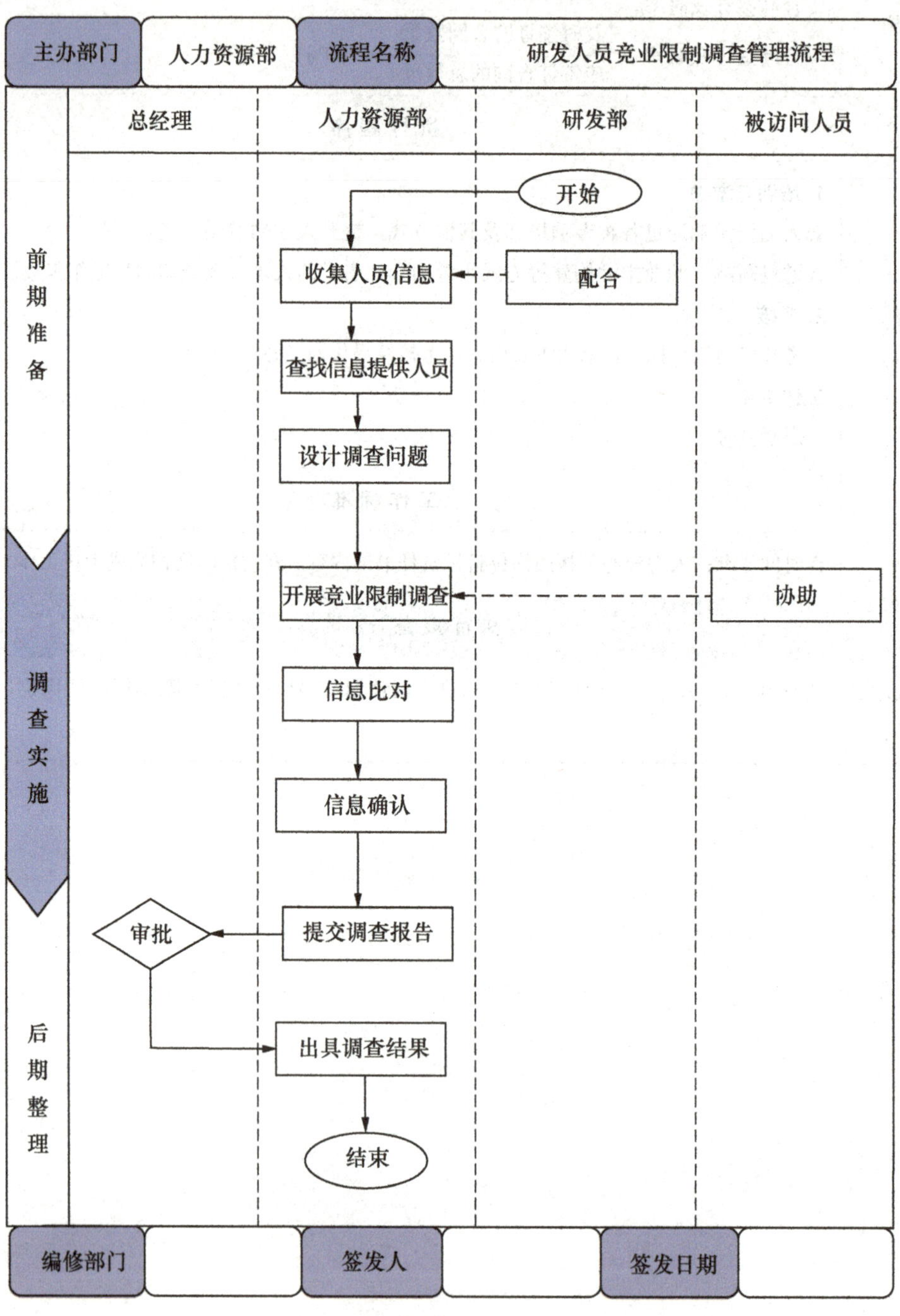

13.3.2 研发人员竞业限制调查管理执行程序、工作标准、考核指标、执行规范

任务名称	执行程序、工作标准与考核指标
前期准备	**执行程序** **1. 收集人员信息** 人力资源部对需要做竞业限制调查的研发人员的工作信息如简历等资料进行收集与整理，将这些资料作为背景调查的基本项目和后期信息核对的材料。 **2. 查找信息提供人员** 人力资源部根据企业的需求确定调查重点，查找有效的信息提供人员。 **3. 设计调查问题** 人力资源部整理提纲，设计调查问题以便收集需要重点验证的问题。 **工作重点** ☆人力资源部设计的调查问题要有针对性，通过访问能获取所需的信息。 ☆人力资源部设计的调查问题应与其工作情况有关。 **工作标准** ☆质量标准：信息收集尽可能全面。 ☆内容标准：信息提供人员包括研发人员上一工作单位的人力资源部工作人员、同事、领导等。
调查实施	**执行程序** **1. 开展竞业限制调查** 根据设计的调查问题，人力资源部通过电话、网络等方式开展信息收集工作，并做好记录。 **2. 信息比对** 对比背调信息与原始信息的出入，对同样问题出现不同信息的，应寻找更多信息进行佐证。 **工作重点** ☆人力资源部选择恰当的时间进行调查。 ☆人力资源部如实记录被访问者的意见。 **工作标准** ☆时间标准：人力资源部应在 ____ 日内完成竞业限制调查工作。 ☆质量标准：竞业限制调查的信息记录完整、准确。

（续）

<table>
<tr><th>任务名称</th><th>执行程序、工作标准与考核指标</th></tr>
<tr><td rowspan="6">后期
整理</td><td>执行程序</td></tr>
<tr><td>1. 提交调查报告
人力资源部根据调查情况编制调查报告，提交企业总经理审批。
2. 出具调查结果
根据企业总经理的审批意见，人力资源部将调查结果反馈至研发部经理。
工作重点
人力资源部要确保调查结果客观。</td></tr>
<tr><td>工作标准</td></tr>
<tr><td>☆时间标准：人力资源部在 ____ 个工作日内完成调查报告的编制工作。
☆质量标准：调查结果要以事实为依据，避免主观评价。</td></tr>
<tr><td>考核指标</td></tr>
<tr><td>☆调查结果反馈的及时性。</td></tr>
<tr><th colspan="2">执行规范</th></tr>
<tr><td colspan="2">“背景调查人员名单”“调查问题样表”“调查信息记录表”“调查报告”。</td></tr>
</table>

13.4 研发人员培训管理流程设计与工作执行

13.4.1 研发人员培训管理流程设计

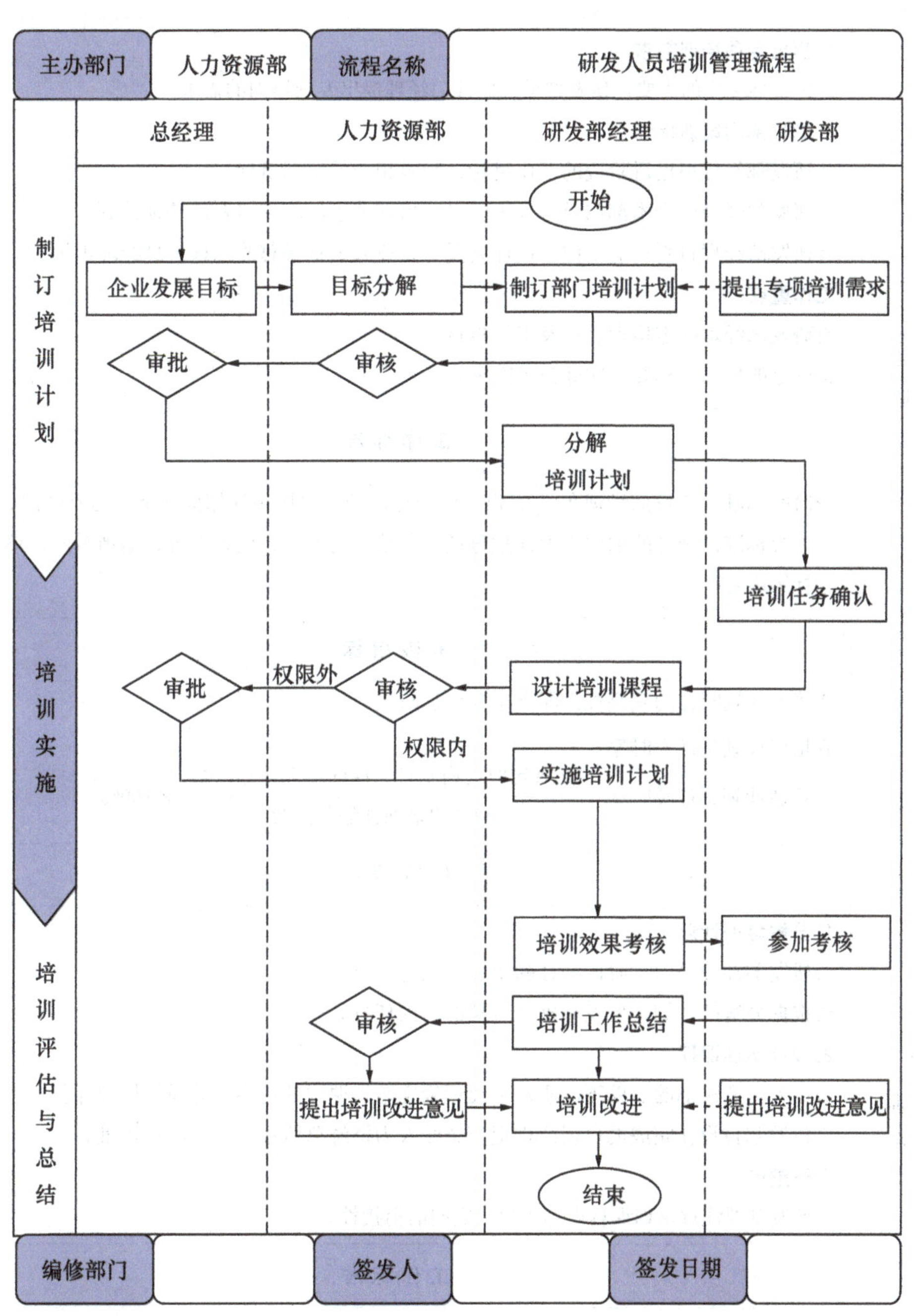

13.4.2 研发人员培训管理执行程序、工作标准、考核指标、执行规范

<table>
<tr><th>任务名称</th><th>执行程序、工作标准与考核指标</th></tr>
<tr><td rowspan="6">制订培训计划</td><td>执行程序</td></tr>
<tr><td>1. 提出专项培训需求
因某项工作的需要，研发部员工向部门经理提出专项培训的需求。
2. 制订部门培训计划
☆研发部经理根据近阶段的工作目标，制定相应的培训目标。
☆研发部经理结合本部门员工提出的专项培训需求，制订研发部培训计划。
☆研发部经理将制订的部门培训计划提交企业人力资源总监审核、总经理审批。
工作重点
☆研发部经理确定培训目标及工作重点。
☆确定的培训目标要与实际需求匹配。</td></tr>
<tr><td>工作标准</td></tr>
<tr><td>☆时间标准：研发部经理在____日前将制订出的部门培训计划提交至人力资源部。
☆内容标准：制订的部门培训计划包括接受培训的人员、培训内容、培训时间、培训目标等内容。</td></tr>
<tr><td>考核指标</td></tr>
<tr><td>☆培训计划制订的完整性：即无重要信息缺失。
☆培训计划制订及时率。
$$培训计划制订及时率=\frac{在规定时间内制订完成的培训计划次数}{制订的培训计划总次数}\times 100\%$$</td></tr>
<tr><td rowspan="4">培训实施</td><td>执行程序</td></tr>
<tr><td>1. 分解培训计划
☆研发部经理将前一阶段制订的培训计划进行分解。
☆根据分解的计划，研发部确认近期的培训任务。
2. 设计培训课程
☆在人力资源部的协助下，研发部经理确定培训课程的内容，并设计培训课程。
☆研发部将设计完成的培训课程提交企业人力资源总监审核、总经理审批。
工作重点
研发部要注意培训课程内容各模块之间的衔接性。</td></tr>
<tr><td>工作标准</td></tr>
<tr><td>☆质量标准：培训课程设计符合培训目标、内容实用、呈现方式有吸引力。
☆时间标准：培训工作依照计划完成。</td></tr>
</table>

（续）

<table>
<tr><th>任务名称</th><th>执行程序、工作标准与考核指标</th></tr>
<tr><td rowspan="2">培训实施</td><td>考核指标</td></tr>
<tr><td>☆培训计划完成率。
$$培训计划完成率=\frac{培训完成的项目（时）数}{计划完成的项目（时）数}\times100\%$$
☆员工培训参与率。
$$员工培训参与率=\frac{实际参加培训的员工数}{规定应参加培训的总人数}\times100\%$$
☆员工受训率。
$$员工受训率=\frac{参加培训的员工总数}{员工总数}\times100\%$$</td></tr>
<tr><td rowspan="6">培训评估与总结</td><td>执行程序</td></tr>
<tr><td>1. 培训效果考核
培训计划完成后，研发部经理需对培训效果进行考核，人力资源部应予以协助。
2. 培训改进
研发部经理结合人力资源部提出的培训改进意见，对培训工作加以改进。
工作重点
☆人力资源部测算出培训投资的增值效果。
☆人力资源部要明确下阶段培训工作的改进方向。</td></tr>
<tr><td>工作标准</td></tr>
<tr><td>☆质量标准：培训计划达到了预期的培训效果。
☆时间标准：研发部经理须在规定的时间内完成培训效果考核工作。</td></tr>
<tr><td>考核指标</td></tr>
<tr><td>☆培训考核达标率。
$$培训考核达标率=\frac{培训考核达标人数}{培训考核总数}\times100\%$$
☆培训投资回报率。
$$培训投资回报率=\frac{培训项目收益}{培训项目成本}\times100\%$$</td></tr>
<tr><td colspan="2">执行规范</td></tr>
<tr><td colspan="2">“培训管理制度”“研发部培训计划”“培训效果评估实施办法”“研发部员工培训实施方案”“研发部培训工作总结”“培训效果评估报告”。</td></tr>
</table>

13.5 研发人员晋级管理流程设计与工作执行

13.5.1 研发人员晋级管理流程设计

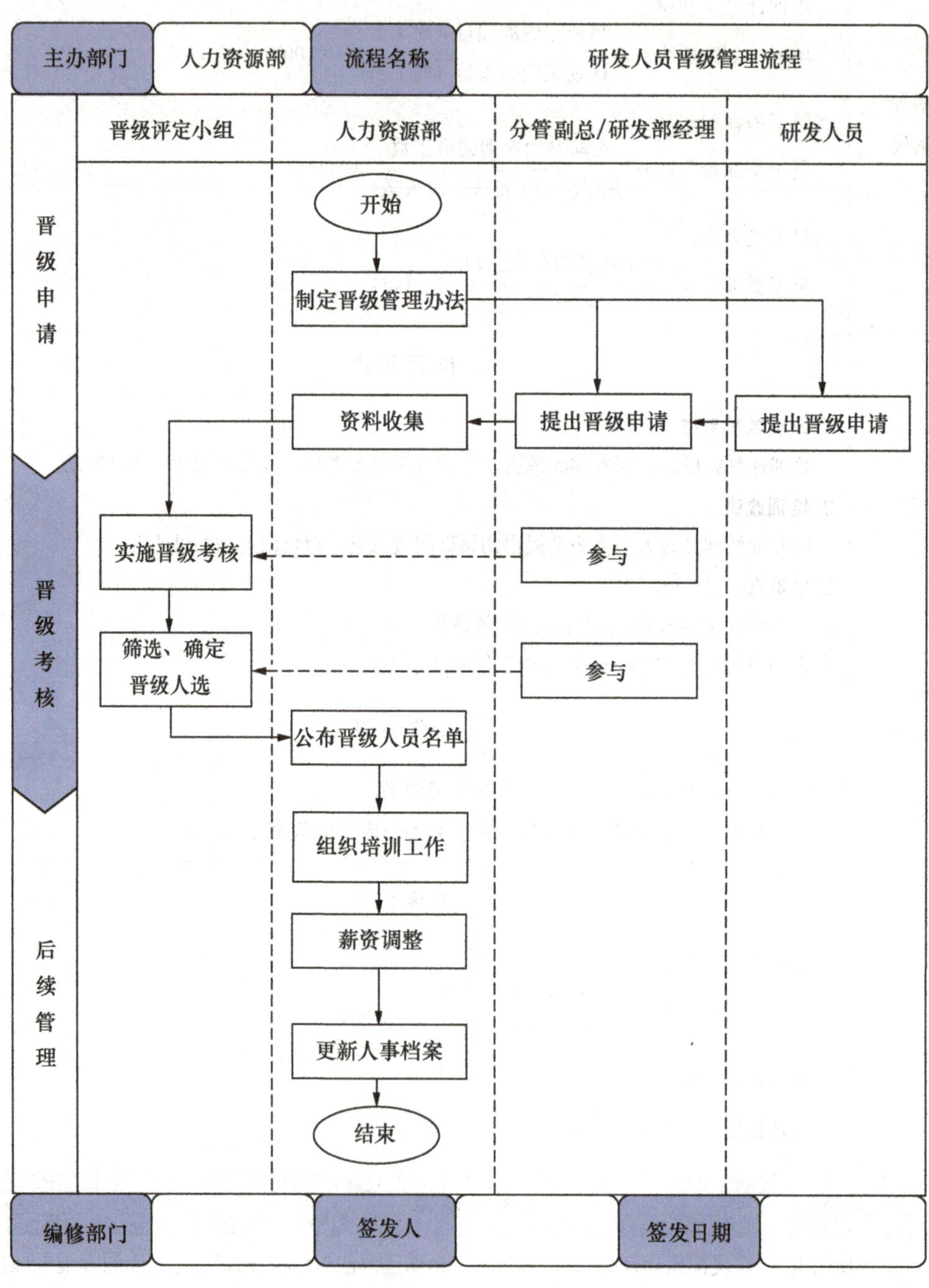

13.5.2 研发人员晋级管理执行程序、工作标准、考核指标、执行规范

<table>
<tr><th>任务名称</th><th>执行程序、工作标准与考核指标</th></tr>
<tr><td rowspan="4">晋级
申请</td><td>执行程序</td></tr>
<tr><td>1. 制定晋级管理办法
企业人力资源部根据企业现状，并参考同行业优秀企业的管理经验，制定员工晋级管理办法，经总经理审批通过后发布。
2. 提出晋级申请
☆符合晋级的研发人员须将申请资料形成书面稿交至研发部经理。
☆研发部经理根据员工的工作绩效及能力水平为员工提出晋级申请，并将申请资料提交至人力资源部。
3. 资料收集
人力资源部将申请晋级的研发人员的申请表、部门考核意见、人力资源部意见等资料提交晋级评定小组进行审核、评估。
工作重点
晋级管理办法对参评资格及评定标准的规定需清晰且便于操作。</td></tr>
<tr><td>工作标准</td></tr>
<tr><td>☆时间标准：晋级考评每半年 /____ 年进行一次；研发人员有重大技术创新或贡献时，由部门经理申报，分管副总和总经理批准后可直接晋级。
☆内容标准：晋级可分为两种：职等晋级、职级晋级；职等不变、职级晋级。
☆质量标准：由员工主动提出晋级时，研发部经理要对其任职条件进行初步核查。</td></tr>
<tr><td rowspan="4">晋级
考核</td><td>执行程序</td></tr>
<tr><td>1. 实施晋级考核
晋级评定小组组织实施本企业的晋级考核工作。
2. 筛选、确定晋级人选
☆由研发部负责人、分管副总、人力资源部经理组成晋级评定小组，对申请晋级的研发人员进行评估。
☆评估结果反馈至人力资源部，人力资源部将晋级人员名单提交企业总经理审批。
3. 公布晋级人员名单
人力资源部根据总经理审批意见在企业内公布晋级人员名单。
工作重点
人力资源部制定的考核方法恰当。</td></tr>
<tr><td>工作标准</td></tr>
<tr><td>☆质量标准：参评资格需从员工的学历、行业工作经验、专业能力水平、工作业绩等方面做出规定。
☆时间标准：晋级人员确定后的 ____ 个工作日内在企业内部发布公告。</td></tr>
</table>

（续）

<table>
<tr><th>任务名称</th><th>执行程序、工作标准与考核指标</th></tr>
<tr><td rowspan="6">后续
管理</td><td>执 行 程 序</td></tr>
<tr><td>**1. 组织培训工作**
企业人力资源部组织好对晋级人员的培训工作。
2. 薪资调整
根据确定的职级，人力资源部对晋级员工的薪资进行合理的调整。
工作重点
不同职级对应不同的薪资水平，薪酬调整需具有较强的激励性。</td></tr>
<tr><td>工 作 标 准</td></tr>
<tr><td>☆时间标准：薪资调整从职级调整 ____ 个月后开始实施。</td></tr>
<tr><td>考 核 指 标</td></tr>
<tr><td>☆培训计划完成率。
$$培训计划完成率=\frac{培训完成的项目（时）数}{计划完成的项目（时）数}\times 100\%$$</td></tr>
<tr><td colspan="2">执 行 规 范</td></tr>
<tr><td colspan="2">“员工晋级管理制度”“晋级评估表”“员工晋级申请表”“员工晋级审核表”“晋级通知”。</td></tr>
</table>

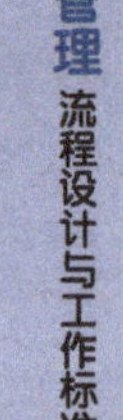

13.6 研发人员保密管理流程设计与工作执行

13.6.1 研发人员保密管理流程设计

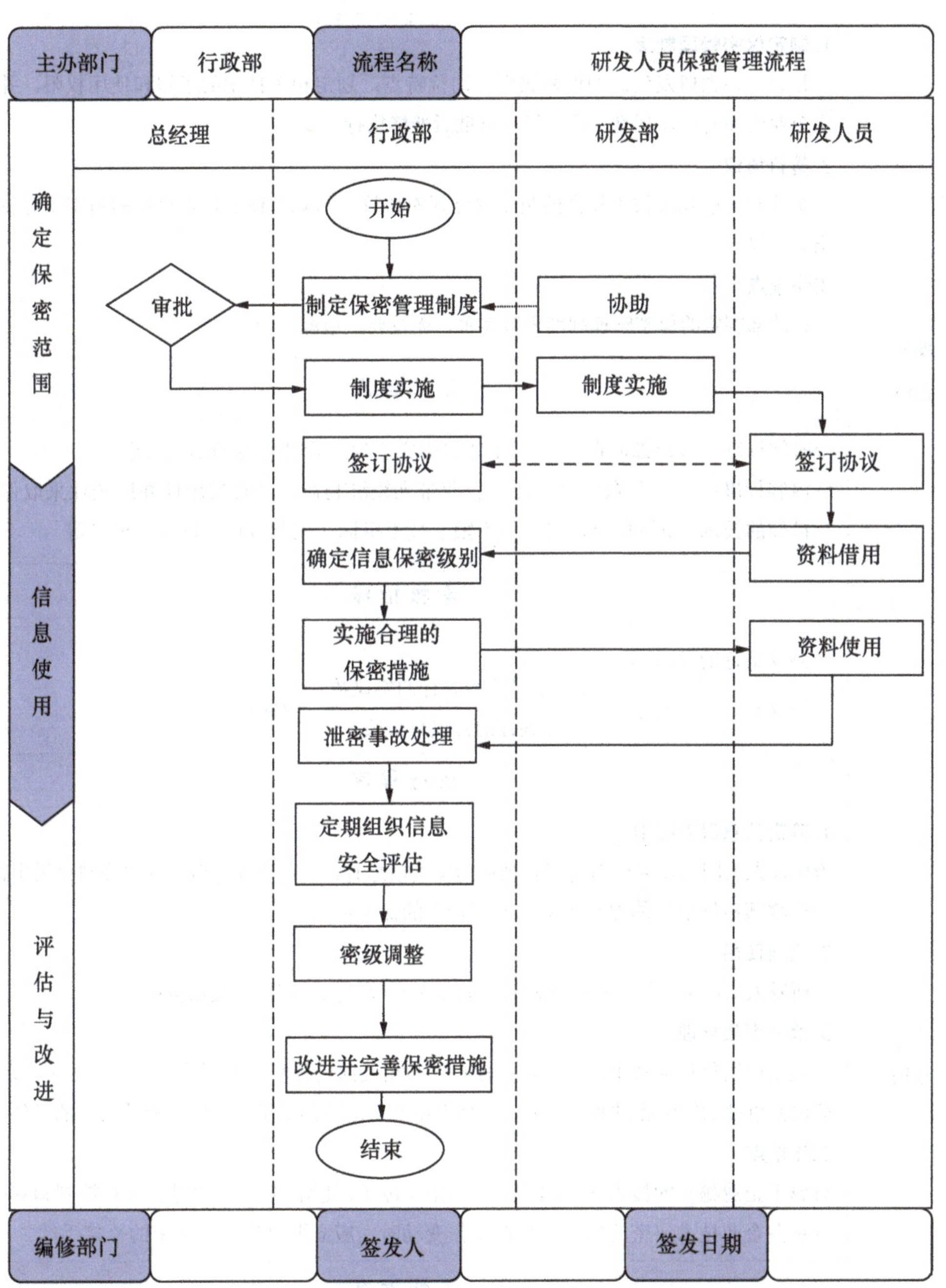

13.6.2 研发人员保密管理执行程序、工作标准、考核指标、执行规范

<table>
<tr><th>任务名称</th><th>执行程序、工作标准与考核指标</th></tr>
<tr><td rowspan="6">确定保密范围</td><td>执行程序</td></tr>
<tr><td>1. 制定保密管理制度
行政部根据研发信息的保密级别及岗位特点，划定相关技术的了解和使用权限，并制定企业的保密管理制度，经总经理审批后严格执行。
2. 签订协议
企业与可能知悉技术秘密的员工签订保密协议，与知悉核心技术秘密的员工签订竞业限制协议。
工作重点
行政部制定的保密管理制度内容完善，无重要点遗漏。</td></tr>
<tr><td>工作标准</td></tr>
<tr><td>☆时间标准：行政部应在 ____ 个工作日内完成保密管理制度的制定工作。
☆内容标准：不为公众知悉、能为企业带来经济利益、具有实用性并经企业采取保密措施的技术 / 研发信息，包括但不限于技术指标、工艺流程、图纸、模型等。</td></tr>
<tr><td>考核指标</td></tr>
<tr><td>☆协议签订的及时率。
$$协议签订的及时率=\frac{在规定时间内签订的协议数}{应签订的协议总份数}\times100\%$$</td></tr>
<tr><td rowspan="4">信息使用</td><td>执行程序</td></tr>
<tr><td>1. 确定信息保密级别
☆研发人员因工作需要而需查看企业的保密信息时，需向企业行政部提出资料借用申请。
☆行政部根据信息的保密级别，实施合理的保密措施。
2. 资料使用
研发人员严格依据企业的保密管理制度及行政部的管理要求使用资料。
3. 泄密事故处理
发生研发信息泄密事件后，企业行政部与相关部门须对泄密事件进行全面的了解，明确泄密事件的发生经过及责任人，评估泄密事件造成的后果，并追究相关人员的责任。
工作重点
☆属于企业秘密的技术文件、信息，其制作、传递、使用、复制等要进行重点控制和规范。
☆掌握企业技术秘密的研发人员在工作变动时，应立即办理技术秘密的交接手续。</td></tr>
<tr><td>工作标准</td></tr>
<tr><td>☆作业标准：行政部严格依据资料的保密级别采取相应的管控措施。</td></tr>
</table>

（续）

任务名称	执行程序、工作标准与考核指标
评估与改进	**执行程序** **1. 定期组织信息安全评估** 行政部应定期组织研发人员对信息安全等方面进行评估，发现漏洞及时纠正和改进。 **2. 密级调整** 根据评估的结果，行政部对研发信息的保密级别进行调整。 **工作重点** 研发保密文件、资料采取专柜存放。 **工作标准** ☆时间标准：行政部每季度 / 半年对信息的保密级别及安全性评估一次。
执行规范	
“员工保密行为准则”“技术保密管理制度”“信息安全评估表”“技术密级调整表”“泄密事故处理报告”。	

13.7 研发人员离职管理流程设计与工作执行

13.7.1 研发人员离职管理流程设计

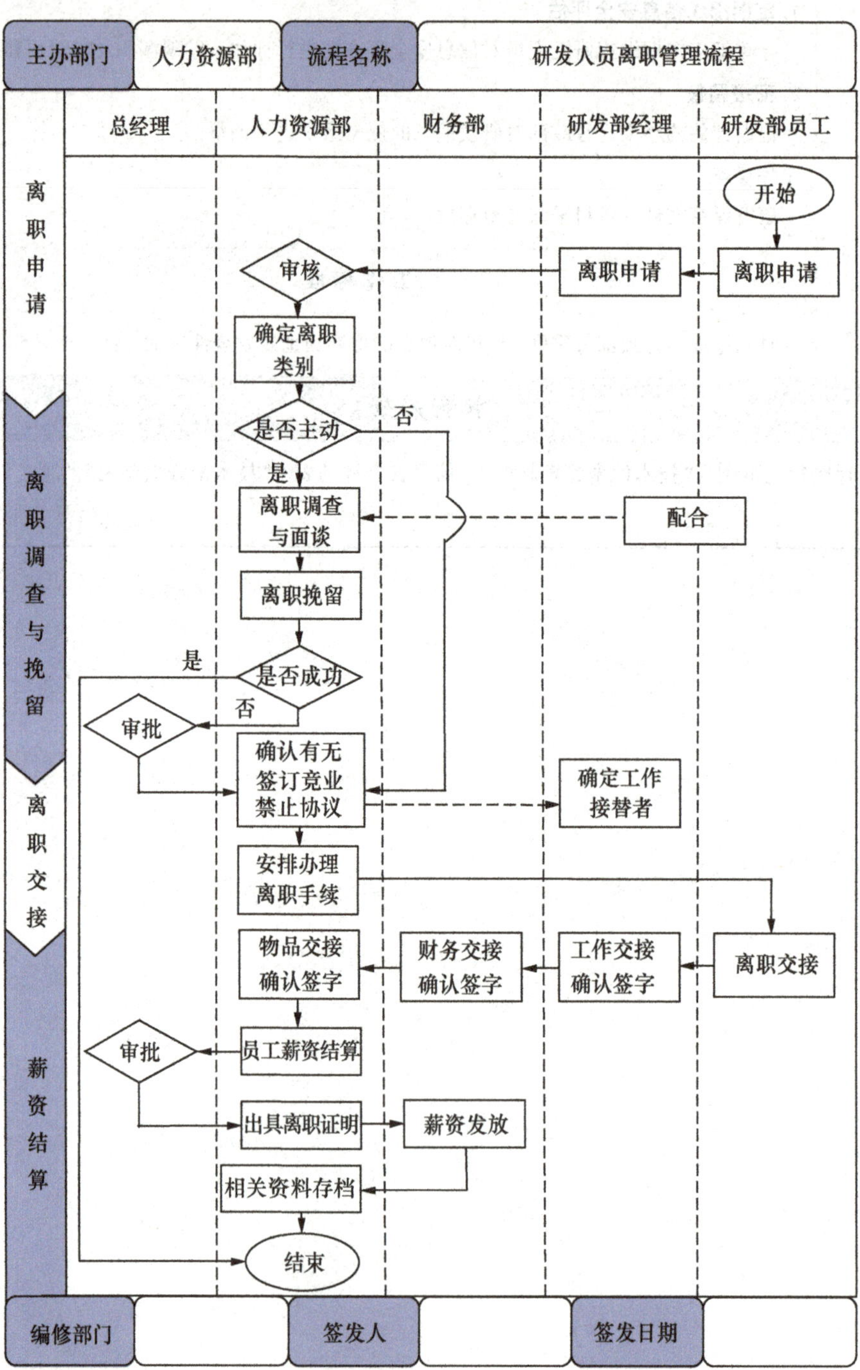

13.7.2 研发人员离职管理执行程序、工作标准、考核指标、执行规范

任务名称	执行程序、工作标准与考核指标
离职申请	**执行程序**
	1. 离职申请 企业研发部员工决定离职，需向研发部经理提交离职申请。 **2. 确定离职类别** 人力资源部审核员工及研发部提交的离职申请，确定离职类别。 **工作重点** 人力资源部要明确离职审批权限与程序。
	工作标准
	☆内容标准：人力资源部明确离职的类别。 ☆完成标准：人力资源部审核离职程序是否规范。
离职调查与挽留	**执行程序**
	1. 离职调查与面谈 ☆针对主动申请离职的员工，人力资源部与员工进行面谈，了解员工离职的原因。 ☆人力资源部还需与研发部经理面谈，了解员工的情况。 **2. 离职挽留** 根据离职调查与面谈结果，人力资源部对员工进行挽留，尽可能挽留住优秀员工。 **工作重点** 人力资源部实施挽留措施。
	工作标准
	☆面谈重点突出，信息记录完整。 ☆人力资源部通过离职面谈，了解员工离职原因，及时发现企业存在的各种管理问题。
离职交接	**执行程序**
	1. 安排办理离职手续 ☆人力资源部与员工确认离职时间。 ☆在离职通知发放后，人力资源部在离职到期日前安排员工办理离职手续，签订离职协议，发放离职交接表及离职手册，并由相关人员填写完成离职交接表。 **2. 物品交接确认签字** ☆人力资源部确认员工与本部门及财务部各项交接工作已完成。 ☆人力资源部收回离职员工工作证、门卡、办公用品等物品。 **工作重点** 人力资源部应确保研发部的技术资源、技术成果得到有效保护，且保证研发工作的连续性。

（续）

<table>
<tr><th>任务名称</th><th>执行程序、工作标准与考核指标</th></tr>
<tr><td rowspan="4">离职
交接</td><td>工作标准</td></tr>
<tr><td>☆时间标准：离职手续在规定的时间内办理完成。
☆内容标准：离职的研发人员应将自己工作过程中的技术资料、技术文档及产品设计的资料提交研发部经理，并以书面形式做出必要的说明，形成书面性的交接文件。</td></tr>
<tr><td>考核指标</td></tr>
<tr><td>☆离职手续办理的规范性。
☆离职手续办理出错次数。</td></tr>
<tr><td rowspan="4">薪资
结算</td><td>执行程序</td></tr>
<tr><td>1. 员工薪资结算
☆人力资源部统计员工本期考勤情况。
☆人力资源部结算离职员工本期应得薪资。
2. 出具离职证明
人力资源部为离职员工出具离职证明。
工作重点
人力资源部需将员工应缴的社保、个人所得税等部分在薪资中扣除。</td></tr>
<tr><td>工作标准</td></tr>
<tr><td>☆人力资源部对离职员工的薪资结算及时、准确。
☆人力资源部出具的离职证明应采用企业统一规定的模板。</td></tr>
<tr><td colspan="2">执行规范</td></tr>
<tr><td colspan="2">“员工离职管理制度”“员工离职申请表”“离职面谈记录表”“员工离职通知单”“离职交接表”“员工考勤表”“员工薪资结算表”“员工离职证明”。</td></tr>
</table>

13.8 研发人员薪酬管理流程设计与工作执行

13.8.1 研发人员薪酬管理流程设计

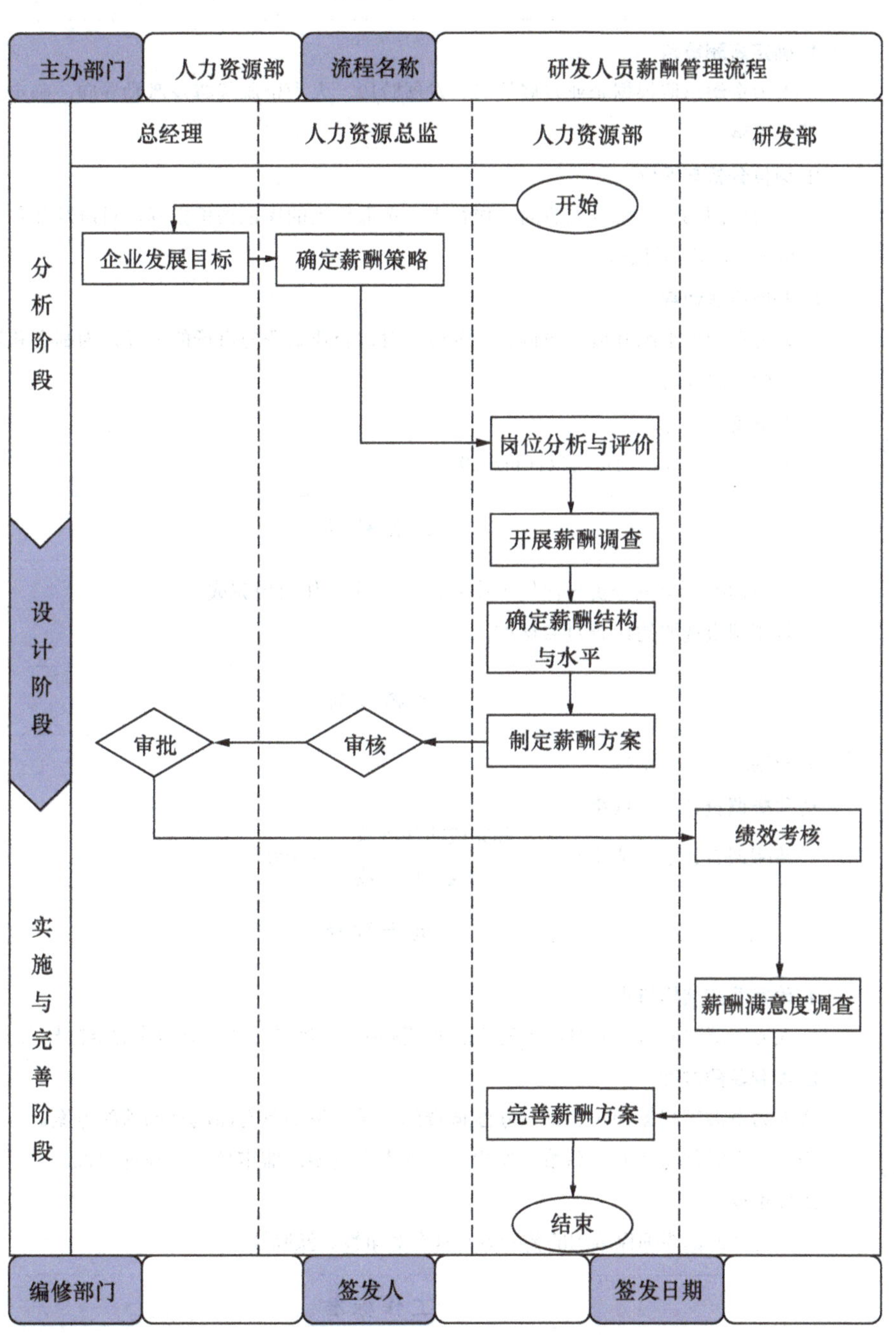

13.8.2 研发人员薪酬管理执行程序、工作标准、考核指标、执行规范

<table>
<tr><th>任务名称</th><th>执行程序、工作标准与考核指标</th></tr>
<tr><td rowspan="6">分析阶段</td><td>执行程序</td></tr>
<tr><td>1. 确定薪酬策略
人力资源总监根据企业发展战略、发展阶段、人力资源战略及激励导向，确定企业的薪酬策略。
2. 岗位分析与评价
人力资源部结合研发人员的工作特点，选取恰当的岗位评价指标，对研发部各岗位的价值进行分析与评价。
3. 开展薪酬调查
人力资源部组织开展薪酬调查，分析、对比企业薪酬与市场的差异，为制定和调整薪酬结构提供依据。
工作重点
人力资源部合理制定岗位评价标准。</td></tr>
<tr><td>工作标准</td></tr>
<tr><td>☆时间标准：岗位分析与评价工作应在 ____ 个工作日内完成。
☆薪酬调查选取的调查对象精准。</td></tr>
<tr><td>考核指标</td></tr>
<tr><td>☆数据收集的准确性。
☆薪酬调查计划完成率。
$$薪酬调查计划完成率=\frac{实际完成的任务数}{计划完成的任务数}\times100\%$$</td></tr>
<tr><td rowspan="4">设计阶段</td><td>执行程序</td></tr>
<tr><td>1. 确定薪酬结构与水平
人力资源部根据薪酬调查情况及企业实际情况，确定适合企业的薪酬结构与水平。
2. 编制薪酬方案
☆人力资源部根据岗位评估及薪酬调查的结果，编制具有激励性的薪酬方案。
☆人力资源部将编制的薪酬方案提交企业人力资源总监审核、总经理审批。
工作重点
人力资源部要确保编制的薪酬方案具有竞争性、激励性。</td></tr>
<tr><td>工作标准</td></tr>
<tr><td>☆时间标准：人力资源部应在 ____ 个工作日内完成薪酬方案的制定工作。</td></tr>
</table>

（续）

<table>
<tr><th>任务名称</th><th>执行程序、工作标准与考核指标</th></tr>
<tr><td rowspan="6">实施
与
完善
阶段</td><td>执行程序</td></tr>
<tr><td>1. 绩效考核
研发部根据绩效考核结果，计算研发人员的浮动工资。
2. 薪酬满意度调查
在企业内部，研发部通过问卷调查、面谈等方式实施研发人员薪酬满意度调查。
3. 完善薪酬方案
人力资源部根据薪酬满意度调查结果，完善研发人员的薪酬方案，使之更符合企业及研发人员的需求。
工作重点
研发部选择的调查方式能满足信息收集的需要。</td></tr>
<tr><td>工作标准</td></tr>
<tr><td>☆内容标准：薪酬反馈意见收集全面、有效。
☆时间标准：人力资源部应在____个工作日内完成薪酬方案的完善工作。</td></tr>
<tr><td>考核指标</td></tr>
<tr><td>☆信息收集及时性。
☆员工满意度评价。</td></tr>
<tr><td colspan="2">执行规范</td></tr>
<tr><td colspan="2">“企业薪酬管理制度”“研发人员薪酬激励方案”“薪酬市场调查表”“岗位评价表”“薪酬满意度调查表”。</td></tr>
</table>

第14章

研发绩效管理

14.1 研发绩效管理流程设计

14.1.1 流程管理的目的

绩效管理是企业各级管理者和员工为了达成企业发展目标，共同参与的有关绩效计划制订、绩效辅导沟通、绩效考核评价、绩效结果应用和绩效改进的一项工作。

企业对研发绩效管理工作实施流程管理的目的如下。

（1）规范对员工现有工作绩效的检查和改进工作。

（2）为员工晋升、薪酬调整等事项提供可靠依据。

（3）持续提升个人、部门和企业的绩效。

14.1.2 流程结构设计

本章内容基于绩效考核工作开展的流程步骤及研发工作特点而设计，研发绩效管理流程总体架构如图14–1所示。

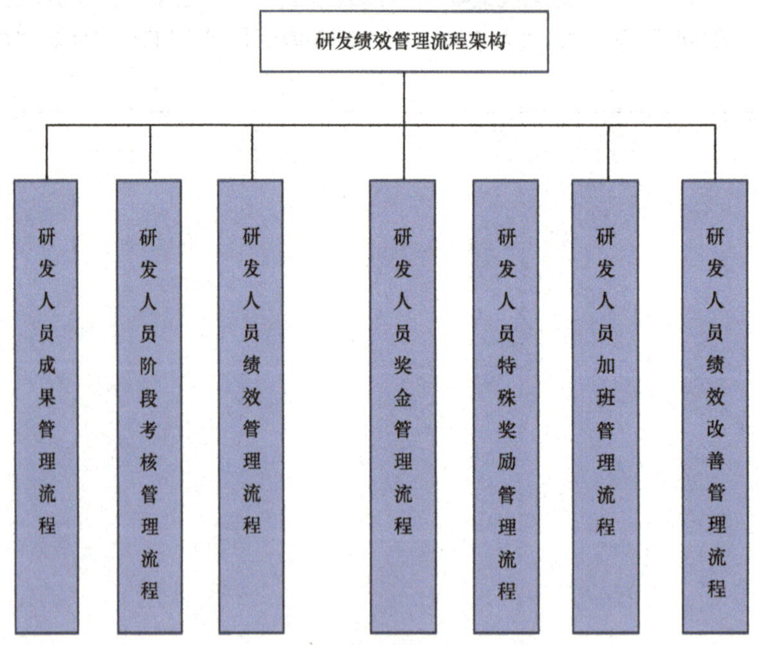

图14–1 研发绩效管理流程总体架构

14.2 研发人员成果管理流程设计与工作执行

14.2.1 研发人员成果管理流程设计

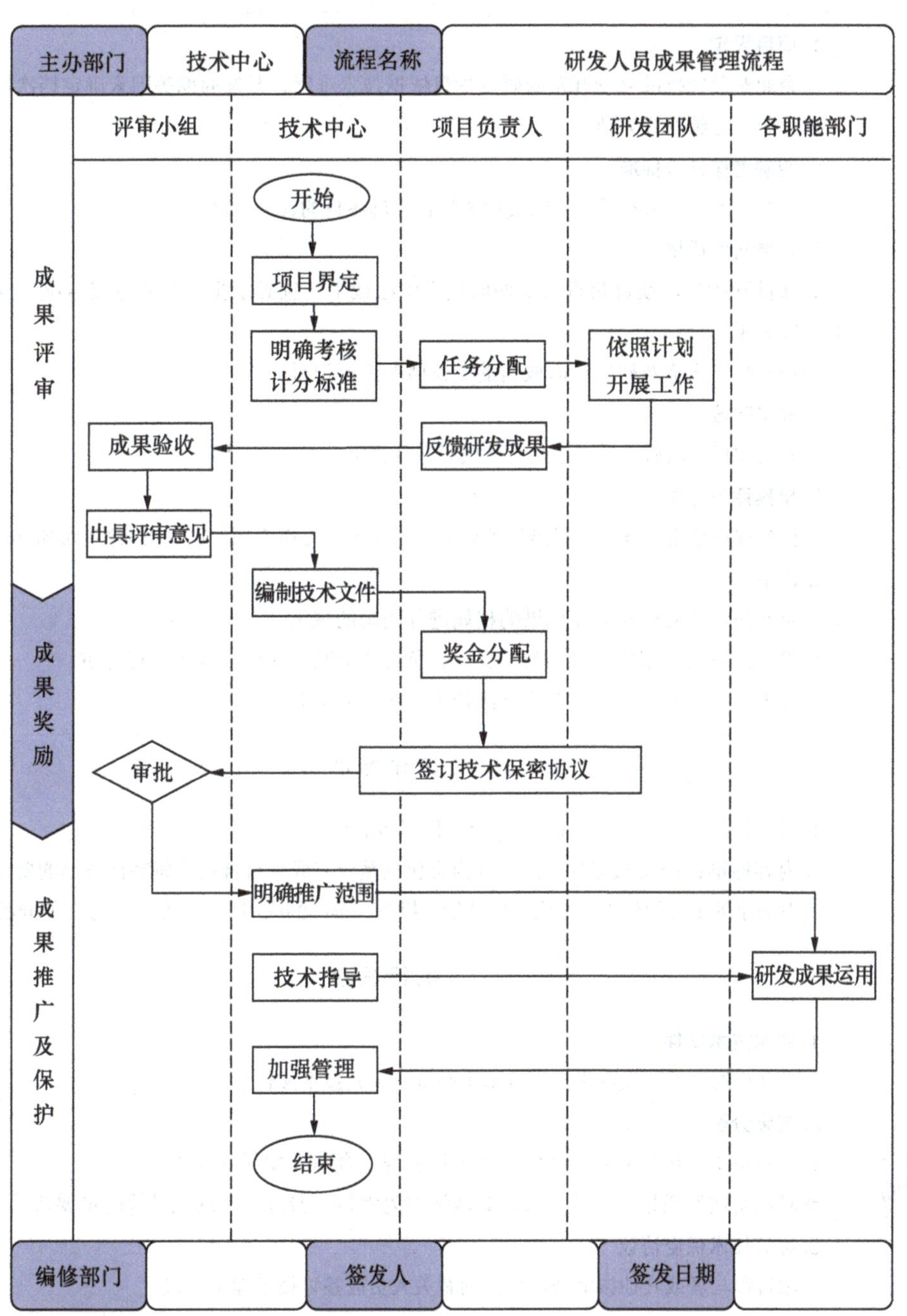

14.2.2 研发人员成果管理执行程序、工作标准、考核指标、执行规范

<table>
<tr><th>任务名称</th><th>执行程序、工作标准与考核指标</th></tr>
<tr><td rowspan="4">成果
评审</td><td>执行程序</td></tr>
<tr><td>1. 项目界定
企业对已经批准立项开发的研发项目依据技术难度、开发周期等因素确定档次，并据此给予一定额度的奖励。
2. 明确考核计分标准
企业技术中心需对获得不同奖项的项目明确各自的计分标准。
3. 反馈研发成果
☆项目开始后，项目负责人定期向技术中心或主管领导汇报项目的进展情况，反馈研发成果。
☆项目负责人需对研发团队成员的工作情况进行记录。
4. 成果验收
研发项目完成后，评审小组对其成果进行评审。
5. 出具评审意见
根据评审结果，评审小组出具评审意见。评审意见作为生产、使用或奖励的依据。
工作重点
☆企业技术中心要对研发成果的权属进行明确的规定。
☆参加评审的专家应本着客观、公正、负责的原则，对研发成果进行评审。
☆评审专家的不同意见应在评审结论中有明确的记载。</td></tr>
<tr><td>工作标准</td></tr>
<tr><td>☆时间标准：评审工作应在 ____ 个工作日内完成。
☆内容标准：研发成果评审的主要内容包括是否完成项目合同或研制任务书的要求；研发成果的主要创新内容及成熟度评价；投产、推广的应用范围与价值；存在的问题等。</td></tr>
<tr><td rowspan="2">成果
奖励</td><td>执行程序</td></tr>
<tr><td>1. 编制技术文件
经评审通过的研发成果，由技术中心统一编制技术文件。
2. 奖金分配
☆项目负责人根据研发团队成员的工作表现，合理分配项目奖金。
☆对获得研发成果奖励的个人，其成绩作为考核、晋升、评选先进等的重要依据。
3. 签订技术保密协议
项目参与者或其他接触技术秘密的有关人员应签订技术保密协议。
工作重点
对弄虚作假等行为，经查证属实，将撤销其奖励并视情节轻重给予批评或处分。</td></tr>
</table>

（续）

<table>
<tr><th>任务名称</th><th>执行程序、工作标准与考核指标</th></tr>
<tr><td rowspan="4">成果奖励</td><td>工作标准</td></tr>
<tr><td>☆时间标准：成果奖励每半年 /____年评审一次。
☆质量标准：企业技术中心对奖励级别及标准进行清晰的界定。</td></tr>
<tr><td>考核指标</td></tr>
<tr><td>☆技术文件编制出错次数。
☆协议签订的及时性：即在规定时间内完成。</td></tr>
<tr><td rowspan="4">成果推广及保护</td><td>执行程序</td></tr>
<tr><td>1. 技术指导
企业技术中心应督促和检查适用部门有序运用新的应用成果，并提供必要的技术指导。
2. 加强管理
☆企业技术中心应通过多种方式加强对研发成果的管理。
☆对于权属整体或部分归企业所有的各类研发成果，未经企业书面同意，任何人不得对外披露具体内容和信息。
工作重点
研发成果的运用程序符合企业相关规定。</td></tr>
<tr><td>工作标准</td></tr>
<tr><td>☆内容标准：研发成果推广的范围包括内部使用和对外转让等方式。
☆质量标准：在研发成果的管理中无技术泄密的情况。</td></tr>
<tr><td colspan="2">执行规范</td></tr>
<tr><td colspan="2">“研发成果管理办法”“研发成果评估表”“目标设定及分解表”“岗位说明书”“奖金分配表”“技术保密协议”。</td></tr>
</table>

14.3 研发人员阶段考核管理流程设计与工作执行

14.3.1 研发人员阶段考核管理流程设计

主办部门	研发部	流程名称	研发人员阶段考核管理流程

	总经理	考核小组	项目经理	研发小组
考核前期设计	审批	审核 制定考核标准	开始 研发项目启动 工作任务分解 明确阶段性考核的内容 绩效指标阶段性分解	明确工作任务
考核实施		工作考核	绩效监控与指导 资料整理 绩效考核结果运用	依照项目进度计划开展工作 阶段性工作完成 自评
绩效改进			绩效改进 结束	

编修部门		签发人		签发日期	

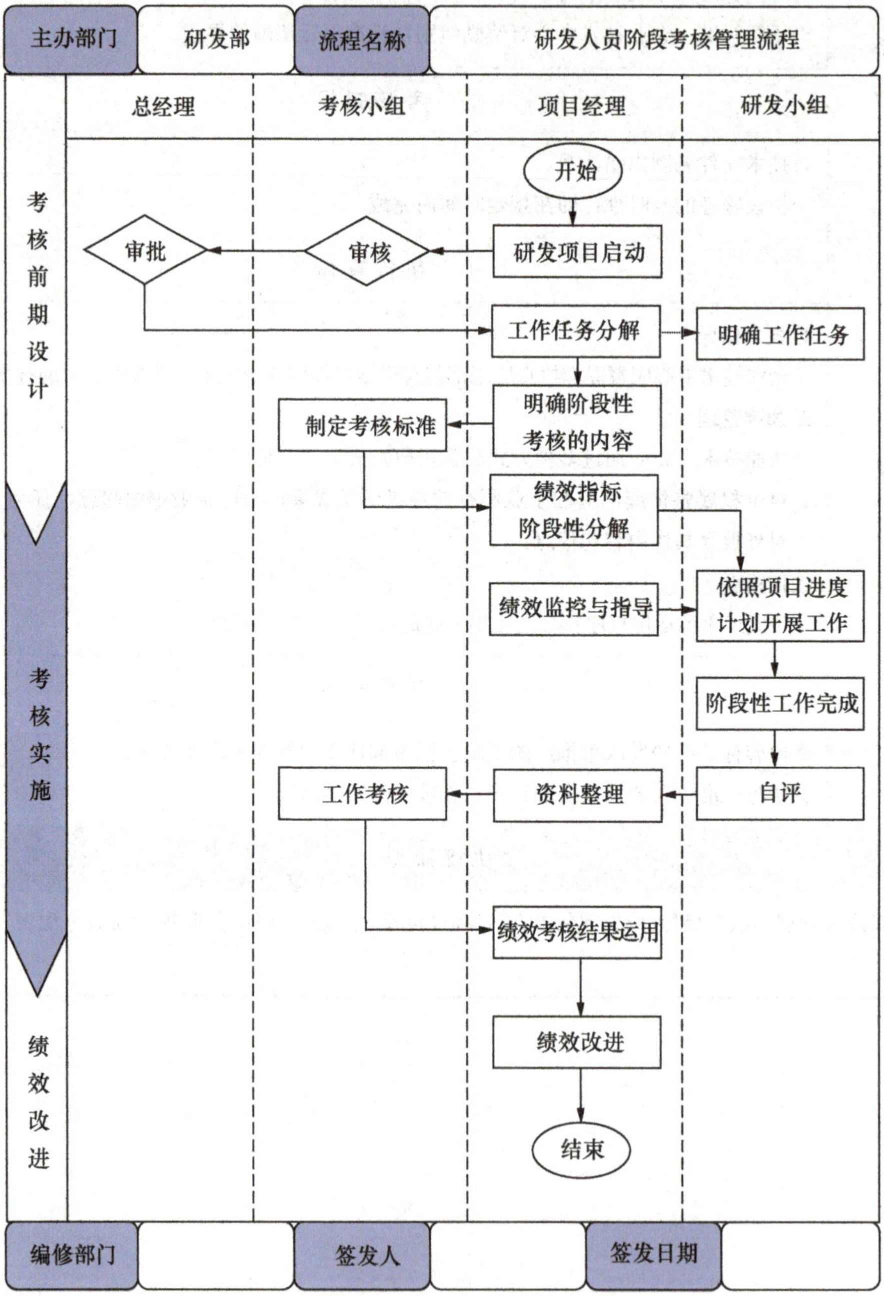

14.3.2 研发人员阶段考核管理执行程序、工作标准、考核指标、执行规范

<table>
<tr><th>任务名称</th><th>执行程序、工作标准与考核指标</th></tr>
<tr><td rowspan="4">考核
前期
设计</td><td>执 行 程 序</td></tr>
<tr><td>1. 研发项目启动
项目经理与其他有关人员共同拟订项目工作目标，明确项目总进度和关键性阶段进度。
2. 工作任务分解
☆项目经理根据项目工作目标制订项目进度计划，分解工作任务，确定工期、关键日期、各阶段的工作，确定控制流程等。
☆项目经理分解工作任务时要与研发小组成员进行沟通。
3. 制定考核标准
考核小组成员根据项目工作目标、项目业务重点等情况，制定考核标准。
工作重点
避免因项目时间节点、阶段性成果设置不清晰、不合理而对考核操作的便利性与考核结果的客观性造成负面影响。</td></tr>
<tr><td>工 作 标 准</td></tr>
<tr><td>☆内容标准：项目阶段性工作考核应包括研发进度、研发质量、研发成本等方面。</td></tr>
<tr><td rowspan="2">考核
实施</td><td>执 行 程 序</td></tr>
<tr><td>1. 依照项目进度计划开展工作
☆研发小组成员依照制订的项目进度计划开展工作。
☆若项目进度计划需要调整，研发小组应向考核小组申请调整，经总经理审批通过后，方可按照调整后的进度计划实施。
2. 绩效监控与指导
☆项目经理对研发小组成员的工作情况进行记录。
☆若项目实施中出现问题，项目经理要对研发小组成员给予及时的指导。
3. 自评
阶段性工作完成后，研发小组依据企业制定的考核标准开展自评工作，并将自评结果报送项目经理审阅。
4. 工作考核
☆阶段性工作考核开始前，项目经理需将研发小组成员的工作记录提交给考核小组。
☆考核小组对项目的完成情况进行评估。
工作重点
考核小组依据员工绩效考核结果，合理实施奖惩措施。</td></tr>
</table>

（续）

<table>
<tr><th>任务名称</th><th>执行程序、工作标准与考核指标</th></tr>
<tr><td rowspan="4">考核
实施</td><td>工 作 标 准</td></tr>
<tr><td>☆质量标准：发现问题及时予以纠正。
☆时间标准：阶段性工作考核应在____个工作日内完成。</td></tr>
<tr><td>考 核 指 标</td></tr>
<tr><td>☆阶段性工作完成的及时性：即阶段性工作实际完成周期与计划完成周期的对比情况。
☆阶段性工作考核按时完成率。
$$阶段性工作考核按时完成率=\frac{及时完成的阶段性工作考核数}{应完成的阶段性工作考核数}\times 100\%$$</td></tr>
<tr><td rowspan="4">绩效
改进</td><td>执 行 程 序</td></tr>
<tr><td>1. 绩效考核结果运用
根据考核结果，项目经理提出奖惩措施并负责落实。
2. 绩效改进
项目经理通过分析考核结果，找出工作中需要改进的地方，并制定绩效改进方案。
工作重点
绩效改进方案切实可行。</td></tr>
<tr><td>工 作 标 准</td></tr>
<tr><td>☆时间标准：实施奖惩及时。</td></tr>
<tr><th colspan="2">执 行 规 范</th></tr>
<tr><td colspan="2">“研发项目考核实施办法”“项目进度确认单”“工作实施计划表”“绩效考核表”“绩效改进计划”“绩效改进方案”。</td></tr>
</table>

14.4 研发人员绩效管理流程设计与工作执行

14.4.1 研发人员绩效管理流程设计

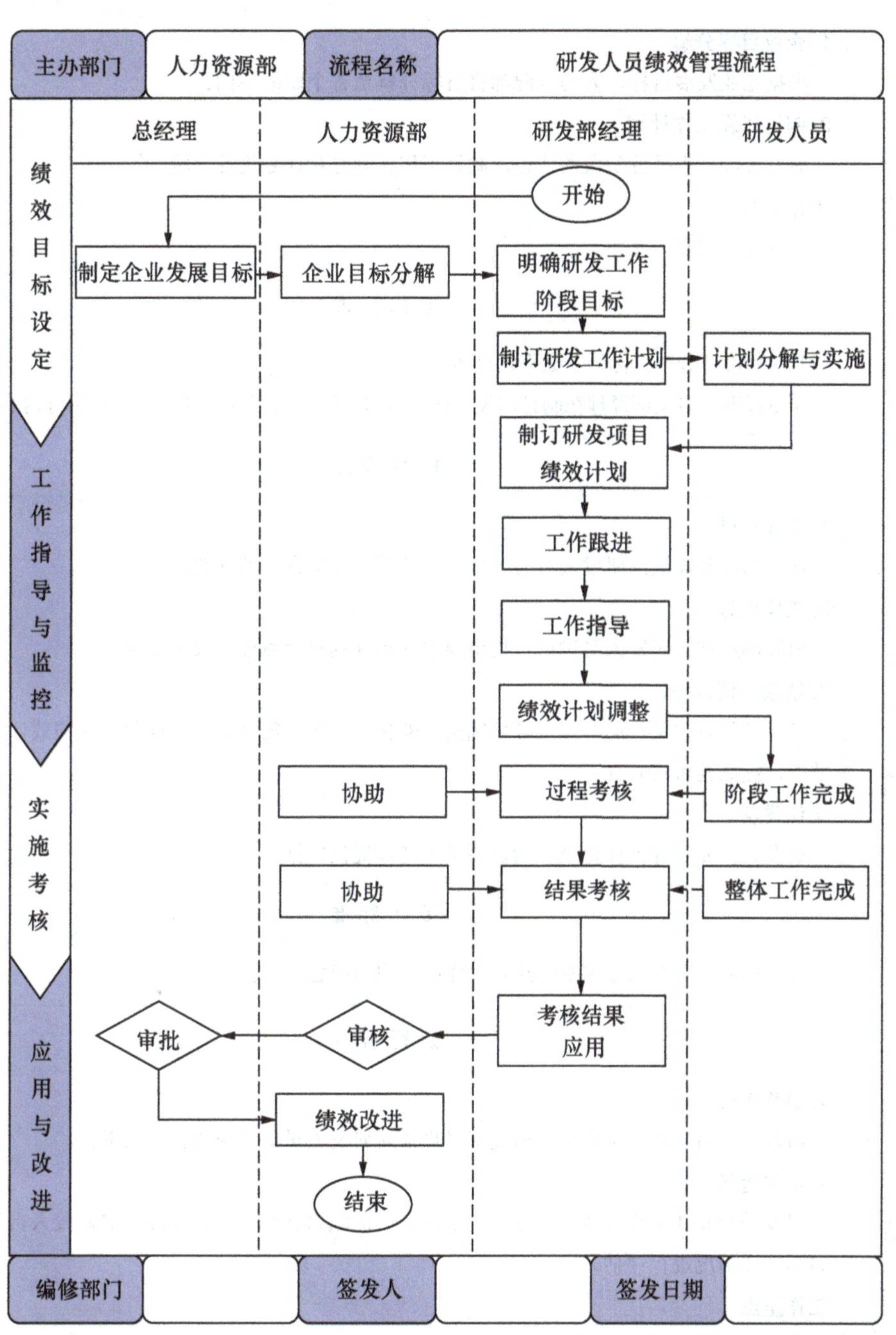

14.4.2 研发人员绩效管理执行程序、工作标准、考核指标、执行规范

任务名称	执行程序、工作标准与考核指标
绩效目标设定	**执行程序**
	1. 企业目标分解 根据企业发展目标，人力资源部将目标分解至各个职能部门。 **2. 制订研发工作计划** 研发部经理根据近阶段的任务，制订工作计划并对计划进行分解。 **工作重点** 目标分解清晰、完整。
	工作标准
	☆数量标准：分解目标的个数不宜过多。 ☆质量标准：研发部经理在制订研发工作计划时，既不能有内容遗漏，也不能有内容重复。
工作指导与监控	**执行程序**
	1. 工作跟进 研发部经理需关注研发人员的工作开展情况并找出存在的问题。 **2. 工作指导** 研发部经理与研发人员讨论，找出问题并制订具有针对性的改进计划。 **3. 绩效计划调整** 随着绩效管理工作的开展及环境因素的变化，研发部经理需对之前制订的绩效计划进行修改，提高其可实施性。 **工作重点** 研发人员要做好工作记录，为以后绩效考评提供依据。
	工作标准
	☆时间标准：研发部经理及时纠正工作中出现的问题。
实施考核	**执行程序**
	1. 过程考核 研发项目每完成一个阶段，研发部经理需对研发人员的工作进行一次考核。 **2. 结果考核** 研发项目整体工作完成后，依据之前制订好的绩效计划，研发部经理对研发人员的绩效目标完成情况进行评估。 **工作重点** ☆考核标准清晰且便于操作。 ☆考核方法的选择应视研发项目的具体情况而定。

（续）

<table>
<tr><th>任务名称</th><th>执行程序、工作标准与考核指标</th></tr>
<tr><td rowspan="4">实施
考核</td><td>工作标准</td></tr>
<tr><td>☆时间标准：研发部经理按照计划完成绩效考核工作。</td></tr>
<tr><td>考核指标</td></tr>
<tr><td>☆绩效考核计划按时完成率。
☆绩效考核计划按时完成率 = $\frac{\text{及时完成的绩效考核计划数}}{\text{应完成的绩效考核计划总数}}\times 100\%$
☆考核数据准确率。
考核数据准确率 = $\frac{\text{实查无误的数据数}}{\text{考核数据总数}}\times 100\%$</td></tr>
<tr><td rowspan="4">应用
与
改进</td><td>执行程序</td></tr>
<tr><td>1. 考核结果应用
人力资源部将考核结果作为员工薪酬调整、岗位变更等决策的基础。
2. 绩效改进
人力资源部通过分析考核结果，找出研发人员在工作中需要改进的地方，以此制订绩效改进计划。
工作重点
制订的绩效改进计划切实可行。</td></tr>
<tr><td>工作标准</td></tr>
<tr><td>☆依据标准：绩效考核结果应用范围包括员工工作的改进、岗位变动、晋升、薪酬变动、培训需求确定等。
☆时间标准：人力资源部应在绩效考核工作结束后的____个工作日内完成绩效改进计划的制订工作。</td></tr>
<tr><td colspan="2">执行规范</td></tr>
<tr><td colspan="2">“绩效管理制度”“研发人员绩效考核计划”“绩效考核表”“绩效面谈记录表”“绩效改进计划”。</td></tr>
</table>

14.5 研发人员奖金管理流程设计与工作执行

14.5.1 研发人员奖金管理流程设计

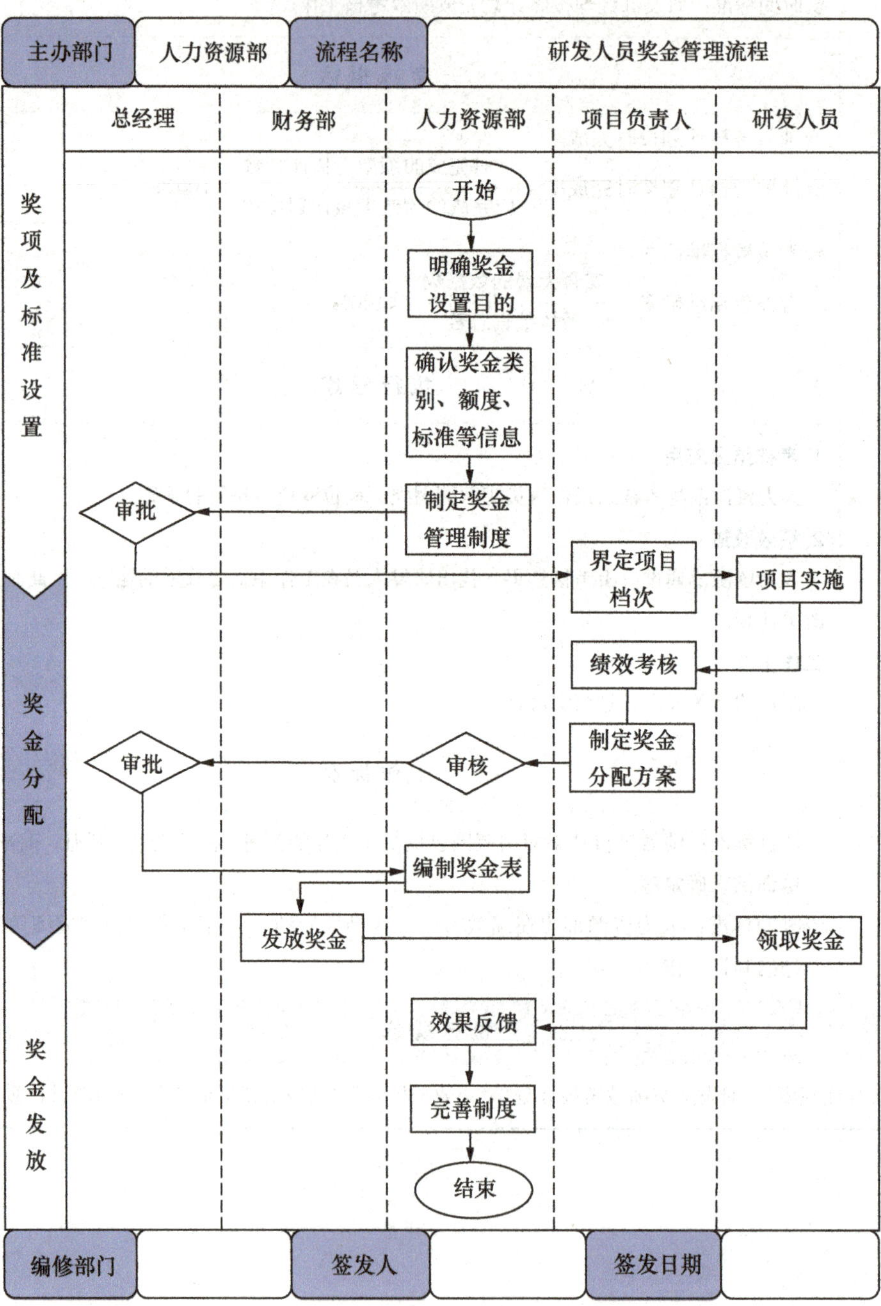

14.5.2 研发人员奖金管理执行程序、工作标准、考核指标、执行规范

<table>
<tr><th>任务名称</th><th>执行程序、工作标准与考核指标</th></tr>
<tr><td rowspan="4">奖项
及
标准
设置</td><td>执行程序</td></tr>
<tr><td>1. 明确奖金设置目的
人力资源部根据企业的发展需要及目标等，明确奖金设置的目的，使其发挥出最大的效力。
2. 确认奖金类别、额度、标准等信息
根据企业的财务情况及激励管理工作的需要，人力资源部对奖金的类别、额度、标准等信息进行确认。
工作重点
人力资源部要确保制定出的奖励措施具有激励性。</td></tr>
<tr><td>工作标准</td></tr>
<tr><td>☆内容标准：制定的奖金管理制度需对奖金的范围、标准、发放时间等内容有明确的规定。
☆时间标准：人力资源部应在____个工作日内制定完成奖金管理制度并提交总经理审批。</td></tr>
<tr><td rowspan="4">奖金
分配</td><td>执行程序</td></tr>
<tr><td>1. 界定项目档次
☆企业对已经批准立项的研发项目按类型确定档次，根据项目所属档次给予一定额度的奖励。
☆依据企业制定的标准，项目负责人明确所负责项目的档次，便于后期研发人员奖金的计发。
2. 绩效考核
☆项目完成或阶段性完成后，项目负责人对研发人员的绩效进行考核。
☆项目负责人根据项目立项时确定的奖金额度及考核结果，合理分配奖金。
3. 制定奖金分配方案
项目负责人制定奖金分配方案，提交人力资源部审核、总经理审批。
工作重点
人力资源部依据研发人员的绩效考核结果，合理分配部门内部奖金。</td></tr>
<tr><td>工作标准</td></tr>
<tr><td>☆内容标准：人力资源部需对奖金分配方案是否合理进行重点审核。
☆时间标准：部门内部奖金分配清单应在____个工作日内制定完成。</td></tr>
</table>

（续）

<table>
<tr><th>任务名称</th><th>执行程序、工作标准与考核指标</th></tr>
<tr><td rowspan="6">奖金
发放</td><td>执 行 程 序</td></tr>
<tr><td>1. 编制奖金表
人力资源部根据审批通过的部门内部奖金分配清单及奖金分配方案中规定的奖金发放方式与时间，编制当期的绩效奖金表。
2. 发放奖金
人力资源部将编制完成的绩效奖金表提交总经理审批后，将其提交财务部，财务部进行相应的扣税后发放当期的奖金。
3. 效果反馈
奖金发放完毕后，人力资源部要做好信息的收集与反馈工作，用以了解激励效果。
4. 完善制度
人力资源部根据反馈意见，组织企业内部相关人员对奖金管理制度进行完善。
工作重点
奖金核算结果无错误。</td></tr>
<tr><td>工 作 标 准</td></tr>
<tr><td>☆时间标准：财务部在规定时间内发放员工的绩效奖金。
☆质量标准：奖金发放无差错。</td></tr>
<tr><td>考 核 指 标</td></tr>
<tr><td>☆绩效奖金表编制出错次数。
☆绩效奖金表编制延误次数。</td></tr>
<tr><td colspan="2">执 行 规 范</td></tr>
<tr><td colspan="2">“奖金管理制度”“奖金申请表”“奖金申请汇总表”“奖金分配方案”“绩效考核表”“项目奖金计算及分配表”“奖金分配额度核定表”。</td></tr>
</table>

14.6 研发人员特殊奖励管理流程设计与工作执行

14.6.1 研发人员特殊奖励管理流程设计

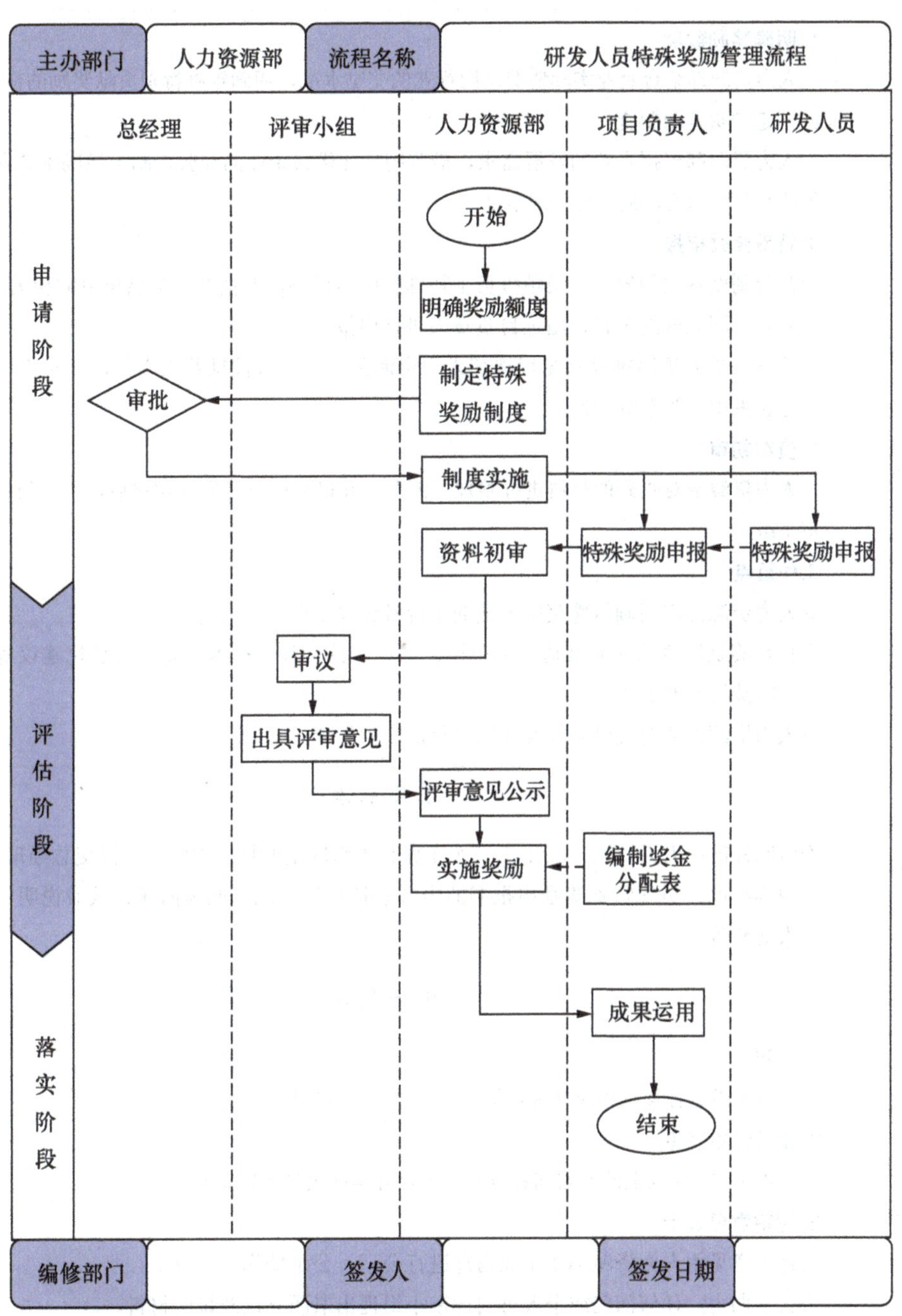

14.6.2 研发人员特殊奖励管理执行程序、工作标准、考核指标、执行规范

<table>
<tr><th>任务名称</th><th>执行程序、工作标准与考核指标</th></tr>
<tr><td rowspan="4">申请
阶段</td><td>执行程序</td></tr>
<tr><td>1. 明确奖励额度
人力资源部结合企业实际情况及同行业的奖励水准，明确年度特别贡献奖励的额度。
2. 制定特殊奖励制度
人力资源部根据企业的发展需求，借鉴同行业优秀企业的经验，制定激励本企业员工的特殊奖励制度，提交总经理审批。
3. 特殊奖励申报
☆符合制度规定的研发人员填报员工特殊奖励申报书，并按要求提供申报的相关材料。
☆多人共同完成的项目，由项目负责人进行申报。
☆项目负责人填写推荐意见后提交人力资源部初审，若被推荐人为部门负责人，则推荐意见由分管领导填写。
4. 资料初审
人力资源部对收到的材料进行整理、汇总，并报部门分管领导初审后，将材料提交评审小组。
工作重点
☆人力资源部需明确特殊奖励资金的来源及预算金额。
☆特殊奖励制度需明确其适用的范围，如在经营管理、技术创新、合理化建议等方面有特殊贡献的员工。
☆人力资源部要对奖励条件及级别进行清晰的界定。</td></tr>
<tr><td>工作标准</td></tr>
<tr><td>☆时间标准：人力资源部应在____个工作日内将制定的特殊奖励制度提交总经理审批。
☆内容标准：员工特殊奖励申报书的内容包括项目概况、业绩简述、效益说明、申报人简介等。</td></tr>
<tr><td rowspan="2">评估
阶段</td><td>执行程序</td></tr>
<tr><td>1. 审议
评审小组进行逐项审议并现场提问，申报人进行答疑。
2. 出具评审意见
评审小组 2/3 以上的专家同意方为通过，并据此出具评审意见。
3. 评审意见公示
☆评审意见由人力资源部在企业内部进行公示，公示期为____天。
☆公示期内，任何部门或个人可向评审小组提出书面异议及说明材料。
工作重点
人力资源部审核材料的真实性，对弄虚作假的行为要进行处理。</td></tr>
</table>

（续）

任务名称	执行程序、工作标准与考核指标
评估阶段	**工作标准**
	☆时间标准：特殊奖励每半年 /____ 年评审一次。 ☆内容标准：公示的平台包括企业的内部宣传栏、工作群等。
落实阶段	**执行程序**
	1. 实施奖励 ☆根据评审结果及企业制定的特殊奖励制度，人力资源部对研发人员实施奖励。 ☆企业财务部根据项目负责人编制的奖金分配表，将奖金发放至员工。 **2. 成果运用** ☆针对项目成果的使用部门，项目负责人讲解该项目的研发成果及应用事项。 ☆使用部门将研发成果的使用情况反馈至企业评审小组及项目负责人。 **工作重点** 人力资源部依据贡献的大小，合理分配奖金。
	工作标准
	☆时间标准：人力资源部能够做到奖惩及时。 ☆质量标准：人力资源部严格依据规程做好成果的运用工作。
	考核指标
	☆奖金分配表编制出错次数。 ☆项目成果的运用情况：即是否按计划实施、是否达到了预期的效果。
执行规范	
“特殊奖励制度”“员工特殊奖励申报书”“奖金分配表”。	

14.7 研发人员加班管理流程设计与工作执行

14.7.1 研发人员加班管理流程设计

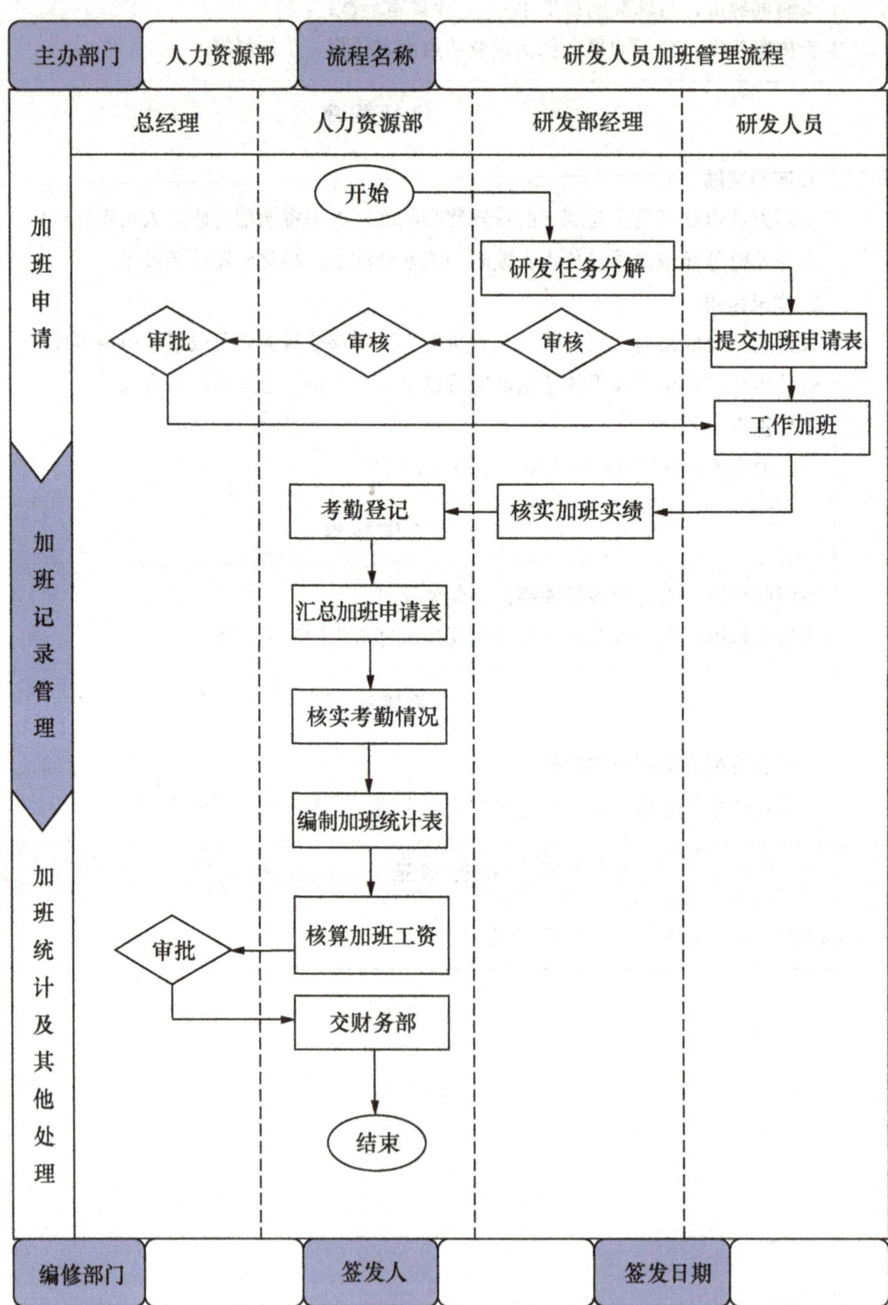

14.7.2 研发人员加班管理执行程序、工作标准、考核指标、执行规范

<table>
<tr><th>任务名称</th><th>执行程序、工作标准与考核指标</th></tr>
<tr><td rowspan="4">加班申请</td><td>执 行 程 序</td></tr>
<tr><td>1. 研发任务分解
研发部经理对本阶段的研发任务进行分解，研发小组人员根据任务量合理估算工作时间。
2. 提交加班申请表
☆工作日需加班者，加班员工需在加班当天下班前，将加班申请交给部门负责人。
☆双休日需加班者，加班员工需在星期五下班前，将加班申请交给部门负责人。
☆节假日需加班者，加班员工需在实际加班前的最后一个工作日的下班前将加班申请交给部门负责人。
工作重点
任务分配合理。</td></tr>
<tr><td>工 作 标 准</td></tr>
<tr><td>☆时间标准：加班员工提交加班申请表的时间需符合企业的规定，特殊情况按照企业员工加班管理制度的有关规定执行。</td></tr>
<tr><td rowspan="4">加班记录管理</td><td>执 行 程 序</td></tr>
<tr><td>1. 核实加班实绩
研发部经理需对员工的加班工作情况进行检查，并核实加班时长。
2. 考勤登记
人力资源部负责员工加班的考勤登记工作。
3. 汇总加班申请表
人力资源部于每月 ____ 日集中收集、汇总加班申请表。
工作重点
人力资源部对合理的加班记录要及时在考勤系统中登记。</td></tr>
<tr><td>工 作 标 准</td></tr>
<tr><td>☆质量标准：加班记录登记准确。
☆时间标准：加班申请表汇总及时。</td></tr>
<tr><td rowspan="2">加班统计及其他处理</td><td>执 行 程 序</td></tr>
<tr><td>1. 编制加班统计表
根据汇总的结果，人力资源部编制员工加班统计表。
2. 核算加班工资
加班工资结算、发放每月一次，由人力资源部统计并核算。</td></tr>
</table>

（续）

<table>
<tr><th>任务名称</th><th>执行程序、工作标准与考核指标</th></tr>
<tr><td rowspan="6">加班统计及其他处理</td><td>3. 审批
核实后的加班统计表提交企业总经理审批后，企业财务部为加班员工发放加班工资。
工作重点
人力资源部严格依据考勤登记信息编制加班统计表。</td></tr>
<tr><td>工作标准</td></tr>
<tr><td>☆质量标准：加班记录完整。
☆时间标准：加班信息汇总及时，无错误。</td></tr>
<tr><td>考核指标</td></tr>
<tr><td>☆加班时长统计出错次数。
☆加班工资计算差错次数。</td></tr>
<tr><td></td></tr>
<tr><th colspan="2">执行规范</th></tr>
<tr><td colspan="2">“企业加班管理规定”“员工加班管理制度”“加班申请表”“加班统计表”。</td></tr>
</table>

14.8 研发人员绩效改善管理流程设计与工作执行

14.8.1 研发人员绩效改善管理流程设计

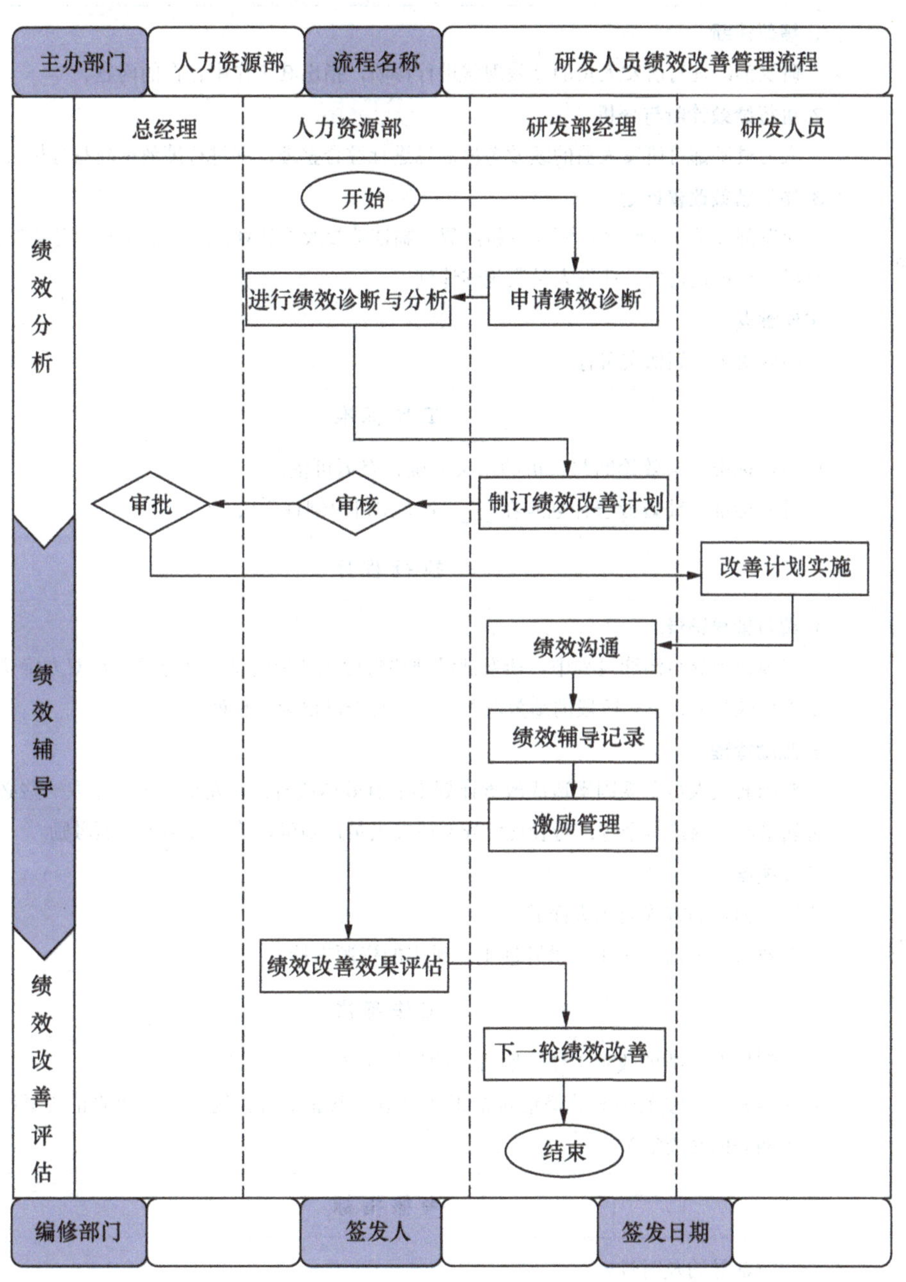

14.8.2 研发人员绩效改善管理执行程序、工作标准、考核指标、执行规范

<table>
<tr><th>任务名称</th><th>执行程序、工作标准与考核指标</th></tr>
<tr><td rowspan="4">绩效分析</td><td>执行程序</td></tr>
<tr><td>1. 绩效诊断
研发部经理对研发人员的绩效现状进行诊断，指出其工作中存在的问题。
2. 进行绩效诊断与分析
人力资源部对研发人员的绩效考核信息进行综合整理，并进行绩效诊断与分析。
3. 制订绩效改善计划
研发部经理根据绩效诊断与分析结果，制订绩效改善计划，提交企业人力资源部审核、总经理审批通过后，研发人员实施该计划。
工作重点
绩效改善计划切实可行。</td></tr>
<tr><td>工作标准</td></tr>
<tr><td>☆质量标准：绩效诊断与分析的结果明确、有据可依。
☆时间标准：绩效改善计划应在____个工作日内制订完成。</td></tr>
<tr><td rowspan="6">绩效辅导</td><td>执行程序</td></tr>
<tr><td>1. 绩效辅导记录
在绩效辅导与沟通过程中，研发部经理要将达成共识的结论性意见、经双方确认的关键事项或数据、下一阶段的绩效改善计划及时予以记录、整理。
2. 激励管理
对因研发人员主观因素造成改善计划不能有效达成时，研发部经理需采取一些必要的处罚措施如取消奖金等；对表现优异的研发人员，则可以给予表扬等正面激励。
工作重点
☆绩效辅导的方式要因人而异。
☆企业管理者需为员工提供开展工作所需的资源支持。</td></tr>
<tr><td>工作标准</td></tr>
<tr><td>☆时间标准：绩效改善工作依照既定的计划实施。
☆内容标准：绩效辅导的渠道包括正式渠道（书面报告、例会等）和非正式渠道（工作期间的交流等）。</td></tr>
<tr><td>考核指标</td></tr>
<tr><td>☆绩效辅导的及时性。
☆改善计划完成率。
$$改善计划完成率=\frac{实际完成数}{计划完成数}\times100\%$$</td></tr>
</table>

（续）

<table>
<tr><th>任务名称</th><th>执行程序、工作标准与考核指标</th></tr>
<tr><td rowspan="4">绩效
改善
评估</td><td>执 行 程 序</td></tr>
<tr><td>1. 绩效改善效果评估
绩效改善计划完成后，人力资源部需对改善效果进行评估。
2. 下一轮绩效改善
根据评估结果，研发部经理制订下一轮绩效改善计划。
工作重点
人力资源部需做好绩效改善的跟进工作。</td></tr>
<tr><td>工 作 标 准</td></tr>
<tr><td>☆质量标准：跟进情况的有关记录应完整、准确。</td></tr>
<tr><td colspan="2">执 行 规 范</td></tr>
<tr><td colspan="2">“绩效改善工作实施办法”“绩效改善计划表”“绩效改善方案”。</td></tr>
</table>

第15章

研发成本管控

15.1 研发成本管控流程设计

15.1.1 流程管理的目的

企业对研发成本管控工作实施流程管理的目的如下。

（1）规范研发成本管控工作中各个事项的工作程序，减少成本管控工作中的随意性和盲目性。

（2）明确界定各部门、各岗位之间的权责关系，减少摩擦，提高工作效率。

（3）合理利用资金，降低财务风险，保证企业财务状况稳定，实现收益最大化。

15.1.2 流程结构设计

研发成本管控流程结构设计采取了并列式结构，将研发成本管控细分为四个事项，就每个事项即研发投资决策管理、研发经费预算管理、研发项目成本管控、研发成本分析管理展开流程设计。所有流程都包含执行程序、工作重点、工作标准与考核指标这一思路进行具体设计。研发成本管控流程总体架构如图15-1所示。

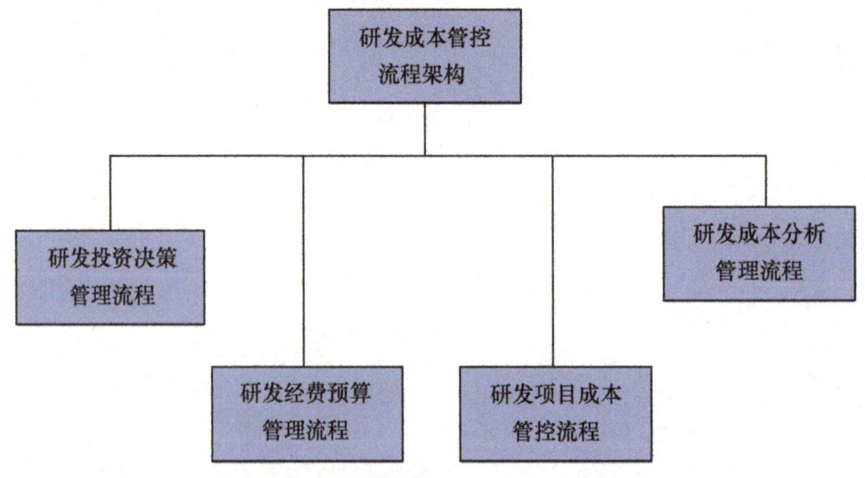

图15-1　研发成本管控流程总体架构

15.2 研发投资决策管理流程设计与工作执行

15.2.1 研发投资决策管理流程设计

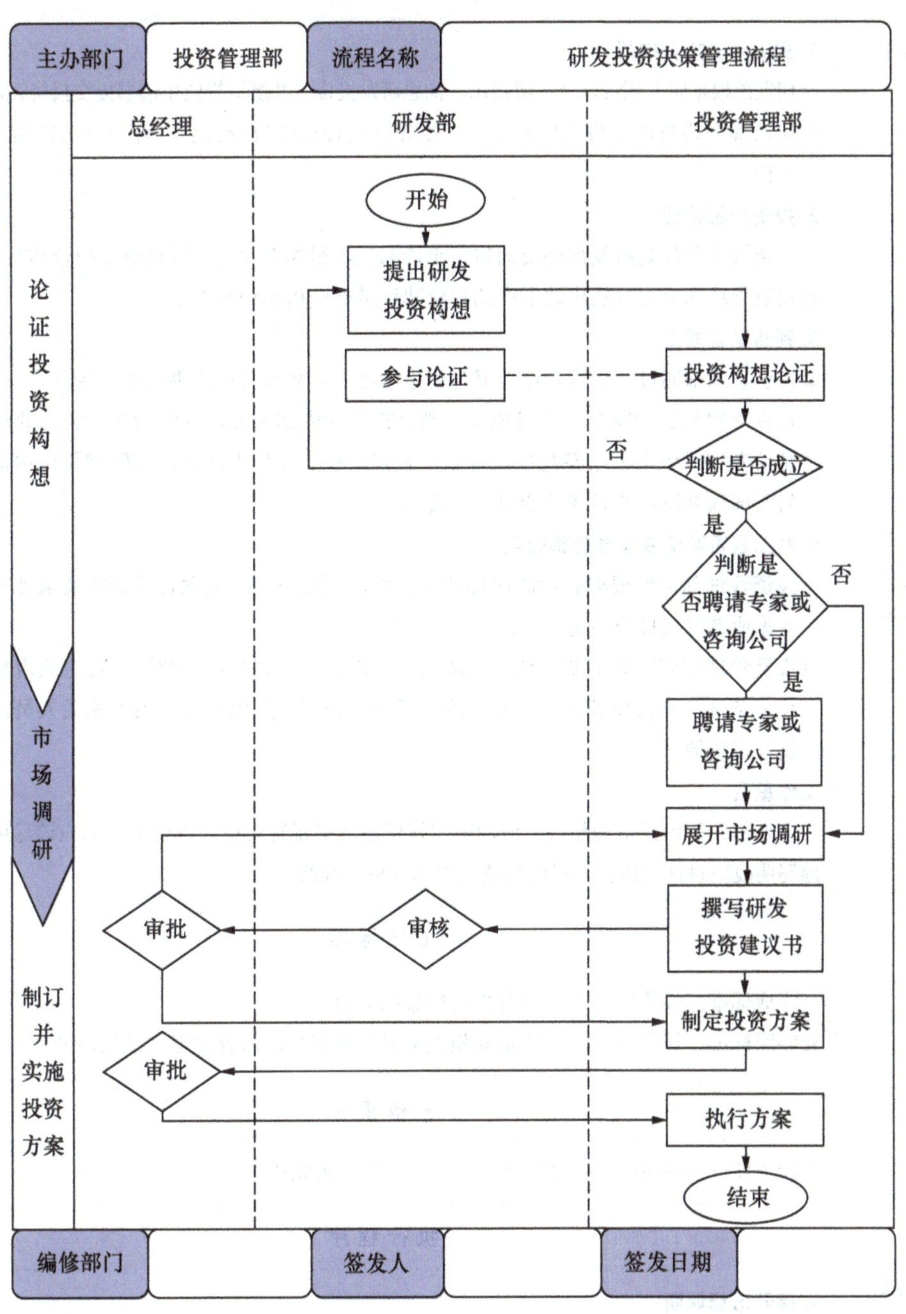

15.2.2 研发投资决策管理执行程序、工作标准、考核指标、执行规范

任务名称	执行程序、工作标准与考核指标
论证投资构想	**执行程序**（每一个子程序的步骤，撰写需要用固定的语式）
	1. 提出研发投资构想 ☆研发部根据研发项目以及上级指示，构思研发投资，并撰写投资申请书提交投资管理部。 ☆研发部在构思研发投资的同时，应事先寻找合适的投资机会，有一个大致的目标和方向。 **2. 投资构想论证** ☆投资管理部收到研发部递交的投资申请书后，组织专业人员进行研发投资构想论证。 ☆投资管理部应对投资申请书中的投资建议进行分析和初步考察。 **3. 判断是否成立** ☆投资管理部通过分析投资申请书与初步考察，判断研发投资事项能否成立。 ☆投资管理部若判断投资项目成立，则分析企业内部情况，继续判断是否需要从外部聘请专家或咨询公司参与投资项目；若判断投资项目不成立，则驳回投资申请，请研发部放弃投资或寻找新的研发机会。 **4. 判断是否聘请专家或咨询公司** ☆投资管理部需要根据企业的内部情况分析、判断研发投资项目是否需要从外部聘请专家或者寻找投资咨询公司。 ☆投资管理部若判断需要聘请专家或投资咨询公司，则按流程聘请；若企业内部满足投资条件，不需要外部聘请专家或投资咨询公司，则组织企业内部相关人员，准备展开市场调查。 **工作重点** 研发部在提出投资构想时，应同时将投资申请书撰写完毕，投资申请书应该尽可能多地写明投资目标和机会，以便投资管理部分析、判断。
	工作标准
	☆完成标准：投资管理部完成对投资构想的分析。 ☆参照标准：投资申请书按照企业相关文书标准撰写，内容完整，结构清晰。
	考核指标
	☆投资项目分析的完成时间：应在____个工作日内完成。
市场调研	**执行程序**
	1. 展开市场调研 ☆投资管理部组织专人形成调研小组，对投资项目展开市场调研，并撰写市场调研报告。 ☆市场调研主要考察投资项目的可行性，紧紧围绕投资目标，评估投资风险。

（续）

<table>
<tr><th>任务名称</th><th>执行程序、工作标准与考核指标</th></tr>
<tr><td rowspan="5">市场调研</td><td>2. 撰写研发投资建议书
☆市场调研以及投资目标考察完毕后，投资管理部撰写研发投资建议书。
☆投资管理部将撰写完成的投资建议书报研发部审核、总经理审批。若审批通过，则进行后续工作；若审批不通过，则重新进行市场调研。
工作重点
在进行市场调研时，投资管理部应对企业内外部情况均进行调查研究，根据各方面情报对投资项目的管理、产品、技术、市场、财务等方面进行研究，为投资决策提供参考。</td></tr>
<tr><td>工 作 标 准</td></tr>
<tr><td>☆完成标准：投资管理部完成市场调研，并撰写完成研发投资建议书。
☆质量标准：投资管理部调研出的结果有价值，能对投资决策提供帮助。</td></tr>
<tr><td>考 核 指 标</td></tr>
<tr><td>☆市场调研的完成时间：应在 ____ 个工作日内完成。
☆研发投资建议书的一次性通过率：目标值为 100%。</td></tr>
<tr><td rowspan="6">制定并实施投资方案</td><td>执 行 程 序</td></tr>
<tr><td>1. 制定投资方案
☆研发投资建议书审批通过后，投资管理部根据企业实际情况以及对研发投资项目的调研情况，制定研发投资方案。
☆投资管理部将制定完成的投资方案报总经理审批，并根据其指导意见修改、完善直至通过。
2. 执行方案
研发投资方案审批通过后，投资管理部组织相关人员按方案有关内容实施，正式开展投资项目。
工作重点
投资方案的选择，除了认真考虑有关研发技术上的先进性，还要着重比较可供选择方案的经济效果，要采用一些特定的技术或方法，通过分析风险与效益，选出最有利的方案。</td></tr>
<tr><td>工 作 标 准</td></tr>
<tr><td>☆参照标准：研发投资方案的制定可参照企业文书写作的有关标准执行。
☆质量标准：研发投资方案内容完整，结构清晰，具备很强的可行性。</td></tr>
<tr><td>考 核 指 标</td></tr>
<tr><td>☆研发投资方案的完成时间：应在 ____ 个工作日内完成。
☆研发投资方案的一次性通过率：目标值为 100%。</td></tr>
<tr><th colspan="2">执 行 规 范</th></tr>
<tr><td colspan="2">“研发投资申请书”“市场调研报告”“研发投资建议书”“研发投资方案”。</td></tr>
</table>

15.3 研发经费预算管理流程设计与工作执行

15.3.1 研发经费预算管理流程设计

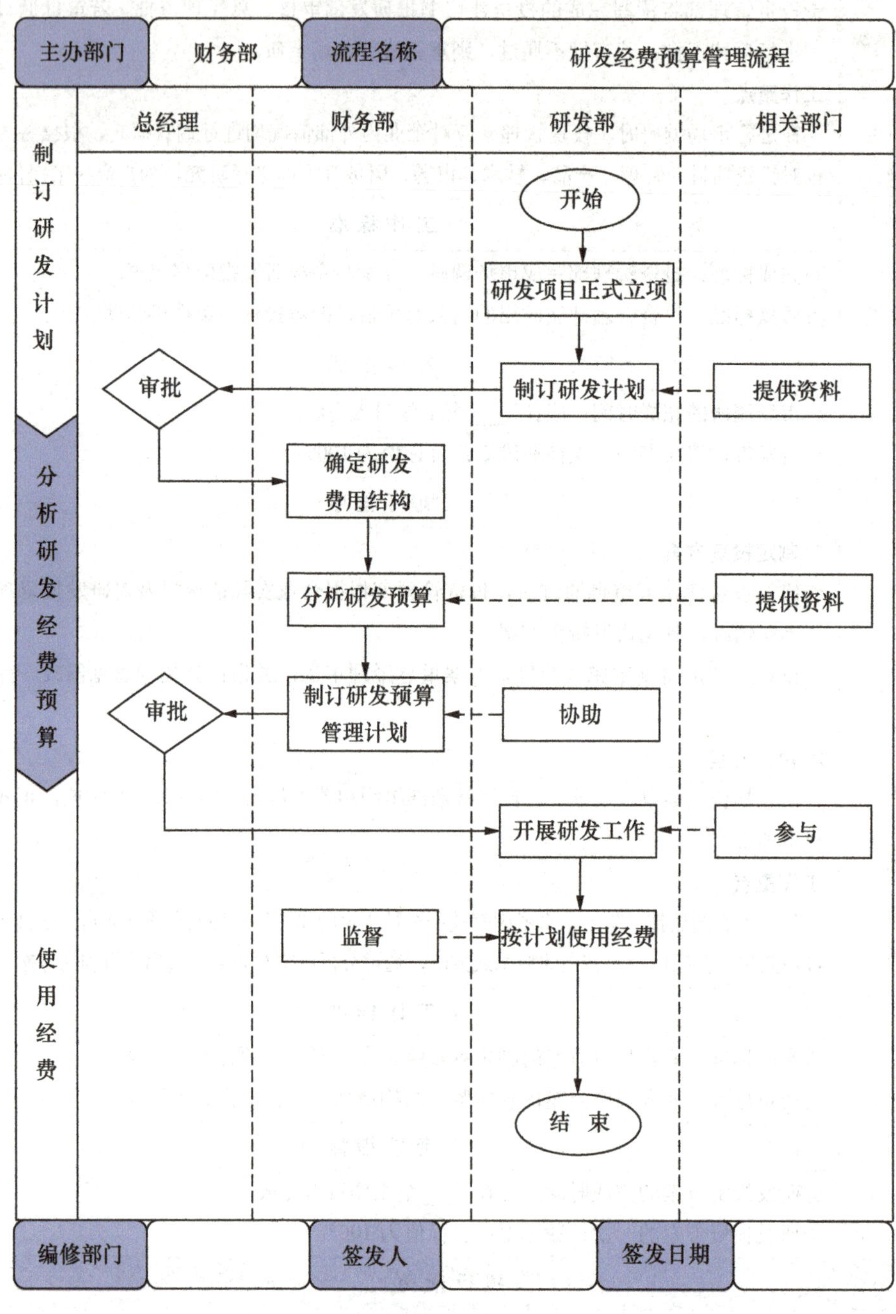

15.3.2 研发经费预算管理执行程序、工作标准、考核指标、执行规范

<table>
<tr><th>任务名称</th><th>执行程序、工作标准与考核指标</th></tr>
<tr><td rowspan="6">制订
研发
计划</td><td>执 行 程 序（每一个子程序的步骤，撰写需要用固定的语式）</td></tr>
<tr><td>1. 研发项目正式立项
研发部在经过市场调研与论证、研发项目可行性分析后，编制研发项目立项建议书，研发项目正式立项。
2. 制订研发计划
☆研发项目正式立项后，研发部根据项目情况制订研发计划，确定项目实施计划书，统筹安排项目所需的人力、物力、财力。
☆研发部将项目实施计划书报总经理审批，并根据其指导意见修改、完善直至通过。
工作重点
制订研发计划时要充分考虑企业内部条件，特别是研发经费问题，要合理控制经费使用，最大化利用研发经费。</td></tr>
<tr><td>工 作 标 准</td></tr>
<tr><td>☆完成标准：项目实施计划书按时制定完毕并审批通过。</td></tr>
<tr><td>考 核 指 标</td></tr>
<tr><td>☆项目实施计划书的完成时间：应在 ____ 个工作日内完成。
☆项目实施计划书的一次性通过率：目标值为 100%。</td></tr>
<tr><td rowspan="2">分析
研发
经费
预算</td><td>执 行 程 序</td></tr>
<tr><td>1. 确定研发费用结构
☆财务部根据研发部制订的研发项目流程，确定研发费用结构。
☆研发费用结构包括以下内容：新产品设计费、新工艺规程制定费、研发活动直接相关的技术图书资料费、资料翻译费等；研发活动直接消耗的材料、燃料、动力费；仪器、设备的折旧或租赁费；专门用于中间试制和产品试制的模具、工艺装备开发及制造费；现场试验费；研发成果论证、评审、验收、评估及知识产权相关费用等；人员费用等。
2. 分析研发预算
研发部与各相关部门将研发经费各类费用明细表及研发人员投入等资料按时提交财务部，由财务部进行整理、汇总、分析。
3. 制订研发预算管理计划
☆财务部根据研发部制订的研发实施计划，制订研发各阶段的研发费用使用计划，内容包括研发阶段性费用支出的审批权限、需求定额及需求时间等。
☆财务部对研发经费使用计划进行分解，规划研发工作阶段性的费用准备、入账、审计等工作。</td></tr>
</table>

（续）

任务名称	执行程序、工作标准与考核指标
分析研发经费预算	☆财务部负责制订研发预算管理计划报总经理审批，并根据其指导意见修改、完善直至通过。 **工作重点** 各部门每个项目均有对应预算，财务部要根据该部门实际工作情况，合理评估每个项目的预算使用情况，确保企业经费合理使用，不被浪费。
	工 作 标 准
	☆目标标准：财务部通过合理分析研发项目预算，制订出研发预算管理计划。 ☆参照标准：研发预算管理计划的制订可参照企业文书写作有关标准执行。
	考 核 指 标
	☆研发预算管理计划的完成时间：应在____个工作日内完成。 ☆研发预算管理计划的一次性通过率：目标值为100%。
使用经费	**执 行 程 序**
	1. 开展研发工作 研发项目实施计划书、研发预算管理计划审批通过后，研发部组织人员正式启动研发项目，开展研发工作。 **2. 按计划使用经费** ☆领导审批后的研发经费使用计划，由财务部进行计划分解，并分发到研发部及各相关部门，按计划使用经费。 ☆财务部对研发经费使用计划进行跟踪、监督，及时处理经费使用过程中的相关问题。 **工作重点** 研发部开展研发工作后，财务部需要派专人全程跟踪、监督研发经费的使用情况，避免研发经费的不合理使用。
	工 作 标 准
	☆质量标准：财务部对研发经费的使用监督得当，研发部在经费使用过程中遵守相关规定。
	考 核 指 标
	☆研发经费不合理使用率：目标值为0。 ☆研发经费使用出现问题后发现和反馈的时间：应不超过____个工作日。
执 行 规 范	
"××研发项目实施计划书""××研发预算管理计划"。	

15.4 研发项目成本管控流程设计与工作执行

15.4.1 研发项目成本管控流程设计

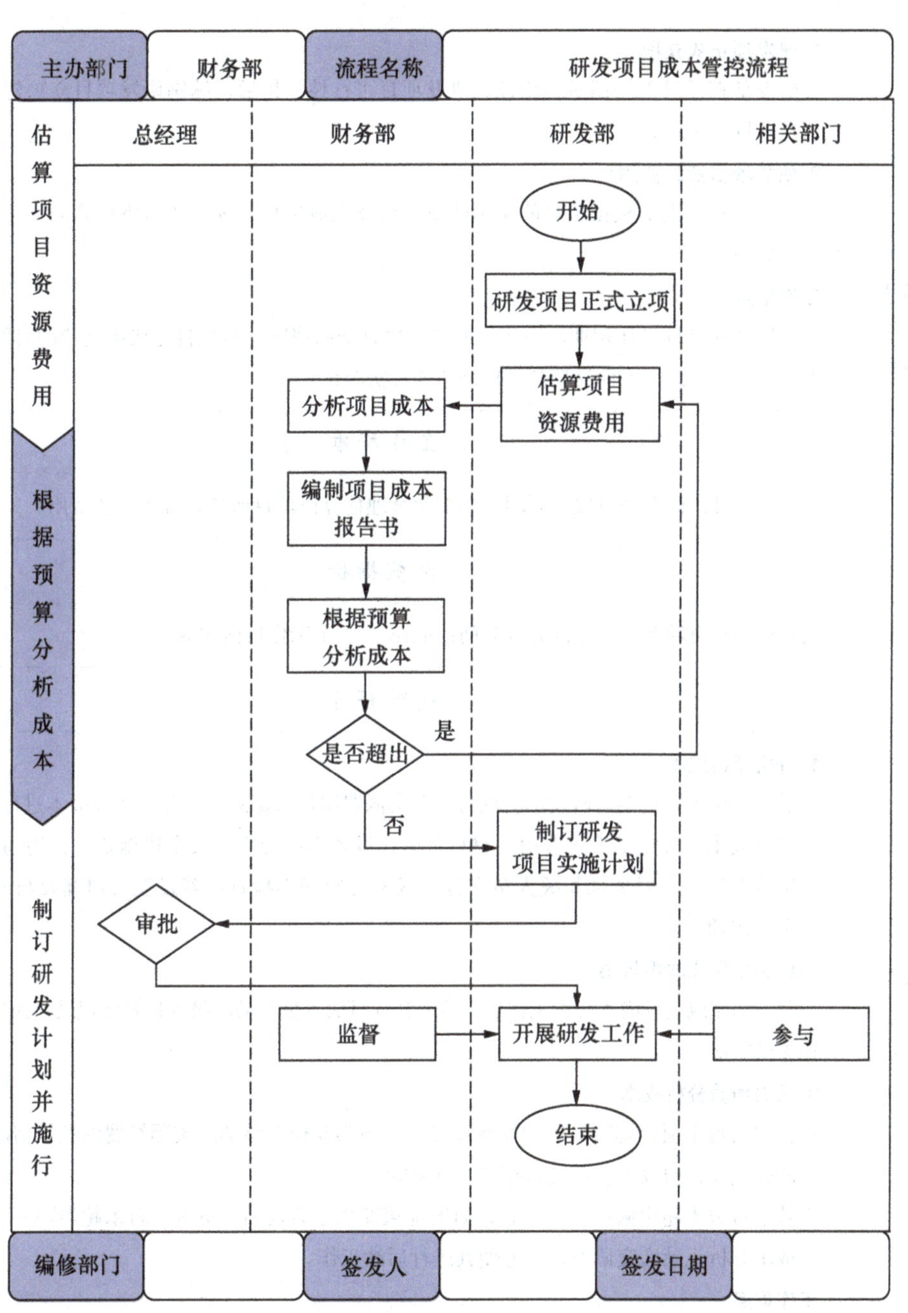

15.4.2 研发项目成本管控执行程序、工作标准、考核指标、执行规范

<table>
<tr><th>任务名称</th><th>执行程序、工作标准与考核指标</th></tr>
<tr><td rowspan="7">估算项目资源费用</td><td>执 行 程 序（每一个子程序的步骤，撰写需要用固定的语式）</td></tr>
<tr><td>1. 研发项正式立项
研发部在经过市场调研与论证、研发项目可行性分析后，编制研发项目立项建议书，研发项目正式立项。
2. 估算项目资源费用
研发部相关人员根据项目的实际情况，估算完成项目各项工作所需资源的大致费用，并做好相应记录。
工作重点
研发部在项目设计初期，需要统筹考虑项目全局情况，对项目完成所需要的时间与资源进行合理预测，方便后期制订详细的项目实施计划。</td></tr>
<tr><td>工 作 标 准</td></tr>
<tr><td>☆完成标准：研发项目成功立项，研发部合理估算出项目所需资源的大致费用。</td></tr>
<tr><td>考 核 指 标</td></tr>
<tr><td>☆估算项目资源费用工作的完成时间：应在____个工作日内完成。</td></tr>
<tr><td rowspan="2">根据预算分析成本</td><td>执 行 程 序</td></tr>
<tr><td>1. 分析项目成本
☆财务部相关人员根据研发部的项目研发资源费用估算记录，对项目实际成本进行估算。
☆项目成本一般包括人工费用、材料费用、设备机械费用、安全措施费用、沟通费用、接待费用等，财务部相关人员在分析成本时应仔细检查，若发现有遗漏要与研发部及时沟通。
2. 编制项目成本报告书
财务部完成项目成本分析工作后，应编制项目成本报告书，将资料做好记录，为后续工作提供依据。
3. 根据预算分析成本
☆各部门每个项目均有对应的经费预算，财务部要根据该部门实际经费的预算情况，判断此次项目的成本使用是否超出预算限制。
☆若项目成本超出限制，则需要请研发部重新规划研发项目资源；若未超出限制，则将成本分析记录递交研发部，方便其进行后续工作。
工作重点
每个部门虽有特定经费预算，但当项目特别重要或临时启动时，往往会有特别资金支持，财务部在进行成本分析时要考虑到这一点。</td></tr>
</table>

（续）

<table>
<tr><th>任务名称</th><th>执行程序、工作标准与考核指标</th></tr>
<tr><td rowspan="4">根据预算分析成本</td><td>工作标准</td></tr>
<tr><td>☆完成标准：财务部通过预算对比完成项目成本分析工作。
☆参照标准：项目成本报告书可参照企业有关文书写作标准撰写。</td></tr>
<tr><td>考核指标</td></tr>
<tr><td>☆项目成本分析完成时间：应在____个工作日内完成。
☆项目成本分析失误率：目标值为0%。</td></tr>
<tr><td rowspan="6">制订研发计划并施行</td><td>执行程序</td></tr>
<tr><td>1. 制订研发项目实施计划
☆研发部根据财务部的研发项目成本及预算分析情况，酌情制订研发项目实施计划。
☆研发部将研发项目实施计划报总经理审批，并根据指导意见修改、完善直至通过。
2. 开展研发工作
研发项目实施计划审批通过后，研发部组织人员正式启动研发项目，开展研发工作。
工作重点
研发部正式启动项目开展研发工作后，财务部要进行监督，及时处理研发过程中出现的经费问题。</td></tr>
<tr><td>工作标准</td></tr>
<tr><td>☆完成标准：研发部按时制订研发项目实施计划并通过审批。
☆参照标准：研发项目实施计划可参照企业文书写作有关标准制订。</td></tr>
<tr><td>考核指标</td></tr>
<tr><td>☆研发项目实施计划的完成时间：应在____个工作日内完成。
☆研发项目实施计划的一次性通过率：目标值为100%。</td></tr>
<tr><td colspan="2">执行规范</td></tr>
<tr><td colspan="2">“项目资源费用估算记录”“项目成本报告书”“研发项目实施计划”。</td></tr>
</table>

15.5 研发成本分析管理流程设计与工作执行

15.5.1 研发成本分析管理流程设计

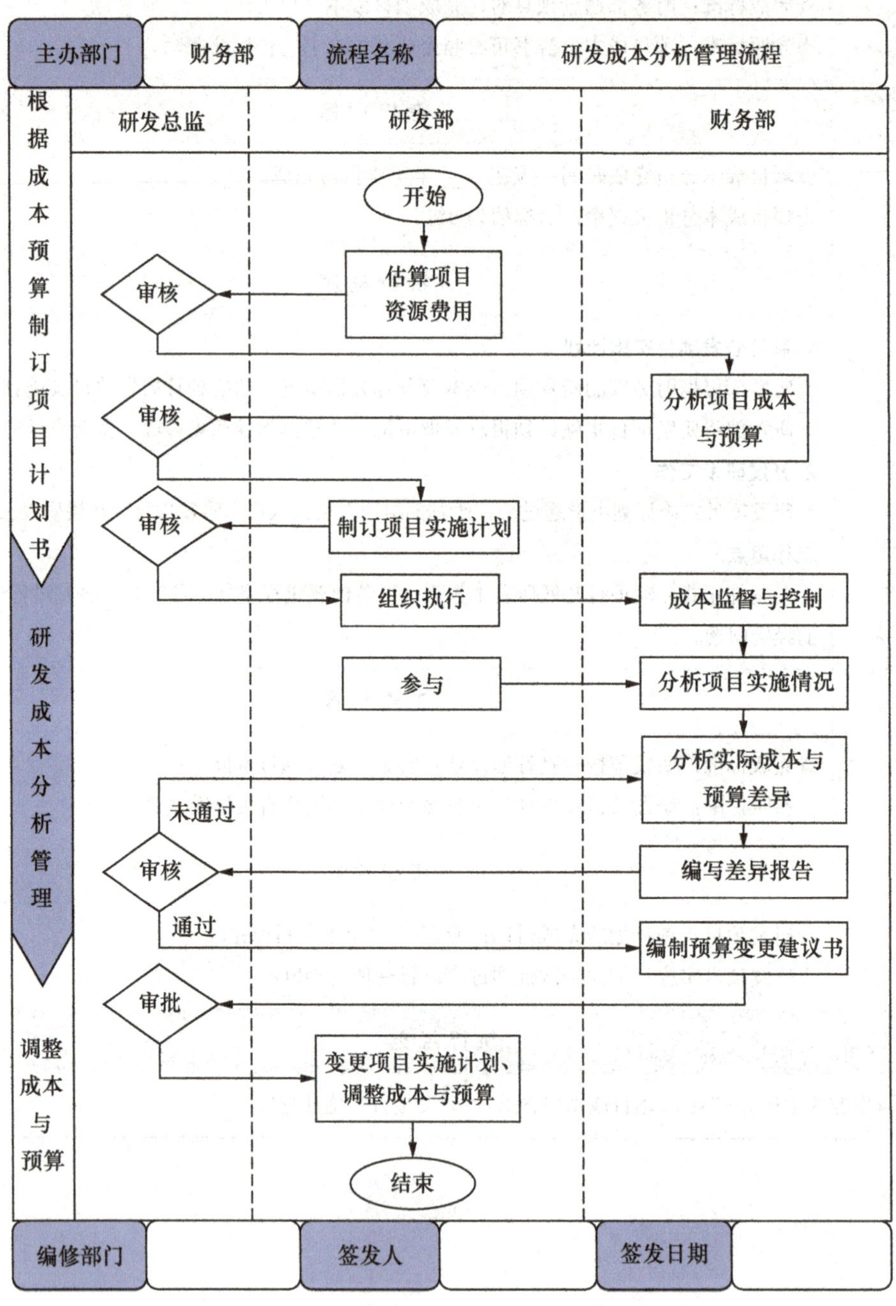

15.5.2 研发成本分析管理执行程序、工作标准、考核指标、执行规范

任务名称	执行程序、工作标准与考核指标
根据成本预算制订项目计划书	**执行程序**（每一个子程序的步骤，撰写需要用固定的语式）
	1. 估算项目资源费用 ☆研发部相关人员根据项目实际情况，估算完成项目各项工作所需资源的大致费用，并做好相应记录。 ☆研发部相关人员估算好项目资源费用后报研发总监审核。 **2. 分析项目成本与预算** ☆财务部相关人员根据研发部的项目资源费用估算记录，对项目实际成本进行分析。 ☆项目成本一般包括人工费用、材料费用、设备机械费用、安全措施费用、沟通费用、接待费用等，财务部相关人员在分析成本时应仔细检查，若发现有遗漏要与研发部及时沟通。 ☆项目成本分析完成后，财务部相关人员应编制项目成本预算表，并提交研发总监审核。 **3. 制订项目实施计划** ☆研发部根据财务部的项目成本及预算分析情况，酌情制订项目实施计划。 ☆研发部将项目实施计划报研发总监审核，并根据指导意见修改、完善直至通过。 **工作重点** 研发部在项目设计初期，需要统筹考虑项目全局情况，对项目完成所需要的时间与资源进行合理预测，以便后期制订详细的项目实施计划以及财务部测算成本。
	工作标准
	☆完成标准：财务部完成项目成本分析，研发部完成项目实施计划的制订。 ☆参照标准：项目成本预算表和项目实施计划的编制可参照企业相关文书和报表的编制标准。
	考核指标
	☆项目实施计划的完成时间：应在 ____ 个工作日内完成。 ☆项目实施计划的一次性通过率：目标值为100%。
研发成本分析管理	**执行程序**
	1. 组织执行 项目实施计划审核通过后，研发部组织人员正式启动研发项目，开展研发工作。 **2. 成本监督与控制** ☆财务部与研发总监应密切监控项目进度和项目经典使用情况，定期编制详细的预算使用报表，将投入成本与成本预算进行对比。

（续）

<table>
<tr><th>任务名称</th><th>执行程序、工作标准与考核指标</th></tr>
<tr><td rowspan="5">研发成本分析管理</td><td>☆研发部相关人员要对项目后期成本、利润情况进行预测，对于在成本预算执行过程中出现的重大偏差，要及时上报研发总监。
3. 分析项目实施情况
在项目进行过程中，研发部要安排专员与财务部相关人员实时监控、分析项目的实施情况，监督项目费用的投入状况，防范项目成本超出预算，若发现异常情况要及时上报。
4. 分析实际成本与预算差异
在项目进行过程中，财务部负责监督研发项目的人员要随时对实际成本与预算差异进行分析，若发现问题要及时查找原因，并编写实际成本与预算差异分析报告，提交研发总监审核。
工作重点
财务部要安排专人全程跟踪研发进度，分析实际成本与预算差异，以便能及时做出调整。</td></tr>
<tr><td>工作标准</td></tr>
<tr><td>☆目标标准：财务部通过实时监督与分析项目进行情况，全面掌握预算使用情况。</td></tr>
<tr><td>考核指标</td></tr>
<tr><td>☆项目实际成本与预算出现偏差后的发现时间：应不多于____个工作日。</td></tr>
<tr><td rowspan="6">调整成本与预算</td><td>执行程序</td></tr>
<tr><td>1. 编制预算变更建议书
☆财务部相关人员根据实际成本与预算差异分析报告，编制项目成本预算变更建议书，其内容包括调整原因、调整数额、调整对项目整体的影响及调整措施等。
☆相关人员将预算变更建议书提交研发总监审批，审批通过后方可执行。
2. 变更项目实施计划、调整成本与预算
☆研发部根据审批通过后的项目成本预算变更建议书，及时调整项目预算，并更新项目实施计划，使项目顺利推进。
工作重点
项目成本预算变更建议书要经过多方考量与仔细论证，避免盲目变更计划耽误研发项目的整体进程。</td></tr>
<tr><td>工作标准</td></tr>
<tr><td>☆目标标准：通过调整项目成本与预算，项目实施计划得到及时调整，项目得以继续进行。</td></tr>
<tr><td>考核指标</td></tr>
<tr><td>☆项目成本预算变更建议书的一次性通过率：目标值为100%。
☆项目实施计划调整完成时间：应在____个工作日内完成。</td></tr>
<tr><td colspan="2">执行规范</td></tr>
<tr><td colspan="2">“研发项目实施计划”“项目实际成本与预算差异分析报告”“项目成本预算变更建议书”。</td></tr>
</table>

第16章 研发外包管理

16.1 研发外包管理流程设计

16.1.1 流程管理的目的

企业对研发外包管理工作实施流程管理的目的主要是控制外包研发的技术和产品的进程、质量水准等关键要素，具体目的如下。

（1）加强企业研发外包的计划管理工作，以便于计划有序地开展研发外包合作业务。

（2）规范研发外包企业的选择工作，以满足企业研发项目的需求。

（3）加强研发外包的过程跟踪与控制工作，确保研发外包企业的研发进度、交期能满足本企业的研发进度计划。

（4）规范对研发外包企业的研发质量管理工作，确保研发外包项目的质量符合企业产品和市场的需求。

16.1.2 流程结构设计

研发外包管理流程包括研发外包招标管理、研发外包企业选择管理、研发项目委托管控及联合开发外包管控四个方面。研发外包管理流程总体架构如图16-1所示。

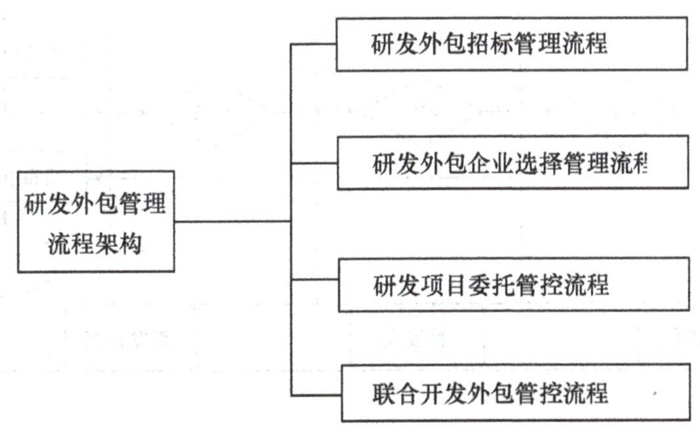

图16-1 研发外包管理流程总体架构

16.2 研发外包招标管理流程设计与工作执行

16.2.1 研发外包招标管理流程设计

主办部门	研发部	流程名称	研发外包招标管理流程

阶段	分管副总	研发部经理	研发部	研发外包招标小组
组建研发外包招标小组			开始	
	审批	拟定外包方式	提出研发外包申请	
		组建研发外包招标小组	主体参与组建	
				制订招标计划
研发外包招标评审	审批	审核	审核	
				发布招标公告
				收集投标书
				筛选投标单位
				组织开标工作
				评标、议标、审标
				拟定中标单位
发布招标结果	审批	审核	审核	
				发布中标公告
				结束

编修部门		签发人		签发日期	

研发过程管理 流程设计与工作标准

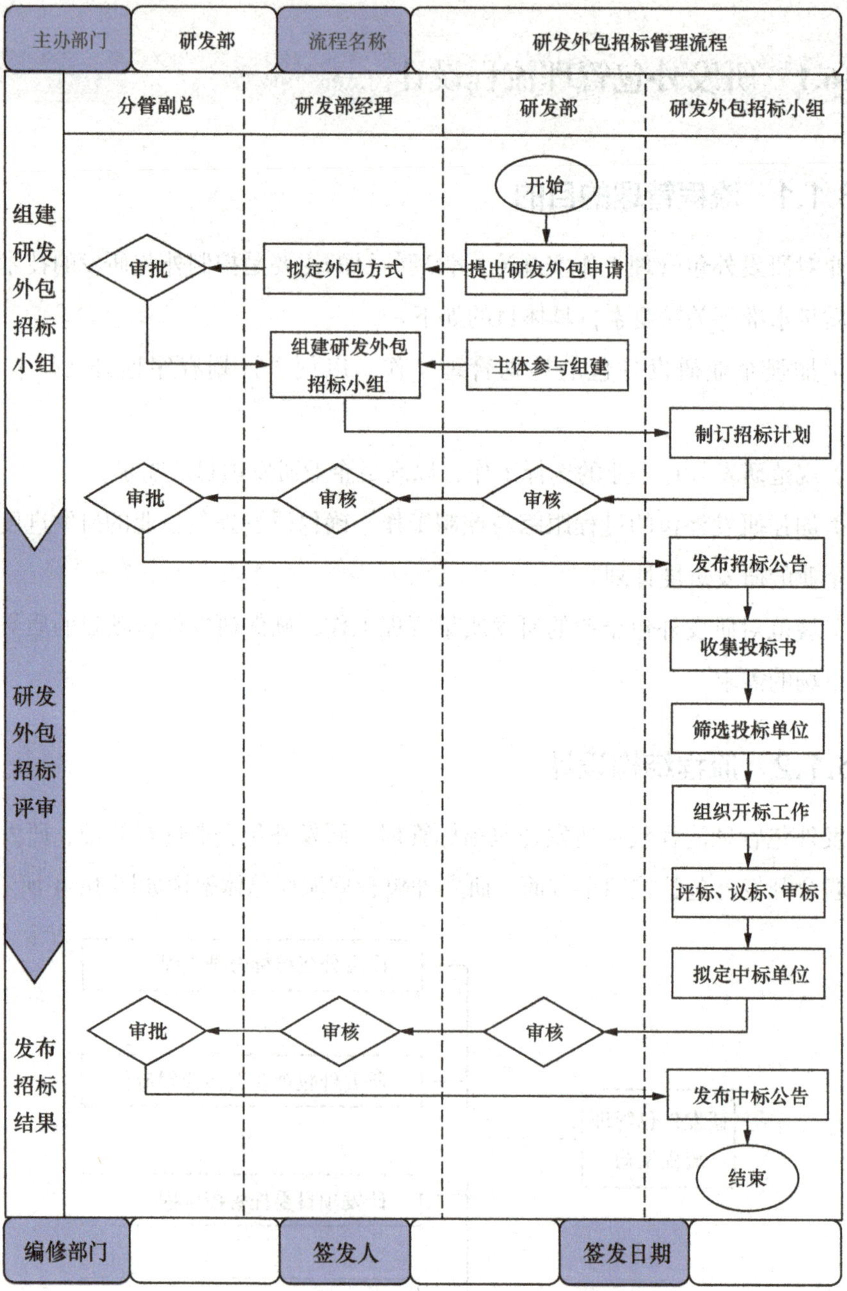

16.2.2 研发外包招标管理执行程序、工作标准、考核指标、执行规范

<table>
<tr><th>任务名称</th><th>执行程序、工作标准与考核指标</th></tr>
<tr><td rowspan="6">组建研发外包招标小组</td><td>执行程序</td></tr>
<tr><td>1. 拟定外包方式
☆研发部根据实际研发工作情况，提出研发外包申请。
☆研发部经理对申请外包的研发项目进行分析、研究，根据具体需求拟定外包方式，提交分管副总审批。
2. 组建研发外包招标小组
研发外包申请审批通过后，研发部经理负责组建研发外包招标小组，研发部作为主体参与招标小组。
3. 制订招标计划
研发外包招标小组针对项目外包需求制订招标计划，提交研发部、研发部经理审核后，报分管副总审批。
工作重点
研发外包招标小组应指派有实际招标经验的员工一起讨论，共同制订招标计划。</td></tr>
<tr><td>工作标准</td></tr>
<tr><td>☆质量标准：研发外包方式拟定合理、经济，符合企业研发工作现状。
☆考核标准：研发外包招标小组应在 ___ 天内完成研发外包招标计划并提交审批。</td></tr>
<tr><td>考核指标</td></tr>
<tr><td>☆研发外包招标计划首次审批通过率。
$$研发外包招标计划首次审批通过率=\frac{首次审批通过的计划数}{审批计划总数}\times 100\%$$</td></tr>
<tr><td rowspan="4">研发外包招标评审</td><td>执行程序</td></tr>
<tr><td>1. 发布招标公告
研发外包招标计划审批通过后，研发外包招标小组向外界公开发布招标公告，开展招标准备工作。
2. 筛选投标单位
研发外包招标小组根据对各投标单位提交标书的分析结果，初步筛选出符合条件的候选投标单位。
3. 评标、议标、审标
研发外包招标小组组织人员对筛选出来的各投标单位标书进行评估、讨论，审查标书内容，比较、分析各投标单位标书的优劣。
工作重点
研发外包招标小组在筛选投标单位以及评标、议标、审标过程中应客观、公正，避免企业损失。</td></tr>
<tr><td>工作标准</td></tr>
<tr><td>☆考核标准：研发外包招标计划审批通过后，研发外包招标小组应在 ___ 天内发布招标公告。
☆质量标准：投标单位筛选结果匹配度高于 ___%。</td></tr>
</table>

(续)

<table>
<tr><th>任务名称</th><th>执行程序、工作标准与考核指标</th></tr>
<tr><td rowspan="2">研发外包招标评审</td><td>考 核 指 标</td></tr>
<tr><td>☆招标公告发布及时率。
$$招标公告发布及时率=\frac{准时发布的公告数}{发布公告总数}\times100\%$$
☆投标筛选匹配率。
$$投标筛选匹配率=\frac{匹配的投标商数}{筛选投标商总数}\times100\%$$</td></tr>
<tr><td rowspan="6">发布招标结果</td><td>执 行 程 序</td></tr>
<tr><td>1. 拟定中标单位
研发外包招标小组根据评标、议标、审标的结果，综合分析后拟定中标单位，形成招标结果报告，提交研发部经理审核后，报分管副总审批。
2. 发布中标公告
招标结果报告审批通过后，研发外包招标小组根据批示意见将中标结果向外界公布，发布中标公告。
工作重点
研发外包招标小组应为中标单位建立审批档案，档案中应包含标书、评审结果和意见等关键文件。</td></tr>
<tr><td>工 作 标 准</td></tr>
<tr><td>☆内容标准：招标结果报告的内容应包括中标单位、中标项目、标书、评审成绩、中标意见等。
☆考核标准：招标结果报告审批通过后，研发外包招标小组应在____天内发布中标公告。</td></tr>
<tr><td>考 核 指 标</td></tr>
<tr><td>☆招标结果报告首次审批通过率。
$$招标结果报告首次审批通过率=\frac{首次审批通过的报告数}{审批报告总数}\times100\%$$</td></tr>
<tr><th colspan="2">执 行 规 范</th></tr>
<tr><td colspan="2">“企业研发外包管理制度”“企业项目招标规范”“研发外包招标计划”“研发外包招标结果报告”“研发外包项目投标单位评审制度”“研发外包项目投标单位管理制度”。</td></tr>
</table>

16.3 研发外包企业选择管理流程设计与工作执行

16.3.1 研发外包企业选择管理流程设计

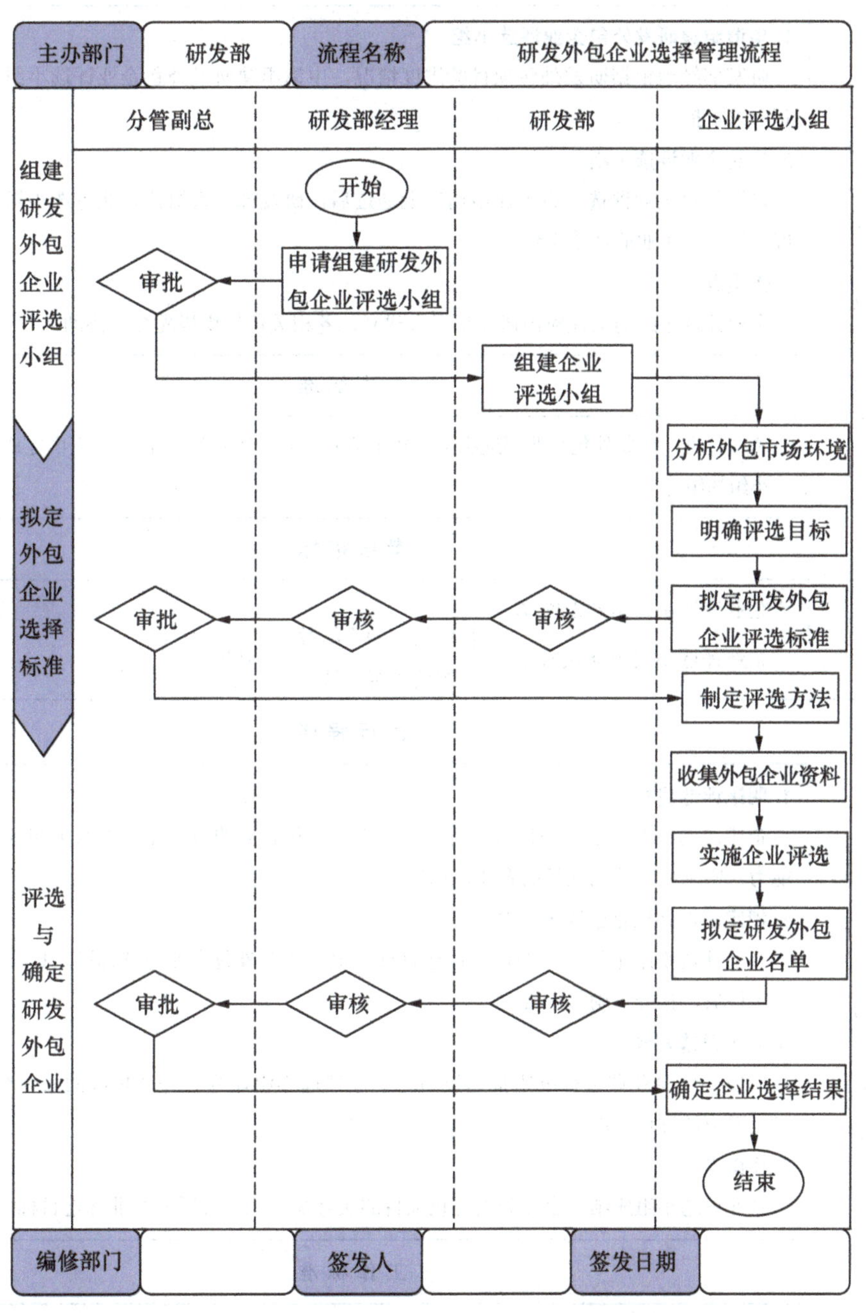

16.3.2 研发外包企业选择管理执行程序、工作标准、考核指标、执行规范

任务名称	执行程序、工作标准与考核指标
组建研发外包企业评选小组	**执行程序**
	1. 申请组建研发外包企业评选小组 研发部经理根据研发外包项目的进度情况，申请组建研发外包企业评选小组，提交分管副总审批。 **2. 组建企业评选小组** 研发外包企业评选小组组建申请审批通过后，研发部负责组建企业评选小组，准备开展研发外包企业的评选工作。 **工作重点** 企业评选小组的组建应由研发部牵头建立，各相关单位积极配合、协助。
	工作标准
	☆考核标准：研发外包企业评选小组组建申请通过后，研发部应在____天内完成企业评选小组的组建。
	考核指标
	☆企业评选小组组建及时率。 $企业评选小组组建及时率=\frac{按时组建的小组数}{组建小组总数}\times 100\%$
拟定外包企业选择标准	**执行程序**
	1. 明确评选目标 企业评选小组通过对外包市场的调查，掌握外包企业的市场竞争力水平和各方面技术能力，明确研发外包项目的企业评选目标。 **2. 拟定研发外包企业评选标准** 企业评选小组根据确定的理想评选目标，拟定研发外包企业评选标准，提交研发部经理审核后，报分管副总审批。 **3. 制定评选方法** 研发外包企业评选标准审批通过后，企业评选小组研究各评选标准的具体组成要素，制定对应的评选方法。 **工作重点** 企业评选小组应结合企业研发外包项目的实际需求确定合适的企业评选目标。
	工作标准
	☆考核标准：企业评选小组应在____天内完成研发外包企业评选标准的拟定。 ☆质量标准：企业评选小组制定的评选方法合理、高效、经济适用。

（续）

<table>
<tr><th>任务名称</th><th>执行程序、工作标准与考核指标</th></tr>
<tr><td rowspan="2">拟定外包企业选择标准</td><td>考核指标</td></tr>
<tr><td>☆企业评选标准拟定首次审批通过率。
$$企业评选标准拟定首次审批通过率 = \frac{首次审批通过的标准数}{审批标准总数} \times 100\%$$</td></tr>
<tr><td rowspan="6">评选与确定研发外包企业</td><td>执行程序</td></tr>
<tr><td>1. 实施企业评选
企业评选小组对收集的各外包企业资料、数据和投标文件进行评审，考察企业实力，实施企业评选。
2. 拟定研发外包企业名单
企业评选小组根据外包企业的评选结果拟定符合要求的研发外包企业名单，提交研发部经理审核后，报分管副总审批。
3. 确定企业选择结果
拟定的研发外包企业名单审批通过后，企业评选小组根据批示意见确定研发外包企业的选择结果。
工作重点
企业评选小组提交拟定研发外包企业名单时要附带评审资料、标书等关键性审查文件。</td></tr>
<tr><td>工作标准</td></tr>
<tr><td>☆内容标准：企业评选项目包括研发能力、技术水平、信誉水平、财务情况等。
☆考核标准：拟定的研发外包企业名单审批通过后，企业评选小组应在____天内确定评选结果。</td></tr>
<tr><td>考核指标</td></tr>
<tr><td>☆企业评选项目完备率。
$$企业评选项目完备率 = \frac{完成的企业评选项目数}{企业评选项目总数} \times 100\%$$
☆拟定企业名单首次审批通过率。
$$拟定企业名单首次审批通过率 = \frac{首次审批通过的名单数}{审批名单总数} \times 100\%$$</td></tr>
<tr><th colspan="2">执行规范</th></tr>
<tr><td colspan="2">“企业研发项目安排进度计划”“企业研发外包项目管理制度”“研发外包企业评选管理规定”“研发外包企业评选标准参考意见”“研发外包企业评选结果报告”。</td></tr>
</table>

16.4 研发项目委托管控流程设计与工作执行

16.4.1 研发项目委托管控流程设计

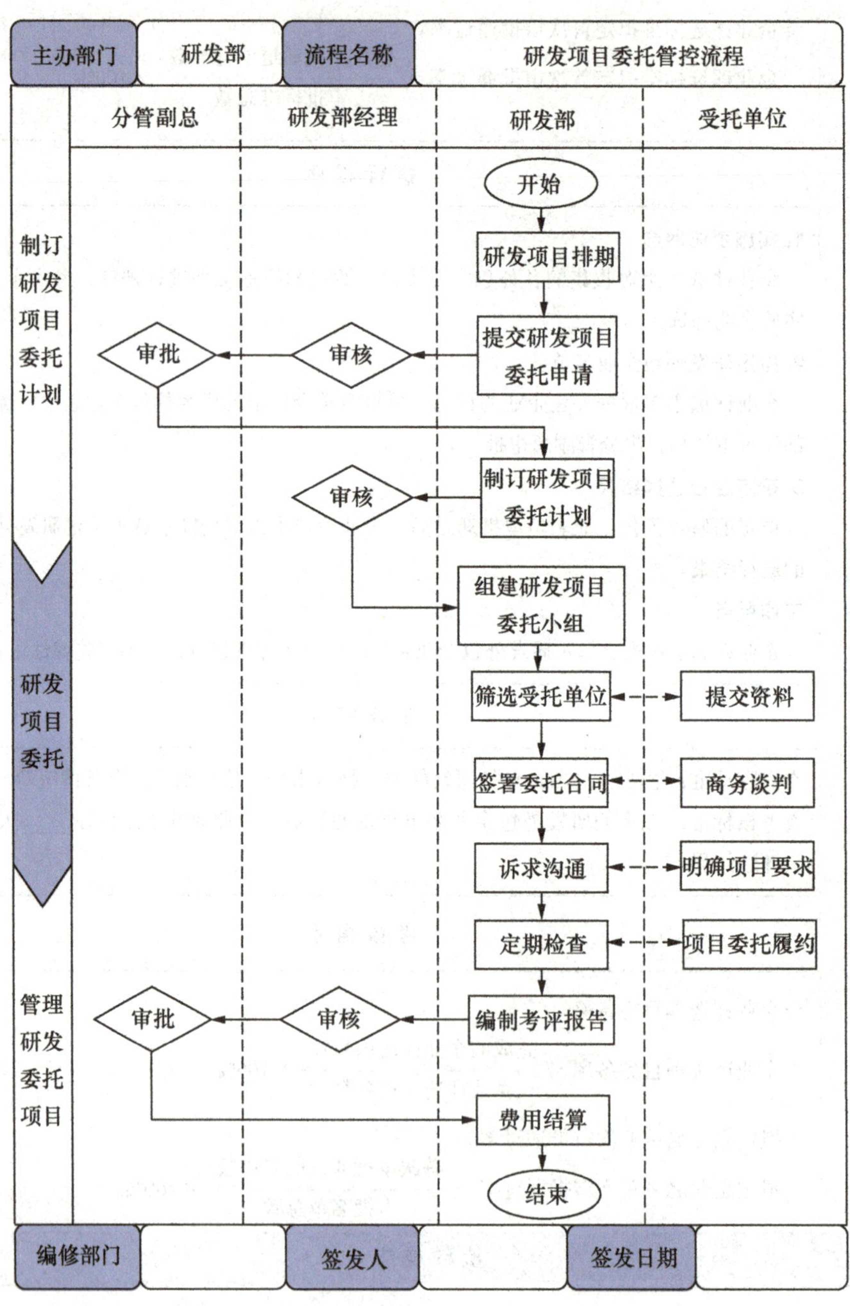

16.4.2 研发项目委托管控执行程序、工作标准、考核指标、执行规范

<table>
<tr><th>任务名称</th><th>执行程序、工作标准与考核指标</th></tr>
<tr><td rowspan="6">制订研发项目委托计划</td><td>执 行 程 序</td></tr>
<tr><td>1. 研发项目排期
研发部整理研发项目并根据研发项目的具体难度和操作情况，确定研发项目的排期。
2. 提交研发项目委托申请
研发部根据研发项目的排期情况，汇总需要委托的研发项目，填写研发项目委托申请，提交研发部经理审核后，报分管副总审批。
3. 制订研发项目委托计划
研发项目委托申请审批通过后，研发部根据批示意见制订研发项目委托计划，提交研发部经理审核。
工作重点
研发部在制订研发项目委托计划时，应由具备实际项目委托经验的人员在进行详细讨论后制订。</td></tr>
<tr><td>工 作 标 准</td></tr>
<tr><td>☆质量标准：研发项目排期科学、严谨、高效、务实。
☆考核标准：研发项目委托申请通过后，研发部应在____天内完成研发项目委托计划的制订。</td></tr>
<tr><td>考 核 指 标</td></tr>
<tr><td>☆研发项目委托计划首次审核通过率。
$$研发项目委托计划首次审核通过率=\frac{首次审核通过的计划数}{审核计划总数}\times100\%$$</td></tr>
<tr><td rowspan="2">研发项目委托</td><td>执 行 程 序</td></tr>
<tr><td>1. 组建研发项目委托小组
研发项目委托计划通过后，研发部负责组建研发项目委托小组，执行研发项目委托工作。
2. 筛选受托单位
☆外部受托单位提交单位资质和项目竞标资料和文件，参与资质筛选。
☆研发项目委托小组审查各受托单位的资质情况，筛选符合条件的候选受托单位。
3. 签署委托合同
☆研发项目委托小组代表企业与受托单位进行谈判、协商，达成一致意见后签署委托合同。
☆受托单位参与商务谈判，签字确定合作事项。
工作重点
研发项目委托小组筛选受托单位时应客观，严格按照企业项目委托管理制度的规定进行。</td></tr>
</table>

（续）

任务名称	执行程序、工作标准与考核指标
研发项目委托	**工作标准**
	☆质量标准：受托单位筛选结果公正、合理、经济、最大限度满足企业研发需求。 ☆考核标准：受托单位筛选审查后，研发项目委托小组应在____天内完成委托合同的签约工作。
	考核指标
	☆受托单位筛选合格率。 受托单位筛选合格率 = $\frac{\text{合格的受托单位数}}{\text{筛选的受托单位总数}}\times100\%$
管理研发委托项目	**执行程序**
	1. 诉求沟通 ☆研发部派遣专业人员与受托单位进行沟通，传达企业的研发需求和目标诉求。 ☆受托单位与研发部沟通，明确研发项目要求和企业目标。 **2. 定期检查** ☆研发部定期对受托单位的研发工作进行检查，掌握项目的研发进度和情况。 ☆受托单位按合同规定履约，开展研发活动。 **3. 编制考评报告** 受托单位完成项目研发工作后，研发部对委托项目的成果进行考评、验收，编制研发项目委托成果考评报告，提交研发部经理审核后，报分管副总审批。 **工作重点** 研发部应多次与受托单位进行沟通讨论，确定受托单位正确理解了企业的研发需求。
	工作标准
	☆质量标准：研发部与受托单位的诉求沟通结果准确率高于____%。 ☆考核标准：委托项目验收后，研发部应在____天内完成研发项目委托成果考评报告的编制并提交审批。
	考核指标
	☆诉求沟通结果准确率。 诉求沟通结果准确率 = $\frac{\text{诉求一致的沟通项目数}}{\text{诉求沟通项目总数}}\times100\%$ ☆研发项目委托成果考评报告首次审批通过率。 研发项目委托成果考评报告首次审批通过率 = $\frac{\text{首次审批通过的报告数}}{\text{审批报告总数}}\times100\%$
执行规范	
“企业研发项目委托管理制度”“研发项目委托申请表”“研发项目委托计划”“企业研发项目委托合同管理规定”“研发项目委托验收流程指导意见”。	

16.5 联合开发外包管控流程设计与工作执行

16.5.1 联合开发外包管控流程设计

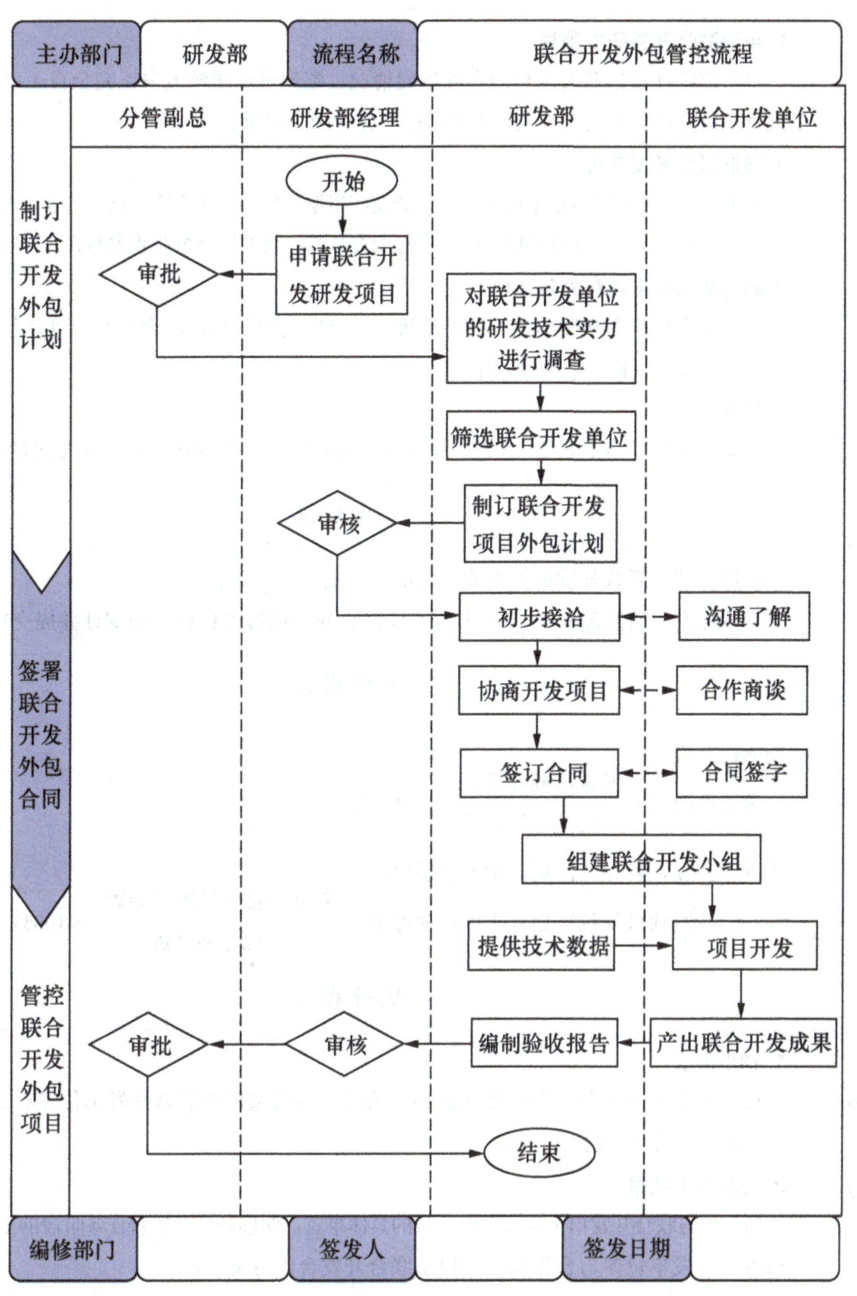

16.5.2 联合开发外包管控执行程序、工作标准、考核指标、执行规范

<table>
<tr><th>任务名称</th><th>执行程序、工作标准与考核指标</th></tr>
<tr><td rowspan="6">制订联合开发外包计划</td><td>执行程序</td></tr>
<tr><td>1. 申请联合开发研发项目
研发部经理根据研发项目的实际进展情况，整理进展缓慢或缺乏完全自主研发能力的项目，填写联合开发研发项目申请，提交分管副总审批。
2. 筛选联合开发单位
联合开发研发项目申请审批通过后，研发部根据项目的具体内容，调查行业与专业市场上的外部研发单位，通过对其技术能力进行调查分析，筛选符合企业要求的联合开发单位。
3. 制订联合开发项目外包计划
研发部根据联合开发单位的筛选结果，结合研发项目制订联合开发项目外包计划，提交研发部经理审核后，报分管副总审批。
工作重点
研发部判断项目是否需要采取联合开发外包时应严格按照企业研发项目管理制度的规定进行。</td></tr>
<tr><td>工作标准</td></tr>
<tr><td>☆质量标准：联合开发单位筛选结果准确率高于____%。
☆考核标准：研发部应在____天内完成联合开发项目外包计划的制订并提交审批。</td></tr>
<tr><td>考核指标</td></tr>
<tr><td>☆筛选准确率。
$$筛选准确率=\frac{筛选准确的项目数}{筛选项目总数}\times 100\%$$
☆联合开发项目外包计划首次审批通过率。
$$联合开发项目外包计划首次审批通过率=\frac{首次审批通过的计划数}{审批计划总数}\times 100\%$$</td></tr>
<tr><td rowspan="2">签署联合开发外包合同</td><td>执行程序</td></tr>
<tr><td>1. 初步接洽
联合开发项目外包计划审批通过后，研发部与筛选出的联合开发单位进行初步接洽，沟通联合开发外包的合作意向。
2. 协商开发项目
☆研发部与联合开发单位协商开发项目的具体事宜，明确联合开发合作各阶段的工作细节。
☆联合开发单位参与合作商谈，提出联合开发合作意见。
3. 签订合同
在双方达成一致意见的基础上，研发部代表企业与联合开发单位签订联合开发外包合同，联合开发单位签字确定。</td></tr>
</table>

（续）

<table>
<tr><th>任务名称</th><th>执行程序、工作标准与考核指标</th></tr>
<tr><td rowspan="5">签署联合开发外包合同</td><td>工作重点
研发部与外部联合开发单位初步接洽时应全面核查对方单位的资质、信誉、财务情况等。</td></tr>
<tr><td>工 作 标 准</td></tr>
<tr><td>☆内容标准：开发项目协商的条款应包含研发项目名称、周期、投入比率、成果划分、风险等。
☆考核标准：开发项目协商完成后，研发部应在____天内签订合同。</td></tr>
<tr><td>考 核 指 标</td></tr>
<tr><td>☆联合开发项目外包合同签订合格率。
$$联合开发项目外包合同签订合格率=\frac{合格的合同数}{签订合同总数}\times 100\%$$</td></tr>
<tr><td rowspan="6">管控联合开发外包项目</td><td>执 行 程 序</td></tr>
<tr><td>1. 组建联合开发小组
研发部与联合开发单位共同组建联合开发小组，组织执行联合开发研发项目活动。
2. 项目开发
☆研发部向联合开发单位提供技术和数据支持。
☆联合开发单位全面负责联合开发研发项目进度的控制工作。
3. 编制验收报告
联合开发单位向研发部提交联合开发研发项目成果，研发部对成果进行核查、验收，编制联合开发研发项目验收报告，提交研发部经理审核后，报分管副总审批。
工作重点
研发部负责联合开发研发项目的核心技术和专利数据的管控，将整体工作外包给联合开发单位。</td></tr>
<tr><td>工 作 标 准</td></tr>
<tr><td>☆质量标准：联合开发研发项目成果验收合格率高于____%。
☆考核标准：成果验收后，研发部应在____天内完成联合开发研发项目验收报告。</td></tr>
<tr><td>考 核 指 标</td></tr>
<tr><td>☆项目验收合格率。
$$项目验收合格率=\frac{验收合格的项目数}{验收项目总数}\times 100\%$$
☆项目验收报告首次审批通过率。
$$项目验收报告首次审批通过率=\frac{首次审批通过的报告数}{审批报告总数}\times 100\%$$</td></tr>
</table>

（续）

任务名称	执行程序、工作标准与考核指标
执行规范	
“企业研发项目管理制度”“联合开发项目外包计划”“企业联合开发外包合同”“联合开发研发项目验收报告”。	

第17章

研发成果申报与管理

17.1 研发成果申报与管理流程设计

17.1.1 流程管理的目的

企业对研发成果申报与管理工作实施流程管理的目的如下。

（1）加强对专利产权的申报、注册及保护，有效提升企业的研发成果管理水平，不断提升企业的研发底蕴，使研发成果及时转化为企业实际的市场竞争力。

（2）规范研发申报与成果管理，使得法务部、研发部等相关部门人员能科学确定每个人的岗位职责，力争做到各尽所能、责任明确、目标一致。

17.1.2 流程结构设计

研发成果申报与管理流程设计将研发成果申报与管理细分为五个事项，就每个事项即研发成果申报管理、专利产权申请管理、专利产权注册管理、专利产权保护管理及科研成果转化管理展开流程设计，研发成果申报与管理流程总体架构如图17-1所示。

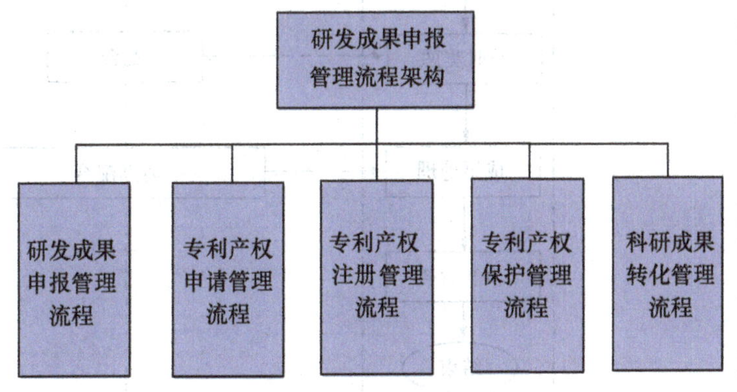

图17-1 研发成果申报与管理流程总体架构

17.2 研发成果申报管理流程设计与工作执行

17.2.1 研发成果申报管理流程设计

主办部门	研发部	流程名称	研发成果申报管理流程

阶段	分管副总	研发部	研发主管	研发人员
明确研发成果			整理研发成果资料	开始 研发项目确认成功 提供辅助
成果申报与审核	审批	下达申报通知 组织审查 形成审查意见	录入科研管理系统 填写研发成果申报书并申报	
成果处理		及时奖惩 成果处理 资料存档 结束		配合 协助配合

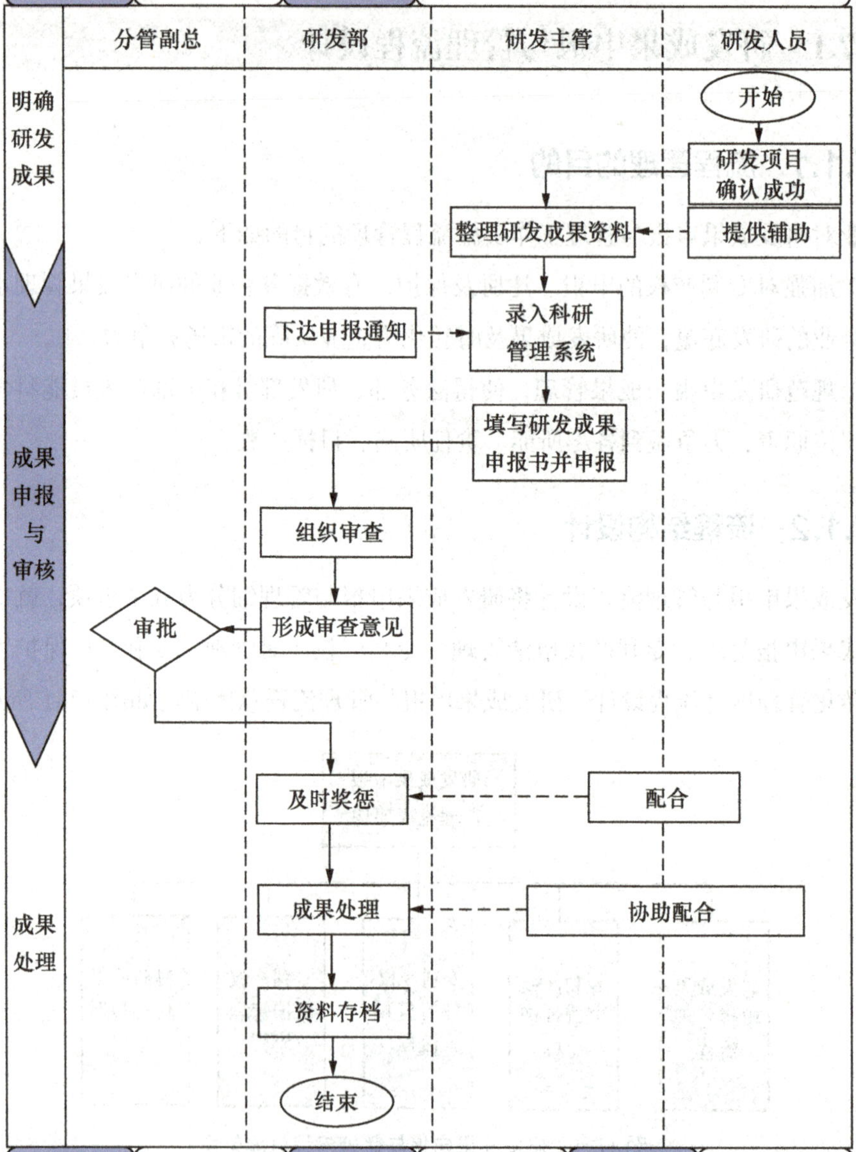

编修部门		签发人		签发日期	

17.2.2　研发成果申报管理执行程序、工作标准、考核指标、执行规范

<table>
<tr><th>任务名称</th><th>执行程序、工作标准与考核指标</th></tr>
<tr><td rowspan="4">明确研发成果</td><td>执行程序</td></tr>
<tr><td>整理研发成果资料
☆研发项目经主管领导确认成功后，研发主管在相关人员的协助下将与研发成果相关的资料进行整理。
☆如有必要，研发主管要在研发人员的辅助下，按照规定的格式填写产品研发成果报告书。
工作重点
研发主管要注意研发成果资料的完整性。</td></tr>
<tr><td>工作标准</td></tr>
<tr><td>☆参照标准：整理研发成果资料时，可参照企业之前类似项目的研发成果资料的整理方法。</td></tr>
<tr><td rowspan="4">成果申报与审核</td><td>执行程序</td></tr>
<tr><td>1. 录入科研管理系统
在研发部下达研发成果申报的通知后，研发主管及时在科研管理系统中录入研发成果。
2. 填写研发成果申报书并申报
研发主管按照规定填写研发成果申报书，并在规定的时间内申报。
3. 组织审查
☆研发部经理收到研发成果申报书后组织相关人员对申报书进行审查。
☆审查内容包括研发成果与预期目标的差异、技术的先进性及研发成本等。
4. 形成审查意见
☆审查结束后，研发部要形成相对统一的审查意见，审查人员都要签字确认；如有不同的意见也要说明并签字。
☆审查意见要对研发成果的创造性、先进性进行重点说明，要与国内外的同类研发成果进行比较，同时还要对未来的市场经济效益进行评估。
☆审查意见形成后报分管副总审批。
工作重点
注意研发成果申报书的规范性，最好以固定的模板来编制，这样可以有效提升报告的编制效率。为提升整体工作绩效，研发部要为申报人员提供相关的模板。</td></tr>
<tr><td>工作标准</td></tr>
<tr><td>☆参照标准：研发成果申报审查意见可参照企业过去类似项目的审核过程及审查意见情况。
☆目标标准：通过研发成果审查，使研发成果能够发挥最大的效用。</td></tr>
</table>

（续）

任务名称	执行程序、工作标准与考核指标
成果申报与审核	**考核指标**
	☆研发成果申报的及时性：按计划时限提交，不影响企业其他研发计划的进行。 ☆研发成果审查领导满意度：达到____分，确保研发成果审查公平、合理。 ☆研发费用控制率：该指标用来衡量研发人员的费用控制能力，以提高研发管理水平。 $研发费用控制率=\frac{考核期内研发费用支出额}{考核期内研发费用预算额}\times 100\%$
成果处理	**执行程序**
	1. 及时奖惩 成果审查意见经过批准后，研发部要根据研发副总的审批意见，对研发参与人员进行适当的、及时的奖惩。 **2. 成果处理** 研发部要及时对研发成果做出具体的处理，如及时进行成果转化、申请专利保护等。 **工作重点** 研发部要注意研发成果处理的可操作性，要立足实际，便于后期实施和操作。
	工作标准
	☆参照标准：研发成果处理可参照企业以往年度类似成果的处理资料。 ☆目标标准：通过及时的成果处理，及时将研发成果转化为实际的生产能力，提升企业的效能。
	考核指标
	☆研发成果奖惩的及时性：对研发成果参与人员的奖励和惩罚要及时，通常应在领导审批通过后____个工作日内完成。
执行规范	
“研发成果申报管理制度”“产品研发成果报告书”“研发成果审查报告”“研发成果处理细则”“研发成果奖惩管理办法”。	

17.3 专利产权申请管理流程设计与工作执行

17.3.1 专利产权申请管理流程设计

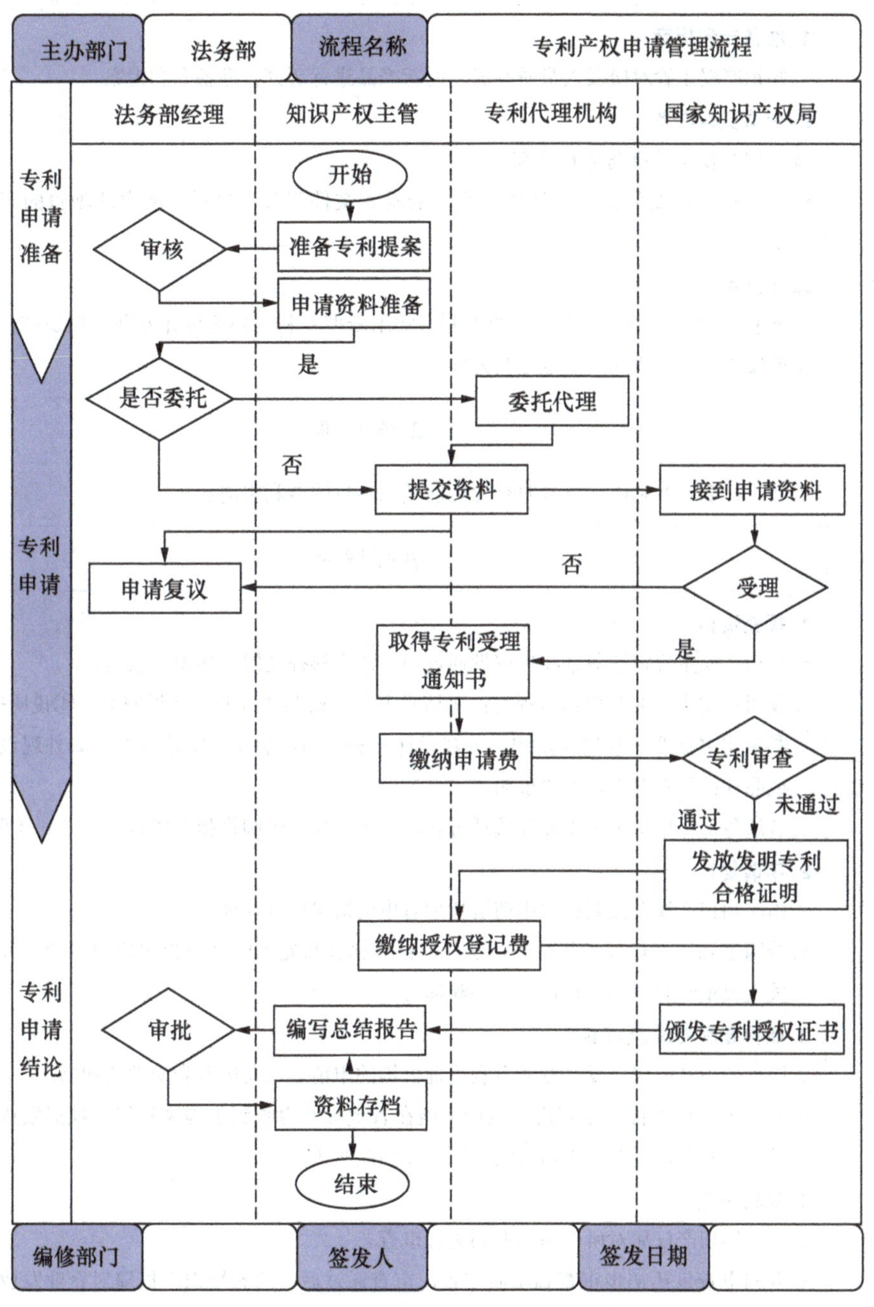

17.3.2 专利产权申请管理执行程序、工作标准、考核指标、执行规范

<table>
<tr><th>任务名称</th><th>执行程序、工作标准与考核指标</th></tr>
<tr><td rowspan="4">专利申请准备</td><td>执行程序</td></tr>
<tr><td>1. 准备专利提案
知识产权主管对研发人员研制成功的新产品进行研究，准备专利提案。
2. 申请资料准备
☆知识产权主管准备申请资料。
☆申请资料主要包括与申请项目有关的检索文件和背景材料、所申请项目的书面技术资料等。
工作重点
专利一般分三类，分别是发明专利、实用新型专利及外观设计专利，知识产权主管要与研发人员共同研究，确定专利方向。</td></tr>
<tr><td>工作标准</td></tr>
<tr><td>☆参照标准：专利申请可参照企业之前类似项目的专利申请资料。</td></tr>
<tr><td rowspan="2">专利申请</td><td>执行程序</td></tr>
<tr><td>1. 提交资料
☆知识产权主管将法务部经理审批通过的申请资料提交国家知识产权局。
☆发明和实用型专利申请应提交：①请求书；②权利要求书；③说明书；④说明书附图；⑤说明书摘要；⑥摘要附图。外观设计专利申请应提交：①请求书；②外观设计图片或照片；③外观设计简要说明。
☆若法务部经理决定采用委托代理方式，知识产权主管则将相关资料交给专利代理机构。
2. 申请复议
☆国家知识产权在接到相关申请资料后对申请情况进行受理。
☆若国家知识产权局拒绝受理，法务部经理需在规定的时间内提出复议申请，并组织相关人员重新对申请资料进行准备和提交。
3. 取得专利受理通知书
☆国家知识产权局接受企业或专利受理机构的申请后，发出专利受理通知书。
☆若知识产权主管或专利代理机构未能在有效时间内收到由国家知识产权局发放的专利受理通知书，则专利申请失败，过程亦到此终止。
4. 专利审查
☆国家知识产权局对所申请的专利进行审查。
☆专利审查包括初步审查和实质审查，审查通过后，国家知识产权局对企业发放发明专利合格证明。</td></tr>
</table>

（续）

<table>
<tr><th>任务名称</th><th>执行程序、工作标准与考核指标</th></tr>
<tr><td rowspan="5">专利申请</td><td>☆知识产权主管或专利代理机构应对审查情况进行跟踪，并按要求对其进行登记和注册。
☆若不能通过专利审查，则专利申请失败，过程至此终止。
工作重点
知识产权主管要注意相关申请文书填写的规范性，严格按照规定的模板填写，重点突出，内容全面、结构清晰且无重大纰漏。</td></tr>
<tr><td>工作标准</td></tr>
<tr><td>☆目标标准：通过专利申请，使得研发成果成功转变为企业的专利产权，发挥最大的经济效益。</td></tr>
<tr><td>考核指标</td></tr>
<tr><td>☆专利申报的及时性：要严格按照国家知识产权局的规定时限提交。
☆申请费用控制率：用来衡量知识产权主管的费用控制能力。
$$申请费用控制率=\frac{专利申请费用支出额}{专利申请费用预算额}\times 100\%$$</td></tr>
<tr><td rowspan="4">专利申请结论</td><td>执行程序</td></tr>
<tr><td>1. 颁发专利授权证书
国家知识产权局在完成各项手续后，对企业或专利代理机构颁发专利授权证书。
2. 编写总结报告
☆在取得国家知识产权局的专利授权后，知识产权主管对整体申请过程进行总结，并编写专利申请总结报告，提交法务部经理进行审批。
☆若专利申请失败，知识产权主管也要对申请过程进行总结，以增加申请经验。
☆知识产权主管对专利申请相关资料进行收集、整理并存档。
工作重点
知识产权主管要注意总结报告的规范性和全面性，要按照企业的相关模板进行编写。</td></tr>
<tr><td>工作标准</td></tr>
<tr><td>☆目标标准：知识产权主管应认真总结，增加经验，为后续的类似工作提供借鉴。</td></tr>
<tr><th colspan="2">执行规范</th></tr>
<tr><td colspan="2">“专利提案管理制度”“专利提案确认书”“专利申请总结报告”。</td></tr>
</table>

17.4 专利产权注册管理流程设计与工作执行

17.4.1 专利产权注册管理流程设计

主办部门	法务部	流程名称	专利产权注册管理流程

	法务部经理	知识产权主管	国家知识产权局
专利注册准备	审批	开始 收集专利相关资料 确定注册年限 编写注册申请报告	
专利注册跟踪		资料提交 缴纳受理费用 缴纳实质审查费用 缴纳授权登记费	未通过 注册受理 通过 初步审查 通过 实质审查 未通过 通过 颁发注册通知书
专利注册结论	审批	编写总结报告 资料存档 结束	颁发专利证书

编修部门		签发人		签发日期	

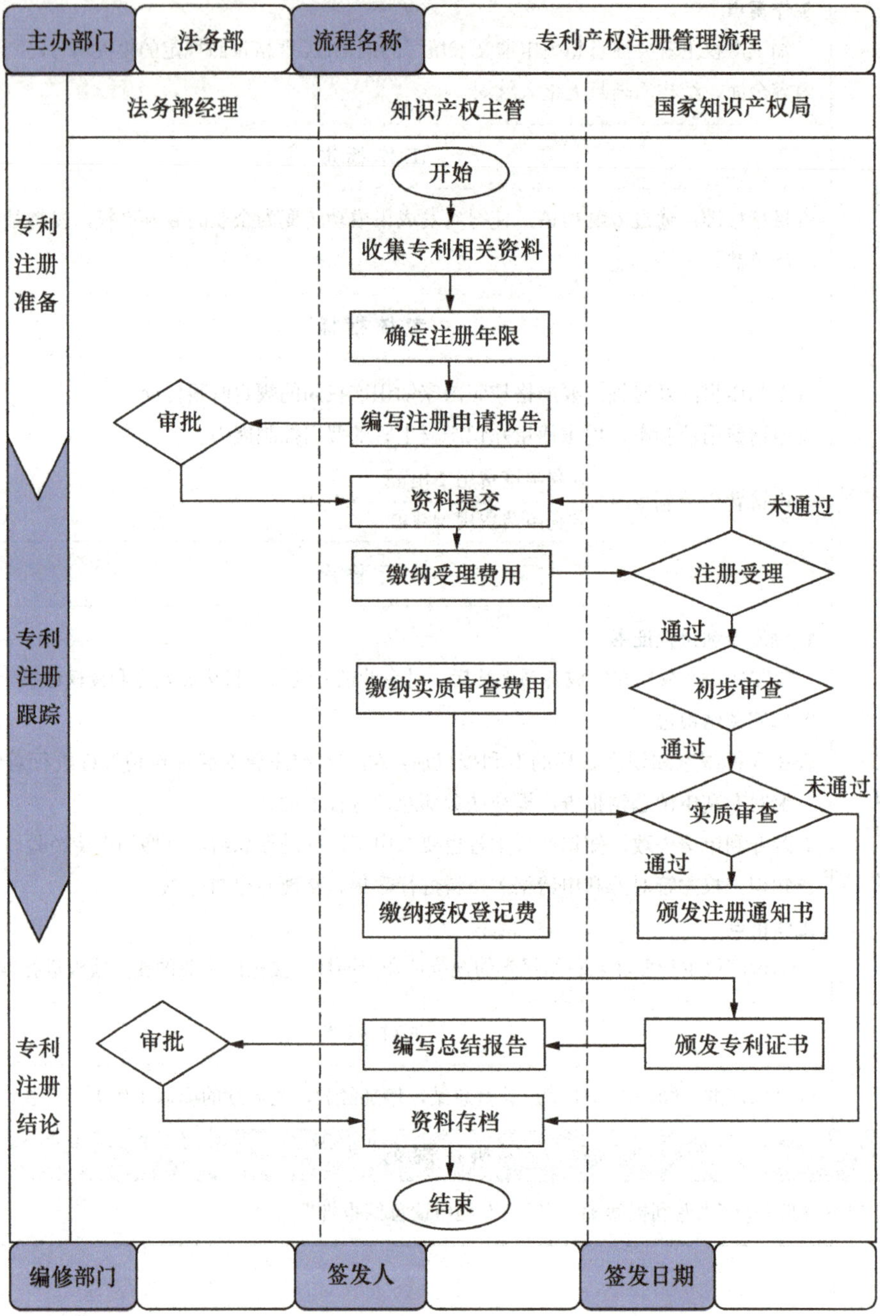

17.4.2 专利产权注册管理执行程序、工作标准、考核指标、执行规范

<table>
<tr><th>任务名称</th><th>执行程序、工作标准与考核指标</th></tr>
<tr><td rowspan="4">专利注册准备</td><td>执行程序</td></tr>
<tr><td>1. 收集专利相关资料
☆知识产权主管与产品研发人员共同协商，对专利提案情况进行确认，专利一般分三类，分别为发明专利、实用新型专利及外观设计专利。
☆知识产权主管收集相关资料，为专利注册做好准备。
2. 编写注册申请报告
☆知识产权主管根据专利申请情况编写注册申请报告，提交法务部经理进行审批。
☆注册申请报告为两份：一份是企业内部审核审批之用；一份是国家知识产权局固定格式申请书。
3. 资料提交
企业内部的专利注册申请报告通过法务部经理的审批后，知识产权主管向国家知识产权局提交相关专利注册资料。
工作重点
发明和实用型专利在注册时应提交产品说明书、说明书附图、说明书摘要、摘要附图；外观设计专利在注册时应提交外观设计图片、照片及外观设计简要说明。</td></tr>
<tr><td>工作标准</td></tr>
<tr><td>☆参照标准：专利注册可参照企业之前类似专利产权的注册申请资料。</td></tr>
<tr><td rowspan="2">专利注册跟踪</td><td>执行程序</td></tr>
<tr><td>1. 注册受理
☆国家知识产权局按规定接受专利注册申请。
☆若专利注册未被受理，知识产权主管需在规定的时间内对资料进行重新整理和提交。
☆若国家知识产权局再次拒绝受理或提供相关证据不能进行注册，则专利注册失败。
2. 初步审查
☆国家知识产权局在受理专利注册申请后，需对专利情况进行初步审查。
☆国家知识产权局相关工作人员判断知识产权主管提交的资料是否符合初审要求，若符合，则进行实质审查，企业应及时缴纳费用；若不符，则国家知识产权局发放初步审查意见通知书，专利注册失败。
3. 实质审查
☆国家知识产权局在完成对专利信息的初步审查后，由知识产权主管代表企业决定是否公开专利申请，并交纳实质审查费用，专利注册进入实质审查阶段。
☆若注册不能通过国家知识产权局的实质审查，则专利注册失败，流程至此终止。</td></tr>
</table>

（续）

任务名称	执行程序、工作标准与考核指标
专利注册跟踪	**4. 颁发注册通知书** ☆国家知识产权局在完成对专利注册的实质审查后，对企业颁发注册通知书。 ☆知识产权主管在接到注册通知书后，需在规定的时间内缴纳授权登记费。 **工作重点** 知识产权主管要注意研究初步审查与实质审查的相关标准，争取一次通过。
	工作标准
	☆目标标准：通过专利注册，增加企业的专利产权数量，进一步提升实力。
	考核指标
	☆专利注册的及时性：要严格按国家知识产权局的要求和计划时限提交。
专利注册结论	**执行程序**
	1. 颁发专利证书 ☆国家知识产权局认可企业专利注册的情况后，颁发专利证书。 ☆知识产权主管应于每年申请日前一个月内缴纳下一年度年费，以维持专利权。 **2. 编写总结报告** ☆在完成专利注册后，知识产权主管需对专利注册情况进行总结，并编写专利注册总结报告，提交法务部经理进行审批。 ☆知识产权主管对专利注册相关资料进行整理、存档，以备查询。 **工作重点** 知识产权主管要注意总结报告的规范性和全面性，要按照企业的相关模板进行编写。
	工作标准
	☆目标标准：知识产权主管应认真总结，增加经验，为后续的类似工作提供借鉴。
执行规范	
“专利注册管理制度”“专利注册总结报告”。	

17.5 专利产权保护管理流程设计与工作执行

17.5.1 专利产权保护管理流程设计

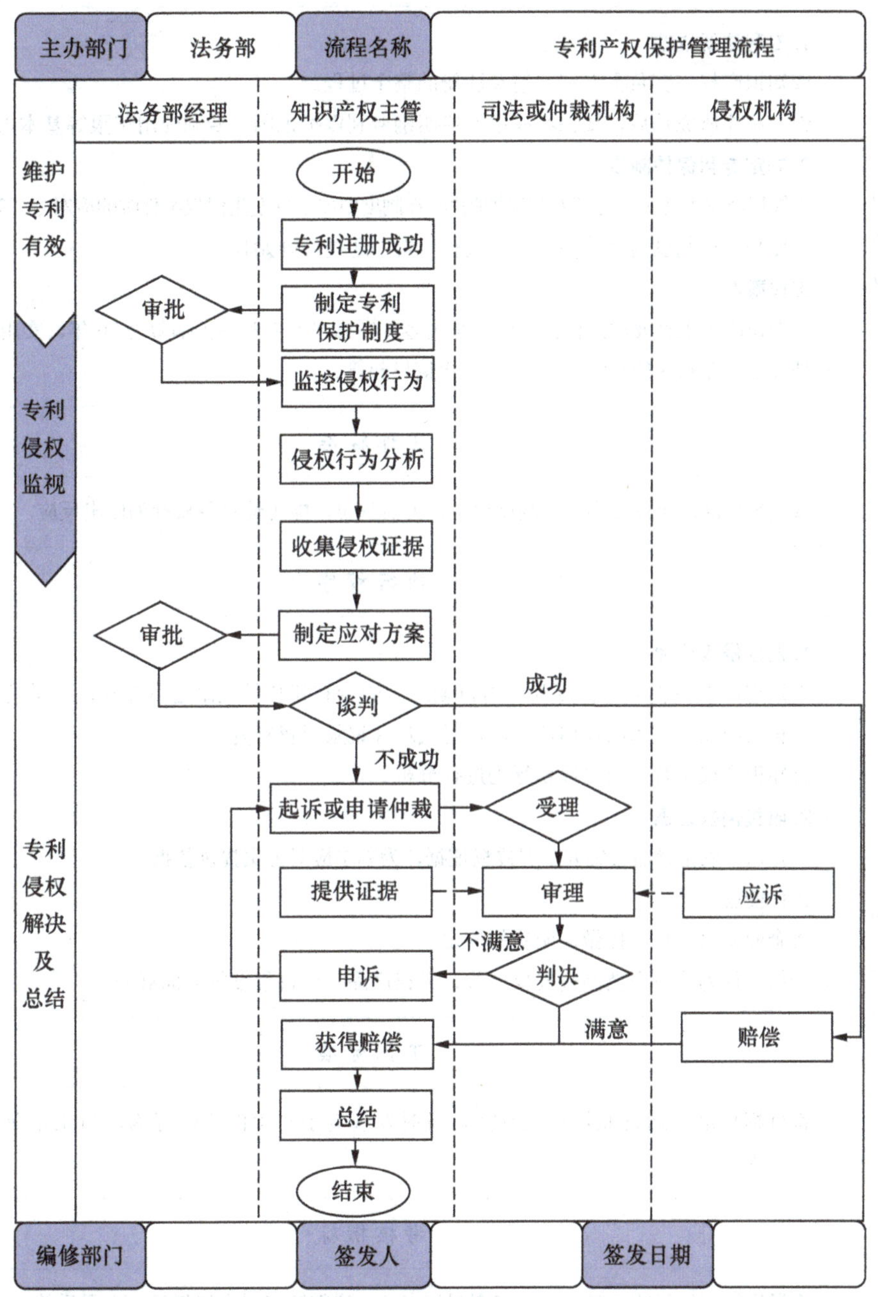

17.5.2 专利产权保护管理执行程序、工作标准、考核指标、执行规范

任务名称	执行程序、工作标准与考核指标
维护专利有效	**执行程序**
	1. 专利注册成功 ☆知识产权主管负责专利申请及注册的整个过程。 ☆专利注册成功后，知识产权主管应明确专利保护范围、专利使用年限等基本内容。 **2. 制定专利保护制度** ☆知识产权主管负责起草专利保护制度，在制度中要明确发生侵权案件时的应对方式等内容。 ☆专利保护制度需经法务部经理进行审批，通过后开始执行。 **工作重点** 知识产权主管要注意保护年限这项内容：通常发明专利保护期限为20年，实用新型和外观设计专利保护期为10年，均自申请日起算。
	工作标准
	☆质量标准：企业专利保护制度健全，人员到位，能迅速对侵权行为做出反应。
专利侵权监视	**执行程序**
	1. 监控侵权行为 ☆知识产权主管应对在专利申请日期之后的专利和科技文献进行监控，并关注市场上相关产品、技术的使用情况，及时发现并记录侵权行为。 ☆知识产权主管还需对侵权行为进行分析。 **2. 收集侵权证据** 知识产权主管需收集并掌握侵权证据，为制定应对方案提供依据。 **工作重点** ☆企业要对侵权监控做出明确的规定。 ☆侵权行为分析主要围绕侵权单位、侵权产品、侵权程度等方面展开。
	工作标准
	☆目标标准：通过监控侵权行为，及时发现竞争对手的不法行为，防止企业权益受到损害。
	考核指标
	☆发现侵权行为的及时性：要定期观察市场，通常应在对方侵权行为出现后的____天内发现并做出反应。

（续）

<table>
<tr><th>任务名称</th><th>执行程序、工作标准与考核指标</th></tr>
<tr><td rowspan="4">专利侵权解决及总结</td><td>执行程序</td></tr>
<tr><td>1. 制定应对方案
☆知识产权主管针对侵权行为制定应对方案，应对方案包括谈判方式及谈判不成而采取的诉讼或仲裁措施。
☆应对方案需经法务部经理审批通过后方可实施。
2. 谈判
☆知识产权主管代表企业与侵权单位就侵权行为进行谈判，谈判内容围绕停止侵权及赔偿相关事宜。
☆若谈判成功，知识产权主管与侵权单位就相互间权利义务达成共识，并签订协议。
☆若谈判不成功，知识产权主管就侵权行为提起诉讼或申请仲裁。
3. 起诉或申请仲裁
若知识产权主管与侵权单位的谈判不能达成共识，则应准备相关资料进行诉讼或仲裁。
4. 受理
司法或仲裁机构在接到诉讼或仲裁请求后，按规定程序受理。
5. 审理
当案件根据司法程序进入审理阶段，知识产权主管应提供相关侵权行为的证据，侵权单位进行应诉。
6. 判决
☆司法或仲裁机构根据双方提供的证据及请求对案件进行判决。
☆若企业对判决不满意，则需在规定的时间内进行申诉。
7. 获得赔偿
在判决生效后，知识产权主管代表企业获得相关赔偿。
工作重点
知识产权主管要注意申请诉讼或仲裁的资料的规范性和全面性，要按照法律有关规定进行编写。</td></tr>
<tr><td>工作标准</td></tr>
<tr><td>☆参照标准：专利侵权的解决可参照企业以往年度类似事件的应对方案及解决过程。</td></tr>
<tr><td colspan="2">执行规范</td></tr>
<tr><td colspan="2">“专利保护制度”“专利侵权报告”“专利侵权应对方案”“侵权和解协议书”“专利保护总结报告”。</td></tr>
</table>

17.6 科研成果转化管理流程设计与工作执行

17.6.1 科研成果转化管理流程设计

主办部门	研发部	流程名称	科研成果转化管理流程

阶段	分管副总	科研成果转化管理小组	研发部	研发人员
成果转化申请				开始
				提交科研成果转化申请
	审批	审核	审查并出具意见	
成果转化推进		制定交易方案		辅助
		寻找合作方		
		组织商务谈判		辅助
	审批	达成初步协议		
		签订转化合同		
成果转化跟踪评估		备案登记		
		跟踪评估		
		结束		

编修部门		签发人		签发日期	

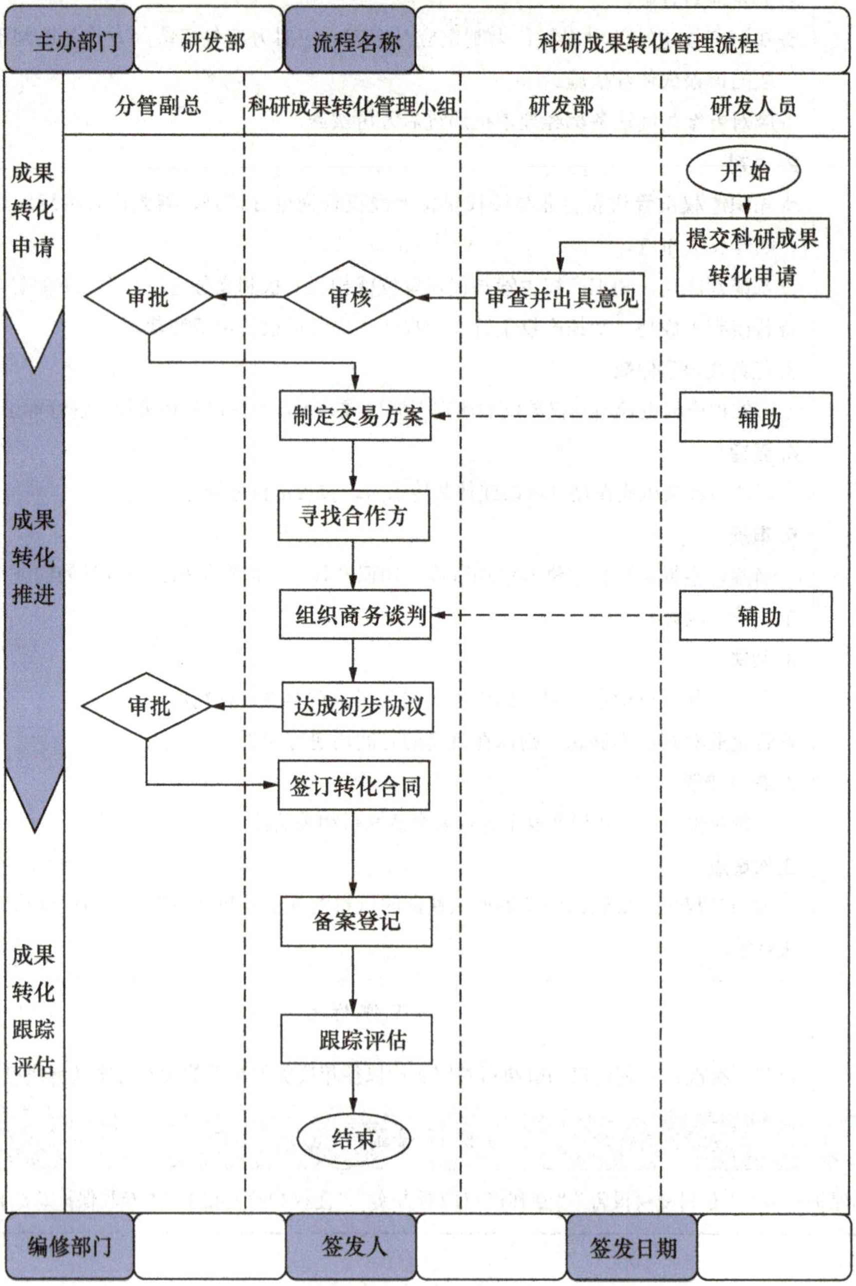

17.6.2 科研成果转化管理执行程序、工作标准、考核指标、执行规范

任务名称	执行程序、工作标准与考核指标
成果转化申请	**执行程序** **1. 提交科研成果转化申请** 科研成果完成人填写科研成果转化申请，同时附带科研成果的背景、技术及鉴定资料。 **2. 审查并出具意见** ☆研发部对提交的科研成果进行审查，并出具自己的意见。 ☆研发部及时将审查意见提交科研成果转化管理小组审核，通过后提交分管副总审批。 **工作重点** 研发部对科研成果的鉴定是初审，主要审查成果的规范性和潜在价值，要注意审查的及时性，通常要在接到申请后的3日内完成。 **工作标准** ☆参照标准：科研成果转化可参照企业之前类似项目的成果转化情况。
成果转化推进	**执行程序** **1. 制定交易方案** ☆主管副总审批通过后，科研成果转化管理小组对科研成果制定有针对性的交易方案，包括成果的转化方式、定价方式等。 ☆科研成果的转化方式包括许可、转让、作价入股等。 ☆科研成果的定价方式包括协议定价、挂牌定价、拍卖定价等。 **2. 寻找合作方** 科研成果转化管理小组在相关技术市场通过各种渠道、方式寻找合作方，并对合作方的资质、条件提出相关的要求。 **3. 组织商务谈判** ☆选定若干家待定合作方之后，科研成果转化管理小组要组织相关的商务谈判，就科研成果转化的各项具体条件进行磋商。 ☆磋商达成初步协议后，科研成果转化管理小组及时将协议提交分管副总审批。 **4. 签订转化合同** 初步协议经主管副总审批通过后，双方签订正式的科研成果转化合同。 **工作重点** 制定交易方案时要注意方案的可操作性，方案要立足实际，便于后期实施和操作。 **工作标准** ☆参照标准：科研成果转化过程可参照企业之前类似成果的转化过程。 ☆目标标准：通过科研成果转化，使科研成果迅速转化为实际的生产力。

（续）

任务名称	执行程序、工作标准与考核指标
成果转化推进	**考核指标** ☆寻找合作洽谈方数量：考核期内工作人员找到的合作方洽谈数量至少达到____个。 ☆成果转化费用控制率：用来衡量科研成果转化管理小组的费用控制能力。 $成果转化费用控制率=\frac{成果转化费用支出额}{成果转化费用预算额}\times 100\%$
成果转化跟踪评估	**执行程序** **1. 备案登记** 合同签订后，科研成果转化管理小组要及时在国家知识产权局相关网站进行更新备案，并在相关技术市场上进行登记。 **2. 跟踪评估** ☆科研成果转化管理小组跟踪企业使用科研成果的情况，及时记录有关问题，并对成果在应用过程中的实际价值进行评估。 ☆对于科研成果在现实中的应用情况，科研成果转化管理小组要编写总结报告，并将总结报告提交研发部，以利于后续研发工作的开展。 **工作重点** 科研成果转化管理小组要注意总结报告的规范性和全面性，要按照企业的相关模板进行编写。 **工作标准** ☆目标标准：通过跟踪评估，了解科研成果的实际使用情况，为后续的研发工作提供借鉴。
执行规范	
“科研成果转化管理制度”“科研成果交易方案”“科研成果实际应用总结报告”。	